21世纪法学系列教材

经济法系列

金融法概论

(第五版)

吴志攀 著

北京大学出版社
PEKING UNIVERSITY PRESS

图书在版编目(CIP)数据

金融法概论/吴志攀著. —5 版. —北京:北京大学出版社,2011.2
(21 世纪法学系列教材)
ISBN 978-7-301-18390-8

Ⅰ.①金…　Ⅱ.①吴…　Ⅲ.①金融法-中国-高等学校-教材　Ⅳ.①D922.28

中国版本图书馆 CIP 数据核字(2011)第 001788 号

书　　名:	金融法概论(第五版)
著作责任者:	吴志攀　著
责 任 编 辑:	冯益娜　邹记东
标 准 书 号:	ISBN 978-7-301-18390-8/D·2784
出 版 发 行:	北京大学出版社
地　　　址:	北京市海淀区成府路 205 号　100871
网　　　址:	http://www.pup.cn　电子邮箱:law@pup.pku.edu.cn
电　　　话:	邮购部 62752015　发行部 62750672　编辑部 62752027
	出版部 62754962
印　刷　者:	北京鑫海金澳胶印有限公司
经　销　者:	新华书店
	730 毫米×980 毫米　16 开本　28 印张　530 千字
	1993 年第 1 版　1994 年第 2 版
	1996 年第 3 版　2000 年第 4 版
	2011 年 2 月第 5 版　2021 年 10 月第 12 次印刷
定　　　价:	45.00 元

未经许可,不得以任何方式复制或抄袭本书之部分或全部内容。
版权所有,侵权必究
举报电话:010-62752024　电子邮箱:fd@pup.pku.edu.cn

第一版序言

　　本书的基础是我几年来在北京大学法律系讲授《金融法概论》的讲稿，经过数年教学使用和听取教师、同学们的修改意见，写成这本讲义。

　　在这本书编写过程中，我参考了国内已有的两本题目相似的教材和若干本银行经营方面的教材，也参考了美国、英国、日本以及我国香港和台湾地区的金融法和银行法方面的教材，综合各家的长处，避免短处，尽量做到金融管理理论与金融法制实践相结合，国内的金融管理及法律情况与国外的金融法制情况相比较，从历史经验出发、从现实改革的需要出发和从法律实践的需要出发，力求把金融法概论这本书写得既完整又易学。

　　我深知，凡是一部好的教材，没有三至五次修订是难以办到的，所以，当我这本书第一次献给读者的时候，感到有些不安。

　　我在编写这本书的时候，先后得到许多同志、朋友的帮助，其中特别得到中国工商银行的姚开圻老师和孙英伟同志，国家外汇管理局的陈全庚老师，中国银行国际金融研究所刘德芳、武为群老师、教育司的赵志龙老师、国际部法律处王琪、田莉同志，经贸部尹辉壁老师，香港华润集团公司信息部的郑亚南同志，财政部条法司黎一钢同志，国际经济技术发展中心信息部的张耀昆、法律部王怡同志，北大法律系办公室梁滨老师、王世洲同志、科技法规中心的赵晓海同志，北大分校法律系主任刘隆亨老师、费得心同志，香港嘉华银行董事长金德勤先生、香港南洋商业银行刘伟业先生、香港中银集团培训中心主任余仁德、汤炳坤先生，以及北京大学图书馆、法律系资料室的同志们的热情帮助，在此谨向他们和其他帮助过我的同志深表感谢。

　　特别还要感谢的是我的博士导师芮沐教授，感谢他多年对我的指导与帮助。最后，我还要对我的家人的支持表示深深的谢意。

　　因为我的知识有限，错误之处，在所难免，恳请读者指正。

吴志攀
1992 年 11 月 22 日于北京大学

第二版序言

小书出版时,担心压库,给出版社造成损失,哪怕是一小部分的亏损是由拙作造成的,我也于心不忍。八个月之后,拙作竟然全部卖光,使我心中的石头落地。现在拙作修订再版,我感到十分高兴。

在修订中,增加了商业银行法的内容,增加了目前正在执行的证券法规的规定的内容,此外,还将租赁、信托等章节重新写过,将全书的文字重新润色一遍。修订的工作量之大,是我原来始料不到的。

这八个多月之中,我总有一种错觉:读书的人越来越多,教书的人越来越少,而写书的人不多也不少。我呢,在生活里是读书人,工作中是教书人,理想是做写书人。出版社是我生活、工作与理想之中离不开的朋友。在此,深切感谢北京大学出版社和编辑们对我的帮助和厚爱,感谢广大读者对这本书的支持和喜爱。

作者
1993 年 11 月 10 日

第三版序言

感谢读者和北大出版社对这本书的支持,第三版终于得以出版。我认为,一本比较好的教科书一定要不断修改,增加新的资料,反映新发展,使现有的知识跟上社会的发展。

1995年,我国在金融立法方面发展很快,一年之内,《中国人民银行法》、《商业银行法》、《担保法》、《票据法》、《保险法》和《关于惩治破坏金融领域犯罪的决定》相继公布,并生效实施。这些金融法律的公布实施,在我国金融生活中引起相当大的变化,法制化成为金融机构经营管理的一个目标。

银行、证券公司、保险公司和其他金融机构都开始进行法律培训。金融法方面的教科书和录像带也越来越多。我被银行和其他金融机构请去讲授金融法的次数也越来越多,我深深感受到国家和国人都开始对金融法重视起来。而我在1985年刚刚开始研究这个课题的时候,金融法还是一个"偏门"或者称"冷门"的非主流学科。

从传统上说,教科书是传授知识的工具,但是,现代教科书又不仅仅是传授知识的工具,而是越来越成为培养学生能力和素质的工具。举个例子来说,一个读书的人,特别是一个读专业书的学生和专业人员,比不读专业书的人来说,无论在专业知识的掌握、解释与解决专业问题的能力和专业素质方面都是不同的。法制建设的发展越深入,法律教科书也越来越专业化。

我一直在努力使自己写的书尽可能达到三个目的,即传授知识、培养能力和训练素质。但是做到这些并不容易。我一直在思索着,并朝这个方向努力着。

该书第三版改动比较大,根据新颁布的法律和法规,将原来陈旧的内容全部删去,重新撰写。但是法律还在变化,新的法律和法规已经快要公布了,等一等可能就可以写进教科书里了。可是讲课也等着用书,时间不允许我无限期地修改下去,只能暂时停笔。

书中一定有这样或那样的错误,请读者指教,我非常乐意接受,并承担改错的责任。

最后,我还要提一句,在撰写书稿的时候,我父亲因病入院,需要照顾。为了减轻我的负担,我的夫人杨锐女士和孩子吴筝替我做了本应由我做儿子做的大量工作,才使得我有时间坐在计算机前写作。我出版了几本书,只能落我一个人的名字,而替我付出大量劳动的家人,却总是默默无声地支持着我。在此,我也深深地感谢家人。在我写书时,家务与教育孩子的工作是由不署名的家人负担的。

吴志攀

1996 年 6 月 1 日

于北京大学法学楼

第四版序言

2000年1月初,应北京大学出版社要求,我开始修改《金融法概论》,准备出版该教科书的第四版。1996年出版该书第三版以来,我国的金融法发展得比较快。在这期间,《中华人民共和国证券法》颁布了,《中华人民共和国外汇管理条例》、《贷款通则》、《银行卡业务管理办法》和《人民币管理暂行条例》等都颁布了,1997年修订的《中华人民共和国刑法》中也增加了许多金融犯罪的条款。

在这个时期,我国金融体系经历了亚洲金融危机的考验,人民币没有贬值。我国的银行业在结构上有了较大的调整,中国人民银行分支机构进行了合并,股份制的商业银行已经陆续开始进入证券市场,采用资产证券化的方式扩大资本。商业银行过去的不良资产,国家采取了"债转股"的办法,由国家新成立的资产管理公司接过去,成为负债国企的"股东",对企业进行资产重组,实现扭亏为盈。

目前,我国金融业面临着三个新的情况:我国将要加入WTO;金融电子化和金融全球化;产权与管理机制转轨的挑战。面对这些新情况,我国金融界将逐步通过立法、规范化管理和操作,在整体金融战略上对我国金融竞争和发展模式进行重新定位,突出我国金融发展的特色,在公平优先、加强效率的基础上,建立符合我国的金融法律新秩序。

第四版的修改比较大,几乎每章都有改动。由于工作量非常大,仅依靠我个人在有限的时间内难以完成。我依靠北大金融法研究中心的博士和硕士们的帮助,补充新的资料,反映最新的发展情况。金融法中心的博士和硕士在近两年编辑《金融法苑》和撰写金融法专业文章中,从"眼高手低"的阶段初步达到"眼到"和"手到"的阶段了。由于他们的帮助,书稿才得以顺利完成。在此我要向他们表示感谢。他们分别就下列章节撰写或做了最新资料的补充:张为一(第三章和第九章)、董华春(第五章)、于旭刚(第六章和第十四章)、李清池(第七章和第十七章)、郑顺炎(第八章)、郑琰(第十二章、第十五章、第十六章)、黄永庆(第十三章),杨亮博士对第十三章、第十四章作了大量工作。

北大出版社副社长张晓秦同志一直关心这本书的修改工作,没有他的关心,本书就不可能再次修改出版。出版社李霞女士,从本书的第一版开始一直到第三版,对每一章节都认真看过,她的意见对修改工作帮助良多。另外,出版社冯益娜女士是我的另两本书的责任编辑,对本书也给予了帮助,在此一并表示感谢。我还要特别感谢本书的责任编辑邹记东先生为本书稿逐字逐句的审定。

我的家人对本人帮助也非常大,上中学的女儿让出写字台在走廊饭桌上写作业,妻子帮我一张一张排稿子。没有家人的帮助,我也不能这么快地完成书稿。

　　第四版改好同广大读者见面了。我和北大金融法中心的同事们花的时间和心血都在里面,功劳是大家的,如果有任何错误仍由我个人承担。我静静地等待着读者们在阅读中提出宝贵意见。谢谢各位。

吴志攀　谨识

2000 年 3 月

目　录

导　论 …………………………………………………………………… （1）

第一章　中国人民银行与银行业监管法律制度 ………………… （12）
　　第一节　中国人民银行法立法目的 ……………………………… （12）
　　第二节　中国人民银行法概述 …………………………………… （14）
　　第三节　中国人民银行的组织机构 ……………………………… （16）
　　第四节　中央银行业务 …………………………………………… （18）
　　第五节　中央银行财务会计管理 ………………………………… （22）
　　第六节　中国人民银行与银监会的监管分工 …………………… （23）
　　第七节　银监会的监管与处罚措施 ……………………………… （29）
　　第八节　中国人民银行与银监会的法律责任 …………………… （31）

第二章　商业银行法律制度 ……………………………………… （34）
　　第一节　商业银行法律制度概述 ………………………………… （34）
　　第二节　商业银行的市场准入与退出 …………………………… （39）
　　第三节　商业银行的业务范围与监管 …………………………… （48）
　　第四节　商业银行的审慎经营与监管 …………………………… （56）

第三章　外资银行管理法律制度 ………………………………… （68）
　　第一节　外资银行管理概述 ……………………………………… （68）
　　第二节　外资银行监管立法 ……………………………………… （70）
　　第三节　外资金融机构监管内容 ………………………………… （72）
　　第四节　对外国银行代表处的管理 ……………………………… （82）

第四章　其他金融机构管理法律制度 …………………………… （84）
　　第一节　其他金融机构的概况 …………………………………… （84）
　　第二节　农村信用合作社 ………………………………………… （85）
　　第三节　新型农村金融机构 ……………………………………… （90）
　　第四节　信托公司 ………………………………………………… （101）
　　第五节　金融租赁公司 …………………………………………… （108）

第六节　财务公司 …………………………………………（113）
　　第七节　金融资产管理公司 …………………………………（117）

第五章　银行与客户关系的法律制度 …………………………（123）
　　第一节　银行、客户与账户 …………………………………（123）
　　第二节　银行与客户的法律关系 ……………………………（131）
　　第三节　银行与客户的权利义务内容 ………………………（136）
　　第四节　银行错误付款的责任承担 …………………………（147）

第六章　储蓄管理法律制度 ……………………………………（151）
　　第一节　存款的概念、种类和发展 …………………………（151）
　　第二节　储蓄存款管理制度 …………………………………（156）
　　第三节　单位存款管理制度 …………………………………（164）
　　第四节　存单纠纷的法律问题 ………………………………（166）

第七章　贷款法律制度 …………………………………………（174）
　　第一节　《贷款通则》及贷款新规概述 ………………………（174）
　　第二节　我国金融机构的贷款种类及利率管理 ……………（176）
　　第三节　贷款合同的当事人 …………………………………（182）
　　第四节　贷款程序与监管 ……………………………………（185）
　　第五节　贷款责任制及债权保全 ……………………………（190）

第八章　信贷担保法律制度 ……………………………………（196）
　　第一节　信贷担保法律制度概述 ……………………………（196）
　　第二节　保证 …………………………………………………（203）
　　第三节　抵押 …………………………………………………（207）
　　第四节　质押 …………………………………………………（213）
　　第五节　留置与定金 …………………………………………（215）

第九章　人民币管理法律制度 …………………………………（218）
　　第一节　人民币概述 …………………………………………（218）
　　第二节　人民币的保护 ………………………………………（220）

第十章　外汇管理法律制度 ……………………………………（223）
　　第一节　外汇管理概述 ………………………………………（223）
　　第二节　我国外汇管理制度的基本框架 ……………………（226）
　　第三节　外汇储备管理制度 …………………………………（231）
　　第四节　经常项目与资本项目管理制度 ……………………（235）

第五节　对外担保管理 …………………………………（238）
　　第六节　对违反外汇管理行为的处罚 …………………（241）

第十一章　利率与汇率管理法律制度 …………………………（244）
　　第一节　利率管理的必要性 ……………………………（244）
　　第二节　我国的利率管理制度 …………………………（247）
　　第三节　人民币汇率定值管理 …………………………（251）
　　第四节　人民币汇率制度 ………………………………（253）

第十二章　银行卡法律制度 ……………………………………（257）
　　第一节　银行卡概述 ……………………………………（257）
　　第二节　银行卡业务中的当事人之间的法律关系 ……（262）
　　第三节　银行卡的业务审批 ……………………………（267）
　　第四节　计息和收费标准 ………………………………（270）
　　第五节　账户及交易管理 ………………………………（272）
　　第六节　银行卡风险管理 ………………………………（274）
　　第七节　银行卡与网上支付系统 ………………………（275）

第十三章　证券发行法律制度 …………………………………（280）
　　第一节　证券发行概述 …………………………………（280）
　　第二节　证券发行条件 …………………………………（289）
　　第三节　承销 ……………………………………………（301）
　　第四节　核准程序 ………………………………………（306）
　　第五节　证券发行中的信息披露 ………………………（309）
　　第六节　股票发行方式及发行定价 ……………………（312）

第十四章　证券交易法律制度 …………………………………（317）
　　第一节　证券交易法律制度概述 ………………………（317）
　　第二节　证券交易市场的结构 …………………………（318）
　　第三节　证券上市制度 …………………………………（330）
　　第四节　证券上市交易的规则 …………………………（339）
　　第五节　证券欺诈 ………………………………………（342）

第十五章　上市公司收购法律监管 ……………………………（353）
　　第一节　上市公司收购概述 ……………………………（353）
　　第二节　上市公司收购的监管要求 ……………………（355）
　　第三节　特殊的收购方式 ………………………………（365）

　　　　第四节　特殊的上市公司收购 …………………………………（370）

第十六章　证券投资基金管理法律制度 …………………………………（374）
　　　　第一节　证券投资基金概述 …………………………………（374）
　　　　第二节　证券投资基金的法律关系 …………………………（379）
　　　　第三节　基金管理人和基金托管人 …………………………（385）
　　　　第四节　证券投资基金的销售 ………………………………（393）
　　　　第五节　证券投资基金的信息披露 …………………………（402）
　　　　第六节　证券投资基金的投资运作 …………………………（405）

第十七章　期货市场法律制度 ……………………………………………（408）
　　　　第一节　期货交易的概念与功能 ……………………………（408）
　　　　第二节　期货交易的种类、合约与交易流程 ………………（414）
　　　　第三节　期货交易所 …………………………………………（418）
　　　　第四节　期货公司 ……………………………………………（421）
　　　　第五节　期货交易的法律制度 ………………………………（423）

后　记 ………………………………………………………………………（429）

导 论

一、什么是"金融法"

在本书开始的时候,先要对"金融法"这个关键词作一个解释。

"金融法"这个词,我们在日常生活和工作中经常遇到,但是,在许多不同场合,对这个词会有不同解释,因为它被赋予了不同含义。首先,金融法不仅是一个课程的名称,它还代表着一个法律和市场监管的领域,它概括了有关金融的法律和法规。

其次,金融法还在不断发展之中,所以,它的边界经常是不固定的。专业人士无意因为界限问题,与相关领域发生讨论或争论,只希望在研究和教学中,相对集中于关注这个领域中所包括的各种法律与制度。对于我国这样一个巨大的发展中国家来说,改革开放仅有三十多年较短的历史,而金融市场中的问题又是不断翻新的,因此在教学和研究工作中,保持研究领域的开放性和研究专题的弹性是十分重要的。就连金融法制相对完善和富有金融监管经验的美国,在2008年金融危机中所遇到的问题和麻烦,也都是前所未有的,采用老办法难以妥善解决。因此美国也在不断改进和完善本国的金融法制,以便更加有效地监管金融市场。

为什么要在此特别强调"发展中国家"呢?原因是发展中国家作为世界产业链中的原材料、能源和制造业的产地,金融业的发展相对发达国家还处于初级阶段。但是,我国虽然是发展中国家,却已成为发达国家如美国的资金供应者。当今国际金融市场的这种复杂性,导致发达国家与发展中国家中的金融机构之间的市场竞争也变得更复杂。目前,发展中国家中的金融领域正面临着如何摆脱世界金融寡头垄断资本的"狩猎路线图"问题。

再次,金融电子化和金融证券化的发展潮流,已经使得金融业发展成为越来越难以治理和监督的高风险产业。它的变化有形无形,潮涨潮落,这个领域的法律难以跟上情况变化的频率,也更加管控不了这个领域,因为它的风险越来越高。法律在不断修改着,加速更新着,似乎越来越严格,也越来越复杂,但法律的效率并不一定随之提高;有时,成本却会提高。

正面的效果是,这些变化和复杂化带出许多新的服务行业,如网络银行、电子签名、电子钱包或手机付款等。将来还会有更多的新花样层出不穷。这些方面的规则更加复杂多变,契约与规则互相交织,令人眼花缭乱。负面的效果是,最近美国华尔街的次级债风波,重现了两百多年前亚当·斯密临去世之前的担忧:为了商业利益最大化,一些人会不顾道德与情操的约束。他们现在也不受法律的约束,因为这些证券化交易和信用评级都是法律允许的。

到此,笔者还没有给"金融法"下一个定义。主要有两个原因:一是,北大法学院的芮沐教授鼓励教师把主要精力投入到研究实际问题中去,而不是在法律的概念或名词解释上兜圈子。北大老一辈的学术传统对后来教师的影响很大。二是,为一种事物或社会存在下科学定义时,是需要长期研究和不断积累的。特别是在信息爆炸的网络时代,只有"变化"是不变的,其他一切都以"秒"为单位变化着。为了适应这种时代变化,先不要回到简单的"形式逻辑"中去"推论",而过早失去事物在发展过程中千姿百态的生动性和鲜活感。当然,为了教学的需要,在此暂时为"金融法"下一个描述式的定义:有关金融机构、金融产品、金融市场及其相关的金融衍生交易内容的法律和法规,在本书中称为"金融法"。

二、金融法的学习

在国内,许多法学院和商学院相继开设了"金融法概论"的课程。特别是一些法学院和商学院硕士和博士论文的选题中,金融法领域的专业研究也逐渐升温。如商业银行法制与银行监管类的问题,证券法与上市公司监管类的问题,银行结算系统中电子支付、信用卡、网上银行使用中的法律责任问题等,都成为学生们的热门选题。

在金融法教学中,北京大学法学院教授的"金融法概论"课程,经过近二十多年的教学实践,经过若干批教授和同学们的教学相长,共同努力,摸索出一套适合我国国情的教学方法,概括总结如下:

(一)"法律"结合实际

金融法类的课程教学,需要将"法律结合实际"。过去,老一辈学者常讲,"理论结合实际"。这是非常有道理的,但要真正做到,却不那么容易。我们在课堂上所讲的内容,是不是够得上是"理论"呢?多数的时候,还不够"理论"。因为,我们所讲的许多内容,只不过是在介绍情况、讲述常识、转述外国法律知识和学说等。在互联网络时代,这些内容恐怕连"经验"都算不上,更难以够得上是"理论"了。所以,在我们讲"'理论'联系实际"时,头脑要清楚,我们讲的大部分内容,并不是"理论",而是一些法律知识、信息和情况。

讲得更通俗一些,在金融法类的课程教学中,如果我们能将"法律知识"结合实际,那就算不错了。我们这样讲,就是不希望就法律条款讲法律条款,不希望在法律条文的概念、逻辑、原则、意义和背景学说上,花太多的时间和功夫。因为,那些都不是"实际",都不是我们要结合的对象。我们的前辈学者,并不要求我们将"法律结合'概念'",或"法律结合'逻辑'",或"法律结合'原则'",或

"法律结合'意义'",或"法律结合'背景学说'"等等。老一代学者只要求我们:结合的只有一个,就是"实际"。这不仅是一个方法论的问题,还是一个观念的问题:我们研究社会科学,就是要能用,要管用,还要好用。

什么是"实际"呢?实际就是:现实生活,就是现实存在的金融交易,真实的法院审判的金融案例,就是社会中发生的重大金融事件,就是老百姓最关心的金融问题等。概括来说,"实际"就是真实存在的问题。

(二)教学方法

怎样结合"实际"?我们在教学实践中摸索出一个"现场化方法",不妨介绍如下,供读者参考。这个"现场化方法"就是:一方面,将实际情况带到课堂中,师生一起动手来分析。另一方面,将实际金融部门有经验的专家请到学校来,请他们到课堂上来,与在校师生一起讨论问题,交流感受。因为有经验的专家来自第一线,他们的讲授同样能让学生亲耳听到专家是怎样处理问题的。这就好像是医学院的教学那样,在医院的病房、解剖室、药房、手术室听有经验的医生讲授。这种讲授就不仅仅停留在教科书的文字上,而是加入了实践者的经验解读。

将同学们带到金融部门或市场的现场,或将实际金融现场存在的问题拿回到课堂上来,都是"现场法"经常使用的。前者,需要一点交通费用;如果去外地,还可能需要一些住宿的费用。我们在北京,北京没有证券市场,因此就要到上海或深圳的证券市场去。后者,可以不需要额外的费用,现实中存在的问题,随时可以拿到课堂上来分析讨论。我们在本科生教学中,由于人数较多,采用后者的方法。在指导研究生过程中,由于人数不多,可以采用前者的方法。

当法律条文结合到实际问题时,我们才能体会到法律的价值、效果和执法成本,以及法律条款存在的欠缺之处。法律在以后修改时,特别是在立法机关征求修改意见时,我们就可以提出对修改法律有参考价值的建议了。我在修改这本教科书时,高兴地看到或听到:一些兄弟院校从事金融法教学的教师同事们,大家都在不约而同地采用着各种"结合实际"的教学模式。

三、我国金融法制的简史与经验

(一)三十年发展简史

2008年是我国改革开放三十周年,也是我国社会主义市场经济的而立之年。1978年,我国开始实行对外开放以及经济体制改革,金融体制也随之改革,相关的金融法制也随之发展。经过三十年的改革开放,我国金融法制的体系已经形成。我们进行金融法的学习,一方面是文本的学习,另一方面,也是更重要的方面,就是我们亲身经历着这场正在继续进行的改革发展过程。

在笔者看来,金融法制建设大体经历了三个阶段:

第一阶段,1978—1992年。1978年我国开始了改革开放"走自己的道路,建设有中国特色的社会主义"的探索,先提出"计划经济为主、市场调节为辅"的方针,采用"摸着石头过河"的慎重步骤,开始金融体制的改革与开放。对于暂时争论不清的问题,采取了"不争论,发展是硬道理"的做法,将认识统一到发展上面来。采用"白猫黑猫,能抓住老鼠就是好猫"的重实效的方法,鼓励进取,积极探索,促进发展。

在此期间,我国颁布了《中外合资企业法》、《独资企业法》和《民事诉讼法》(试行)等,为外资金融机构及分支机构的设立和金融机构诉讼提供了法律依据。1982年全面修订的我国《宪法》,肯定"生产资料公有制是社会主义经济制度的基础",规定社会主义经济制度的基础是生产资料的社会主义公有制,即全民所有制和劳动群众集体所有制;社会主义公有制消灭人剥削人的制度,实行各尽所能,按劳分配的原则;社会主义全民所有制是国民经济中的主导力量;在法律规定范围内的城乡劳动者个体经济,是社会主义公有制经济的补充。这些提法,不仅充满我们传统的实事求是精神,而且还有"渐进式"稳步操作的发展。不偏左,也不偏右,选择适合中国国情和符合人民利益的适中路径摸索前行。

1982年《宪法》还明确规定,国家在社会主义公有制基础上实行计划经济;国家通过计划经济的综合平衡和市场调节的辅助作用,保证国民经济按比例地协调发展;允许外国的企业和其他经济组织或者个人在中国投资,同中国的企业或者其他经济组织进行各种形式的经济合作等。与此同时,我国政府还提出为了发展社会主义民主,必须加强社会主义法制,使民主制度化、法律化,以及"有法可依、有法必依、执法必严、违法必究"的社会主义法制方针。这体现了当时经济改革政策设计者的远见和广大基层劳动者智慧的结合。

此后不久,我国又提出,社会主义经济必须自觉依据和运用价值规律,是建立在公有制基础上的"有计划的商品经济"。与此相适应,我国于1986年颁布了《民法通则》,对企业法人制度和法人的权利义务进行了规定。在1988年的《宪法》的修正案中,明确规定"私营经济是社会主义公有经济的补充"、"土地的使用权可以依照法律的规定转让"。这些法律规定和基本原则,为保障公民、法人的合法权益,正确调整民事关系,特别是为后来商业银行从信用贷款向抵押贷款的转变提供了制度发展的宪法依据。

第二阶段,1992—2001年。经过1989年后一段时期的外商投资与贸易低潮之后,邓小平同志发表了"南方谈话",在思想理论上明确了社会主义市场经济的方向。我国政府从根本上破除了把"计划经济"和"市场经济"看作附属于社会政治制度的思想束缚,确立了建立社会主义市场经济体制的改革目标。"计划经济不等于社会主义,资本主义也有计划;市场经济不等于资本主义,社会主义也有市场;计划和市场都是经济手段"。这些政策的制定表明,改革不能依照过去的教条,开放就要思想解放,政策表述也需要理论创新。

在此期间,中国共产党在第十四届三中全会通过了《中共中央关于建立社会主义市场经济体制若干问题的决定》,将新的实践经验上升到理论。2001年我国正式加入世界贸易组织,标志着我国社会主义市场经济迈上了一个新台阶。为适应我国社会主义市场经济体制的建立和发展,我国政府提出了"依法治国"、"建立社会主义法治国家"的基本治国方略。我国制定了1993年的《公司法》、《反不正当竞争法》,1995年的《中国人民银行法》、《商业银行法》、《票据法》和《担保法》,1998年的《证券法》,以及修改了《刑法》有关经济犯罪的条文,修订了《刑事诉讼法》,1999年又出台了统一的《合同法》。

特别值得一提的是,1993年的《宪法》修正案明确了"我国正处于社会主义初级阶段"、"国家实行社会主义市场经济"。在1999年《宪法》修正案中进一步明确了社会主义市场经济条件下我国的基本经济制度和分配制度,规定"国家在社会主义初级阶段,坚持公有制为主体、多种所有制共同发展的基本经济制度,坚持按劳分配为主体、多种分配方式并存的分配制度"。这些《宪法》规定为我国社会主义市场经济体制的建立和发展指明了道路,提供了坚实的宪法基础和法律保障。

自改革开放以来,全国人大及其常委会已制定法律三百八十多件,国务院制定行政法规八百多件,地方人大及其常委会制定地方性法规九千多件。在各级法律法规中,都有相当一部分内容直接或间接涉及金融行业。

第三阶段,2002年至今。2003年10月,党的第十六届三中全会通过《中共中央关于完善社会主义市场经济体制若干问题的决定》,成为我国经济体制改革的一个新标志。2004年3月,第十届全国人大第二次会议对《宪法》再次修订。这些都标志着,我国的社会主义市场经济法制建设进入了第三阶段。在这个阶段,随着改革开放的继续深入,社会主义市场经济体制的不断完善,我国的社会主义市场经济法制建设也进一步发展了。

从2002年至2004年,全国人大及其常委会颁布的直接或间接有关金融行业的法律有:2003年颁布的《银行业监督管理法》,2004年颁布的《电子签名法》、修订了《拍卖法》、《对外贸易法》、《票据法》和《土地管理法》。

2005年,全国人大常委会颁布了《外国中央银行财产司法强制措施豁免法》、《公证法》,修订了《公司法》、《证券法》、《个人所得税法》。此外,在刑事法方面全国人大常委会颁布了《刑法》修正案(五),增加了有关信用卡犯罪的解释。

2006年,全国人大常委会颁布了《反洗钱法》、《企业破产法》,修订了《审计法》、《银行业监督管理法》、《合伙企业法》等。此外,在刑事法方面全国人大常委会颁布了《刑法》修正案(六),增加了上市公司高管违反诚信义务的刑事责任,扩充了洗钱犯罪的范围,修订了操纵市场和信息披露不当的性质、责任规范。

2007年,全国人大颁布了《物权法》,全国人大常委会颁布了《劳动合同法》,系统修订了《个人所得税法》。

2008年,全国人大常委会颁布了《企业国有资产法》、《循环经济促进法》。

2009年全国人大常委会颁布了《侵权责任法》,修订了《统计法》、《保险法》。在刑事法方面全国人大常委会颁布了《刑法》修正案(七),增加了对内幕交易行为的规范。

上述重要金融法律对我国金融体制改革和业务发展,都发挥了重要的指引和保障作用。

(二) 我国金融法制建设的经验

1. 金融业管理体制:从集中向分权的改革

我国金融业体制改革的一项重要内容,就是从原来过度集中管理模式,转变为适度放权的模式。有关法律法规也体现了从集中向分权这一变化。1987年我国颁布《银行管理条例》时,从法律上将银行业、证券业、信托业和保险业等的规范,集中在一部法律文件中。在1990年初期,中国人民银行上海、深圳分行制定了各种有关证券经营的条例,中国人民银行总行和各地的分行是证券业的主管机关,货币金融业与证券业的管理合二为一。

1995年的《商业银行法》和1998年的《证券法》,将银行业与证券业分开立法、分别管理。由于当时的局限性,1987年的《银行管理条例》还不允许地方设立商业银行。后来逐步放权,招商银行和深圳发展银行在广东深圳设立,开始了地方商业银行的试验。1995年《商业银行法》颁布时,地方设立的商业银行与全国性商业银行,仅在注册资本方面有差别。申请设立全国性商业银行的注册资本为10亿元人民币,分支机构运行资金总和不得超过银行资本的60%。申请设立地方性城市商业银行注册资本1亿元人民币,农村商业银行注册资本5000万。此外,地方性商业银行只能在本地区范围内设立分支机构,不得跨地区经营。

金融管理体制的分权,还体现在将原来由中国人民银行集中管理的银行业、证券业和保险业分开由三个主管部门来管理,分别成立了证监会、保监会和银监会专门监督管理证券市场、保险市场和货币信贷市场的经营。三家监管主管部门还根据《证券法》、《保险法》和《商业银行法》等法律,制订了许多具体行政管理规章。这些专门行政规章构成对上述法律适用时的具体解释,它们对金融法律的执行起到了十分重要的辅助作用。分权激发了金融活力,将原来全国商业银行主要集中在四大国有独资银行的格局,改变为在全国形成大中小数百家银行竞争的局面,老银行纷纷焕发活力,新银行各显神通,金融市场出现了丰富多样的竞争态势,金融机构的服务质量提高,经营尽显特色。

2. 金融机构产权机制:从国有体制向多元化发展

金融体制改革的另一特色是金融机构产权体制多元化,金融法律对此也作出规定。在1990年深圳发展银行上市前,我国的商业银行都是国有体制,还没有股份制形式的商业银行。在几个大城市,仅出现了中外合资商业银行和外国独资商业银行分行。后来,城市信用社合并成立了城市商业合作银行。例如北京市将99家城市信用社合并成立了北京城市合作银行,后更名为北京商业银行,再经过吸收境外金融机构入股,现在成为股份制的北京银行。特别是,根据我国《商业银行法》、《公司法》和《证券法》的规定,我国四家大型国有独资商业银行——中国工商银行、中国银行、中国建设银行和中国农业银行都已经改制上市,成为在境内外市场上市的股份制商业银行,并进入全球最大的10家银行之列。

在2000年以前,我国的证券公司鲜有直接上市的例子,亦不能从市场融资,证券公司一度经营艰难。在1994年除有一家信托公司上市后改为券商外,其他证券公司在多年熊市时期只能艰难维持。2006年后,证券公司陆续上市。在2000年我国加入WTO以后,合资证券公司也开始陆续出现。因此,原有的国有一种形态的证券公司也多元化了。此外,在同一时期,保险公司和信托公司也从单一国有体制转变为多元化的产权结构体制。

金融机构产权多样化也是激发金融机构活力的一种方法。产权改革拉近了金融机构与所有者的空间,缩小了管理者与所有者之间的距离,有利于管理精细化和经营效率的提高。

3. 金融业经营的法律化

我国所有金融业经营都实现了"有法可依"。商业银行经营要符合《商业银行法》、中国人民银行和中国银监会颁布的各项法规和规章。证券市场业务都要符合《证券法》和中国证监会颁布的相关法规规章。保险公司业务要符合《保险法》及中国保监会颁布的相关法规规章。信托公司和基金公司要符合信托业务、基金管理的法律法规和规章等。

中国在传统上有两种"法",一种是狭义的"法",另一种是广义上的"法",即行政规章。前者比较原则,适用期比较长,修改周期大约在10年左右。后者比较具体,适用期比较短,修改调整比较及时。在狭义的"法"尚未制定出来时,广义的"法"一直在发挥监管市场平稳运行的职能。当狭义的"法"颁布之后,广义的"法"就负责具体解释、技术操作监管和日常内控指引等。例如,我国证券市场恢复交易经营在1990年,《证券法》是1998年颁布的,此前8年时间的证券市场监管,先是依靠中国人民银行总行及上海和深圳分行的有关规章,在1993年成立中国证监会后,由证监会颁布的行政规章监管。《证券法》颁布后,证监会的行政规章依然在配合法律的解释和执行。

金融机构经营的规范化与法律化，使得其经营活动处于阳光之下，日常操作透明，对客户利益的保护更加完善，市场运行也更加安全。

4. 金融市场宏观调控的制度化和规范化

从上个世纪1929—1933年经济危机中的美国政府宏观干预，到1945年第二次世界大战后欧洲重建时的政府宏观干预，再到1990年日本政府对金融业的宏观干预，无不是政府对本地金融市场进行宏观调控的早期版本。当1997年亚洲金融危机爆发，亚洲的韩国、新加坡和我国香港地区等地政府对本地金融市场的宏观干预，已经是政府宏观调控在经济全球化后的现代版本。2007年美国次级债市场危机的爆发，美国联邦政府也采用大幅度增加刺激经济的预算案、大幅度频繁降息、减税等方法，对国内经济进行刺激，力图缓解已经发生的严重经济衰退。

我国是一个人口众多，人均资源相对不足以及自然灾害频发的发展中大国，保持国家中央政府对金融市场的宏观调控更是十分必要的。例如，《商业银行法》规定，中国人民银行有责任保持人民币币值的稳定。稳定的解释是既不能贬值，也不能过快升值，否则都会造成人民币币值的不稳定。目前我国人民币汇率机制，按照我国有关新闻发言人所表述的，是"根据市场变化，有管理的浮动汇率机制"。这一外汇管理政策在《外汇管理条例》中也有规定。

我国对金融业的宏观调控机制是市场化和法律规范化的。具体来说，由全国人大通过的《政府工作报告》和《财政预算案》，确定年度经济发展总目标的各项指标，如经济生产总值增长幅度、物价指数指标、就业指标、相应能耗和排放指标等。政府在执行预算时，依照这些法定的目标和指标，在一定幅度内依法进行调整干预。当某项指标超过规定范围时，如表现为经济过热或过冷时，政府会动用间接手段，进行宏观调控。宏观金融调控的手段规定在《中国人民银行法》中，例如，调整存款准备金率，调整存贷款利率，调整贴现率，调整公开市场操作，动用再贷款和发行短期票据等。此外，政府还可以采用财政手段进行调整，如调整企业所得税税率、印花税税率和个人所得税（包括储蓄存款利息税）税率等。

中央政府对金融市场的宏观调控，有助于保持整体国民经济和社会生活的稳定、良好与可持续发展。特别在市场失灵时，中央政府的调控作用尤为必要。

四、金融法制对金融改革的积极作用

（一）金融法制发展的本土经验

经过三十年的改革开放的发展，我国金融法制建设已经具有了完整的框架，在执法领域也日益完善。在金融法制建设方面，我国有一定的本国历史经验，例如，对于通货膨胀保持高度警惕，在货币政策和财政政策方面，长期以来不提倡使用通胀政策和赤字政策等。这些本土经验在1995年的《中国人民银行法》货币政策条款中得到了相应体现。在《证券法》、《保险法》的制订过程中，对于"融资融券"、对于保险基金进入市场等问题，都采取了十分谨慎的态度。这都与1949年以前的中国经受过严重的通货膨胀的经验有关。

注意本土经验的另一方面是，学习外来经验同时进行适用性改变，使外来的经验适合我国社会和文化环境。例如，商业银行业务与证券、保险及信托业务的"混业经营"问题，我国就采取了适应性改变的做法。1995年的《商业银行法》和《保险法》及1998年的《证券法》都对"混业经营"采取了谨慎的态度。经过将近十年的运行，在2005年修订上述法律时，将原来完全禁止的规定，改为"有条件的放松"。我国采取的"但书"条款方式，即在国务院特批的条件下，可以"混业经营"。

本土经验还体现在法律上的"兼容条款"方面。在美国等判例法国家，对于同一个案件事实、同样证据，不同律师可以列举出不同案例原则支持不同的观点。法官在发表意见时，也经常出现"多数派"和"少数派"，持有不同看法和不同原则支持的不同道理。在成文法国家立法时，同样会出现类似现象，我国的本土经验就是采取"兼容条款"的方法来规定。

例如，在我国《证券法》中，交易所既采取会员制，交易所的产权又属于国有，交易所主席由证监会任命。再如，《商业银行法》规定，不得对于"朋友"提供信用贷款，并不需要对"朋友"的范围作任何解释，因为在银行经营和司法实践中，人们对什么是"朋友"均有不言自明的认知。这些"看似模糊"的条款，实际上是采取了兼容的方法，将复杂的问题简单化，以便容易立法和执法。这也就是贯彻了"不争论，发展是硬道理"的原则精神。

（二）我国金融法制发展的特点

我国金融立法和司法有明显的特点，归纳起来有以下几方面：

第一，金融立法权集中。世界上有些国家，将银行法、保险法和证券法等的立法权在联邦和州之间分配。我国涉及金融类的法律法规的立法权集中在中央，地方人大没有这方面的立法权。这样保证了在一个地域辽阔、地方经济发展不平衡的人口大国中，金融立法具有统一性。这一方法从两千多年前秦朝统一货币、统一车轨和统一度量衡制度开始，一直沿用到今天。

在20世纪三四十年代，我国的解放区自己发行"苏区货币"和设立"苏区中央银行"，这标志着当时的旧政府即将瓦解。在1949年中华人民共和国中央人民政府成立后，1954年《宪法》规定统一由中国人民银行发行人民币作为唯一法定货币，在我国境内流通；不允许任何地方和任何单位"发行货币"，并在《刑法》中将违反该规定的行为定为犯罪。

第二，金融执法成本的"分担制"。我国法院系统分为四级，各级政府财政支付本级司法行政预算。除此之外，我国金融案件的当事人也要承担相应一部分诉讼成本。这部分成本表现为诉讼费,收取的方法是按照诉讼标的总额一定的比例分级累进计算的。因此,我国在金融体制改革过程中,在没有增加企业和国民税收负担的情况下,采用分担执法成本的方式,比较好地开展了金融执法的工作。

第三,金融行政管理督导与历史文化影响。凡大国必有强大的中央政府。中国从秦朝以来,历朝历代的强大中央政府,延续两千多年至今不变。金融行政管理的督导是其中另一经验。我国每年进行金融监管机构的专项检查,对合法合规经营操作,从流程到岗位,从账面到现场,从领导到员工,从政治学习到业务培训,无不在引导金融机构合规经营,依法办事。所以,我国尽管还被认为金融法制不完善,还不如某些发达国家那样严格和那样完备,但是,中国没有出现美国"安然案"、新加坡"巴林银行案"和法国"兴业银行案"那样的违法案件,也没有出现美国2007年以来的"次级债"那样的金融信用危机。

在所谓法制完善的国家连续出现重大金融违法案件,这不能不引起我们的深思。在法律完备时,就一定能够避免违法案件的发生吗?而在法制相对还不完善的国家,为什么还没有出现那样颠覆整体金融行业的重大案件呢?这与一个国家的金融文化有关。

在一个信用过度、投机过度、追求利润过度以及利益回报刺激过度的金融文化氛围内,正如中国人俗语所说"杀头生意有人做,赔本买卖无人干"那样,完备的法律也成为形式主义,成为摆设。

而我国历史文化中,强调"有余"传统,提倡"年年有余",崇尚储蓄、"未雨绸缪"等观念。早在两千多年前的汉高祖刘邦就曾提出:"杀人者死,伤及盗抵罪"的约法三章。这成为中国以刑为"法"之最主要的三条法律。这些金融文化长久地影响中国人的行为方式,也影响目前我国政府的立法和执法方式。

(三)我国金融法制未来的展望

我国金融法制发展的未来,可以概括为:学习、消化、完善、提高。在我国加入WTO后,国内金融市场进一步对外开放,国内金融法律制度进一步与国际接轨。在今后到2020年前的发展阶段里,我国金融法制的发展还需要向国外先进国家学习,学习外国的长处和宝贵经验。在学习的同时,将我国的本土经验与国外的经验合并吸收,将我国的长处与国外的优点相互兼容,探索出既为国际接受,又适合我国特点的金融法制发展路径。

同时,还要完善我国金融法制中不足的地方、空缺之处和已经不能适应实际要求而需要调整的条文规定等。我们还要继续提高金融立法的质量,把握金融立法的市场成本预测,预测社会承担执法成本的后果,使金融法律出台成为对金融市场的促进,而不是障碍。

自1978年以来的我国金融法制的发展历程已经证明,坚持走中国特色社会主义金融法制的道路,坚持我们自己的成功经验和方法,保持清醒的头脑,就能使我国在未来迈向2020年小康目标的进程中、在金融业良性循环的可持续发展中不断取得更大的成功。

回顾历史,温故知新,总结前辈人的经验,我们方可明确今天的任务和明天的方向。

第一章 中国人民银行与银行业监管法律制度

中央银行是一国金融体系的核心,它是发行货币的银行、银行的银行以及政府的银行。我国的中央银行是中国人民银行,其职能传统上包括金融宏观调控和金融监管两大方面。随着中国金融市场的发展和改革的深化,中国人民银行的金融监管职能逐渐剥离出来,交由专门的金融监管机关行使。顺应金融市场形态的基本界分,国务院下设中国银行业监督管理委员会(以下简称银监会)、证券监督管理委员会(以下简称证监会)以及保险监督管理委员会(以下简称保监会),分别对以银行为中心的间接融资市场、证券市场、保险市场进行监管。《中国人民银行法》和《银行业监督管理法》分别明确了我国的中央银行以及银监会的组织框架与职责分工,《证券法》和《保险法》分别明确了证监会和保监会的监管职责。本章主要介绍我国的中央银行与银行业监管法律制度。

第一节 中国人民银行法立法目的

一、基本问题

立法机关是为了解决现实中存在的问题而制定法律的,司法机关是为了解决现实中存在的问题而适用法律的。我国的人民银行成立于1948年12月1日,而《中华人民共和国中国人民银行法》(以下简称《中国人民银行法》)颁布于1995年3月18日。在新中国成立将近半个世纪以后,我们终于制定和颁布了这部重要的法律。《中国人民银行法》立法时要解决什么基本问题呢?或者说《中国人民银行法》在执行过程中要解决什么基本问题呢?这是我们学习这部法律首先要注意的。

从这部法律的立法目的来看,立法机关要解决的基本问题包括:第一,为什么要用法律来规范中央银行的组织机构?第二,为什么要采用法律这种规范形式来规范中央银行监管金融的职权?第三,为什么要用法律来规范本币发行权和规范我国货币政策的调整?第四,为什么要用法律来规范中央银行与各级政府的关系?第五,为什么要用法律来规范中央银行本身的财务和责任?这些都是这部法律的基本问题,并且在法律条文中都体现出来了。在执法和司法过程中也主要要围绕这些基本问题进行。

二、问题的回答

在三十多年前,我国还处在完全的计划经济时期。这段时期对我国的发展起着非常重要的历史作用。我们现在的发展和进步也是建立在那时所奠定的基础之上的。当我国的金融事业发展到第三台阶的时候,也不要忘记第一台阶的基础作用。

在计划经济时期,我国没有将中国人民银行作为一个国家货币政策制定和执行部门来对待,而仅仅将它作为众多的政府行政部门之一。例如,政府行政部门多数没有单独立法,只有行政管理行业的立法。例如,我国有铁道部,没有《铁道部法》,只有《铁路法》;又如,我国有邮电部,没有《邮电部法》,只有《邮电法》;我国有卫生部,没有《卫生部法》,只有《食品卫生法》等。所以,我国在当时有中国人民银行,没有《中央银行法》或《中国人民银行法》。

中国人民银行是在国务院领导下的众多政府行政部门之一。由于是行政部门,在新中国成立后的四十多年时间里,一直没有制定专门的法律对中央银行机关和业务进行规范。国务院采用行政命令方式对中国人民银行进行管理,包括管理货币发行,就像管理铁道、邮电、能源、电信行业一样。

1995年全国人大常委会颁布了《中国人民银行法》这样的以政府部门名称来命名的法律,而不以中国人民银行所管辖的中央银行业务("本币发行法"或"金融监管法"、"货币政策法"等)来命名法律,这表明国家对货币政策和金融市场的监管这类问题已经上升到法治的高度来看待了。这是对金融行业看法的根本性转变。

这一转变说明:从1995年开始,国家将制定货币政策的机构、程序、职责和执行视为一种国家权力,而不仅仅是一种政府部门的职权。国家权力要由国家立法来确立。国家将这种权力授予政府部门(中国人民银行)具体实施。根据立法,政府部门才成为拥有这种职权的机构。因为这是一种国家权力,所以,被国家授权的政府部门(中国人民银行)的组织机构、行长的产生程序、货币政策制定与货币政策工具的使用,或该机构的业务、监管和财务会计管理及法律责任等,都要经国家立法机关规定。从1995年开始,中国人民银行从过去一个单纯的政府部门,向国家货币发行机关转轨。我们将在本章第二节开始按照法律各个部分详细介绍《中国人民银行法》的基本内容。

第二节 中国人民银行法概述

一、中央银行与《中国人民银行法》

（一）中国人民银行是我国的中央银行

中国人民银行是主管金融市场的政府部门,是我国的中央银行。中国人民银行成立于1948年12月1日,是在原华北银行、北海银行、西北农民银行合并的基础上于石家庄建立的。1986年1月7日,国务院颁布了《银行管理暂行条例》,规定中国人民银行专门行使中央银行职能。1995年3月18日,第八届全国人大第三次会议审议通过了《中国人民银行法》。

根据《中国人民银行法》第2条的规定,中国人民银行是在国务院领导下主管金融事业的行政机关,是国家货币政策的制定者和执行者,致力于维护金融稳定,防范和化解金融风险。

（二）《中国人民银行法》的立法目的和过程

《中国人民银行法》的立法目的是:"为了确立中国人民银行的地位和职责,保证国家货币政策的正确制定和执行,建立和完善中央银行宏观调控体系,加强对金融业的监督管理,制定本法。"制定中央银行法的必要性在于,使我国货币政策的制定和执行更加法律化、制度化,有利于保持我国货币币值的稳定,使金融市场的监管更加透明和有效。

《中国人民银行法》从1979年开始起草,1993年10月草案提交国务院法制局,经过国务院第19次会议通过,提交全国人大常委会审议。全国人大常委会于1994年6月、8月和12月三次审议,1995年3月18日第八届全国人大第三次会议通过该法。为顺应我国中央银行体制改革的需要,2003年12月27日,第十届全国人大常委会第六次会议对《中国人民银行法》进行了较大的修改,以确认中央银行的金融监管职能与宏观调控职能的分离。

《中国人民银行法》的特点是:明确了国务院对中央银行的领导和全国人大常委会对中央银行的监督。这符合我国金融市场与管理的历史和现状,体现了我国金融业发展的特色。

二、中国人民银行的地位和职责

（一）中国人民银行的地位

在我国,中国人民银行是中央银行,也是国务院领导下的一个主管金融工作的部级政府机关。它专门负责国家货币政策的制定与执行,并通过调控金融市场的运行维持我国的金融稳定。中国人民银行的全部开支来源于财政,其全部资本由国家出资,列入中央预算单独管理。其从事公开市场业务以及其他业务活动形成的净利润全部上缴国库,亏损由中央财政拨款弥补。

(二) 中国人民银行的职责

中国人民银行的职责是:依法制定和执行货币政策;发行货币,管理货币流通;依法监督管理银行间同业拆借市场、银行间债券市场、银行间外汇市场、黄金市场;持有、管理和经营国家的外汇储备和黄金储备,经理国库;维护支付、清算系统的正常运行;指导、部署金融业反洗钱工作,负责反洗钱的金融监测;负责金融业的统计、调查、分析和预测工作;作为国家的中央银行,从事有关的国际金融活动。此外,中国人民银行还要完成国务院规定的其他职责。

三、货币政策目标

(一) 货币政策目标的表述

我国中央银行货币政策的目标,在《中国人民银行法》第3条中作了规定,具体表述是:"保持货币币值的稳定,并以此促进经济的增长。"

从法律条文上解释货币政策目标,可以解释为,稳定货币币值是基础,发展经济是在稳定币值基础上进行的。或者说,稳定币值的目的是发展经济,稳定币值就是要促进经济的发展。

(二) 货币政策目标的作用

《中国人民银行法》规定了货币政策目标,有三方面的作用:第一,对货币政策目标的表述引入了法律的准确性,从而使中央银行运用货币政策工具时有明确的方向。第二,使检验中国人民银行的工作有了法律的标准。货币币值保持稳定,表明中国人民银行的工作做好了,反之,就没有做好工作。第三,从法律的角度否定了通货膨胀的货币政策,开始从双重目标制(既要保持货币币值的稳定,又要保障经济的发展)向单一目标制过渡。

四、货币政策的决定

依法制定和实施货币政策是中央银行最核心的职责。中国人民银行在国务院领导下依法独立执行货币政策,履行职责,开展业务,不受地方政府、各级政府部门、社会团体和个人的干涉。

按照《中国人民银行法》第5条,货币政策中涉及年度货币供应量、利率、汇率和国务院规定的其他重要事项的,中国人民银行作出的决定须报国务院批准后,方可执行。

对于上述重要事项以外的其他有关货币政策事项,中国人民银行作出决定后即可执行,并报国务院备案。

此外,中国人民银行应当向全国人民代表大会常务委员会提出有关货币政策情况和金融业运行情况的工作报告,接受立法机关的监督。

第三节 中国人民银行的组织机构

一、中国人民银行行长产生的程序与职责

（一）行长产生的程序

中国人民银行总行行长产生程序在《中国人民银行法》第10条作了规定。具体程序是：中国人民银行总行行长由国务院总理提名,由全国人民代表大会决定,由国家主席任免。在全国人民代表大会闭会期间,由全国人大常委会决定。中国人民银行总行副行长,由国务院总理任免。中国人民银行总行行长的任期,在《中国人民银行法》中没有规定。由于中国人民银行总行行长属于国务院的组成人员,所以,应该遵循我国宪法对国务院任期的规定,即每届任期5年,可以连任。

（二）总行行长的职责

中国人民银行实行行长负责制,行长在国务院的领导下,主持中国人民银行的工作。副行长协助行长工作。中国人民银行不再设立理事会,由行长一人主持工作和承担责任。

行长的职责主要是：召集并主持行务工作会议,讨论决定中国人民银行的重大问题；负责中国人民银行的全面工作,签署中国人民银行上报国务院的重要文件,签发给各个分支机构的文件和指示；根据国务院有关规定,发布中国人民银行令和重要规章。

二、货币政策委员会及其职责

（一）设立货币政策委员会的目的与职责

设立货币政策委员会的目的是为了中央货币政策的正确制定,它是专门向中国人民银行提供有关货币政策的咨询建议的机构。根据1997年4月5日国务院发布的《中国人民银行货币政策委员会条例》,货币政策委员会是中国人民银行制定货币政策的咨询议事机构,其职责是,在综合分析宏观经济形势的基础上,依据国家宏观调控目标,讨论货币政策的制定和调整、一定时期内的货币政策控制目标、货币政策工具的运用、有关货币政策的重要措施、货币政策与其他宏观经济政策的协调等涉及货币政策等重大事项,并提出建议。货币政策委员会作出的咨询建议不是任何成员个人的行为,而是全体会议的共同决议。

（二）货币政策委员会的组织机构

按照《中国人民银行货币政策委员会条例》的规定,货币政策委员会共由11

人组成,其中中国人民银行行长作为委员会的主席,另外还有中国人民银行副行长2人(其中1人担任副主席),国家计划委员会副主任1人,国家经济贸易委员会副主任1人,财政部副部长1人,国家外汇管理局局长,中国证券监督管理委员会主席,国有独资商业银行行长2人,金融专家1人共同组成。不过,2010年3月,货币政策委员会人员发生重大调整,经国务院批准,增补两名专家委员,专家委员由一人增加至三人。

由于该委员会的重要地位和工作的强度,委员一般不超过65周岁,具有我国国籍,他们应该公正廉洁,忠于职守,无违法和违反纪律的记录。同时他们还要求具有宏观经济、货币、银行等方面的专业知识和实践经验,熟悉有关金融方面的法律与行政法规,以及经济政策。

货币政策委员会的金融专家除符合上述资格外,还要求具有高级专业技术职称,从事金融研究工作19年以上。他不应该是国家公务员,并且不在任何营利性机构任职。金融专家和国有独资商业银行行长在该委员会的任期为2年,其他委员的任期与他们在国家政府部门所承担的职务任期保持相同。如果其他委员在任职期间职务发生变动,该委员会将免去他的委员职务。

(三) 货币政策委员会委员的权利与义务及工作程序

货币政策委员会的委员具有同等权利与义务,不因为他们在政府中担任的职务不同而有区别。委员们具有的权利是:了解金融货币政策方面的情况,对货币政策委员会所讨论的问题发表意见,向委员会就货币政策问题提出议案,并具有表决权。如果在该委员会开会时,某位委员因故不能出席,他应该委托熟悉情况的有关人员作为他的代表将他的书面意见带到会议上去,但是代表不享有表决权。

委员们的义务是:保守国家秘密,商业秘密;不得滥用权利,徇私舞弊;尽职尽责,遵守委员会的工作制度,不得违反规定对外透露货币政策的有关情况。如果违反上述保密的规定,将依法追究其法律责任。

为了保障委员会投票的公正性和效率性,会议在每季度第一个月中旬召开,委员会主席和三分之一以上委员联名提议可以召开临时会议。委员会开会时,应该有三分之二委员出席为有效。委员会由主席主持,主席因故不能履行职务时,由副主席主持。委员会通过关于货币政策的议案时,应该经过出席会议三分之二以上委员表决通过,然后形成委员会的建议书,向中国人民银行总行及行长提交。当中国人民银行需要报请国务院批准有关年度货币供应量、利率、汇率或者其他货币政策等重要事项时,应该将货币政策委员会的建议书或会议纪要作为附件同时报送。

三、中国人民银行总行与分支机构的关系

（一）总行组织机构

我国的中国人民银行总行设在北京，总行内设若干个职能部门，例如办公厅、条法司、货币政策司、金融市场司、金融稳定局、统计调查司、会计财务司、支付结算司、科技司、货币金银局、国库局、国际司、内审司、人事司、研究局、征信管理局以及反洗钱局等。此外，总行有驻外地和其他单位的特派员。

（二）分支机构

中国人民银行根据履行职责的需要设立分支机构，并对分支机构实行统一领导和管理。中国人民银行的分支机构原来是按照行政区划来设立的，除在北京设立总行外，在省、直辖市和自治区设分行，在地（市）设立地（市）分行，在县设县支行。1998年11月15日，中国人民银行管理体制改革启动，撤销省级分行，跨省（自治区、直辖市）设置九家分行。目前，中国人民银行设立有上海总部，天津、沈阳、南京、济南、武汉、广州、成都、西安8个分行，中国人民银行营业管理部和中国人民银行重庆营业管理部，20个省会（首府）城市中心支行，5个副省级城市中心支行，6个分行营业管理部，308个市（州、盟）中心支行，1766个县（市）支行。

中国人民银行分支机构是总行派出的办事机构，没有独立的地位。分支机构的行长由总行任免，日常工作由总行统一领导，完整地执行总行的方针政策。中国人民银行分支机构在总行授权的范围内，维护所在辖区的金融市场的稳定，并负责当地金融业的统计和调查工作。

第四节　中央银行业务

一、中央银行的货币政策工具

（一）货币政策工具

中国人民银行货币政策是通过对货币供应量/流通量的调节来实现的，这就需要运用特定的工具，称为货币政策工具，它是实现货币政策的手段。中国人民银行作为我国的中央银行，可以采用的货币政策工具包括：存款准备金、中央银行基准利率、再贴现、向商业银行提供贷款以及通过公开市场业务买卖国债和外汇等。

（二）存款准备金

存款准备金制度，是指商业银行按照中央银行规定的比例，将其吸收的存款总额的一定比例款额，缴存中央银行指定的账户。缴存中央银行指定账户的款

额,称为存款准备金。这部分款额与商业银行吸收的存款总额的比例,称为存款准备金率。存款准备金作为货币政策工具的作用是:调节市场货币流通量,从而达到紧缩或放松货币供应量的目的。当存款准备金比例提高时,存入中央银行账户上的款额就增加,市场上流通的货币量就会减少;反之,该比例降低时,市场上的货币流通量就会增加。2010年12月20日,中国人民银行将存款准备金率调整至18.5%,为近二十年来的最高点。

(三) 中央银行基准利率

中央银行贷款给商业银行的利率,称为基准利率。它通常是整个社会利率体系中处于最低水平、同时也是最核心地位的利率。商业银行给客户的贷款利率受基准利率的影响。我国从1984年将原来的统一分配资金的做法,改为借贷给商业银行资金,因此中央银行可以使用基准利率来调节市场的货币流通量。当中央银行的基准利率提高时,商业银行对客户的商业贷款利率也会相应提高,商业银行贷出的款项就会减少,市场上的货币流通量就会减少;反之,基准利率下调时,商业贷款利率也相应下降,市场上的货币流通量也会随之增加。

另一方面,随着我国利率市场化改革的深入,市场基准利率也初现端倪。2007年1月4日,上海银行间同业拆放利率(Shanghai Interbank Offered Rate,简称Shibor)开始运行。这是以位于上海的全国银行间同业拆借中心为技术平台计算,发布并命名的一种单利、无担保、批发性利率。首先由信用等级较高的银行组成一个报价团,自主报出人民币同业拆出利率,然后在这些报价的基础上计算出一个算术平均利率。金融市场正在形成以Shibor为基准的定价群,各种利率之间的比价关系日趋合理、清晰。以Shibor为基础建立我国的货币市场基准利率,不仅培育了金融机构的自主定价能力,也有助于中国人民银行合理确定中央银行基准利率水平,完善中央银行的货币政策传导机制。

(四) 再贴现率

再贴现率也是中央银行影响商业银行利率水平、进而影响全社会货币供应量的一种形式。贴现,是指票据持有人在票据到期前,以票据为质押,向商业银行申请贷款的活动。商业银行办理票据贴现,是对票据持有人提供贷款的一种方式。当商业银行自身需要资金周转,而贴现取得的票据尚未到期时,它可以持票据向中央银行申请贴现,取得贷款,这种贴现就称为再贴现。中央银行根据一定的比率从票据全款中扣取自贴现日至票据到期日的利息,这一比率即为再贴现率。它反映了中央银行对商业银行提供贴现贷款的利率。当中央银行调低再贴现率时,会刺激商业银行通过贴现向中央银行借入资金,扩大信贷规模,市场上的货币流通量就增加了。反之,中央银行提高再贴现率,就会抑制商业银行再贴现的积极性,进而影响商业银行对客户的贷款,市场货币流通量也就相应缩减了。

（五）公开市场业务

中央银行与一般政府部门的一个区别就在于它可以在金融市场上从事买卖业务。中央银行从事这种业务的目的不是为了盈利，而是为了调节市场货币供应量或汇率等指标，这种业务称为公开市场业务。例如，中国人民银行总行在上海开设了公开市场操作室，由它下达买卖的指令，通过一级交易商在二级市场上买卖国债、其他政府债券、金融债券或外汇。公开市场业务调节市场供应量的机理为：当市场中人民币太多时，中央银行就卖出国债或者外汇，从金融机构手中回收人民币，从而减少市场中人民币的供应量；当人民币短缺时，中央银行则买回国债或外汇，投放出人民币，从而增加市场中的货币。与其他货币政策工具相比，中央银行运用公开市场业务对市场中的货币供应量的调节在时间上、方向上都比较灵活，而且能够直接控制调节量的大小。

二、中央银行贷款

（一）中央银行贷款操作

中央银行对商业银行贷款也是调节市场货币流通量的一种手段。当中央银行对商业银行发放贷款时，市场上的货币流通量就会增加；反之，紧缩这种贷款时，市场上的货币流通量就会减少。比较前面几种货币政策工具，中央银行贷款是最直接的调节手段，而前面几种货币政策工具属于间接调节手段。

（二）中央银行贷款的条件和用途

中国人民银行贷款有一定的条件，例如，只对在中国人民银行开户的商业银行办理；商业银行申请贷款时，它的信贷资金用途应该正常，贷款用途符合国家的有关政策；商业银行能够按时缴纳存款准备金，归还贷款有资金的保障等。中国人民银行贷款的主要用途是解决商业银行临时性资金不足。中国人民银行禁止商业银行用这种贷款发放商业贷款，特别禁止用这种贷款投资于证券市场和房地产市场。例如，20世纪90年代后期以来，中国人民银行的再贷款主要投向三个方面：支持农业发展、扶持政策性银行业务以及化解商业银行的不良资产风险。在最后一个方面，中国人民银行对问题金融机构发放了数千亿的特别贷款，对于金融机构的存款人以及其他债权人的利益给予了有效保护。

三、经理国库与清算业务

（一）经理国库业务

我国财政部的预算资金通过委托的方式，由中国人民银行管理，财政部不再单独设立国库。从国库设置体系方面看，目前还是实行中央国库与地方国库两套体制。在中央国库的体系中，中央国库的总库设在中国人民银行总行，在地方设有中心支库和支库。在地方国库的体系中，各级人民银行分支机构再设立地方库。我国国库的存款货币以人民币计算。经理国库的具体工作按照《中华人民共和国国家金库条例》的规定办理。

（二）清算系统

我国目前采用的结算工具主要有：汇票、支票、银行本票、信用卡、汇兑以及委托收款等。中央银行负责维持结算中心的运行与结算纪律。根据《中国人民银行法》第27条的规定，"中国人民银行应当组织或者协助组织金融机构相互之间的清算系统，协调金融机构相互之间的清算事项，提供清算服务"。

中国人民银行负责维持结算体系，有利于金融市场的公平竞争，有利于中国人民银行掌握金融市场的信息与动态，有利于监督金融市场的活动，保证金融体系稳健运行。中国人民银行如发现商业银行在结算过程中，有压单、压票、无故占用客户结算资金的行为以及违反规定退票的情况，要责令商业银行予以纠正；给客户造成经济损失的，商业银行需赔偿损失。

四、办理业务限制性规定

（一）限制的理由

中国人民银行在办理业务时，需要处理好币值稳定与经济增长的矛盾，这种矛盾主要体现在：国家发展经济需要货币投放，而货币投放过多时，又会导致通货膨胀。中国人民银行货币政策的目的就是要稳定货币的币值，所以，通货膨胀式的投放货币是违反货币政策的；但是，中国人民银行如果限制货币的投放，又可能会限制经济的增长，导致币值稳定、经济增长却放缓了的情况。为了保证其执行货币政策，中国人民银行在办理业务时，也要受到一些法定的限制。

（二）禁止向金融机构的账户透支

中国人民银行对商业银行不能透支，主要目的是防止通货膨胀。当商业银行资金短缺时，可以通过再贴现的方式，从中国人民银行获得贷款，但一般不能从中国人民银行透支。

（三）禁止对政府财政透支

中国人民银行不得对中央财政进行透支。财政预算资金的来源主要是税收和发行国债，而不能从中国人民银行透支。如果可以透支的话，就意味着中国人民银行多发放了货币，结果会导致通货膨胀，违反了中国人民银行的货币政策。此外，中国人民银行直接认购、包销国债和其他政府债券也会产生与透支同样的效果，因此也在禁止之列。

（四）禁止向地方政府贷款

中国人民银行的分支机构设在地方，但是这些机构是中国人民银行的派出机构，在业务上与地方政府没有直接的联系。当地方政府需要资金时，不能向分支机构要求贷款，地方的分支机构也不能向地方政府提供贷款。这项禁止性规定也是为了避免地方政府一旦不能偿还贷款,势必造成中国人民银行多发货币而引起通货膨胀。《中国人民银行法》第30条、第48条对这种行为作出了规定。

(五)禁止向任何单位和个人提供担保

中国人民银行不是经营单位,没有商业客户,所以,中国人民银行不能参与商业贷款的担保活动。如果参与商业贷款的担保活动,当借款人不能偿还时,中国人民银行就有义务偿还,但是,中国人民银行并没有相应资金来履行这种义务。中国人民银行的资金只能用于执行符合货币政策目的的有关项目,而不能用来支付商业贷款。《中国人民银行法》第30条、第49条明文规定禁止这种行为。

第五节 中央银行财务会计管理

一、中央银行的财务预算管理

(一)中央银行独立财务预算制度

根据《中国人民银行法》第38条的规定,中国人民银行实行独立的财务预算制度。中央银行的预算经过国务院财政部门审核后,纳入中央预算,接受国务院审计部门的监督。

我国的中央银行采用独立的预算制度是符合我国特点的。因为中央银行有庞大的分支机构,分支机构虽然设立在地方,但是不纳入地方的财政预算。独立的财政预算使中央银行总行和各地的分支结构更容易制定和执行保障币值稳定的货币政策。

(二)中央银行的盈余处理

根据《中国人民银行法》第39条的规定,中国人民银行每一个会计年度的收入减除该年度的支出,并按照国务院财政部门的比例提取总准备金后的净利润,全部上缴中央财政。如果中央银行出现亏损,则由中央财政拨款弥补。

上述所讲的中央银行的盈余或亏损主要是由于参加市场买卖活动而出现的。因为在金融市场上买卖操作具有巨大的风险,为了间接调节汇率,中央银行还是要承担一定市场风险的。公开市场业务的结果有盈利,也可能有亏损,所以盈利与亏损都由中央财政收入和弥补。

二、中央银行的财务收支与会计制度

(一)中央银行的财务制度

中央银行既是政府部门,它发行货币,审批金融机构进入市场,同时它又在

金融市场上参与买卖交易活动,具有再贴现和基础货币贷款等功能,还要经理国库、保持储备。所以,中央银行的财务制度不同于一般的政府部门,它有一定的复杂性和特殊性,做好中央银行的财务工作是非常重要的。

根据《中国人民银行法》第40条的规定,中央银行的财务收支和会计事务,应当执行法律和国家统一的财务会计制度的有关规定,接受国务院审计机关和财政部门的审计和监督。所以,中央银行虽然是金融业的监管者,但是也要服从审计和财政部门的监督。

(二)中央银行的会计制度

中央银行的财务会计管理制度主要包括:中央银行要按照国家有关会计的规章制度办理有关的会计手续,不得弄虚作假;中央银行的地方分支机构同样禁止从事各种经营活动,禁止设立办理各种有营业性收入的商业和事业机构;中央银行参与公开市场活动只能通过总行的操作窗口,统一通过一级交易商进行,而不是自己在金融市场上直接参与;中央银行设在各级地方的分支机构不得擅自从事公开市场买卖活动。

三、中央银行的年度报表与报告

(一)中央银行的年度报表

中央银行的金融年度报表和年报的内容包括:货币发行情况,金银配售情况,存款准备金情况,再贴现情况,国库储备变化以及外汇储备情况,市场现金流量变化情况,利率变化情况和汇率变化情况等。在我国,只有中央银行掌握这些重要的信息资料,将这些信息数据资料汇总、分析和上报就是中央银行的报表工作。

中央银行负责进行国家的金融统计工作和金融市场的调查工作。在统计资料的基础上制成年度报表,在报表的基础上编制中央银行的年报。年报的内容对于国家宏观经济发展和经济决策部门制定有关政策是非常必要的。

(二)中央银行编制报表和年报的程序

根据《中国人民银行法》第41条的规定,中国人民银行应当于每一个会计年度结束后的3个月内,编制资产负债表、损益表和相关的财务会计报表,并编制年度报告,按照国家有关规定予以公布。我国中央银行的会计年度从公历的1月1日起到12月31日止。中央银行年度报表应该在第二年的3月份前编制完毕,在公开出版的《中国人民银行公报》上公布。

第六节 中国人民银行与银监会的监管分工

我国进行金融体制改革的目标之一,就是要建立符合中国国情的金融监管体系。目前,我国金融监管体系的主体包括银监会、证监会和保监会,同时,中国人民银行在履行维持金融市场稳定职责时也承担了一部分金融监管的工作。各金融监管机关在全国各地建立了众多分支机构，组成了严密的金融市场监管网，监控金融市场上任何不安全的活动。另外，监管主体还应该包括金融机构同业公会，这是一种行业自律性机构，我国目前正在完善这个体系。最后，金融监管还需要工商行政部门的市场监管与司法机关的法律强制力来协助、配合。

本章主要介绍银行业监管法律制度。

一、金融监管的目的与范围

（一）金融安全的目的

金融监管的首要目的就是保证金融业的安全，保持金融市场运行的稳健。金融作为社会经济活动的资金分配渠道，被誉为经济活动的神经中枢。同时它也关系到每一个普通百姓的个人和家庭财富的安全保障。另一方面，金融业又是一个运作"别人的钱"的行业，以负债经营、受托经营为特征，存在着一家金融机构倒闭引发整个市场系统性危机的潜在风险。因此，维持存款人、委托人、投资人对金融市场的信心，防范和化解金融风险就格外关键。

从国外的金融市场实践看，防范金融风险主要有三道防线：（1）日常监管，包括市场准入、退出与持续经营监管，前者如注册管理，后者如资本充足监管、风险资产管理、清偿能力评价、银行检查等等。它属于预防性的监管手段。（2）救助措施，典型的如最后贷款人制度，即中央银行对陷于信用危机的商业银行提供紧急贷款，或者直接或通过一个或多个大银行对商业银行进行业务接管，以化解单个金融机构的流动性危机蔓延到整个市场的危险，维护存款人的信心。（3）善后措施，如存款保险制度或者投资者保护基金制度。当金融机构破产倒闭时，由专门的保险机构对一定金额以下的存款或客户资金给予保付。

我国目前已建立起以银监会为主体的日常监管体系，存款保险制度也正在建设当中。中央银行的最后贷款人制度虽然缺乏法律上的明文规定，但《中国人民银行法》第30条、第32条都提到经国务院批准，中国人民银行可以对金融机构发放特种贷款。实践中，中国人民银行已多次向证券公司、银行及非银行金融机构提供紧急救助贷款，以防止特定金融机构的倒闭引发系统性危机，从某种意义上说已经扮演了最后贷款人的角色。因此，我国正在朝建立、健全完善的金融风险防范机制的方向发展。

（二）保护存款人和投资者的合法利益

对金融市场实行监管的终极目的是保护存款人和投资者的合法利益。金融市场是一个信用市场，参加金融市场的公众存款人和大众投资者的合法利益必须受到保护。如果公众存款人和大众投资者的利益受到损害，他们就会远离金融市场。而离开公众的支持，金融市场就会成为"无源之水，无本之木"。

(三) 提高国有商业银行信贷资产质量

由于历史的原因,我国国有商业银行承担了过多的政策性业务,导致不良资产比例过高。国有商业银行设在地方的分支机构,过去也曾迫于来自地方政府对发展本地经济的要求被动贷款,产生了一些不良资产。因此,我国的金融监管机关就有了一项特别的任务,就是促使商业银行、特别是国有商业银行提高信贷资产质量。例如,《中华人民共和国商业银行法》(以下简称《商业银行法》)的第1条已经将商业银行提高信贷资产质量当作一项法律义务来规定,对金融机构的监管当然也包括对资产质量的监管。

二、银监会的设立与中央银行监管职能的淡化

传统上,中央银行通常集宏观调控与金融监管职能于一身。但是实践表明,货币政策与银行监管的目标经常存在一定的冲突。中央银行容易在当宏观经济需要放松银根的时候,同时也放松了对银行的监管,或者反之,在紧缩银根时严厉监管,从而导致货币政策与银行监管同步振荡。这导致调控与监管两种职能都很难有效行使。近些年来,许多国家都在探索改进中央银行职能的途径,纷纷采取央行分拆的模式,将货币政策职能与监管职能分开。这样,一方面强化了中央银行的独立性,使央行更好地承担货币政策的职能,另一方面给予银行监管机构相应的权限、资源和人力,可以大幅提高银行监管的专业水平。

我国金融市场的迅速发展也反映出货币政策与监管职能分离的要求。2003年3月10日,全国人大批准《国务院机构改革方案》,决定设立中国银行业监督管理委员会。考虑到银监会承接原央行的金融监管职能涉及到对《中国人民银行法》的修改,在完成修改之前,为保证两个机关履行职责的合法性,2003年4月26日,第十届全国人大常委会第二次会议专门作出了《关于中国银行业监督管理委员会履行原由中国人民银行履行的监督管理职责的决定》,同时要求国务院尽快修改《中国人民银行法》和《商业银行法》。2003年12月27日,第十届全国人大常委会第六次会议通过了《中华人民共和国银行业监督管理法》(以下简称《银行业监督管理法》),自2004年2月1日起正式施行。《中国人民银行法》、《商业银行法》同时作了相应的修改。这也是我国政府机构建制第一次"法律先行",也体现了立法者对金融监管与法律之间密切关系的认识。

三、银监会的监管范围与职责

(一) 银监会的监管范围

按照《银行业监督管理法》第2条,中国银监会负责对全国银行业金融机构及其业务活动进行监督管理。银行业金融机构包括在我国境内设立的商业银行、城市信用合作社、农村信用合作社等吸收公众存款的金融机构以及政策性

银行。

此外,银监会的监管范围还包括金融资产管理公司、信托投资公司、财务公司、金融租赁公司以及经其批准设立的其他金融机构。"其他金融机构"的一个例子是2007年1月22日银监会发布的《贷款公司管理暂行规定》,批准设立一种新的非银行金融机构——贷款公司,主要为农村经济发展提供贷款服务。上述这些金融组织通常称为"非银行金融机构"。

银行或非银行金融机构在境外设立分支机构或者其他境外的业务活动,也都属于银监会的监管范围。

其他的金融机构分别由中国证监会和中国保监会监管。其中,中国证监会监管的金融机构包括证券公司、基金管理公司、证券投资基金、期货公司等,保监会则监管保险公司、养老金管理公司等。

(二)银监会的监管职责

银监会的监管职责包括:(1)制定有关银行业金融机构监管的规章制度和办法;(2)审批银行业金融机构及其分支机构的设立、变更、终止及其业务范围;(3)对银行业金融机构实行现场和非现场监管,依法查处违法违规行为;(4)审查银行业金融机构高级管理人员任职资格;(5)负责统一编制、公布全国银行业金融机构数据、报表;(6)会同财政部、中国人民银行等部门提出存款类金融机构紧急风险处置的意见和建议;(7)负责国有重点银行业金融机构监事会的日常管理工作;(8)承办国务院交办的其他事项。

四、中国人民银行保留的监管职责

虽然银监会专司金融监管职能,但是中国人民银行还负有维护金融稳定、防范和化解金融风险的职责,这就使得其不可能完全放弃金融监管的职责,而是在实施宏观调控、监测金融市场运行情况的同时,承担相应的检查、监督工作。按照《中国人民银行法》的授权,中国人民银行的监督检查权有两种形式,即对特定行为的检查监督权以及对特定金融机构的全面检查监督权。此外,中国人民银行还负有金融统计的职责。

(一)对特定行为的检查监督权

根据《中国人民银行法》第32条的规定,中国人民银行有权对金融机构以及其他单位和个人的下列行为进行检查监督:(1)执行有关存款准备金管理规定的行为;(2)与中国人民银行特种贷款有关的行为;(3)执行有关人民币管理规定的行为;(4)执行有关银行间同业拆借市场、银行间债券市场管理规定的行为;(5)执行有关外汇管理规定的行为;(6)执行有关黄金管理规定的行为;(7)代理中国人民银行经理国库的行为;(8)执行有关清算管理规定的行为;(9)执行有关反洗钱规定的行为。

上述行为都是发生在中国人民银行的业务范围内,属于中国人民银行在调控、监测银行间货币市场、债券市场、外汇市场、清算活动等过程中进行的检查监督。被监督的对象也不限于银行业金融机构,还包括参与上述市场活动的其他企事业单位和个人。

其中,执行有关反洗钱规定是中国人民银行承担的一项重要任务。根据第十届全国人大常委会第二十四次会议于2006年10月31日通过的《中华人民共和国反洗钱法》,反洗钱,是指为了预防通过各种方式掩饰、隐瞒毒品犯罪、黑社会性质的组织犯罪、恐怖活动犯罪、走私犯罪、贪污贿赂犯罪、破坏金融管理秩序犯罪、金融诈骗犯罪等犯罪所得及其收益的来源和性质的洗钱活动,依照该法规定采取相关措施的行为。中国人民银行作为国务院反洗钱行政主管部门,组织、协调全国的反洗钱工作,负责反洗钱的资金监测,制定或者会同国务院有关金融监督管理机构制定金融机构反洗钱规章,监督、检查金融机构履行反洗钱义务的情况,在职责范围内调查可疑交易活动,履行法律和国务院规定的有关反洗钱的其他职责。同时,中国人民银行的派出机构在国务院反洗钱行政主管部门的授权范围内,对金融机构履行反洗钱义务的情况进行监督、检查。

(二)对特定金融机构的全面检查监督权

当特定的银行业金融机构出现支付困难,可能引发金融风险时,中国人民银行为了维护金融稳定,有权对特定银行业金融机构进行检查监督。这也是中国人民银行提供特种贷款进行救助的前提。中国人民银行行使这一权力需要经国务院事先批准。

(三)金融统计职责

金融宏观调控建立在充分的信息基础上。中国人民银行的重要职责之一就是对金融市场数据进行统计,统一编制全国金融统计数据、报表,并按照国家有关规定予以公布。为此,中国人民银行有权要求银行业金融机构报送必要的资产负债表、利润表以及其他财务会计、统计报表和资料。在一些发达国家,金融信息已经发展成为一种产业,该产业正在朝国际化、一体化方向发展。我国原来金融市场统计和调查主要是由中国人民银行进行,但是现在,外国的民间金融机构也成为了新的信息化产业的参与者,金融信息产业的规模发展得越来越大,并且已经成为金融业发展不可缺少的基础条件。

统计的原则是客观性、科学性和统一性。要具有客观性,就是要排除行政领导的主观性;要具有科学性,就是在统计调查方法上要科学;要具有统一性,就是对金融市场的统计与调查要具有一致的语言标准和计算方法,这些标准要与国际接轨。

(四)征信管理职责

《中国人民银行法》并未规定征信管理职责,但国务院批准的《中国人民银行主要职责内设机构和人员编制规定》("三定方案")明确,中国人民银行的职责包括"管理征信业,推动建立社会信用体系"。征信管理职责的具体工作由中国人民银行征信管理局组织实施,包括:承办征信业管理工作;组织推动社会信用体系建设;组织拟定征信业发展规划、规章制度及行业标准;拟定征信机构、征信业务管理办法及有关信用风险评价准则;承办征信及有关金融知识的宣传教育培训工作;受理征信业务投诉;承办社会信用体系部际联席会议办公室的日常工作。目前,我国正在制定《征信管理条例》,立法目的是"保护征信活动相关当事人的合法权益,规范征信机构的行为,促进征信业发展",其征求意见稿已由国务院法制办在 2009 年 10 月 13 日公开征求社会各界意见。

五、中国人民银行与银监会之间的监管合作

（一）信息共享

监管金融市场的基础是金融信息的调查与统计,银监会等其他金融监管机构也有权要求被监管对象报送财务资料以及相关信息,但各自关注的重点不同。为避免增加报送机构的成本,同时也提高各监管者之间的监管效率,《中国人民银行法》和《银行业监督管理法》都规定了信息共享制度。

（二）检查建议

中国人民银行在执行货币政策或维持金融稳定职责时,针对发现的问题,有权建议银监会对特定银行业金融机构进行检查监督。银监会应当自收到建议之日起 30 日内予以回复。

（三）共同制定特定事项的规则

中国人民银行对金融市场运行的监测与银监会对金融机构业务活动的监管只是侧重点不同,在业务领域上有时是交叉甚至重合的,这就需要两个机构互相配合。《中国人民银行法》以及《银行业监督管理法》都列举了一些需要两家机构共同决定的事项。例如,中国人民银行对清算系统的管理与银监会对金融机构的支付结算业务的管理存在一定交叉,因此,支付结算规则由中国人民银行会同银监会制定。再如,对于银行业突发事件的处置,银监会应当会同中国人民银行、国务院财政部门等有关部门建立处置制度,等等。

从金融市场发展的大背景看,不仅中央银行与银监会之间,整个金融监管体系中各监管机构之间的密切合作也是不可避免的。《中国人民银行法》第 9 条规定,"国务院建立金融监督管理协调机制"。资金在金融市场不同板块之间流动,金融机构从分业经营走向混业经营也是大势所趋,对监管体制也提出了综合监管的要求。中国银监会、证监会、保监会于 2003 年 6 月初成立了专门工作小组,并于 2004 年 6 月 28 日公布了《三大监管机构金融监管分工合作备忘录》,初步构建了三大监管机构之间在混业经营领域的分工合作机制。2008 年国务院

发布《中国人民银行主要职责内设机构和人员编制规定》,在中国人民银行的职责中添加了"负责会同金融监管部门制定金融控股公司的监管规则和交叉性金融业务的标准、规范"。虽然我国的金融监管体系已经进行了大量的协调与整合工作,但毋庸讳言,目前的多头分业监管体制仍存在着进一步完善的必要。

第七节 银监会的监管与处罚措施

银监会作为银行业的监管管理机构,对银行以及非银行金融机构负有全面的管理职责,从市场准入、退出的审批,到日常业务活动的监管。《银行业监督管理法》对银监会的监管地位、权限、可采取的监管措施和处罚手段都作出了详细的规定。应注意的是,不同的监管对象(如银行、信托公司等)有不同的特点,其市场准入的条件以及审慎经营的要求都不完全一致,它们体现在《商业银行法》以及《农村信用合作社管理规定》、《金融资产管理公司条例》、《信托公司管理办法》、《金融租赁公司管理办法》、《企业集团财务公司管理办法》、《贷款公司管理暂行规定》等法律法规中。针对不同金融机构的具体监管要求将在后面的相关章节中说明,这里仅介绍《银行业监督管理法》所规定的具有普遍适用性的监管措施。

一、监督管理措施

银监会对银行业金融机构的监管包括市场准入监管与持续经营监管。市场准入涉及到金融机构的设立、管理人员的任职资格以及从业人员资格等方面的管理,其法律规则将在各金融机构组织法部分加以介绍,这里主要讨论持续经营监管问题。银监会的持续经营监管措施包括现场监管与非现场监管。

(一)现场监管

为履行现场监管职责,银监会有权进入银行业金融机构进行检查,询问银行业金融机构的工作人员,要求其对有关检查事项作出说明,检查银行业金融机构运用电子计算机管理业务数据的系统,查阅、复制银行业金融机构与检查事项有关的文件、资料,对可能被转移、隐匿或者毁损的文件、资料予以封存。银监会进行现场检查,应当经相关负责人批准。检查人员不得少于二人,并应当出示合法证件和检查通知书,否则金融机构有权拒绝检查。

(二)非现场监管

非现场监管主要通过资料审查来实施。银监会有权要求银行业金融机构报送经审计财务资料、统计报表、经营管理资料审计报告。此外,银监会根据履行职责的需要,可以与银行业金融机构董事、高级管理人员进行监督管理谈话,要求其对所属机构的业务活动和风险管理的重大事项作出说明。

(三) 账户查询与冻结

当银行业金融机构及其工作人员涉嫌金融违法时,经银监会或者其省级派出机构负责人批准,监管机构有权查询上述机构、人员以及关联行为人的账户。对涉嫌转移或者隐匿违法资金的,经相关负责人批准,可以申请司法机关予以冻结。

二、特别限制措施

特别限制措施是金融监管上的一个特色制度,体现为金融监管者直接干预被监管对象的经营活动,对其业务扩张、资产运用或者分配行为等进行特别限制。

(一) 限制的必要性

银行业金融机构发生违反审慎经营规则的行为,通常带来过大的信用风险或法律风险。比如高息揽储,盲目扩张贷款业务,或者不规范经营,对股东过度分配股息红利,这些都会削弱金融机构的偿付能力,引发潜在的信用危机。对此,银监会或者其省一级派出机构有权责令其限期改正。违规的金融机构逾期未改正的,或者其行为严重危及自身的稳健运行、损害存款人和其他客户合法权益的,监管机构可以依法对其经营管理活动采取特定的限制措施,以控制风险的进一步扩大。

(二) 特别限制措施的形式

特别限制措施的形式包括:(1) 责令暂停部分业务、停止批准开办新业务;(2) 限制分配红利和其他收入;(3) 限制资产转让;(4) 责令控股股东转让股权或者限制有关股东的权利;(5) 责令调整董事、高级管理人员或者限制其权利;(6) 停止批准增设分支机构。

受到限制的金融机构进行整改后,应当向作出特别限制措施的监管机构提交报告,由后者进行验收。已符合有关审慎经营规则的,监管机构应当自验收完毕之日起3日内解除特别限制措施。

三、接管、重组与撤销权

银行业金融机构已经或者可能发生信用危机,严重影响存款人和其他客户合法权益的,银监会可以依法对该银行业金融机构实行接管或者促成机构重组。如果有违法经营、经营管理不善等情形,不予撤销将严重危害金融秩序、损害公众利益的,监管机关有权予以撤销。

在接管、机构重组或者撤销清算期间,监管机构有权要求该银行业金融机构的董事、高级管理人员和其他工作人员继续履行职责。必要时,经银监会负责人批准,对直接负责的董事、高级管理人员和其他直接责任人员,可以采取限制出境措施,或者申请司法机关禁止其转移、转让财产或者对其财产设定其他权利。

四、对违反金融监管行为的处罚措施

金融业是一个实行市场准入的行业。违反金融监管的行为主体既包括金融机构及其从业人员,也包括未经批准从事金融活动的企事业单位和个人。

(一)对业内机构、人员的处罚

对于违反金融监管法规的金融机构,银监会可以采取的行政处罚措施包括责令改正、没收非法所得、罚款等。对于情节特别严重或者逾期不改正的,银监会有权责令停业整顿或者吊销其经营许可证。

对于金融机构违法违规经营负有直接责任的董事、高级管理人员和其他直接责任人员,银监会除有权责令相关金融机构对上述人员给予纪律处分外,还可以直接对上述人员给予警告,处以罚款,或对其采取市场禁入措施,即取消直接负责的董事、高级管理人员一定期限直至终身的任职资格,禁止上述董事、高管人员和其他直接责任人员一定期限直至终身从事银行业工作。

例如,2003年9月,银监会开出了该机构成立后的第一张罚单,处罚美联银行北京上海两家代表处,共计罚款44万美元,同时还取消了美联银行上海代表处首席代表一年任职资格。

(二)对违反市场准入规则的处罚

任何单位和个人未经批准擅自设立的银行业金融机构或者非法从事的银行业金融机构的业务活动,由国务院银行业监督管理机构予以取缔。构成犯罪的,依法追究刑事责任。尚不构成犯罪的,由银监会没收违法所得,并处违法所得1倍以上5倍以下罚款;没有违法所得或者违法所得不足50万元的,处50万元以上200万元以下罚款。

第八节 中国人民银行与银监会的法律责任

一、法律责任的特点

(一)直接责任者的责任

根据《中国人民银行法》第48条、《银行业监督管理法》第42条的规定,违反该法律的责任者个人承担法律责任,而中央银行、银监会本身作为一个政府机构整体,不为个人承担责任。所以,两部法律中使用的责任主体的表述是"负有直接责任的主管人员"、"其他直接责任人员"或者"从事监督管理工作的人员",责任主体中没有整体意义上的中国人民银行或者银监会。

此外,按照《中国人民银行》第49条,如果地方政府、各级政府部门、社会团体和个人强令中国人民银行及其工作人员违反规定提供贷款或者担保的,上述机构中负有直接责任的主管人员和其他直接责任人员也要承担相应的行政责任、刑事责任和民事责任。

(二)监管机构的行政诉讼责任

根据《中国人民银行法》第 47 条的规定,当事人对中国人民银行所采取的行政处罚不服的,可以依照《行政诉讼法》的规定提起行政诉讼,当事人是原告,中国人民银行是被告。这种"民告官"做法也是对中国人民银行行使权力的一种监督,是防止中国人民银行对当事人滥用职权的一种方法。

《银行业监督管理法》本身没有明确规定不服银监会处罚是否可以提起行政诉讼。但是中国银监会 2005 年 1 月发布的《行政复议办法》与《行政处罚办法》都明确了被处罚的当事人提起行政诉讼的权利。

二、中国人民银行工作人员的法律责任

(一)违反贷款或担保的责任

对于违反法律进行贷款或担保的行为,负有直接责任的主管人员和其他直接责任人员,依法给予行政处分;构成犯罪的,还要依法追究刑事责任;造成损失的,还应当承担部分或者全部赔偿责任。我国《刑法》第 186 条、第 188 条对这种违法行为有专门的规定。

(二)违反保密义务的责任

中国人民银行因为是中央银行,它发布关于利率、汇率、申请设立金融机构的情况,金融市场的对外开放的程度,金银配售情况,外汇使用情况等信息,在这些信息没有公布出来前,都属于保密范围。擅自将中央银行掌握的金融信息泄漏给外界的,直接责任人就要承担刑事责任。实践中曾经发生的一个案件,就是中国人民银行的一个工作人员把央行即将提高利率的消息泄露出去,引发了一定范围内的市场动荡,最后承担了法律责任。

(三)中国人民银行行员的渎职责任

根据《中国人民银行法》第 50 条规定,中国人民银行的少数行员素质不高,有贪污受贿、徇私舞弊、滥用职权、玩忽职守等行为并且情节严重时,由国家司法机关依法追究刑事责任。《刑法》对此有专门的规定。

三、银监会工作人员的法律责任

(一)监管人员的渎职责任

依照《银行业监督管理法》第 42 条,从事银行业监督管理工作的人员有下列情形之一的,依法给予行政处分;构成犯罪的,依法追究刑事责任:(1)违反规定审查批准银行业金融机构的设立、变更、终止,以及业务范围和业务范围内的

业务品种的;(2)违反规定对银行业金融机构进行现场检查的;(3)未依照《银行业监督管理法》第 28 条规定报告突发事件的;(4)违反规定查询账户或者申请冻结资金的;(5)违反规定对银行业金融机构采取措施或者处罚的;(6)滥用职权、玩忽职守的其他行为。

上述列举的行为,不论是滥用职权,还是玩忽职守,都属于监管过程中的渎职行为。法律责任除行政处分外,构成犯罪的,适用《刑法》第 397 条渎职罪的规定。

(二) 违反保密义务的责任

监管人员贪污受贿、泄露国家秘密或者所知悉的商业秘密,应承担行政责任与刑事责任,与前述中国人民银行的工作人员的情形类同。

第二章 商业银行法律制度

第一节 商业银行法律制度概述

一、《商业银行法》的制定与立法目的

(一) 立法经过

《中华人民共和国商业银行法》(以下简称《商业银行法》)是1995年5月10日由第八届全国人大常委会第十三次会议通过的。在此之前,我国一直适用1987年国务院颁布的《中华人民共和国银行管理暂行条例》。《商业银行法》从1979年开始起草,经过16年的努力,这部金融大法才公布实施。

从1949年以来,我国长期实行金融计划经济和行政对金融的指令性领导,长期没有进行金融市场化的运作,依靠政策多于依靠法律。从1978年国家的经济体制改革开展以来,1984年,中国人民银行专门行使中央银行的职能,成立了中国工商银行,加上1979年恢复的中国农业银行和中国人民建设银行(现名中国建设银行)均可从事商业银行的具体业务,金融业的管理与经营也要市场化,对《商业银行法》的需要日益迫切。1987年颁布了国务院的行政法规《银行管理暂行条例》,金融业有了第一个行政规章。随着金融业的迅速发展,外资金融机构进入我国的数量增多,原来的法规已显过时,制定一部全面的银行法的呼声越来越高。1995年,《商业银行法》终于公布实施,它的颁布标志着我国的金融体制改革与管理进入了法制化的新时期。2003年12月,配合我国银行监管体制的变化以及商业银行分业经营监管的松动,《商业银行法》也进行了相应的修改。

(二) 立法目的

《商业银行法》的立法目的有四项:第一,保护商业银行、存款人和其他客户的合法利益;第二,规范商业银行的行为,提高信贷资产质量;第三,维护金融市场秩序;第四,促进经济发展。前两项目的是微观方面的,它规定了银行与客户的关系,规定了商业银行经营管理的大量内容;后两项目的是从宏观方面来规定的,《商业银行法》也有大量规范金融市场和宏观经济与银行的关系的条款。所以,理解该法的立法目的,要从客户、银行、金融市场到国家的宏观经济几个方面全面进行理解。

二、商业银行的法律地位

（一）商业银行的法定定义

《商业银行法》第 2 条对商业银行下了一个定义："本法所称的商业银行是指依照本法和《中华人民共和国公司法》设立的吸收公众存款、发放贷款、办理结算等业务的企业法人"。

上述定义的核心内容是对商业银行主要功能的描述，即吸收公众存款、发放贷款、办理结算业务。从功能的角度下定义通常是经济学对商业银行的定义方式。法律上对商业银行的定义多是从审批程序的角度提出的，如英、美等国的银行法一般把银行简略地界定为"获得银行牌照的机构"。产生这种差异的原因主要有两方面：一是银行业先有银行，后有立法。而商业银行的具体形式在不同国家、不同时期都有不同，业务范围也不断变化，给法律上以列举业务的方式下定义造成一定困难。二是银行法作为监管性质的立法，法律定义的目的主要在于确定市场准入的范围以及监管的对象，因此强调银行是一种特许经营的机构。

《商业银行法》的起草几乎是与国有银行的市场化改革、向真正的商业银行转型的历史过程同步进行的。在这个过程中，人们对"商业银行"这种特殊的金融企业的性质与功能的认识也越来越清晰。由于我国的经济立法往往同时承担着确认改革成果、引导改革方向的功能，因此，《商业银行法》在给"商业银行"下定义时，明确商业银行的核心业务和法律地位，便于社会各界以及银行自身更清楚地理解什么是商业银行，对于我国金融体制改革、特别是金融机构体系的规范化建设发挥着指引性的作用。

（二）商业银行的基本职能

商业银行业务范围随国别、时期而不同，但吸收公众存款、发放贷款和办理结算被公认是最核心的业务。这些业务造就商业银行成为金融体系中最主要的资金分配渠道，集信用中介、支付中介、信用创造于一身。这一特点也把商业银行与其他从事贷款活动的金融机构，如信托公司、租赁公司、财务公司等区别开来。

商业银行有以下几个特点：首先，商业银行是以从事"零售性"金融服务业（面对大众）为主的金融机构，吸收公众存款就是"零售"金融服务业的主要特点。其他金融机构一般不能直接接收公众存款，而是吸收大额的、特定主体委托的、或者批发性的资金。其次，商业银行是可以提供各种期限贷款的金融机构，它利用吸收的公众存款放贷而获得主要收益。上述两个特点使得商业银行成为了分配资金的信用中介。再次，银行为各类法人、个人开设活期账户办理结算，成为社会经济活动的支付中介。在信用中介职能与支付中介职能的基础上，商业银行的信用创造职能就充分体现出来：通过支票、银行卡等支付工具的使用，存款人使用自己的资金与银行将上述资金贷放出去并行不悖；这些贷款又形成新增存款，体现为更多的支票、银行卡等派生购买力；最终，商业银行体系派生出数倍于原始存款的资金。所以有些经济学家将商业银行家比喻成"用自来水笔创造货币的人"。

商业银行集信用中介、支付中介以及信用创造职能于一身的特点，也使得它成为最需要受到监管的对象。公众存款、特别活期存款具有高流动性，而银行贷款则是期限越长利率越高，存款与贷款期限的不匹配导致公众存款面临到期不能偿付的风险。由于普通存款人缺乏对银行稳健运行与否的经验判断，因此一家银行的支付不能很容易引起存款人对其他银行偿付能力的怀疑，导致对整个银行体系的挤提，从而引发系统性危机。这就产生了对商业银行进行监管的必要性：通过规范商业银行的运作，保护存款人的利益，维持公众对金融体系的信心。

（三）商业银行的法律地位

《商业银行法》对商业银行定义的另一个特点，是明确了商业银行的法律地位和组织形式，即采取《公司法》规定的有限责任公司或股份有限公司形态的企业法人。这也就把商业银行与主要为成员提供金融服务、不以营利为主要目的的合作金融组织区别开来。公司是以营利为目的的法人，且实行一股一票的表决机制。而合作制的特点是一人一票。1995年《商业银行法》列举的商业银行形式曾包括了"城市合作商业银行"和"农村合作商业银行"，但实践中设立的一些城市合作银行其实是股份制商业银行，不具有"合作"的性质。因此，1998年之后，这些银行经中国人民银行批准逐步改名为"城市商业银行"。2003年底修改《商业银行法》时，正式以"城市商业银行"、"农村商业银行"取代了原来的"城市合作商业银行"和"农村合作商业银行"。

三、我国现行的商业银行体系

（一）原国有银行

原国有银行包括中国工商银行、中国建设银行、中国银行、中国农业银行，合称四大专业银行。1986年恢复的中国交通银行也可以属于这一群体。在过去的二十多年中，国有专业银行经历了跨专业经营、政策性业务的剥离、股份制改造、海外上市等一系列制度改革，逐渐转型为具有现代公司治理结构的商业银行。

（二）股份制银行

此处的"股份制银行"特指改革开放后由地方政府或者企业为主体投资设立的股份制银行。前者又称为地方性银行，如深圳发展银行、浦东发展银行、已经被关闭的海南发展银行等。后者如招商银行、华夏银行、中信实业银行等。这些银行的营业范围一度局限于地方或者主要投资企业所在地,后来也开始向全国性银行发展,其中多数都已经在 A 股市场上市。

(三) 城市商业银行

城市商业银行的前身是城市信用社。这是 1978 年以后建立的集体所有制金融机构,由集体所有制工商企业、个体工商户以及个人入股设立,主要为集体企业、私营企业、个体工商户办理信贷和一定范围内的结算业务,以及个人储蓄业务、代办保险等服务,以适应改革开放以来非国有经济迅速发展的需要。1995 年出台的《商业银行法》确认了城市合作银行作为商业银行的一种组织形式,国务院发出了《关于组建城市合作银行的通知》,各地的城市信用社开始整合改制。1998 年 3 月,根据中国人民银行和国家工商行政管理局的规定,城市合作银行正式更名为城市商业银行,其投资主体为地方财政和企事业单位,同时也吸收了部分自然人入股。2001 年下半年以来,全国多家城市商业银行进行了增资扩股,有些还引入了境外的战略投资人,逐步转型为具有地方特色的、小而有活力的商业银行。自 2007 年开始,宁波银行、南京银行和北京银行等多家城市商业银行在海内外市场先后上市。

(四) 外资银行

外资银行包括外资法人银行、中外合资银行以及外国银行分行。本书第三章专门介绍外资银行的法律制度。

(五) 中国邮政储蓄银行

中国邮政储蓄银行由中国邮政储金汇业局转型而来,2007 年 3 月 20 日正式挂牌成立。以存款规模计,中国邮政储蓄银行位列中国工商银行、中国农业银行、中国银行、中国建设银行四大行之后,为我国第五大商业银行。邮政储蓄自 1986 年恢复开办以来,现已成为全国覆盖城乡网点面最广、交易额最多的个人金融服务网络,其中近 60% 的储蓄网点和近 70% 的汇兑网点分布在农村地区,成为沟通城乡居民个人结算的主渠道。邮政储蓄机构吸收的存款原先都存入中央银行,近年来逐步进入银行间债券市场,开始办理大额协议存款、银团贷款以及小额信贷等业务。

(六) 全国性商业银行与地区性商业银行

对商业银行的上述划分主要基于其设立背景和产权性质。随着我国金融体制改革的深化,本土商业银行大多采取《公司法》规定的股份有限公司形式并上市,以顺应中国入世之后国际竞争的需要。上述基于设立路径呈现的差异逐渐消除。2003 年修改的《商业银行法》不再针对国有银行进行特殊规定,而是根据银行的业务活动的范围提出了新的分类:全国性商业银行、城市商业银行、农村商业银行,并确定了不同的最低资本要求。不过,在现行的金融监管规章中,还不时能看到针对国有控股商业银行的特殊要求。

四、商业银行与政府之间的关系

（一）政策性业务的剥离

商业银行是企业法人，按照《商业银行法》的要求实行"自主经营、自担风险、自负盈亏、自我约束"的经营方针。但是我国的银行在计划经济时期受政府干预较大，特别是四大国有专业银行身兼政策性银行和商业性银行的双重职能，发放了大量政策性贷款，以扶持对社会整体有利但微利甚至亏损的项目。银行在政府指令下发放的政策性贷款无法收回，这一方面违反了银行自主经营的方针，另一方面也形成了国有银行沉重的不良贷款包袱。

1994年进行的金融体制改革，国务院批准成立了三家政策性银行，即国家开发银行、中国农业发展银行和中国进出口银行。国家开发银行主要办理国家重点建设（包括基本建设和技术改造）的政策性贷款及贴息义务。中国农业发展银行主要承担国家粮棉油储备、农副产品收购等方面的政策性贷款业务。中国进出口银行主要办理支持机电产品、成套设备及高科技产品出口的买方信贷、卖方信贷业务，并为我国企业的对外承包和技术交流提供担保融资服务。

三家政策性银行成立后，从原国有专业银行承接了相关的政策性贷款业务。

（二）国务院指定项目的贷款业务

我国1995年《商业银行法》第41条第2款规定："经国务院批准的特定贷款项目，国有独资商业银行应当发放贷款。因贷款造成的损失，由国务院采取相应补救措施。具体办法由国务院规定"。

国有独资商业银行应当向国务院指定的特定贷款项目贷款，原因有两个：第一，国家是国有独资商业银行的股东，是"老板"，股东要求自己的银行向指定的贷款项目贷款，股东有权利，银行有义务；第二，国务院指定的贷款项目万一失败，造成损失，由国务院采取相应的补救措施，国务院采取哪些补救措施，根据具体规定执行。

在政策性银行与商业银行业务已经区分开的情况下，国务院指定贷款项目应当尽量由政策性银行承担。但是1995年前后我国政策性银行的规模还不够大，还难以将所有国家需要支持的项目都包下来，所以在特别的情况下，国有独资商业银行还需要承担一小部分义务。现在，随着国有独资银行逐步转型为股份制商业银行，政策性银行也成长起来，因此2003年修订的《商业银行法》就把这项要求取消了。

（三）国家产业政策指导

商业银行应根据国民经济和社会发展的需要，在国家产业政策的指导下开展贷款业务。《商业银行法》第34条规定了这项政府行政指导原则："商业银行根据国民经济和社会发展的需要，在国家产业政策指导下开展贷款业务"。

这条法律可以从两个方面理解：一方面，商业银行本来是自主经营、自负盈亏、自担风险、自我约束的商业企业，商业银行既然自己承担一切风险，不承担风险的其他单位就应尽可能减少对商业银行的指导，国家对商业银行的行政指导也应当越少越好。另一方面，商业银行同时又是经特别批准成立的金融机构，国家给予商业银行从事金融业务特权，使商业银行能够接触公众存款人和其他客户，最广泛地掌握社会金融资源。在一般国家中，商业银行掌握的资产总和约等于这些国家每年国民生产总值，是对国家和社会影响最大的机构。因此，商业银行也就承担了一定的社会责任，商业银行有义务配合国家产业政策开展业务。

（四）政府部门对商业银行的指导

《商业银行法》第4条第2款规定："商业银行依法开展业务，不受任何单位和个人的干涉。"第41条规定："任何单位和个人不得强令商业银行发放贷款或者提供担保。商业银行有权拒绝任何单位和个人强令要求其发放贷款或者提供担保。"

在实践中，我国中央政府各部门和地方各级政府以及政府官员对商业银行，特别是国有商业银行有行政指导的传统。根据我国《宪法》第107条第1款规定："县级以上地方各级人民政府依照法律规定的权限，管理本行政区域内的经济、教育、科学、文化、卫生、体育事业、城乡建设事业和财政、民政、公安、民族事务、司法行政、监察、计划生育等行政工作，发布决定和命令，任免、培训、考核和奖惩行政工作人员。"可见政府对经济发展负有法律责任，政府行政指导并不能一概否定，只有不正当的干预才是法律禁止的。

第二节　商业银行的市场准入与退出

一、银行业的特许经营

（一）银行经营的特许制

商业银行是一个特许经营的金融行业，有市场准入的限制。由于它为社会公众服务，为企业提供贷款，为国民经济运行提供结算服务，所以，商业银行对经济和社会影响极大，必须经过中国银监会批准后才能经营银行业，这种批准就是银行的特许制，具体以银监会发放的经营金融业务许可证来体现。

由于银行是经过银监会特批才能够开业经营的，批准的条件极高，只有少数具有资金、专业人才和管理经验的单位才能获得批准，加之银监会对商业银行的日常经营监管严格，所以，获得银行牌照的单位，在市场的商誉较一般公司高，在社会上的信用也较高。为了维护商业银行的信誉，任何未经过批准的单位和个人都不得擅自经营银行业务，也不得在其公司名称中使用"银行"或与银行类似的衍生词。

市场准入审查的另一个目的是限制金融机构的数量。金融市场的规模与金融机构的数量是有一定比例关系的。当市场上的金融机构过多而趋于饱和时,竞争就会变得过于激烈,经营成本过高,不利于金融市场的稳定和金融业务的发展,所以金融机构的数量一定要控制在合理的范围内。

(二) 许可证的限制

已经获得银行经营许可证的商业银行不得出租或出借银行的许可证,银行许可证的转让也要经过银监会批准。这是我国维护金融市场秩序的一项重要措施,任何违反规定者,都将被银监会吊销许可证。

《商业银行法》规定了设立商业银行的基本条件和程序。中国银监会据此制订了《中资商业银行行政许可事项实施办法》、《外资金融机构行政许可事项实施办法》、《行政许可实施程序规定》,对商业银行的市场准入与退出的条件和审批程序作出了详细的规定。

二、设立商业银行的条件

(一) 设立条件

《商业银行法》第 12 条规定了设立商业银行的条件:第一,有符合《商业银行法》和《公司法》规定的章程;第二,符合《商业银行法》规定的注册资本最低限额;第三,有具备任职专业知识和业务工作经验的董事、高级管理人员;第四,有健全的组织机构和管理制度;第五,有符合要求的营业场所、安全防范设施和与业务有关的其他设施。设立商业银行,还应当符合其他审慎性条件。

(二) 最低法定注册资本数额

《商业银行法》第 13 条规定了商业银行的最低法定注册资本数额:设立全国性商业银行的最低注册资本数额为 10 亿元人民币;设立城市商业银行的最低注册资本数额为 1 亿元人民币;设立农村商业银行的最低注册资本数额为 5000 万元人民币。银行的注册资本必须是实缴资本。银监会有权根据市场的变化调整最低注册资本的数额,但是,调整后的银行最低注册资本不得低于前面所说的数额水平。

银行的注册资本是银行开展业务经营的财务基础,也是存款人利益的一定保障。银行最初建立时的固定资产投资都要从注册资本中提取,如果注册资本较低,银行必须的经营场所、结算网络和电子设备等都难以符合市场的要求。另外,注册资本还是银监会监管银行安全经营的一个指标。法律规定银行的资本充足率要不低于 8%,这个数据就是银行的自有资本与银行风险资产总和的比例。资本过低,就无法充分吸收、弥补银行经营过程中的损失,造成存款人存入资金的亏蚀,导致银行无法履行对存款人的支付义务。

(三) 大股东资格

按照《商业银行法》第 28 条,任何单位和个人购买商业银行股份总额 5% 以上的,应当事先经银监会批准。《银行业监督管理法》第 17 条进一步明确对持股 5% 以上大股东进行审查的内容,包括股东的资金来源、财务状况、资本补充能力和诚信状况。

我国证券市场中以往经常发生大股东侵占上市公司资产的违法事件。商业银行大股东的信誉和财务状况如果不佳,出现侵占银行存款事件的概率就更大,后果也会更加严重。我国香港地区在 20 世纪 80 年代中,就曾出现一些小银行因为控制股东挪用银行资金后潜逃而被清盘的例子,引发了区域范围内的金融危机。为保护存款人的利益,许多国家的银行监管都对银行股东的资信状况进行详细审查,以排除潜在的"银行盗窃者"。

(四) 董事、高管人员任职资格

任职资格包括积极条件与消极条件。积极条件就是任职必须具备的条件。银监会《中资商业银行行政许可事项实施办法》对各类中资银行中董事、董事长、高管的任职条件作出了非常详细的规定。例如,银行董事要求具有良好的个人品行以及良好的经济、金融从业记录,具有 5 年以上的法律、经济、金融、财务或其他有利于履行董事职责的工作经历,能够运用金融机构的财务报表和统计报表判断金融机构的经营管理和风险状况,等等。拟任国有商业银行、股份制商业银行董事长、副董事长的人员还应具有本科以上学历,从事金融工作 8 年以上,或从事相关经济工作 12 年以上(其中从事金融工作 5 年以上),等等。

所谓消极条件就是不能发生的条件,如果这些条件发生了就不能担任高级管理人员。《商业银行法》第 27 条规定了银行高级管理人员任职的四项消极条件:(1) 犯罪,因犯有贪污、贿赂、侵占财产、挪用财产或者破坏社会经济秩序罪被判处刑罚,或者因犯罪被剥夺政治权利者;(2) 破产,曾经担任过因经营管理不善而破产清算的公司、企业的董事长或者厂长、经理,并对该公司、企业的破产负有个人责任者;(3) 担任因违法被吊销营业执照的公司、企业的法定代表人,并负有个人责任者;(4) 信用不好,个人所负数额较大的债务到期未清偿者。《中资商业银行行政许可事项实施办法》进一步将下列人员排除在外:(1) 有故意犯罪记录的;(2) 对曾任职机构违法违规经营活动或重大损失负有个人责任或直接领导责任,情节严重,被有关行政机关依法处罚的;(3) 在履行工作职责时有提供虚假材料等违反诚信原则行为的;(4) 被金融监管机构取消终身的董事和高级管理人员任职资格,或累计 2 次被取消董事和高级管理人员任职资格的;(5) 累计 3 次被金融监管机构行政处罚的;(6) 与拟担任的董事或高级管理人员职责存在明显利益冲突的;(7) 有违反社会公德的不良行为,造成恶劣影响的;(8) 个人或其配偶有数额较大的到期未偿还的负债,或正在从事的高风险投资明显超过其家庭财产的承受能力的,等等。

（五）其他审慎性条件

这是我国《商业银行法》2003年修订时新增加的要求。实践中,中国银监会在其制定的规章中,针对设立不同类型的商业银行提出了审慎性的具体要求。例如,《中资商业银行行政许可事项实施办法》第7条规定,设立中资股份制商业银行法人机构还应当符合的其他审慎性条件至少包括:(1)具有良好的公司治理结构;(2)具有健全的风险管理体系,能有效控制关联交易风险;(3)地方政府不向银行投资入股,不干预银行的日常经营;(4)发起人股东中应当包括合格的战略投资者;(6)具有科学有效的人力资源管理制度,拥有高素质的专业人才;(7)具备有效的资本约束与资本补充机制;(7)有助于化解现有金融机构风险,促进金融稳定。

三、设立银行的程序

按照银监会的现行规章,商业银行法人机构设立须经筹建和开业两个阶段。

（一）筹建阶段

筹建商业银行,应当由发起人各方共同向银监会提交筹建申请,由银监会受理、审查并决定。发起人应提交《商业银行法》第14条规定的申请文件、资料:(1)申请书,申请书应当载明拟设立的商业银行的名称、所在地、注册资本、业务范围等;(2)可行性报告;(3)银监会规定提交的其他文件、资料。银监会自受理之日起4个月内作出批准或不批准的书面决定。

商业银行法人机构的筹建期为批准决定之日起6个月。未能按期筹建的,该机构筹建组应在筹建期限届满前1个月向银监会提交筹建延期申请。银监会自接到书面申请之日起20日内作出是否批准延期的决定。筹建延期的最长期限为3个月。筹建组应在筹建期限届满前提交开业申请,逾期未提交的,筹建批准文件失效,由决定机关办理筹建许可注销手续。

（二）开业申请与审批

商业银行筹建完毕,应向银监会提交开业申请。银监会审查符合规定的,申请人填写正式申请表,提交《商业银行法》第15条规定的文件资料,包括:(1)银行的章程草案;(2)拟任职的董事、高级管理人员的资格证明;(3)法定验资机构出具的验资证明;(4)股东名册及其出资额、股份;(5)持有注册资本5%以上的大股东的资信证明和有关资料;(6)经营方针和计划;(7)营业场所、安全防范措施以及与业务有关的其他设施的资料;(8)银监会规定的其他文件和资料等。

中国银监会自受理之日起2个月内作出核准或不予核准的书面决定。核准的,颁发金融许可证。

（三）开业登记

商业银行应在收到开业核准文件并领取金融许可证后,到工商行政管理部门办理登记,领取营业执照,并自领取营业执照之日起6个月内开业。未能按期开业的,该机构应在开业期限届满前1个月向银监会提出开业延期申请。银监会自接到书面申请之日起20日内作出是否批准延期的决定。开业延期的最长期限为3个月。

商业银行未在前述规定期限内开业的,开业核准文件失效,由决定机关办理开业许可注销手续,收回其金融许可证,并予以公告。

（四）违反准入许可的法律责任

《商业银行法》第81条规定了违反商业银行准入许可的行政责任,由银监会取缔擅自设立的商业银行。

《刑法》第174条规定了擅自设立金融机构罪。对擅自设立商业银行的,处3年以下有期徒刑或者拘役,并处或者单处2万元以上20万元以下罚金;情节严重的,处3年以上10年以下有期徒刑,并处5万元以上50万元以下罚金。

《刑法》第174条规定了伪造、变造、转让金融机构经营许可证罪。对于伪造、变造、转让商业银行经营许可证或者批准文件的,处3年以下有期徒刑或者拘役,并处或单处2万元以上20万元以下罚金;情节严重的,处3年以上10年以下有期徒刑,并处5万元以上50万元以下罚金。机构犯上述两款罪的,处以罚金。

四、分支机构的设立

（一）商业银行的总分行制

我国的商业银行一般以总分行制来建立。原来的国有独资商业银行是按照政府的行政区划来设立分支机构的。例如,中国工商银行机构设置为四级,总行设在北京,在各个省、直辖市和自治区设立省级分行,在地（市）设立中心支行,在县设立县级支行。随着金融体制的改革,我国的商业银行机构设置也发生了较大的变化,改变了原来的设置方法,改为按照经济区划和业务与成本核算来设立分支机构,例如,中国工商银行合并了设在省会城市的省级分行与市分行,对农村的部分县级支行也进行了撤并。

银行的分支机构与总行之间是总公司与分公司之间的关系。分支机构不具有法人资格,其对外进行营业是经过总行授权的,代表总行进行的市场经营行为。按照《商业银行法》第22条的规定,商业银行对其分支机构实行全行统一核算,统一调度资金,分级管理的财务制度。因此,分支机构的最终的债权债务还是由总行来承担。要注意的是,为了方便银行系统的起诉与应诉,中国人民银行与最高人民法院联合作出了银行分支机构诉讼地位的决定,根据该决定,银行分支机构可以代表总行在各地的人民法院起诉或应诉,可以承担相应的民事债权债务;如果债务数额过大时,最终由总行承担责任。

(二) 设立银行的分支机构

申请设立银行的分支机构应当向银监会提交下列文件:第一,申请书,申请书的内容包括拟设立的分支机构的名称、营运资金数额、业务范围、总行及分行所在地点等;第二,申请人最近两年的财务会计报告;第三,拟任职的高级管理人员的资格证明;第四,经营方针和计划;第五,营业场所、安全防范措施和与业务有关的设备资料;第六,银监会规定的其他文件和资料。

(三) 分行的营运资金

为了避免金融市场上的过度竞争,必须限制银行过度地设立分支机构,以免经营成本过大而导致亏损,最终损害存款人和其他客户的利益。《商业银行法》第19条规定,设立银行分支机构时,应当按照规定拨付与分支机构经营规模相适应的营运资金额,拨付给各分支机构的营运资金额的总和,不得超过总行注册资本金额的60%。这意味着如果一家银行设立的分支机构越多,其总行的注册资本就要越大。

(四) 分支机构营业执照

商业银行的分支机构被批准设立后,需要到当地工商行政管理部门领取营业执照。在该营业门市部开业时,营业执照应当在营业大厅中悬挂。分支机构的营业执照与总行的不同,总行领取的是法人营业执照,分支机构领取的是营业执照,其上没有"法人"的字样。从营业执照上已经可以看出,商业银行的分支机构不是独立的法人,只有总行才有法人的地位。

(五) 设立公告与连续营业

经过批准设立的银行及其分支机构,由银监会予以公告。只有经过公告的金融营业机构才可以开展经营活动,否则法律手续就不完备。

开业后的银行及其分支机构应当连续营业,如果开业后自动停业连续超过6个月的,中国银监会将撤销其经营许可证。在历史上,由于技术方面的限制,银行及其分支机构的连续营业对客户来说具有非常大的意义,只有在银行营业的时间内,存款人和其他客户才能到银行来办理存款、取款、结算等业务。现在,电子设备的发展和通讯网络的发达,使银行可以在技术上实现"无人操作",提款机和网络化的银行对客户来说十分方便。但是,即便是电子银行也要连续营业,否则客户也不能享受到电子银行的信息化金融服务。

五、银行变更

(一) 变更事项

银行从名称到资本的任何变化,都可能对存款人和金融市场产生一定的影响,所以,法律要求银行的变更必须经过中央银行的批准。我国《商业银行法》第 24 条规定下列变更应当经过银监会的批准:(1)变更银行的名称;(2)变更注册资本;(3)变更总行或者分支机构所在地;(4)调整业务范围;(5)变更持有资本总额或者股份总额 5% 以上的股东;(6)修改章程;(7)银监会规定的其他银行变更的事项。

中国银监会规定了银行董事、高管的变更也属于需要审批的变更事项。银监会在审批变更申请前,需要先就拟任人员的任职资格进行审查。

(二) 变更的批准与公告

由于上述银行变更可能会影响到银行的经营方针,可能对金融市场产生直接或间接的影响,所以,只有经过批准,这些变更才会生效。例如,1996 年 6 月 3 月,中国人民建设银行改变名称,将原来名称中的"人民"两个字省略,称为"中国建设银行"。这一改变从表面上看,虽然只改去了两个字,但是对银行经营管理的意义是非常大的,这两个字的改变花了四十多年的时间,意味着建设银行从原来的政府行政管理体制下的国有专业银行,向在市场经济条件下的自主经营的国有商业银行的转变。

另外一个银行变更名称的例子是北京市商业银行,原来的名称为"北京城市合作银行"。这家银行的名称的变更也具有很大意义。原来的城市合作银行是许多家城市信用社合并而成的银行,名称中有"合作"的字样,在经营上含有"合作经营"的性质,而不具有市场商业化的性质。"合作金融"是我国的一种特有的形式,合作者不是股东,不是按份所有,而是共同所有的金融组织。

1992 年,交通银行总行迁址,从北京市迁到上海市,这成为新中国成立以来较引人注目的大型银行总部地址的变更。

资本变更的例子如 1993 年中国银行增加注册资本,在国内国际的媒体上公告,注册资本从原来的 150 亿元人民币,增加到 300 亿人民币,这是当年较大的大型银行资本的变更。2004 年初中国银行又获得国家注资 225 亿美元,以补充资本金,为其上市奠定了基础。

六、银行的接管

(一) 银行的接管的意义

我国《商业银行法》第 64 条规定了银行的接管,"商业银行已经或者可能发生信用危机,严重影响存款人的利益时,国务院银行业监督管理机构可以对该银行实行接管"。接管出现信用危机的商业银行的目的是保护存款人的利益,恢复商业银行的正常经营能力,稳定金融市场的秩序,维护社会的安定。

我国的商业银行是自负盈亏,自担风险,以其法人的全部财产对外承担债务的独立法人。在银行出现信用危机时,政府可以不接管,而按照破产清算程序进行债务债权清理,然后商业银行注销。但是,由于银行不是一般的企业,它是同公众利益关系密切,同社会经济关系密切的金融机构。银行的破产对公众和市场的震动比较大,为了保护存款人和其他客户的利益,保证金融市场的稳健运行,金融监管者有权对发生信用危机的银行进行接管。

银监会的接管是行政行为,是银监会对金融市场监管的一项行政措施,而不是商业行为。它只是暂时改变了被接管银行中经营管理权的行使主体,被接管的商业银行的债权债务关系不因接管而变化。

(二)接管程序

根据我国《商业银行法》第 65 条的规定,接管由中国银监会决定并组织实施。银监会的接管决定应当载明下列内容:(1)被接管的商业银行名称;(2)接管理由;(3)接管组织;(4)接管期限。接管决定由银监会予以公告。

接管可以由银监会自己进行,也可以委托其他机构实行。接管的期限最长不超过 2 年,自接管决定实施之日起算。接管期间,接管组织行使商业银行的经营管理权力,被接管银行原来的管理人员暂时停止工作,由接管人指定的人员接替他们的管理工作。

接管可以因下列原因终止:第一,接管决定规定的期限已经届满或者中国人民银行决定的接管延期时间届满;第二,接管期限届满前,该银行已经恢复正常的经营能力;第三,接管期限届满前,该银行被合并或者被依法宣告破产。

(三)一个接管的例子

我国实践中第一起比照《商业银行法》的程序接管金融机构的案例,是中国人民银行 1995 年 9 月接管中国银行信托投资公司(以下简称中银信托)。接管一年后,由广东发展银行兼并了中银信托。这也是地方银行收购中央金融机构的第一例。1996 年 9 月 24 日,广东发展银行同原中银信托签订了收购协议,从该日起,原中银信托董事会依法解散。中央银行和广东发展银行对此发布了公告。由于原中银信托经营综合性金融业务,广东发展银行收购后,对原中银信托资产实行分业经营、分业管理,由广发证券承接中银信托的证券营业部,广发投资控股公司承接原中银信托在我国境内所有非金融性机构的投资权益。

七、银行的终止与清算

商业银行因解散、被撤销和被宣告破产等原因而终止。

(一)因解散而终止

商业银行可能因为分立、合并或者出现银行章程中规定的情况而解散,原来的银行就终止了。银行的解散程序依照法律规定包括两个程序:第一,申请解散;第二,银监会批准解散。

银行合并是原来银行解散的一个主要原因。合并有两种形式:第一,两家银行合并为一家银行,原来的两家银行都更名了,成立了一家新的银行,原来的银行宣告解散。在我国,因为合并而解散的银行要向银监会提出申请,并附解散的理由和保证支付存款本金和利息等债务的计划,因为合并成立新的银行时,原来银行的债务由新成立的银行承接。第二,是吸收合并,一家银行将另一家银行兼并,被兼并的银行不存在了,原来银行的业务由兼并银行承接。

无论以何种方式解散,法律要求"商业银行解散的,应当依法成立清算组,进行清算,按照清偿计划及时偿还存款本金和利息等债务。银监会监督清算过程"。

(二) 因撤销而终止

商业银行因为违反法律、行政法规,被吊销经营许可证的,银监会可予以撤销。我国《商业银行法》第74条、第75条、第76条规定了商业银行的诸多违法行为,如果情节特别严重或者逾期不改正的,可能导致被吊销经营许可证的后果。例如,未经批准设立分支机构;未经批准进行合并或分立;未经批准发行金融债券或者到境外借款的;未经批准买卖政府债券或者买卖、代理买卖外汇的;违反国家规定从事信托投资业务和股票业务或者投资于非自用的不动产、向境内非银行金融机构和企业投资的;向关系人发放信用贷款或发放担保贷款的条件优于其他借款人;违反资产负债比例监管;提供虚假的或者隐瞒重要事实的财务会计报表;出租、出借经营许可证,等等。当银行被吊销营业许可证时,银监会应当依法组织清算组,立即开始清算,按照清偿计划及时偿还存款本金和利息等债务。

(三) 因破产而终止

银行因为不能支付到期的债务,达到了破产法所规定的破产界限时,经过银监会同意,可由人民法院宣布破产。特别要注意的是,银行的债权人能否按照破产法的规定,在银行资不抵债时,要求宣告银行破产?依照2007年6月1日起施行的《企业破产法》第134条,商业银行、证券公司、保险公司等金融机构的破产只能由国务院金融监督管理机构向人民法院提出破产清算的申请,没有赋予债权人申请破产的权利。有关金融机构实施破产的具体办法还有待国务院制定。

(四) 银行的清算

银行的清算程序与一般公司清算程序不同,银行的法定清算程序是:第一,支付清算的费用;第二,清偿所欠职工的工资和劳动保险;第三,支付个人储蓄存款的本金和利息;第四,偿还有优先权的债权人债务;第五,偿还其他一般债权人的债务;第六,股东分配剩余财产。

(五) 实践中的一些做法

新中国成立以来我国已经有了金融机构破产的案例,也有了银行关闭清算的案例,例如,1997年发生了中农信公司破产的案例,1998年发生了海南发展银行被关闭的案例,等等。对于这些金融机构关闭后的处理,中国人民银行采用了不同的方法:

第一,直接进入清算程序。例如中国人民银行宣布中创公司关闭,直接进入清算程序。

第二,托管。由中国人民银行指定一家金融机构,通常是大型国有商业银行对被关闭的金融机构进行托管。托管期间原来金融机构的管理人员停止工作,由托管单位派员管理。管理主要是完成从关闭之日起未完成的在途票据结算工作等。托管结束后,该金融机构进入清算程序。清算完毕,原金融机构解散。

从上述情况看,具体情况具体分析,采用不同的方法来处理金融机构关闭的问题,是符合我国目前金融市场的发展水平和社会经济发展承受能力的。

第三节 商业银行的业务范围与监管

一、我国《商业银行法》的规定

(一)业务范围

依照我国《商业银行法》第3条,商业银行可以经营下列部分或者全部业务:(1)吸收公众存款;(2)发放短期、中期和长期贷款;(3)办理国内外结算;(4)办理票据承兑与贴现;(5)发行金融债券;(6)代理发行、代理兑付、承销政府债券;(7)买卖政府债券、金融债券;(8)从事同业拆借;(9)买卖、代理买卖外汇;(10)从事银行卡业务;(11)提供信用证服务及担保;(12)代理收付款项及代理保险业务;(13)提供保管箱服务;(14)经国务院银行业监督管理机构批准的其他业务。

我国属于分业经营的国家,商业银行的业务较之国外商业银行比较狭窄,而外国商业银行的业务比较宽泛。例如日本银行可以经营信托业和证券业务,美国银行也可以从事许多其他业务。但是,从我国的国情出发,考虑到国内金融市场的安全和国内商业银行的经营管理水平,目前法律对商业银行业务范围进行适当限制还是必要的。

(二)业务范围监管

一家商业银行经营业务的范围由银行章程规定,报国务院银行业监督管理机构批准。但商业银行经营结汇、售汇业务,须报经中国人民银行批准,因为中国人民银行对于国家外汇储备以及银行间外汇市场负有管理职责。

二、银行业务的分类

(一) 银行业务与银行的资产负债表

银行作为社会资金的融通主渠道,扮演的主要角色就是吸收公众存款贷放给需要资金的单位和个人。吸收公众存款构成了银行对存款人的负债,贷放给借款人的资金构成了银行的一种债权资产。对于银行上述业务活动最直观的反映就是银行的资产负债表。下面列示了一个简化的银行资产负债表。

单位:亿元

资产		负债与所有者权益	
现金	95	活期存款	350
政府债券	60	定期存款	310
存放于银行的存款	30	同业拆借资金	50
中央银行	25	金融债券	50
其他银行	5	准备金	30
放款与贴现	600		
固定资产	50	实收资本	60
其他资产	50	保留盈余	65
合计	915	合计	915

在上表中,右边的"负债与所有者权益"表示银行资金的来源,它可以分为来自于债权人(即存款人)的资金与来自于股东的资金两个部分。前者包括各种存款、从其他金融机构获得的同业拆借资金以及通过发行金融债券获得的长期资金等不同形式。后者包括股东投入银行的资本金以及银行盈利中没有分配出去,而是保留在银行中的法定公积金、任意公积金等。

上表左边的"资产"表示银行对于吸收来的资金如何进行运用。不同的运用方式形成了银行的不同资产,如银行柜台的现金、购买的国债、存放在中央银行的存款保证金、对外贷款或者贴现、银行大楼等固定资产,等等。

以银行的资产负债表为核心,银行的业务通常划分为资产业务、负债业务、中间业务三大类,其中资产业务、负债业务又称为"表内业务",中间业务又称为"表外业务",不在资产负债表中反映。

(二) 负债业务

从银行的资产负债表可以看出,银行的负债业务就是商业银行吸收、组织资金来源的业务。其中最主要的业务方式是吸收公众存款,包括活期存款、定期存款、通知存款、协议存款、委托存款等多种存款方式。此外,银行还从不同渠道借入资金,如向其他银行的同业拆借款、向中央银行的借款,甚至向国外货币市场的借款。另外，银行还可以通过发行金融债券、银行次级债等方式筹集资金。在负债业务中，银行是债务人，各类存款人或债券持有人是银行的债权人。

（三）资产业务

资产业务是商业银行运用、分配其吸收、组织的货币资金的业务活动，是银行取得收益的主要途径。银行集中的资金，除保留一部分现金应付存款人提现、交存中央银行作为存款准备金外，大部分都投放到贷款项目中，以获得利息收入。因此，商业银行最主要的资产业务就是发放贷款，包括各种期限的贷款、有担保或者无担保的贷款、对企业或对消费者的贷款以及票据贴现等等。此外，银行还可以运用资金进行外汇买卖、法律允许范围内的投资等业务活动。

（四）中间业务

按照中国人民银行2001年发布的《商业银行中间业务暂行规定》，中间业务是指不构成商业银行表内资产、表内负债，形成银行非利息收入的业务。中间业务的范围很广，我国《商业银行法》列举的结算、票据承兑、代理发行、代理兑付、承销政府债券、代理买卖外汇、提供信用证服务及担保、代理收付款项及代理保险业务、提供保管箱服务等，都属于中间业务。实践中，经监管机构批准，商业银行还可以从事投资基金托管、信托资金托管、证券客户资金托管、财务顾问、理财（包括QDII）、信息咨询业务等中间业务。银行对中间业务收取手续费或服务费。

我国银行目前的主要收入来源是利息收入，中间业务的服务性收入占比较低，与国外银行相比差距很大。20世纪80年代后期到90年代中期，西方商业银行逐步转向为客户提供全方位服务。客户不仅享受到传统的存款、贷款、结算等方面的服务，还可以享受到各种信息服务、专家咨询、金融专门教育和金融考试服务等。甚至过去西方流传的一句老话现在又可以用了："如果你病了，请你去找医生；如果你遇到法律纠纷，请你去找律师；如果你还有什么困难，你就尽管去找银行"。我国商业银行应该借鉴一些有用的经验，开拓服务的新领域，增强银行的竞争力。

三、银行经营的分业限制

（一）我国银行经营的分业限制

我国《商业银行法》第43条规定了银行经营的分业限制："商业银行在中华人民共和国境内不得从事信托投资和证券经营业务，不得向非自用不动产投资或者向非银行金融机构和企业投资，但国家另有规定的除外。"根据此项规定，在我国境内，银行只能从事银行业务和向银行投资，即从事储蓄、贷款和转账结算以及其他金融服务。

限制银行从事信托投资、证券经营业务和不动产投资业务，有下列原因：

(1)这些业务风险较大,适于用长期资金投资,储蓄类短期资金则不适用于此类投资。(2)银行储蓄存款人与银行是债权人与债务人的关系,信托投资、股票业务和不动产投资的投资人与信托公司、证券公司和发展商之间是信托关系和产权关系,这两种关系在法律处理方面不同。(3)信托业务、证券业务和房地产业务受市场影响较大,市场高涨时,可以获得巨大的利益。市场低落时,也可能受到巨大的损失。信托投资的投资人与信托公司有合同的约定,股票投资风险由投资者承担,房地产投资风险由发展商承担。银行的贷款风险由银行承担,存款人不承担任何风险。由于风险分担的不同,银行与其他金融行业分业经营。

我国法律也限制银行投资于非银行金融机构和企业,这种规定是对分业限制上述规定的补充。从我国和海外银行发展历史来看,商业银行的传统业务与上述投资性业务之间是经常发生交叉的。从海外来看,法律对两类业务限制开始放松,我国限制则比较严格。

(二) 分业限制的环境

研究海外银行分业经营的法律,可以发现银行业务是随着时间变化的。1929年世界经济大危机之前,西方银行业有分业式发展,也有兼营发展的,法律并没有严格的限制。有资料记载,英国银行分业经营的多,原因是英国工业革命比较早,企业积累的资金比较多,证券业比较发达,技术更新对银行依赖比较其他国家更少。相比之下,德国工业革命比较晚,企业积累资金比较少,工业技术更新对银行依赖比较多,允许银行从事信托业和证券业便于将资金投入到企业,形成德国式的全能银行。日本在银行兼营信托与证券业方面,法律也是比较宽松的。

在1929年大危机时,兼营银行倒闭较多,分业经营银行倒闭较少。根据这个情况,西方国家法律有所变化,开始限制银行兼营其他金融业。美国在1933年通过《格拉斯—斯第格尔法案》,该法案将银行业与证券业分开,银行业不能从事证券承销和代理买卖业务,证券业也不能从事贷款和储蓄业务。美国当时通过《格拉斯—斯第格尔法案》的目的是防止金融业的垄断,保护存款人的利益,减少证券市场的投机活动。其他国家也受美国的影响,纷纷开始对兼营进行限制。

1945年第二次世界大战结束后,德国和日本等国家的经济需要恢复,需要资金投入,证券市场的恢复也需要银行的参与,银行通过各种途径兼营信托业和证券业的情况多起来,法律随之改变,适度允许兼营。

现在,西方银行直接或间接兼营其他行业比较普遍,银行可以从事信托业、大额存单中间商业务、国库券交易业务、信用卡业务、信托基金管理业务、投资银行业务等。由于金融工具的创新,新的金融工具使原来的法律对它们不能限制,金融工具的多样化,使得银行在金融的各个领域都可以发展。另一方面,金融监管也在完善,逐渐从分业监管、按机构监管走向功能监管,增强了对金融风险的控制。代表性的法律变化发生在美国1999年颁布的《金融服务现代化法案》,它废止了《格拉斯—斯第格尔法案》对分业经营的一些严格限制。

(三) 我国进行分业限制的原因

我国法律限制银行业经营其他行业,除了上述人所共知的原因外,还有国情方面的原因。新中国成立以来,长期实行大一统的单一银行体制。改革开放以后,各类银行信托投资公司、金融租赁公司和企业集团财务公司才发展起来,上世纪80年代证券公司才有新发展。由于金融机构发展的不平衡,国有银行在金融市场上占有巨大的份额,国有商业银行约占90%以上,其他金融机构合在一起占不到10%。所以,如果不限制银行进入其他金融领域,银行很可能垄断整个金融市场。当金融市场由一种金融机构垄断时,好比整个市场只有一个支点,而不是多个支点,当这一种金融机构出现问题时,整个市场就会发生剧烈动荡,当市场是由多个支点支持时,它就会稳定得多。

现行的法律限制银行进入其他金融市场,同时也限制其他金融机构进入银行经营领域,法律将银行与其他金融机构业务分离。但是,还有许多金融领域是不可能分开的。例如,银行为一些企业事业单位办理了工资账户管理,职工持卡在提款机上取工资,这项业务属于一种信托理财业务,法律只限制信托投资业务,并不限制信托代理业务。

(四) 分业限制的变化

从2000年开始,我国银行业的分业经营模式开始发生一些间接的变化。例如,银行开始接受证券的股票质押融资。再如,证券公司的股民可以持存单买卖股票,银行与证券公司合作,开办"银证通"业务,等等。与此同时,金融控股集团的雏形开始在我国出现,如中信集团旗下有中信银行与中信证券,招商局旗下有招商银行、招商证券与平安保险等,这些都显示出证券业、保险业与银行业在一定程度上的融合。出现上述变化,一方面是我国金融市场发展的客观现实使然,另一方面也是我国银行以及其他金融机构为了应对加入世界贸易组织后与国际综合性银行或全能银行竞争的需要。

在这一背景下,我国2003年修订的《商业银行法》在第43条的分业限制后面增加了一个"但书":"但国家另有规定的除外",这就为银行业进行投资业务留出了通道。2005年2月20日,中国人民银行、中国银监会和中国证监会联合颁发了《商业银行设立基金管理公司试点管理办法》,允许银行设立基金管理公司,募集资金组成证券投资基金,到证券市场买卖股票。随后,中国建设银行、中国工商银行、交通银行等相继设立了基金管理公司,从事这项介入证券市场的金融业务。目前,由商业银行发起成立并管理的证券投资基金已经成为我国证券市场中规模较大的一类机构投资者。当然,严格从法律解释的角度看,由于《商业银行设立基金管理公司试点管理办法》作为混业经营的法律依据是由三家金融监管部门联合发布,而不是按照《商业银行法》的规定"由国务院制定",因此也存在着超越立法权限的嫌疑。

四、担保物处分期限

(一)担保物处分的必要性

由于法律上的分业限制,我国商业银行不得直接持有股票、公司债券或者其他公司股权、不动产。但是,这些财产通常又是银行发放贷款中最常见的担保品。如果借款人到期不能偿还债务时,银行依法行使担保权利而取得的不动产或者股票等,应当尽快予以处分,通过折价、变卖或拍卖等转化成现金,这通常称为抵押物处分期限。我国《商业银行法》第42条规定:"商业银行因行使抵押权、质权而取得的不动产或者股权,应当自取得之日起2年内予以处分"。

我国1995年《商业银行法》规定的处分期限是1年,主要参考我国香港地区的做法。但我国的实践证明1年的期限太短了。原因是多方面的,比如我国不动产市场的流动性没有那么快,二手物业市场的流动性比一手物业市场更慢一些。加上处理抵押物手续复杂,中间费用(如评估费等)较高,更延长了处理的时间。这导致银行常处于一种尴尬的局面:或者因为1年内处理不完而违法,或者草率处理而亏本。

我国2003年修订的《商业银行法》把1年改为2年,除了上述市场流动性因素外,还考虑到不动产市场或证券市场经常发生变化,如果法律规定处分期限比较短,处分期限到期时市场可能正处在低谷,使银行的债务仍然得不到充分收回。在2年处分期限内,银行可以有比较充分的时间,等待市场好转时处分抵押物,以便充分收回债务。处分抵押物价款超过原来债权部分,银行应返还给借款人,所以,这种处理方法对借款人也是有益的。

(二)质押物品保管义务

商业银行接受客户质押发放贷款时,就承担了对质押品的保管义务。质押品可能是有价票据,可以是有价证券,还可以是有商业价值的权利证书。这些物品在银行保管期间如果灭失或损毁的,银行应当承担民事责任。由于质押物品大多数是权利质押,而权利质押无法办理保险手续,银行在质押期间要特别谨慎。当客户用有形动产办理质押手续时,银行可以要求客户办理保险手续。

五、金融债券和境外借款业务管理

(一)特别业务

银行吸收公众存款、发放短中期和长期贷款、办理国内外结算等,都明确规定在银行的营业范围之中,日常办理这类业务时就不必再申请有关部门批准。

但发行金融债券却不同,虽然它也是银行业务范围内的业务,但发行债券是特殊业务,从事这项业务,还要经过特别批准。我国《商业银行法》第 45 条规定:"商业银行发行金融债券或者到境外借款,应当依照法律、行政法规的规定报经批准"。

目前,我国银行发行的金融债券分为普通金融债券和银行次级债券。普通金融债券与一般公司债券的特征相同。银行次级债券是指商业银行发行的、本金和利息的清偿顺序列于商业银行其他负债之后、先于商业银行股权资本的债券。商业银行发行普通金融债券由中国人民银行核准,发行次级债券由中国人民银行与银监会共同批准。

商业银行境外借款的管理机构是国家发改委、中国人民银行以及国家外汇管理局等机构。

(二)证券业管理的要求

商业银行发行债券或者向海外借款要经过特别批准,反映了我国证券管理的要求和目前商业银行的特点。

从我国商业银行的资产安全角度看,国有商业银行资产占全部银行总资产的绝大部分,因此,国有资产成分占重要地位。在这种情况下,商业银行发行债券或向海外借款,实际上是以国家信誉担保,来发行金融债券和向海外借款。虽然在法律上的债务人是国有商业银行或国家控股的银行,但在道义上债务人还是国家。如果国家持有 100% 股份的银行破产了,在法律上债权人的钱可以不还,但是在道义上国家的信誉也就下降了,甚至没有信誉了。但在政治上国家不能没有信誉,否则,国家发行的货币也没有人要。在旧中国历史上,曾经发生过旧政府发行的钞票如同草纸的情况,因此,旧政府也就在中国垮台了。

在海外市场中,商业银行发行债券和向海外借款,有些国家或地区的法律规定银行发行债券要经过批准,原因是出于证券市场的管理需要,国外商业银行大多是私有的,银行资产与国家资产没有直接关系,银行信誉与国家信誉也没有直接关系。购买银行债券的投资者自担风险,海外贷款、银行借钱给外国银行时也是自担风险,或者采用抵押与质押方式担保债权实现。但是,从证券市场管理的角度来看,政府为了保护公众投资者的利益,要求发行债券的机构必须按法律规定报告财务情况,披露有关的资料,使投资者作决定时能够拥有法定应当有的资料,只有在这种情况下,投资者才能自担风险。例如,美国《证券法》规定,任何机构只要对公众发行债券,都要经过证券管理部门办理有关的登记手续后才能发行。我国台湾地区"银行法"第 11 条规定:"本法称金融债券,谓银行依照本法有关规定,为供给中期或长期信用,报经'中央'主管核准发行之债券"。这些规定主要是从证券市场行政管理角度考虑的,政府监管债券发行在于保护投资者。

我国也是实行严格的证券监管的国家。银行不论在境内还是境外发行债券都需要经过监管部门的批准。

六、商业银行的同业拆借业务管理

(一) 同业拆借业务的特点

同业拆借是金融机构因为资金周转需要,相互之间借入、借出的资金头寸。其特点是期限短、无担保、利率较低。同业拆借与银行对大众客户的存贷款业务有较大差异,监管方式也不相同。

同业拆借分成同业拆出与同业拆入。同业拆出指金融机构把自己的闲置资金提供给其他金融机构使用,同业拆入指金融机构从其他金融机构处借入资金。同业拆借既可以及时调配银行结算账户上的头寸,也可以成为银行贷款的一种资金来源。但是,我国银行的同业拆借有比较严格的限制,只可以作为调节头寸的手段,不可以成为贷款的资金来源。我国《商业银行法》第46条规定:"禁止利用拆入资金发放固定资产贷款或者用于投资。拆出资金限于交足存款准备金、留足备付金和归还中国人民银行到期贷款之后的闲置资金。拆入资金用于弥补票据结算、联行汇差头寸的不足和解决临时性周转资金的需要。"这是为了控制短借长贷的风险。

中国人民银行1990年3月8日发布了《同业拆借管理办法》,对于我国境内金融机构的人民币同业拆借业务进行管理。2007年该办法进行了大幅度的修订。按照该办法,同业拆借活动应通过全国统一的同业拆借网络进行,不允许金融机构之间私下进行。

(二) 商业银行同业拆借利率

我国《商业银行法》中没有规定商业银行的同业拆借利率。1986年1月7日国务院颁布的《银行管理暂行条例》第45条规定:"专业银行之间互相拆借的利率,由借款双方协商议定"。实践中,同业拆借的利率一直是合同利率。

(三) 同业拆借的期限

同业拆借是一种短期资金融通。《同业拆借管理办法》对于各类金融机构参与同业拆借的最长期限有明确规定:(1) 银行业金融机构拆入资金的最长期限为1年;(2) 金融资产管理公司、金融租赁公司、汽车金融公司、保险公司拆入资金的最长期限为3个月;(3) 企业集团财务公司、信托公司、证券公司、保险资产管理公司拆入资金的最长期限为7天;(4) 金融机构拆出资金的最长期限不得超过对手方由中国人民银行规定的拆入资金最长期限。中国人民银行可以根据市场发展和管理的需要调整金融机构的拆借资金最长期限。

第四节　商业银行的审慎经营与监管

商业银行作为高负债经营的金融机构,天然存在高风险。因此,商业银行的经营管理与监管都奉行审慎性原则。传统上,对商业银行风险控制的手段是限制其业务范围,不得进行混业经营。现代银行监管更多地采取资产负债比例监管的方式,要求银行为其风险业务配备充足的资本金或采取其他保障措施,以吸收风险,防范银行经营损失对存款人的不利影响。

一、商业银行的经营原则

(一) 安全性原则

安全性作为商业银行经营原则是传统的理论,在全世界金融市场中都被接受。大多数国家的银行将安全性排为第一位的经营原则。因为银行业是涉及公众利益最多的金融行业,与社会的稳定、政治的安定和经济的发展都有密切的关系,所以,商业银行经营一定要稳健和安全。法律规定了许多措施来保证银行经营过程中的安全性,例如,法律规定存款准备金、备用金、资本充足比例、流动资金比例、分业经营、限制银行进入证券业和信托业以及房地产业务等,这些措施都是为了确保银行经营的安全,保护存款人的利益,保证金融市场的稳定。

我国的商业银行在市场化的进程中,安全性的问题也日益突出。一方面,从金融犯罪数量上升的趋势看,社会上发生金融诈骗案件数额越来越大,恶性金融盗窃案件越来越猖獗,特别是内外勾结作案的情况增加了防范的难度,这些金融犯罪对金融安全和公众利益造成了极大的威胁。另一方面,从银行经营方面看,1998年海南发展银行的关闭也为各商业银行敲响了警钟,法律对金融安全问题要给予高度的重视,商业银行如果经营不好,资不抵债,就会破产。所以,商业银行经营中的安全性原则也是非常重要的。为此,《商业银行法》还对银行业务的具体操作规定了一些基本原则,如商业银行贷款应当实行"审贷分离、分级审批制度"(第35条),应当对借款人的借款用途、偿还能力等情况进行严格审查,订立书面合同(第37条),等等。

(二) 流动性原则

流动性原则是指商业银行的资金要保持较高程度的经常流动的状态。因为法律规定商业银行对存款人要保证支付,无论存款人到期支取,还是提前支取,银行都要保证支付,如果银行不能支付存款人取款,就会引发大规模的公众挤兑。相反,银行贷款一般都是要等到合同到期时才能收回,银行在借款人没有违约的情况下,不能提前收回贷款。一方面,银行要保证支付,另一方面银行不能提前收回贷款,如果没有外援或政府的支持,大多数银行都经不住公众挤兑。所以,为了保证银行的支付能力,银行必须保证资产的高度流动性。银行经营资产的流动性是安全性的基础,没有了流动性,银行经营不可能安全。

(三) 效益性原则

效益性从狭义上来解释,指商业银行本身的经济效益。效益性还可以从广义上来解释,指符合国家宏观经济和产业政策指导的金融业整体效益。总之,商业银行不论它的产权性质如何,是国有的、股份化的还是合作制的,它只要称为商业银行,就应该以营利为目的。所以,从计划经济环境下的金融管理体制,转向市场条件下的金融运作,效益性应该作为商业银行的重要的经营原则之一。

我国1995年的《商业银行法》曾把效益性列为银行经营的第一项原则,说明立法者对银行的效益性的重视程度。其中的原因可能是我国在1995年通过该法时,国有商业银行在金融市场上占主导地位,国有独资商业银行安全性的问题并不太紧迫,效益性的问题却非常突出,因为国有独资银行实际上是由政府来承担风险的,但是政府却无法代替商业银行实现转亏为盈。我国国有独资商业银行的不良资产过高,效益不好,这是立法者最为关心的。所以,将效益性原则排在了第一位。但是,经过了近十年的发展,传统的国有银行基本都实现了向商业银行的转型,也应该按照银行业的规律来进行经营。因此2003年修订的《商业银行法》,调整了银行经营三原则的顺序,改为"安全性、流动性与效益性"。

二、资本充足率监管

(一) 资本充足率

资本充足率是指银行资本与经过风险加权后的银行资产之比。这是衡量银行抵御贷款等资产业务损失风险的能力的重要指标。我国《商业银行法》第39条第1款规定,商业银行的资本充足率不得低于8%。

资本最低限的规定就意味着,如果银行发放的贷款越多,风险资产额越大,银行需要准备的资本额也越高。如果银行不能通过股东注资或者盈利而提供更多的资本,哪怕银行手中有再多的存款资金,也不能投放到贷款、投资或其他风险资产上去。按照这个比例衡量,我国原来的四大国有银行资本充足率严重不足,因此,国家在2004年分别对中国建设银行、中国银行注入资本金225亿美元,2005年对中国工商银行注资150亿美元,2008年向中国农业银行注资1300亿元人民币等值美元。

(二) 巴塞尔协议与资本充足率监管

8%的银行资本充足率是在1987年12月由国际清算银行的12个发达国家提出的《巴塞尔协议》中首次确立的,作为国际公认的控制银行信贷风险的主要措施。其计算公式为:自有资本(分为第一类资本包括股本、公积金和第二类资本包括呆账准备金和部分资产重估)÷[(资产负债表内资产×风险权数)+(资产负债表外资产×转换系数×风险权数）］。其中，资本中第一类资本应当占自有资本的50%以上，即应占风险资产的4%以上。第二类资本最多可以占到风险资产的4%，由各国中央银行认可。资产负债表内的资产风险权数分为5级，如现金、存放中央银行存款为0%；短期债权为20%；抵押放款为50%；固定资产及公司贷款为100%。资产负债表外资产，例如，担保信用证先乘转换系数100%，开出信用证先乘转换系数20%，然后，再分别乘10%和100%风险权数。国际清算银行提出了在5年内提高资本充足率，至1990年底，国际清算银行的12家成员国的银行自有资本比率应达到7.25%，到1992年应提高到8%。

此后，巴塞尔委员会对协议进行了不断完善，于1999年至2006年间发布了修改后新资本协议第一、二、三稿，在维持8%的资本充足率标准的基础上，对其计算方法以及资本监管方式进行了重大改革，形成了现代金融监管体系的"三大支柱"，即"最低资本金要求，监管部门的监督检查和市场约束"，以提高资本监管效率。新资本协议被国际银行界视为资本监管领域的重大突破。不过，由于巴塞尔新资本协议不是国际法或国际公约，对各国政府、银行监管当局及商业银行并不具有强制约束力或法律效力。

（三）我国资本充足率规定的沿革

1993年5月25日，中国人民银行公布了在深圳经济特区进行资产风险监管办法，要求深圳特区内银行在1993年底资本充足率应达到6%，1995年以后，银行资本充足率达到8%—12%，非银行金融机构资本充足率应达到12%—16%。设在深圳的银行中，有具备独立法人地位的深圳发展银行，也有不具有法人地位的分行，所以，计算银行资本的时候采取了灵活的方法。银行的资本是考核计算资本，不是公司法意义上的注册资本。当时借鉴我国香港地区的经验，把银行资本分成2级，资产被分为9类，不同贷款的风险系数分为5个级别：0%、10%、20%、50%和100%。

经过深圳的试点，中国人民银行取得了相当多的经验，于1994年2月15日发布了在全国银行系统试行的《商业银行资产负债比例管理暂行监控指标》。在该指标中，对深圳试点的银行资本充足率指标进行了改进，资本部分分为核心资本（包括实收资本、资本公积、盈余公积和未分配利润）和附属资本（贷款呆账准备），风险权数划分与深圳特区试点办法相同。

1995年《商业银行法》正式规定了我国商业银行8%的资本充足率。2004年2月23日，中国银监会公布了《银行资本充足率管理办法》，借鉴巴塞尔新资本协议对银行资本充足率的计算公式进行了调整。

（四）现行资本充足率管理规定

按照现行《银行资本充足率管理办法》，商业银行资本充足率不得低于8%，核心资本充足率不得低于4%。计算公式为：

$$\text{资本充足率} = (\text{资本} - \text{扣除项})/(\text{风险加权资产} + 12.5 \text{ 倍的市场风险资本})$$

$$\text{核心资本充足率} = (\text{核心资本} - \text{核心资本扣除项})/(\text{风险加权资产} + 12.5 \text{ 倍的市场风险资本})$$

商业银行资本分为核心资本和附属资本。核心资本包括实收资本或普通股、资本公积、盈余公积、未分配利润和少数股权。在银行的资产负债表中，它们都属于"所有者权益"的范畴。附属资本包括重估储备、一般准备、优先股、可转换债券和长期次级债务。其中，计入附属资本的长期次级债务不得超过核心资本的50%。整个附属资本总和在计算资本充足率时不得超过核心资本的总额，实际超过部分不予计入。

《银行资本充足率管理办法》对各类贷款业务的信用风险权重作出了明确规定。如对我国中央政府和中国人民银行本外币债权的风险权重均为0%；对政策性银行债权的风险权重为0%；对其他商业银行债权的风险权重为20%，其中原始期限4个月以内（含4个月）债权的风险权重为0%；对企业、个人的债权及其他资产的风险权重均为100%；个人住房抵押贷款的风险权重为50%。

三、其他资产负债比例监管

银行审慎性监管的目的在于控制银行过度承受风险，监管者通过考核银行的资产额（以贷款为核心）与负债额（以存款为核心）之间的一组比例关系来分析银行风险的大小，这称为资产负债比例监管。《商业银行法》第39条列举了资产负债比例监管中的一些核心指标，中国银监会2005年12月31日发布的《商业银行风险监管核心指标（试行）》规定了更多、更细致的考核指标。

（一）贷款余额限制

我国《商业银行法》第39条第2款对贷款余额的限制作了规定，"贷款余额与存款余额的比例不得超过75%"。限额以外的存款只能投放到库存现金、中央银行存款、国债等无风险资产或者低风险资产上。

我国银行资产主要来源依靠吸收公众存款，银行日常经营是保证存款人提款。由于法律限制贷款余额不得超过存款余额的75%，所以，当存款余额数量减少时，贷款余额也要相应减少。由于银行经营新的信用业务如房地产信用、汽车信用业务以及商品销售信用业务，可能会使得银行的贷款业务增加，而存款业务并不能以同样的比例增加。

例如，信用卡持有者与存单持有者同银行的关系完全不同，信用卡持有者是银行的债务人，而存单持有者是银行的债权人。存单持有人在他离开人世时，他在银行可能还有存款，而信用卡持有人离开人世时，他可能还未还清银行的债务。于是,可以推断贷款余额可能由于新的信用业务的发展大量增加。用不得超过存款余额的 75% 来限制,可能是传统银行业经验数据,随着新的信用服务的发展,限制比例也应该相应改变。

(二)流动性资产余额限制

1. 我国法律的规定

《商业银行法》第 39 条第 3 项规定:"流动性资产余额与流动性负债余额的比例不低于 25%"。流动性资产指 1 个月内(含 1 个月)可变现的资产,包括库存现金、在人民银行存款、存放同业款、国库券、1 个月内到期的同业净拆出款、1 个月内到期的贷款、1 个月内到期的银行承兑汇票等等。

2. 比较外国银行法的规定

海外其他国家和地区的银行法对于流动性资产限制另有特点。例如,英国法律要求银行的存款准备金对其存款负债比率应保持在 8%,存款准备金加上其他准备金之和对存款负债比率应为 28%。又如,我国台湾地区银行法对银行的各类负债的流动准备金之比是 7%。新加坡规定所有银行必须保持相当于负债基数 20% 的流动资产。日本的银行规定流动资产占总存款比例不得低于 30%。比较我国与海外其他国家和地区银行资产流动方面的规定,在资产流动比率方面规定相似,但是,在流动资产构成方面,我国银行流动资产比海外银行流动资产构成种类更少,例如,我国没有把黄金等贵金属作为流动资产。

3. 资产流动性的意义

在财务管理学上,流动性指资产可以在不受损失的情况下迅速变现的能力。对于银行业来说,流动性是指银行能够随时应付客户提存,满足必要的、正常的贷款需求的能力。美国著名的财经记者托马斯·迈耶对银行资产流动性的重要性做过生动的描述:"银行是在一种特殊环境中活动的……如果银行发生不能——即使是暂时不能——支付活期存款的情况,它就有可能发生倒闭。因此,银行必须非常仔细地注视其清偿头寸的状况,确保有足够多的流动资产或者可靠的借款来源以应付出乎意料的存款外流"。资产流动性是银行支付能力的保证,因为银行是负债经营的,由于银行有能力灵活地调动资金,能够将不同资金的时间长短合理搭配,使得银行有稳定的支付能力。

(三)对同一借款人贷款限制

1. 法律的规定

我国《商业银行法》第 39 条第 4 项规定:"对同一借款人的贷款余额与商业银行资本余额的比例不得超过 10%"。这个指标又称为贷款集中程度限制,目的是避免银行因某一大客户的破产而遭受巨额损失,也就是金融领域中的一个谚语:"不要把所有的鸡蛋放在一个篮子里"。

2. 对同一借款人的理解

同一借款人在法律上有两种理解:其一,《商业银行法》第 39 条第 4 项规定:"对同一借款人的贷款余额与商业银行资本余额的比例不得超过 10%"。其二,1994 年 2 月 15 日《商业银行资产负债比例管理暂行监控指标》第 6 条第 1 款规定,"对同一借款客户的贷款余额与银行资本余额的比例不得超过 15%。同一借款客户指任何一个自然人或任何一个法人"。由于《商业银行法》没有对"同一借款人"进行解释,也没有宣布《商业银行资产负债比例管理暂行监控指标》被废除,所以,这两种规定同时存在,在实践中一度引起了混乱。

理论上说,同一借款客户与同一借款人不是同样的概念。同一借款客户是指同一个自然人或同一法人,因此,这种解释没有包括自然人或法人与控股公司的关系。在实践中,母公司与若干子公司联合从一家银行借款,就不是同一借款客户,因为它们各自是独立法人,在银行单独开户,它们是若干个借款客户。如果所借的款项都用于母公司安排的同一项目,同一借款客户的贷款限制就没有意义。因此,同一借款人应该包括同一自然人或同一法人及其控股的、或担任负责人的子公司。

3. 银监会的规定

上述法律文件之间的冲突在 2005 年银监会发布的《商业银行风险监管核心指标(试行)》中得到了一定程度的澄清。它区分了单独的一个法人与具有控股关系的法人两个层次,用"单一客户"指称一个法人,用"单一集团客户"指称具有控股或关联关系的一组法人,并分别规定了各自的贷款限额。

该文件第 9 条规定:"单一集团客户授信集中度为最大一家集团客户授信总额与资本净额之比,不应高于 15%。该项指标为一级指标,包括单一客户贷款集中度一个二级指标;单一客户贷款集中度为最大一家客户贷款总额与资本净额之比,不应高于 10%。"

4. 海外法律对同一借款人的限定

我国香港特别行政区《银行条例》第 81 条第 1 款对"同一借款人"作了解释,同一借款人包括:(1) 任何一个人;(2) 两个以上公司,它们是同一控股公司的附属机构或有同一控股人(不是一家公司);(3) 任何控股公司及它们的一个或更多个附属机构;或(4) 任何一个人(不是一家公司)及以它为控股人的一家或多家公司。

美国的法律采用"借款客户"的概念,例如,美国法律规定对任何一个自然人、一个合伙、协会团体或公司的贷款或者负债总额不能超过该银行净资本和盈余的 10%。

韩国《银行法》第 27 条规定,银行对同一个人或法人之贷款不得超过金融机构净值 25%;对同一个人或法人之保证或承受债务,不得超过金融机构净值 15%。

日本《银行法》第 13 条规定,银行对同一人之授信,不得逾该银行资本及公积金合计额乘以政令所定比率所得之金额。

德国《银行法》第 13 条规定,对一借款人之授信总额超过金融机构责任资本 15% 者(大额授信),应立即向德国联邦银行申报。最大之 5 项授信,不得超过金融机构责任资本之 3 倍;全部大额授信总额,不得超过金融机构责任资本之 8 倍。

四、关系人贷款限制

关系人贷款限制,是金融立法对银行业中的关联交易进行监管的具体形式。

(一)法律对关系人的规定

我国《商业银行法》第 40 条规定:"商业银行不得向关系人发放信用贷款;向关系人发放担保贷款的条件不得优于其他借款人同类贷款的条件。前款所称关系人是指:(一)商业银行的董事、监事、管理人员、信贷业务人员及其近亲属;(二)前款所列人员投资或者担任高级管理职务的公司、企业和其他经济组织。"法律限制对关系人提供无抵押贷款的目的,是提高银行的信贷资产质量,使贷款的条件公平、合理、安全、质量高。

(二)海外法律对关系人的规定

海外国家和地区的法律对银行向关系人贷款规定得更为严格,原因是大股东控制银行,大股东的亲属或投资控股的其他公司可能对该银行的贷款产生影响。我国台湾地区的"银行法"第 33 条规定"有利害关系"的情况是指:"(1)银行负责人或办理授信之职员之配偶、三亲等以内之血亲或二亲等以内之姻亲。(2)银行负责人、办理授信之职员或前款有利害关系者独资、合伙经营之事业。(3)银行负责人、办理授信之职员或第 1 款有利害关系者单独或合计持有超过公司已发股份总数或资本总额 10% 之企业。(4)银行负责人、办理授信业务之职员或第 1 款有利害关系者为董事、监察人或经理人之企业。但其董事、监察人或经理人系因投资关系经'中央'主管机构核准而兼任者,不在此限。(5)银行负责人、办理授信之职员或第 1 款有利害关系者为代表人、管理人之法人或其他团体。"

香港特别行政区的《银行条例》第 83 条第 2 款规定:"除非第 1 款及第 4 款 A 项另有规定,在香港成为法团的认可机构,如遇以下情况,不得向第 4 款(a)、(b)、(c)、(d)、(e)或(f)款指明的任何人士(须是个人),提供或代其提供任何第(3)款指明的便利,……"而该条例第 4 款规定的是:"(a)该机构的任何董事;(b)任何该董事的任何亲属;(c)该机构的任何雇员,而该雇员是以个人或以委员会成员身份负责决定借款申请的;(d)任何该雇员的任何亲属;(e)该机构的任何控制人(非是认可机构或是在香港以外成为法团、并非根据本条例领有牌照、但为施行本段而获得金融管理专员批准的银行);(f)任何是该机构控制人个人的任何亲属;(g)该机构、其任何控制人或董事、或该任何控制人或董事的任何亲属以董事、合伙人、经理或代理人身份而有利益关系的任何商号、合伙经营或非上市公司(除非该商号、合伙经营或非上市公司是认可机构或是在香港以外成为法团、并非根据本条例领有牌照,但为施行本段而获得专员批准的银行)。"

该《银行条例》第 79 条解释了"亲属"(relative)的法律含义,亲属是指:"(a)任何祖先或后裔,任何该祖先或后裔的任何配偶或前配偶,以及任何该配偶或前配偶的任何父母、兄弟或姊妹;(b)任何兄弟或姊妹、姑丈或姑母、姨丈、叔父或婶母、伯父或伯母、舅父或舅母、任何侄男侄女,及任何堂兄弟、堂姊妹、表兄弟、表姊妹;(c)任何配偶或前配偶,任何该配偶或前配偶的任何祖先,以及任何该配偶或前配偶的任何兄弟或姊妹,姑丈或姑母、姨丈或姨母、叔父或叔母、伯父或伯母、舅父或舅母、侄男或侄女,及任何堂兄弟、堂姊妹、表兄弟、表姊妹;就本定义而言,任何继子女须被当作是其亲生父母或继父母的子女,任何领养的子女须被当作是其领养父母的子女,而配偶包括以配偶方式生活的任何人。"可见香港法律对亲属贷款的限制是十分严格的。

五、银行不良贷款与风险防范

(一) 法律的规定

我国《商业银行法》第 57 条规定:"商业银行应当按照国家有关规定,提取呆账准备金,冲销呆账。"呆账准备金是指根据国家规定,由银行按照贷款余额的一定比例提取的,专门为了冲销呆账的准备金。现行的金融监管法规一般称为"贷款损失准备金"。

银行发放的贷款因借款人无法偿还而遭受损失,是银行经营过程中必须面对的商业风险。以往国有银行承担的政策性贷款业务较多,加上经济高速发展过程中的粗放式经营,形成了大量的不良贷款以及其他不良资产。1999 年实行"债转股"时,四大国有银行向金融资产管理公司剥离了 1.4 万亿不良资产。2004 年开始的国有银行股份制改造,国家又批准国有银行用资本金冲销了积累下来的坏账。在转型为商业银行后,各银行应依法经营,自我约束,自负盈亏,建立充足的准备金,应对不良贷款的损失风险。

(二) 不良贷款

按照中国人民银行 2001 年发布的《贷款风险分类指导原则》,银行贷款根据其风险大小分成五类:正常、关注、次级、怀疑、损失,其中后三类贷款属于不良贷款。

正常类贷款的定义为:借款人能够履行合同,没有足够理由怀疑贷款本息不能按时足额偿还。关注类贷款的定义为:尽管借款人目前有能力偿还贷款本息,但存在一些可能对偿还产生不利影响的因素。次级类贷款的定义为:借款人的还款能力出现明显问题,完全依靠其正常营业收入无法足额偿还贷款本息,即使执行担保,也可能会造成一定损失。可疑类贷款的定义为:借款人无法足额偿还贷款本息,即使执行担保,也肯定要造成较大损失。损失类贷款的定义为:在采取所有可能的措施或一切必要的法律程序之后,本息仍然无法收回,或只能收回极少部分。

银行应对每个贷款项目的风险进行测定,考察借款人的财务基础、经营状况、还款能力等各方面的因素,以确定风险类别。这是一项经验性的工作,对于我国刚刚完成转型的商业银行的经营水平是一个重大考验。

(三) 贷款损失准备金

确定贷款的风险类别后,银行就需要计提损失准备金,行业内称为"拨备"。在通常情况下,商业银行根据信贷资产的历史经验数据、行业内标准,结合中国人民银行《银行贷款损失准备金计提指引》的规定,对正常、关注、次级、可疑以及损失类贷款的计提比例分别为1%、2%、25%、50%和100%。提取的贷款损失准备金应当计入当期损益,在税前扣除。发生贷款损失,应当用准备金冲销。已经冲销,但以后又收回贷款的,应当冲回损失或者增加准备金。

银行计提的贷款损失准备与其不良贷款之间的比率称为拨备覆盖率,其计算公式为:拨备覆盖率=(贷款损失准备金计提余额/不良贷款余额)×100%。它代表着银行对信贷资产预期损失风险进行补偿的能力。我国2007年A股市场有12家上市银行,2006年拨备覆盖率平均水平为125.57%。其中,拨备覆盖率最高的宁波银行为405.3%;最低者是深发展,为48%;招商银行等银行的拨备覆盖率在140%左右。

六、银行经营行为的约束

(一) 公平竞争

1. 银行业公平竞争的意义

金融业的公平竞争规定体现在我国《商业银行法》的第47条,该条规定:"商业银行不得违反规定提高或者降低利率以及采用其他不正当手段,吸收存款,发放贷款。"维持公平竞争秩序的目的,更主要是为了防范银行在恶意竞争中承担过大的风险。实践中,一些银行通过高息揽储吸收存款,形成"存款大战"、"信用卡大战"等。为了支付给存款人的高息,银行随后不得不在贷款业务中进行冒险,或者账外放贷,或者贷款给风险较大、从而愿意支付高息的借款人,结果造成巨大的贷款损失,引发银行信用危机。这是得不偿失的竞争。

我国《商业银行法》采用了比较宽泛的语言规定金融业的公平竞争。利率竞争要符合中国人民银行的有关规定,在允许的幅度内进行竞争。"其他不正当手段"如何解释,法律没有具体规定,例如,有奖储蓄、派发纪念品、在街头文艺演出吸储、承诺付给高额利息等方法,是否是不正当竞争?这些要由立法者将来作出解释。相比之下,我国台湾地区"银行法"第34条规定得比较详细,值得借鉴:"银行不得于规定利息外,以津贴、赠与或其他给予方法吸收存款"。

2. 海外银行的竞争

海外商业银行在市场竞争中,大致经过从利率竞争,发展到服务收费竞争,再发展到全面服务竞争几个阶段。20世纪60年代末70年代初是商业银行利率竞争时期。商业银行之间竞相压低贷款利率,提高存款利率,竞争达到了白热化阶段,在西方报纸上称为"卡脖子"式的竞争,结果导致商业银行公会以利率协议使竞争逐渐平缓。

20世纪70年代后期,商业银行之间展开服务收费竞争,银行竞相压低服务收费,吸引客户。例如,信用卡年费原来是比较高的,开设信用卡账户条件也比较严格,还要提供担保人。后来,信用卡年费逐渐降低,担保人条件也不要了,开户条件大幅度放宽。现在,一些信用卡公司不收年费,只要按时支付信用卡公司的贷款,持卡人就一分钱的费用和利息都不用付。

20世纪80年代后期到90年代中期,西方商业银行已经从服务收费竞争转入全面服务竞争。全面服务已经不是劳动密集型柜员服务或延长工作时间服务,而是以技术密集型的电脑设备与联网技术为特征的全方位服务。每家银行都努力形成自己的服务特色和亮点。银行之间有了差异性,可以吸引不同组群的客户,这样就形成银行与客户双赢的局面。

(二) 行员的纪律

银行工作人员的纪律与一般公司的工作人员不同。比较而言,一般公司的工作人员在法律上不限制兼职(可能在公司章程或雇佣合同上限制兼职),但银行工作人员在法律上禁止兼职;一般公司工作人员没有法律上的禁止徇私经营(可能在公司章程或在雇佣合同中有禁止规定),但是,银行工作人员禁止徇私向亲属和朋友贷款或提供担保。所以,银行工作人员的纪律更严。

我国《商业银行法》第52条规定:"商业银行的工作人员应当遵守法律、行政法规和其他各项业务管理的规定,不得有下列行为:(一)利用职务上的便利,索取、收受贿赂或者违反国家规定收受各种名义的回扣、手续费;(二)利用职务上的便利,贪污、挪用、侵占本行或者客户的资金;(三)违反规定徇私向亲属、朋友发放贷款或者提供担保;(四)在其他经济组织兼职;(五)违反法律、行政法规和业务管理规定的其他行为。"此外,《商业银行法》第53条规定了银行行员的保密义务,"商业银行的工作人员不得泄露其在任职期间知悉的国家秘密、商业秘密"。

法律在操作方面要注意的问题是界定银行工作人员的范围,学理上认为,在银行正式编制之内的工作人员和按劳动聘任制签订劳动合同的工作人员都是银行的工作人员。

七、商业银行的监督机制

(一) 银行内部的稽核监督

银行内部设有稽核部门和监察部门,专门负责对银行的存款业务、贷款业务、结算业务、金融服务业务、信托业务和保管业务等财务情况进行稽核,对银行的会计与账目是否符合国家规定进行检查。例如,对银行的存款业务和存款质量金融稽核,检查存款的账实、账账相符情况;检查有无擅自挪用客户的存款、透支客户的取款、虚开没有存款的空头存单等情况;特别还要检查有无存款资金的账外经营情况。

再如,对于贷款业务和信贷资产质量的稽核工作包括:检查贷款业务中的贷款使用情况,以及贷款有无担保、抵押或质押情况;对于没有担保的贷款,检查其是否符合国家法律的规定;检查向"关系人"贷款的条件是否符合法律规定要求,有无违规徇私向亲属贷款的情况;检查贷款余额与存款余额控制比例的执行情况;检查逾期贷款和呆账贷款的冲销情况;特别要检查银行对外单位是否开出了担保文件以及是否符合法律规定的情况等。

对银行财务和会计工作的稽核检查,要注意财务会计的准确、完整、及时和认真记录银行财务的经营运行情况,检查银行财务的账账、账款、账实、账表、账据、内外账的核对相符;检查银行有无在法定账户外私设会计账户的情况;还要特别检查银行有无违反财务管理制度,擅自扩大开支,擅自增加成本的情况。

我国商业银行本系统内部也制定了《稽核工作基本程序》,稽核人员要按照规定的要求进行稽核,将稽核报告提交有关部门,并对检查出的问题进行稽核处理,或复议审查。

(二) 商业银行的外部监督

1. 银监会对商业银行的监督

银监会对商业银行的监督是其一项日常工作。我国《商业银行法》第62条规定:"国务院银行业监督管理机构有权依照本法第三章、第四章、第五章的规定,随时对商业银行的存款、贷款、结算、呆账等情况进行检查监督。检查监督时,检查监督人员应当出示合法的证件。商业银行应当按照国务院银行业监督管理机构的要求,提供财务会计资料、业务合同和有关经营管理方面的其他信息。……"

2. 中国人民银行对商业银行的监督

中国人民银行有权依照《中国人民银行法》第32条、第34条的规定对商业银行进行检查监督。商业银行应当向中国人民银行报送资产负债表、利润表以及其他财务会计、统计报表和资料。

3. 国家审计部门对商业银行的审计监督

依照我国《商业银行法》第63条，商业银行应当依法接受审计机关的审计监督。实践中，审计监督的形式可能是国家审计部门依据《中华人民共和国审计法》对商业银行的财务会计情况进行审计监督，也可能是依据特定的金融审计规章，对国有金融机构的财务收支进行的经常性监督，或者对特定项目贷款合规性进行的检查监督。

此外，依据我国《商业银行法》第56条，商业银行应当于每一会计年度终了3个月内，按照国务院银行业监督管理机构的规定，公布其上一年度的经营业绩和审计报告。这是社会监督的一种方式。

第三章 外资银行管理法律制度

第一节 外资银行管理概述

一、外资银行概述

外资银行是指在我国境内设立的、由外国银行单独出资或者与其他外国金融机构或中国境内机构合资经营的银行类机构。按照我国现行《外资银行管理条例》的分类,包括外商独资银行、中外合资银行、外国银行分行、外国银行代表处四种形式。其中,前三者都从事商业银行的金融业务,故《外资银行条例》把它们合称为"外资银行营业性机构"。外国代表处只是外国银行为进入中国市场而设立联络、信息收集、市场调查的派出机构,不从事经营活动。

外资银行是从东道国的角度对跨国经营的商业银行的称谓。从银行本身来看,到注册地国家(母国)以外的其他国家或地区设立分支机构,属于银行的跨国经营行为。在国际金融领域,设立海外分行或建立跨国银行的目的有多种,例如,为客户的海外贸易结算提供便利,逃避本国较高的税负,在国际金融市场融资和为资本输出寻求较高的投资回报率等。许多国际著名银行都在海外设有庞大的分行网络,金融业务遍及各个国际金融市场和国内市场。

从东道国政府的角度看,一些国家为了发展本国金融业和其他事业,对外国金融资本的流入采取优惠政策,特别是那些国际金融中心所在地的国家和地区,以及许多发展中国家和地区,对外资银行实行低税优惠、放松或取消外汇管制、允许外国资金自由流动等政策,以鼓励外国银行在该地区发展。例如,根据香港金融管理局的数据,在香港注册的持牌银行只有23家,而海外银行有123家,占香港持牌银行总数的84%。这是香港作为国际金融中心的一个特征。

二、外资银行的法律地位

从法律地位来看,外商独资银行及中外合资银行都是中国法人,依中国法律设立并自主经营,独立承担法律责任。外国银行分行是外国银行在中国境内的分支机构,不具有中国法人地位,其法律责任最终由外国银行总行承担。

一般而言,外国银行或外资银行在东道国所享有的法律地位体现着下列某一政策取向:

(1) 对等互惠原则。在外资银行领域,对等互惠原则的核心内容是:东道国只对准许其本国国民进入外国金融市场开办外资银行的国家的国民开放本国金融市场,准许其设立外资银行;外国金融机构进入东道国金融市场的条件、经营范围等以其母国如何对待东道国本国国民为参照。

(2) 国民待遇原则。这是指外国银行在东道国享有同当地银行一样的待遇。这在《服务贸易总协定》中作为一项特定义务予以明列,规定每一成员方应在其承担义务计划表所列的部门中,依据表内所列的各种条件和资格,给予其他成员方的服务和服务提供者以国民待遇。就影响服务提供的所有规定来说,不应低于给予其本国相同的服务和服务提供者的待遇。这种待遇要求东道国对外国银行既不采取任何歧视措施,也不必予以特别优惠。

(3) 保护主义原则。目前,除了香港《银行条例》给予外国银行与本地注册的银行同等待遇外,其他许多国家在准许外资银行进入本国的同时又在市场准入条件、业务范围、营业地域等方面加以限制,以此来保护本国金融业。

三、外资银行进入我国市场的历史

外资金融机构进入我国市场的历史可以追溯到 19 世纪。当时中国经济落后,政治软弱,但是我国的市场还是世界上最大的市场之一,所以,外资银行跟随着贸易商人,在贸易通商过程中进入了中国市场。现在上海外滩江边上的欧式银行大楼,就是当年外资银行的分支机构办公楼。

改革开放后,外资银行及其他金融机构重新进入我国。1979 年,日本长期信用银行在北京开设代表处。1981 年,香港南洋商业银行首家获准在特区设立营业性分支机构。随着中国经济的高速发展,大量跨国公司到中国投资设厂,特别是中国 2001 年加入 WTO,承诺对外金融市场开放,这些都刺激了外资银行加快进入中国的步伐。根据中国人民银行发布的《2009 年国际金融市场报告》,截至 2009 年底,共有 13 个国家和地区的银行在华设立了 33 家外商独资银行、2 家合资银行、2 家外商独资财务公司,有 24 个国家和地区的银行在华设立了 71 家分行,有 46 个国家和地区的 194 家银行在华设立了 229 家代表处;获准经营人民币业务的外国银行分行 49 家、外资法人银行 32 家,获准从事金融衍生产品交易业务的外资银行机构数量 54 家;在华外资银行资产总额 1.35 万亿元,占全国金融机构资产总额的 1.71%;各项贷款余额 7204 亿元,占全部金融机构各项贷款余额的 1.7%;各项存款余额 7018 亿元。

四、外资银行在我国经济中的作用

鼓励外资商业银行来我国设立分行有以下几方面作用:

(1) 有利于吸引外资。外资银行来我国设分行或子银行,都需把资金投入我国,使我国外汇的数额增加,另一方面,外资银行对其他外资企业在华投资也有促进作用。外资企业可以在外资银行开户,办理存款和转账结算业务,而这些外资银行的业务质量、客户服务在国际上都居于领先地位,加之其文化背景与其他外资企业有相通之处,这都有助于增强外商来华投资的信心。

(2)有利于我国学习外国银行的管理经验。外国银行在经营方面已经高度国际化,在国际金融市场有比较丰富的业务经验。外资银行在我国设立分行或设立子银行,能使我国同行有机会直接学习他们先进的管理经验与经营技巧,为我国的银行向海外发展金融业务提供参考经验。

(3)为我国金融管理体制改革提供参考经验。金融管理体制改革的设想,是要从原来单纯靠计划与行政管理方式,改革成为计划与市场相结合的管理方式;把原来单一的银行业务改革成种类齐全的银行业务;把原来辅助行政权力、被动起作用的银行,改革成为主动调节社会资金的银行。以上这些方面都可以参考借鉴市场经济发达国家的银行管理经验,以调整政府与银行、银行与客户在金融活动中的关系。

第二节 外资银行监管立法

一、立法目的

许多国家和地区的银行法对外国银行有专门的规定,例如,1983年的《日本国普通银行法》第7章第47条至第52条、1978年美国《国际银行法》中的有关条款以及我国台湾地区"银行法"第7章第116条至第124条都是专门规定外国银行法的条文。概括上述银行法对外国银行的规定,主要有以下几方面内容:

(1)外国银行的定义。
(2)外国银行在东道国设立分支机构的标准与申请程序。
(3)外国银行可以从事经营活动的地域范围。
(4)东道国政府允许外国银行在本国开展金融业务的范围。
(5)外国银行分支机构的日常管理规则及解散、清盘程序。

对外资银行专门立法的目的主要有两方面:(1)对外资银行进行监管,避免外资银行跨国经营的风险蔓延,影响东道国国内金融市场的稳定。(2)对外资银行的业务范围进行适当限制,保护本国存款人的利益。除了香港《银行条例》给予外国银行与本地注册的银行同等待遇外,其他许多国家都对外国银行作了不同程度的限制。

二、我国对外资银行监管的历史发展

随着我国金融业开放的深入和监管经验的增长,外资金融监管立法不断颁

布、更新和完善。1994年2月25日,国务院第148号令发布了《外资金融机构管理条例》(以下简称《条例》),于1994年4月1日开始实施。它的实施同时废止了1985年4月2日国务院公布的《中华人民共和国经济特区外资银行、中外合资银行管理条例》和1990年9月7日国务院颁布的《上海外资金融机构、中外合资金融机构管理办法》,统一了我国不同地区原有的不同外资银行监管标准。该条例适用于外商独资银行、中外合资银行以及外国银行分行,还适用于外资在中国境内单独设立或者合资设立的财务公司。1995年实施的《商业银行法》第88条规定:"外资商业银行、中外合资商业银行、外国商业银行分行适用本法规定,法律、行政法规另有规定的,适用其规定。"根据《商业银行法》和前述《条例》,1996年4月30日,中国人民银行颁布了《条例》的实施细则。

2001年底,为履行我国加入世界贸易组织承诺,国务院重新修订、公布了《外资金融机构管理条例》并于2002年2月1日起施行。中国人民银行对该条例的实施细则进行了相应修订。2003年,对外资银行监管职能从中国人民银行转移到中国银监会后,中国银监会再次对实施细则进行了修订,贯彻风险监管和审慎监管精神,同时与中资银行有关管理规定开始衔接。

2006年12月11日是我国加入世界贸易组织五周年的日子,也是国内金融业五年过渡期保护的结束。按照入世承诺,我国需要解除对外资银行从事人民币业务的地域限制与客户限制。国务院于2006年11月11日公布了新的《外资银行管理条例》并于同年12月11日正式施行。

三、我国《外资银行管理条例》的特点

我国《外资银行管理条例》具有以下特点:

一是全面履行世贸承诺,取消人民币业务的地域和客户限制。

二是体现国民待遇原则,为中外资银行公平竞争创造法律环境。外资法人银行除设立条件按照世贸承诺外,准入程序、业务范围、监管标准尽量与中资银行一致。如外资法人银行的最低注册资本为10亿元人民币或等值外币,遵守8%的资本充足率以及其他资产负债比例监管,董事及高级管理人员的任职资格管理等等。

三是遵循国际监管惯例,实行法人银行导向政策。对于不具有本地法人资格的外国银行分行的人民币业务进行适度限制。

四是充分体现风险监管、合并监管和审慎监管的理念,保护存款人利益、维护银行体系稳健运行。

此外,《外资银行管理条例》的规范对象调整比较大,由原来的外资银行、合资银行以及外资/合资财务公司调整为纯粹的外资银行,同时把原来单独立规的外国银行代表处纳入《外资银行管理条例》的适用范围。现存的外资财务公司

按要求转制为银行或实施关闭。今后的外资财务公司属于集团财务公司性质，将由适用于中、外资财务公司的《企业集团财务公司管理办法》统一规范，具体规则参见本书第四章第六节。

四、我国《外资银行管理条例》的适用范围

我国《外资银行管理条例》对外资金融机构的界定是比较窄的。根据《条例》第2条规定，外资银行是指依照中华人民共和国有关法律、法规，经批准在中华人民共和国境内设立的下列机构：

(1) 1家外国银行单独出资或者1家外国银行与其他外国金融机构共同出资设立的外商独资银行；

(2) 外国金融机构与中国的公司、企业共同出资设立的中外合资银行；

(3) 外国银行分行；

(4) 外国银行代表处。

第(1)项至第(3)项所列机构，统称外资银行营业性机构。

《条例》所称外国金融机构，是指在中华人民共和国境外注册并经所在国家或者地区金融监管当局批准或者许可的金融机构；所称外国银行，是指在中华人民共和国境外注册并经所在国家或者地区金融监管当局批准或者许可的商业银行。

基于对外资金融机构的上述界定，国务院在该《条例》中授权国务院银行业监督管理机构及其派出机构负责对外资银行及其活动实施监督管理，审查批准外资银行及其分支机构的设立。法律、行政法规规定其他监督管理部门或者机构对外资银行及其活动实施监督管理的，依照其规定。此外，国务院银行业监督管理机构根据国家区域经济发展战略及相关政策制定有关鼓励和引导的措施，报国务院批准后实施。

第三节 外资金融机构监管内容

一、设立与登记

(一) 最低注册资本与营运资金

外商独资银行、中外合资银行的注册资本最低限额为10亿元人民币或者等值的自由兑换货币。注册资本应当是实缴资本。

外商独资银行、中外合资银行在中华人民共和国境内设立的分行，应当由其总行无偿拨给不少于1亿元人民币或者等值的自由兑换货币的营运资金。外商独资银行、中外合资银行拨给各分支机构营运资金的总和，不得超过总行资本金总额的60%。外国银行分行应当由其总行无偿拨给不少于2亿元人民币或者等值的自由兑换货币的营运资金。

国务院银行业监督管理机构根据外资银行营业性机构的业务范围和审慎监管的需要，可以提高注册资本或者营运资金的最低限额，并规定其中的人民币份额。

（二）对外资银行股东资格的监管

1. 基本要求

股东资格监管是对外资银行监管的一项重要内容。按照《外资银行管理条例》，拟设外商独资银行、中外合资银行的股东或者拟设分行、代表处的外国银行应当具备下列条件：（1）具有持续盈利能力，信誉良好，无重大违法违规记录；（2）拟设外商独资银行的股东、中外合资银行的外方股东或者拟设分行、代表处的外国银行具有从事国际金融活动的经验；（3）具有有效的反洗钱制度；（4）拟设外商独资银行的股东、中外合资银行的外方股东或者拟设分行、代表处的外国银行受到所在国家或者地区金融监管当局的有效监管，并且其申请经所在国家或者地区金融监管当局同意；（5）国务院银行业监督管理机构规定的其他审慎性条件。

此外，拟设外商独资银行的股东、中外合资银行的外方股东或者拟设分行、代表处的外国银行所在国家或者地区应当具有完善的金融监督管理制度，并且其金融监管当局已经与我国金融监管机构之间建立了良好的监督管理合作机制。

2. 对外商独资银行股东资格的特别规定

外商独资银行包括一家外国银行单独出资设立或一家外资银行与其他外国金融机构共同出资设立的外资银行。这些银行或金融机构，除应当符合前面第1项提到的"基本要求"外，其中唯一或者控股股东还应当具备下列条件：（1）为商业银行；（2）在中华人民共和国境内已经设立代表处2年以上；（3）提出设立申请前1年年末总资产不少于100亿美元；（4）资本充足率符合所在国家或者地区金融监管当局以及国务院银行业监督管理机构的规定。

3. 对中外合资银行股东资格的特别规定

拟设中外合资银行的股东，除应当符合前面第1项提到的"基本要求"外，其中的外方股东及中方唯一或者主要股东应当为金融机构，且外方唯一或者主要股东还应当具备下列条件：（1）为商业银行；（2）在中华人民共和国境内已经设立代表处；（3）提出设立申请前1年年末总资产不少于100亿美元；（4）资本充足率符合所在国家或者地区金融监管当局以及国务院银行业监督管理机构的规定。

4. 对设立分行的外国银行的特别规定

拟设分行的外国银行除应当符合前述基本要求外，还应当具备下列条件：

(1) 提出设立申请前1年年末总资产不少于200亿美元;(2) 资本充足率符合所在国家或者地区金融监管当局以及国务院银行业监督管理机构的规定;(3) 初次设立分行的,在中华人民共和国境内已经设立代表处2年以上。

(三) 审批程序

设立外资银行营业性机构,应当先申请筹建,并将下列申请资料报送拟设机构所在地的银行业监督管理机构:(1) 申请书,内容包括拟设机构的名称、所在地、注册资本或者营运资金、申请经营的业务种类等;(2) 可行性研究报告;(3) 拟设外商独资银行、中外合资银行的章程草案;(4) 拟设外商独资银行、中外合资银行各方股东签署的经营合同;(5) 拟设外商独资银行、中外合资银行的股东或者拟设分行的外国银行的章程;(6) 拟设外商独资银行、中外合资银行的股东或者拟设分行的外国银行及其所在集团的组织结构图、主要股东名单、海外分支机构和关联企业名单;(7) 拟设外商独资银行、中外合资银行的股东或者拟设分行的外国银行最近3年的年报;(8) 拟设外商独资银行、中外合资银行的股东或者拟设分行的外国银行的反洗钱制度;(9) 拟设外商独资银行的股东、中外合资银行的外方股东或者拟设分行的外国银行所在国家或者地区金融监管当局核发的营业执照或者经营金融业务许可文件的复印件及对其申请的意见书;(10) 国务院银行业监督管理机构规定的其他资料。拟设机构所在地的银行业监督管理机构应当将申请资料连同审核意见,及时报送国务院银行业监督管理机构。

国务院银行业监督管理机构应当自收到设立外资银行营业性机构完整的申请资料之日起6个月内作出批准或者不批准筹建的决定,并书面通知申请人。决定不批准的,应当说明理由。特殊情况下,国务院银行业监督管理机构不能在前述规定期限内完成审查并作出批准或者不批准筹建决定的,可以适当延长审查期限,并书面通知申请人,但延长期限不得超过3个月。申请人凭批准筹建文件到拟设机构所在地的银行业监督管理机构领取开业申请表。

申请人应当自获准筹建之日起6个月内完成筹建工作。在规定期限内未完成筹建工作的,应当说明理由,经拟设机构所在地的银行业监督管理机构批准,可以延长3个月。在延长期内仍未完成筹建工作的,国务院银行业监督管理机构作出的批准筹建决定自动失效。

经验收合格完成筹建工作的,申请人应当将填写好的开业申请表连同下列资料报送拟设机构所在地的银行业监督管理机构:(1) 拟设机构的主要负责人名单及简历;(2) 对拟任该机构主要负责人的授权书;(3) 法定验资机构出具的验资证明;(4) 安全防范措施和与业务有关的其他设施的资料;(5) 设立分行的外国银行对该分行承担税务、债务的责任保证书;(6) 国务院银行业监督管理机构规定的其他资料。拟设机构所在地的银行业监督管理机构应当将申请资料连同审核意见,及时报送国务院银行业监督管理机构。

国务院银行业监督管理机构应当自收到完整的开业申请资料之日起2个月内,作出批准或者不批准开业的决定,并书面通知申请人。决定批准的,应当颁发金融许可证;决定不批准的,应当说明理由。

经批准设立的外资银行营业性机构,应当凭金融许可证向工商行政管理机关办理登记,领取营业执照。

三、外资金融机构高级管理人员任职资格的规定

外资银行董事、高级管理人员、首席代表的任职资格应当符合国务院银行业监督管理机构规定的条件,并经国务院银行业监督管理机构核准。

根据《外资银行管理条例实施细则》的规定,担任外资银行的董事、高级管理人员和首席代表的人员应当是具有完全民事行为能力的自然人,并具备下列基本条件:(1)熟悉并遵守中国法律、行政法规和规章;(2)具有良好的职业道德、操守、品行和声誉,有良好的守法合规记录,无不良记录;(3)具备大学本科以上(包括大学本科)学历,且具有与担任职务相适应的专业知识、工作经验和组织管理能力;不具备大学本科以上学历,应当相应增加6年以上从事金融或者8年以上相关经济工作经历(其中从事金融工作4年以上);(4)具有履职所需的独立性。外资银行的董事、高级管理人员、首席代表在中国银监会或者所在地银监局核准其任职资格前不得履职。

有下列情形之一的,不得担任外资银行的董事、高级管理人员和首席代表:(1)有故意或者重大过失犯罪记录的;(2)担任或者曾任因违法经营而被接管、撤销、合并、宣告破产或者吊销营业执照的机构的董事或者高级管理人员的,但能够证明自己没有过错的除外;(3)指使、参与所任职机构阻挠、对抗中国银监会及其派出机构进行监督检查或者案件查处的;(4)违反职业道德、操守或者工作严重失职给所任职的机构造成重大损失或者恶劣影响的;(5)本人或者其配偶负有数额较大的债务且到期未偿还的;(6)法律、行政法规、部门规章规定的不得担任金融机构董事、高级管理人员或者首席代表的;(7)中国银监会认定的其他情形。

担任下列职务的外资银行董事、高级管理人员和首席代表应当分别具备下列条件:(1)担任外商独资银行、中外合资银行董事长,应当具有8年以上金融工作或者12年以上相关经济工作经历(其中从事金融工作5年以上);(2)担任外商独资银行、中外合资银行副董事长,应当具有5年以上金融工作或者10年以上相关经济工作经历(其中从事金融工作3年以上);(3)担任外商独资银行、中外合资银行行长(首席执行官、总经理),应当具有8年以上金融工作或者12年以上相关经济工作经历(其中从事金融工作4年以上);(4)担任外商独资银行、中外合资银行董事会秘书、副行长(副总经理)、行长助理、首席运营官、首席风险控制官、首席财务官(财务总监、财务负责人)、首席技术官,外商独资银行分行、中外合资银行分行、外国银行分行行长(总经理),应当具有 5 年以上金融工作或者 10 年以上相关经济工作经历(其中从事金融工作 3 年以上);(5) 担任外商独资银行、中外合资银行董事,应当具有 5 年以上与经济、金融、法律、财务有关的工作经历,能够运用财务报表和统计报表判断银行的经营、管理和风险状况,理解银行的公司治理结构、公司章程、董事会职责以及董事的权利和义务;(6) 担任外商独资银行分行、中外合资银行分行、外国银行分行副行长(副总经理)、支行行长,应当具有 4 年以上金融工作或者 6 年以上相关经济工作经历(其中从事金融工作 2 年以上);(7) 担任外商独资银行、中外合资银行内审负责人和合规负责人,应当具有 4 年以上金融工作经历;(8) 担任外商独资银行分行、中外合资银行分行、外国银行分行合规负责人,应当具有 3 年以上金融工作经历;(9) 担任外国银行代表处首席代表,应当具有 3 年以上金融工作或者 6 年以上相关经济工作经历(其中从事金融工作 1 年以上)。

四、业务范围

根据《外资银行管理条例》第 29 条的规定,外商独资银行、中外合资银行按照国务院银行业监督管理机构批准的业务范围,可以经营下列部分或者全部外汇业务和人民币业务:(1) 吸收公众存款;(2) 发放短期、中期和长期贷款;(3) 办理票据承兑与贴现;(4) 买卖政府债券、金融债券,买卖股票以外的其他外币有价证券;(5) 提供信用证服务及担保;(6) 办理国内外结算;(7) 买卖、代理买卖外汇;(8) 代理保险;(9) 从事同业拆借;(10) 从事银行卡业务;(11) 提供保管箱服务;(12) 提供资信调查和咨询服务;(13) 经国务院银行业监督管理机构批准的其他业务。外商独资银行、中外合资银行经中国人民银行批准,可以经营结汇、售汇业务。

根据《外资银行管理条例》第 31 条的规定,外国银行分行按照国务院银行业监督管理机构批准的业务范围,可以经营下列部分或者全部外汇业务以及对除中国境内公民以外客户的人民币业务:(1) 吸收公众存款;(2) 发放短期、中期和长期贷款;(3) 办理票据承兑与贴现;(4) 买卖政府债券、金融债券,买卖股票以外的其他外币有价证券;(5) 提供信用证服务及担保;(6) 办理国内外结算;(7) 买卖、代理买卖外汇;(8) 代理保险;(9) 从事同业拆借;(10) 提供保管箱服务;(11) 提供资信调查和咨询服务;(12) 经国务院银行业监督管理机构批准的其他业务。外国银行分行可以吸收中国境内公民每笔不少于 100 万元人民币的定期存款。外国银行分行经中国人民银行批准,可以经营结汇、售汇业务。

与国内银行以及外资法人银行的业务范围相比,外国银行分行受到的限制主要有三方面：一是不得从事银行卡业务；二是对中国境内公民吸收的人民币存款不得少于每笔 100 万，且为定期存款；三是不得对中国境内居民个人提供人民币贷款业务。银行卡、个人消费信贷以及居民个人的人民币活期存款或小额定期存款，都属于典型的商业银行零售业务。因此，外国银行分行只能从事对个人的人民币批发业务。

外资银行必须以法人资格经营本币零售业务，是各国对外资银行监管的普遍做法，又称为法人导向政策。在美国，大多数外国银行分行只能吸收 10 万美元以上的存款，从事批发业务，资金主要来源于银行间市场和关联方。外国银行要从事零售业务，首先要加入联邦存款保险，而加入联邦存款保险的必须是法人银行，大多为外国银行的子行。法人银行作为境内独立法人，是本地注册，由本国监管机构承担主要的监管责任；外国银行分行是境外注册银行的分支机构，由母国监管机构承担主要的监管责任。为了保障居民的存款安全，也为了便于监管存款市场上的风险，有必要区别对待。从客观上看，这一措施也在一定程度上起到了保护国内银行业，特别是其快速成长的零售业务的作用，因为设立法人银行的成本要比设立分行的成本高得多。

外资银行经营人民币业务的资格有特别规定。按照《外资银行管理条例》第 34 条，外资银行（包括法人银行与分行）经营法定业务范围内的人民币业务的，应当具备下列条件，并经国务院银行业监督管理机构批准：(1) 提出申请前在中华人民共和国境内开业 3 年以上；(2) 提出申请前 2 年连续盈利；(3) 国务院银行业监督管理机构规定的其他审慎性条件。外国银行分行改制为由其总行单独出资的外商独资银行的，前述第(1)项、第(2)项规定的期限自外国银行分行设立之日起计算。

外商独资银行、中外合资银行的分支机构在总行授权范围内开展业务，其民事责任由总行承担。外国银行分行及其分支机构的民事责任由其总行承担。

五、监督管理

（一）一般监管

1. 内控制度

外资银行营业性机构应当建立与其中国业务发展相适应的内部控制制度和业务操作规程，并于每年 3 月末前将内部控制制度和业务操作规程的修订内容报送所在地中国银监会派出机构。外商独资银行、中外合资银行应当设置独立的风险管理部门、合规管理部门和内部审计部门。外国银行分行应当指定专门部门或者人员负责合规工作。

2. 贷款风险分类制度

外资银行营业性机构应当建立贷款风险分类制度，并将贷款风险分类标准与中国银监会规定的分类标准的对应关系报送所在地中国银监会派出机构。

外资银行营业性机构应当按照规定计提呆账准备金。

3. 利率

外资银行营业性机构应当按照有关规定确定存款、贷款利率及各种手续费率。

4. 存款准备金

外资银行营业性机构经营存款业务,应当按照中国人民银行的规定交存存款准备金。

5. 资产负债比例

外商独资银行、中外合资银行应当遵守《商业银行法》第39条关于资产负债比例管理的规定。外国银行分行变更的由其总行单独出资的外商独资银行以及《条例》施行前设立的外商独资银行、中外合资银行,其资产负债比例不符合规定的,应当在国务院银行业监督管理机构规定的期限内达到规定要求。对于风险较高、风险管理能力较弱的外商独资银行、中外合资银行,国务院银行业监督管理机构可以要求提高资本充足率。

外商独资银行、中外合资银行有关资产负债比例的计算方法执行银行业监管报表指标体系的规定,按照本外币合计的并表口径考核。

6. 关联交易管理

外商独资银行、中外合资银行应当建立关联交易管理制度,关联交易必须符合商业原则,交易条件不得优于与非关联方进行交易的条件。银监会及其派出机构按照商业银行关联交易有关管理办法的规定对关联方及关联交易进行认定。

(二) 对外国银行分行的监管

外国银行分行不是中国法人,民事责任由其总行承担,因此它也不适用资本充足率监管要求。但是,外国银行分行依然需要满足东道国关于营运资金以及流动性等方面的要求,以避免自身的资金不足波及东道国金融市场的稳定。

1. 营运资金

外国银行分行营运资金的30%应当以国务院银行业监督管理机构指定的生息资产形式存在。生息资产包括外汇生息资产和人民币生息资产。

外国银行分行外汇营运资金的30%应当以6个月以上(含6个月)的外币定期存款作为外汇生息资产;人民币营运资金的30%应当以人民币国债或者6个月以上(含6个月)的人民币定期存款作为人民币生息资产。

外国银行分行以定期存款形式存在的生息资产应当存放在中国境内经营稳健、具有一定实力的3家或者3家以下中资商业银行。外国银行分行不得对以人民币国债形式存在的生息资产进行质押回购,或者采取其他影响生息资产支配权的处理方式。

外国银行分行应当分别于每年 6 月末和 12 月末向所在地中国银监会派出机构报告生息资产的存在情况,包括定期存款的存放银行、金额、期限和利率,持有人民币国债的金额、形式和到期日等内容。

外国银行分行变更生息资产存在形式、定期存款存放银行应当经所在地中国银监会派出机构批准。未经所在地中国银监会派出机构批准,外国银行分行不得动用生息资产。

外国银行分行营运资金加准备金等项之和中的人民币份额与其人民币风险资产的比例不得低于 8%。营运资金加准备金等项之和是指营运资金、未分配利润和贷款损失一般准备之和,所称风险资产是指按照有关加权风险资产的规定计算的表内、表外加权风险资产。该比例按照外国银行在中国境内分行单家计算,按季末余额考核。对于风险较高、风险管理能力较弱的外国银行分行,银监会还可以提高上述比例。

2. 流动性

外国银行分行应当确保其资产的流动性。流动性资产余额与流动性负债余额的比例不得低于 25%。

外国银行分行的流动性资产包括现金、黄金、在中国人民银行存款、存放同业、1 个月内到期的拆放同业、1 个月内到期的借出同业、境外联行往来及附属机构往来的资产方净额、1 个月内到期的应收利息及其他应收款、1 个月内到期的贷款、1 个月内到期的债券投资、在国内外二级市场上可随时变现的其他债券投资、其他 1 个月内可变现的资产。上述各项资产中应当扣除预计不可收回的部分。生息资产不计入流动性资产。

外国银行分行的流动性负债包括活期存款、1 个月内到期的定期存款、同业存放、1 个月内到期的同业拆入、1 个月内到期的借入同业、境外联行往来及附属机构往来的负债方净额、1 个月内到期的应付利息及其他应付款、其他 1 个月内到期的负债。冻结存款不计入流动性负债。

3. 境内资产比例

外国银行分行境内本外币资产余额不得低于境内本外币负债余额。境内本外币资产余额、境内本外币负债余额按照以下方法计算:

境内本外币资产余额 = 本外币资产总额 − 境外联行往来(资产) − 境外附属机构往来(资产) − 境外贷款 − 存放境外同业 − 拆放境外同业 − 买入境外返售资产 − 境外投资 − 其他境外资产。下列投资不列入境外投资:购买在中国境外发行的中国政府债券、中国金融机构的债券和中国非金融机构的债券。

境内本外币负债余额 = 本外币负债总额 − 境外联行往来(负债) − 境外附属机构往来(负债) − 境外存款 − 境外同业存放 − 境外同业拆入 − 卖出境外回

购款项 – 其他境外负债。

4. 合并管理

在中华人民共和国境内设立两家及两家以上分行的外国银行,应当授权其中1家分行对其他分行实施统一管理。银监会对外国银行在中华人民共和国境内设立的分行实行合并监管。

5. 报告义务

外国银行分行有下列情形之一的,应当向该分行或者管理行所在地中国银监会派出机构报告:(1)外国银行分行未分配利润与本年度纯损益之和为负数,且该负数绝对值与贷款损失准备尚未提足部分之和超过营运资金30%的,应当每季度末报告;(2)外国银行分行对所有大客户的授信余额超过其营运资金8倍的,应当每季度末报告,大客户是指授信余额超过外国银行分行营运资金10%的客户,该指标按照外国银行在中国境内分行季末余额合并计算;(3)外国银行分行境外联行及附属机构往来的资产方余额超过境外联行及附属机构往来的负债方余额与营运资金之和的,应当每月末报告,该指标按照外国银行在中国境内分行合并计算;(4)中国银监会认定的其他情形。

(三)特别监管措施

中国银监会及其派出机构对外资银行营业性机构采取的特别监管措施包括以下内容:(1)约见有关负责人进行警诫谈话;(2)责令限期就有关问题报送书面报告;(3)对资金流出境外采取限制性措施;(4)责令暂停部分业务或者暂停受理经营新业务的申请;(5)责令出具保证书;(6)对有关风险监管指标提出特别要求;(7)要求保持一定比例的经中国银监会认可的资产;(8)责令限期补充资本金或者营运资金;(9)责令限期撤换董事或者高级管理人员;(10)暂停受理增设机构的申请;(11)对利润分配和利润汇出境外采取限制性措施;(12)派驻特别监管人员,对日常经营管理进行监督指导;(13)提高有关监管报表的报送频度;(14)中国银监会采取的其他特别监管措施。

外资银行营业性机构应当向所在地中国银监会派出机构及时报告下列重大事项:(1)财务状况和经营活动出现重大问题;(2)经营策略的重大调整;(3)除不可抗力原因外,外资银行营业性机构在法定节假日以外的日期暂停营业2日以内,应当提前7日向所在地中国银监会派出机构书面报告;(4)外商独资银行、中外合资银行的重要董事会决议;(5)外国银行分行的总行、外商独资银行或者中外合资银行股东的章程、注册资本和注册地址的变更;(6)外国银行分行的总行、外商独资银行或者中外合资银行股东的合并、分立等重组事项以及董事长或者行长(首席执行官、总经理)的变更;(7)外国银行分行的总行、外商独资银行或者中外合资银行股东的财务状况和经营活动出现重大问题;(8)外国银行分行的总行、外商独资银行或者中外合资银行股东发生重大案件;(9)外国银行分行的总行、外商独资银行或者中外合资银行外方股东所在国家或者地区以及其他海外分支机构所在国家或者地区金融监管当局对其实施的重大监管措施;(10)外国银行分行的总行、外商独资银行或者中外合资银行外方股东所在国家或者地区金融监管法规和金融监管体系的重大变化;(11)中国银监会要求报告的其他事项。

六、终止与清算

(一) 正常解散

外资银行营业性机构自行终止业务活动的,应当在终止业务活动30日前以书面形式向国务院银行业监督管理机构提出申请,经审查批准予以解散或者关闭并进行清算。

(二) 资不抵债解散

外资银行营业性机构无力清偿到期债务的,国务院银行业监督管理机构可以责令其停业,限期清理。在清理期限内,已恢复偿付能力、需要复业的,应当向国务院银行业监督管理机构提出复业申请;超过清理期限,仍未恢复偿付能力的,应当进行清算。

(三) 注销登记

外资银行营业性机构因解散、关闭、依法被撤销或者宣告破产而终止的,其清算的具体事宜,依照有关法律、法规的规定办理。外资银行营业性机构清算终结,应当在法定期限内向原登记机关办理注销登记。外国银行代表处自行终止活动的,应当经国务院银行业监督管理机构批准予以关闭,并在法定期限内向原登记机关办理注销登记。

七、关于双重监管

巴塞尔委员会1975年发布的《对银行国外机构监管的原则》第一次明确指出:任何银行的国外机构(无论是分行还是子行)都不应当逃避监管,母国与东道国都有监管责任,双方应通力合作。该文件1983年的修改稿和1992年《国际银行监管最低标准》规定原则上应由母国对跨国银行承担统一监管责任。但对于外国银行的母国而言,其对海外金融机构的监管多是通过监管该金融集团的整体情况来进行的,比如资本充足率、流动性、集中贷款限制等都是就整个集团来综合考察,很少专门针对在某一国的分支机构独立监测。这从该金融集团的角度来看是有利的,因为这可以灵活调节各分支机构的风险经营程度,实现整个集团的利益最大化。但对于设有分支机构的东道国而言就意味着较大的风险。《巴塞尔协议》1983年的修订稿指出:如果东道国认为金融机构的母国对该机构的监管是不力的,则东道国可以禁止这种经营活动在本国的继续,或附加特定条件。

尽管我国目前对外资银行的业务范围还有较为严格的限制,但由于世界多数国家现在均采取自由化的金融规制解除政策,比如允许商业银行涉足证券、信托、保险等业务领域,外资银行、外国银行分行的海外母行、总行因兼业经营所承担的业务风险以及损失,还是会以不同形式来危害其在华机构的清偿能力的。目前中国监管部门正在逐步完善对外资银行营业性机构的监管措施。

第四节 对外国银行代表处的管理

一、法律地位

外国银行代表处,是指外国银行在中国境内获准设立并从事咨询、联络、市场调查等非经营性活动的代表机构。

外国银行代表处不得从事经营性业务,其行为所产生的民事责任由其所代表的外国银行承担。

二、设立条件与程序

设立外国银行代表处的外国银行,应当符合《外资银行管理条例》对外资银行股东资格的要求,并将下列申请资料报送拟设代表处所在地的银行业监督管理机构:(1)申请书,内容包括拟设代表处的名称、所在地等;(2)可行性研究报告;(3)申请人的章程;(4)申请人及其所在集团的组织结构图、主要股东名单、海外分支机构和关联企业名单;(5)申请人最近3年的年报;(6)申请人的反洗钱制度;(7)拟任该代表处首席代表的身份证明和学历证明的复印件、简历以及拟任人有无不良记录的陈述书;(8)对拟任该代表处首席代表的授权书;(9)申请人所在国家或者地区金融监管当局核发的营业执照或者经营金融业务许可文件的复印件及对其申请的意见书;(10)国务院银行业监督管理机构规定的其他资料。

拟设代表处所在地的银监会派出机构应当将申请资料连同审核意见,及时报送中国银监会。中国银监会自收到设立外国银行代表处完整的申请资料之日起6个月内作出批准或者不批准设立的决定,并书面通知申请人。

经批准设立的外国银行代表处,凭批准文件向工商行政管理机关办理登记,领取工商登记证。

三、监管

中国银监会对外国银行代表处及其活动进行监管,主要监管内容包括其名称、首席代表、业务范围、资料报送、改制与撤销等方面。

外国银行代表处可以从事与其代表的外国银行业务相关的联络、市场调查、咨询等非经营性活动。不论是外国银行代表处还是其工作人员,都不得从事任何形式的经营性活动。违法从事经营性活动的,中国银监会可以给予警告、没收违法所得、罚款等处罚;情节严重的,甚至可能撤销代表处。构成犯罪的,依法追究刑事责任。

外国银行代表处应当及时向所在地中国银监会派出机构报告其所代表的外国银行发生的下列重大事项:(1)章程、注册资本或者注册地址变更;(2)外国银行的合并、分立等重组事项以及董事长或者行长(首席执行官、总经理)变更;(3)财务状况或者经营活动出现重大问题;(4)发生重大案件;(5)所在国家或者地区金融监管当局对其实施的重大监管措施;(6)其他对外国银行经营产生重大影响的事项。

外国银行代表处未经批准变更办公场所、未按照规定向国务院银行业监督管理机构报送资料或者有其他违法违规行为,中国银监会除责令改正,给予警告,并处罚款外,情节严重的,取消首席代表一定期限在中国境内的任职资格或者要求其代表的外国银行撤换首席代表;情节特别严重的,撤销代表处。

第四章 其他金融机构管理法律制度

第一节 其他金融机构的概况

一、其他金融机构的概念

"其他金融机构"通常是与银行、特别是商业银行相对而言的,因此又称为"非银行金融机构"。传统上,以银行为主体的间接融资方式是社会资金融资的主渠道,银行办理零售金融业务,吸收公众存款,然后发放贷款。其他金融机构,如信用合作机构、信托公司、财务公司、租赁公司、投资银行、证券公司等等,都在提供一定的资金融通服务,但其业务范围比较有限,或者从事批发性金融业务,或者仅对内部成员提供金融服务,或者仅提供某种特定的融资服务。因此,从金融机构的重要性以及对社会的影响来看,银行与其他非银行金融机构都有较大差异,监管方式上也有所差异。

二、其他金融机构的范围

随着我国金融市场的发展,非银行金融机构的种类也越来越多,其从事的金融业务也发生着一定的变化。它们大致可以分为以下几类:

一是传统的合作制金融机构,包括城市信用合作社和农村信用合作社。它们与银行一样可以吸收公众存款,但采取合作制的管理模式,主要为社员提供金融服务。不过,我国以往的信用合作社作为集体所有制的金融机构,并非严格意义上的合作金融组织,存在产权不清、定位不准确、服务对象社会化、官办化等问题,因此近年来一直处于体制变革的过程中。其中,城市信用合作社已经基本改制为城市商业银行,纳入《商业银行法》的调整范围,不复为合作金融组织。农村信用合作社也在进行改革,根据不同情况分别改制为农村商业银行、农村合作银行以及严格按照合作制原则运作的信用合作社。

二是新型农村金融机构,包括村镇银行、贷款公司、农村资金互助社。新型农村金融机构的设立,采取了灵活多样的组织形式,农村资金互助社主要适用于金融服务空白的地区,贷款公司主要适应于资金稀缺而需求旺盛的地区,村镇银行主要适应于经济发展较好而竞争不充分的地区。新型农村金融机构的设立,对农村金融制度改革和发展起到了突破、探路和示范的作用。

三是信托公司、财务公司、金融租赁公司、汽车金融公司、货币经纪公司、贷款公司等。它们从事批发金融业务,不得吸收公众存款,而是用自有资金或来自特定渠道的大额资金发放贷款或进行其他融资服务。它们被公认为是典型的"非银行金融机构"。

四是证券公司、基金管理公司以及以"金融公司"面目出现的投资银行。它们主要是直接融资市场(即资本市场)中的金融机构,为企业承销股票、债券等直接投资凭证,为大众投资人提供证券交易和投资管理方面的服务。按照现行监管体制,我国的期货公司也可以属于这个类别。它们主要受中国证监会监管。

五是保险公司以及养老金管理公司。它们主要受中国保监会监管。

此外,我国的金融资产管理公司也属于其他金融机构的范畴。它目前的主要业务活动是处置银行不良贷款,一般不直接参与贷款等资金融通活动,但未来的改革方向是成为提供包括证券承销服务在内的投资银行。

三、对其他金融机构的立法与监管

金融业是实行市场准入的行业。不论是哪一种非银行金融机构,都是依法定程序设立、经营金融业务的特许机构,都需要遵循相关领域中监管立法,接受中央银行、银监会、证监会或保监会的监管。

由于不同金融机构的业务活动、组织方式各有特点,具体的监管方式也不相同,因此,我国目前对不同金融机构采取分别立法的方式。每一种金融机构都有专门的监管法规或规章,如《农村信用合作社管理规定》、《村镇银行管理暂行规定》、《贷款公司管理暂行规定》、《农村资金互助社管理暂行规定》、《信托公司管理办法》、《企业集团财务公司管理办法》、《金融资产管理公司管理条例》、《汽车金融公司管理办法》、《金融租赁公司管理办法》等等。

本章仅介绍农村信用合作社、新型农村金融机构、信托公司、金融租赁公司、财务公司、金融资产管理公司的法律制度。

第二节 农村信用合作社

一、农村信用合作社概述

(一)农村信用合作社的概念

农村信用合作社是指经中国人民银行批准设立,由社员入股组成的,实行社员民主管理,主要为社员提供金融服务的农村合作金融机构。为了加强对农村信用合作社(以下简称农村信用社)的管理,1997年9月,中国人民银行发布了《农村信用合作社管理规定》。

农村信用社是独立的企业法人,以其全部资产对农村信用社的债务承担责任,依法享有民事权利,承担民事责任,其财产、合法权益和依法开展的业务活动受国家法律保护,任何单位和个人不得侵犯和干涉。

(二) 农村信用合作社的历史

中国于1923年在河北香河组建了第一家农村信用社。在革命根据地,农村信用社这一形式得到了广泛应用,以解决农村地区农业生产资金不足的问题。1949年以后,农村三大合作组织即农业生产互助合作、农村供销合作和农村信用合作组织发展迅速。1955年,中国农业银行成立,负责指导和扶助几乎遍及中国每一个乡的15.5万个农村信用社。1996年,按照国务院《关于农村金融体制改革的决定》,农村信用社与中国农业银行脱钩,其业务管理和金融监管分别转由县联社和人民银行承担。中国银监会成立后,又与中国人民银行联合发布了《关于明确对农村信用社监督管理职责分工的指导意见》,将两个部门对农村信用社的监管职责进行了合理分工。

改革开放以来,我国农村信用社有了很大发展,但也存在许多问题,如官办色彩浓厚、商业化倾向较重等,还不是完全意义上的合作金融组织,需要逐步进行改革。为此,国务院于2003年专门下发了《深化农村信用社改革试点方案》,要求试点地区按照"明晰产权关系、强化约束机制、增强服务功能、国家适当支持、地方政府负责"的总体要求,加快信用社管理体制和产权制度改革,"以县(市)为单位建立统一法人,而以省级联合社依法管理,银监会依法监督",从而把信用社逐步办成社区性地方金融机构。《方案》中明确提出:"对于农村信用社的产权制度改革,有条件的地区可以进行股份制改造;暂不具备条件的地区,可以比照股份制的原则和做法,实行股份合作制;股份制改造有困难而又适合搞合作制的,也可以进一步完善合作制。"由此形成了我国农村信用社改革的农村商业银行、农村合作银行、农村信用社三种模式。截至2010年6月末,全国已组建县(市)农村信用合作联社1695家,农村合作银行205家,农村商业银行55家。

最近的一次改革以后,农村信用社在管理体制、产权模式和组织形式等方面发生了变化:(1) 基本完成管理体制改革,初步形成"国家宏观调控、加强监管,省级政府依法管理、落实责任,信用社自我约束、自担风险"的管理框架。(2) 积极探索新的产权模式和组织形式。产权开始明晰,法人治理有所改善,经营机制初步转换。(3) 消化历史包袱。有序落实了中央和地方政府扶持政策,消化历史包袱、化解风险,支农服务能力和水平明显增强。(4) 盈利水平提高。农村信用社整体账面利润实现扭亏为盈并持续增长。

二、农村信用社的设立和变更

（一）农村信用社的设立条件

设立农村信用社,必须具备以下条件:社员不少于500个,可由银监会作适当调整,并备案;注册资本金一般不少于100万元人民币,也可同样调整和备案;有符合法律规定的章程;有具备任职资格的管理人员和业务操作人员;有健全的组织机构和规章制度;有符合要求的营业场所、安全防范措施和与业务有关的其他设施。另外,银监会各地监管局审查设立申请时,应当考虑经济发展的需要和金融业竞争的状况。

农村信用社营业机构要按照方便社员、经济核算、便于管理、保证安全的原则设置。农村信用社可根据业务需要下设分社、储蓄所,由农村信用社统一核算。分社、储蓄所不具备法人资格,在农村信用社授权范围内依法、合规开展业务,其民事责任由农村信用社承担。

（二）农村信用社设立的程序

设立农村信用社需经过筹建和开业两个阶段。

筹建农村信用社,申请人需向银监会提出筹建申请,并提交法律规定的文件、资料,如筹建申请书、可行性分析报告、筹建方案,以及监管部门规定的其他文件、资料,包括章程草案、拟任职的理事长、副理事长和主任、副主任的资格证明;法定验资机构出具的验资证明;发起社员名单及出资额;符合要求的营业场所的产权或使用权的有效证明文件和安全防范措施、办理业务必须的设施的资料等。

农村信用社筹建完毕,应向银监会申请开业,并提交开业申请报告、验资证明等相关资料,经银监会批准后颁发《金融机构法人许可证》,并凭此证在工商行政管理部门登记注册,领取法人营业执照。自银监会批准筹建之日起满6个月,仍不具备申请开业条件的,自动失去筹建资格,且6个月内不得再提出筹建申请。

农村信用社的分社、储蓄所的设立、撤并,由农村信用社提出申请,报监管部门审批,并颁发或注销《金融机构营业许可证》。

（三）农村信用社的变更

农村信用社发生法定的变更事项,如变更名称,变更注册资本,变更营业场所,调整业务范围,变更理事长、副理事长、主任、副主任以及农村信用社的分立、合并等,应当报经银监会批准,审批程序与开业审批程序相同。

三、农村信用社的股权设置与组织机构

（一）股权设置

（1）入股方式。所有社员必须用货币资金入股,而不得以债权、实物资产、有价证券等折价入股,因为货币资金的流动性是最高的,其他资产都存在着变现的问题。

（2）入股限额。单个社员的最高持股比例不得超过该农村信用社股本金总额的2%。

（3）社员股权的转让。社员持有的股本金,经向本社办理登记手续后可以转让。

（4）退股。农村信用社社员,经本社理事会同意后,可以退股。年底财务决算之前退股的,不支付当年股息红利。

（二）组织机构

社员代表大会是农村信用社的权力机构,依法行使职权。社员代表大会由全社社员代表组成,选举社员代表时每个社员一票。社员代表每届任期3年。理事会是农村信用社的常设执行机构,其成员为5人以上(奇数)理事组成。理事会对社员代表大会负责,依法行使职权,理事长为农村信用社的法定代表人。监事会是农村信用社的监督机构,由3名以上(奇数)监事组成,监事由社员代表大会选举和更换。

农村信用社实行理事会领导下的主任负责制。主任由县联社推荐并进行考核,在银监会批准其任职资格后,理事会予以聘任。农村信用社规模较小的,其主任和副主任可由理事长、副理事长兼任。主任、副主任任期3年,可连聘连任,连续聘任时仍须进行资格审查。农村信用社主任主持农村信用社的日常经营管理工作,依法行使职权。农村信用社的理事、主任及其他主要负责人不得从事与本农村信用社竞争或者损害本农村信用社利益的活动。

四、农村信用社的业务管理

（一）农村信用社的业务范围

经中国人民银行批准,农村信用社可经营下列人民币业务:办理存款、贷款、票据贴现、国内外结算业务;办理个人储蓄业务;代理其他银行的金融业务;买卖政府债券;代理发行、代理兑付、承销政府债券;提供保险箱服务;代理收付款项及受托代办保险业务;办理经中国人民银行批准的其他业务等。

（二）监督管理

（1）农村信用社必须按规定缴纳存款准备金。如需动用存款准备金,按中国人民银行有关规定办理。

（2）农村信用社对本社社员的贷款不得低于贷款总额的50%，其贷款应优先满足种养业和农户生产资金需要，资金有余，再支持非社员和农村其他产业。

（3）农村信用社坚持多存多贷、自求平衡的原则，实行资产负债比例管理和资产风险管理。农村信用社应按规定向当地监管部门、县联社报送信贷、现金计划及其执行情况，报送统计报表和其他统计资料。农村信用社应对所报报表、资料的真实性、准确性负责。

（4）财务的监督管理。农村信用社执行国家统一制定的农村信用社财务会计制度，按照国家有关规定，真实记录并全面反映其业务活动和财务活动，编制年度财务会计报表，及时向当地监管部门报送会计报表，农村信用社不得在法定的会计账册外另立会计账册。

农村信用社应按国家规定提取呆账准备金和坏账准备金。

农村信用社执行中国人民银行统一制定的结算规章制度，按照中国人民银行的规定办理本地和异地结算业务。办理同城结算，可参加中国人民银行组织的同城票据交换和多边结算，也可通过县联社办理；办理异地结算可自由选择开户银行办理。

农村信用社应聘请经监管部门认可的会计师事务所或审计师事务所对其年终会计报表进行审计。农村信用社应定期向本社理事会、监事会报告其财务状况。

六、接管及终止

（一）接管

农村信用社在已经或者可能发生信用危机、严重影响存款人利益时，监管部门可以按有关规定对其进行接管、整顿，改善资产负债状况，恢复正常经营能力。接管期限不得超过12个月。接管期限届满，监管部门可视情况决定延期，但接管期限最长不得超过2年。

（二）终止

（1）农村信用社因分立、合并或者出现章程规定的解散事由需要解散的，应当向监管部门提出申请，并附解散的理由和支付存款的本金和利息等债务清偿计划，经批准后解散。农村信用社解散的，应当依法成立清算组进行清算，按照清偿计划及时偿还存款本金和利息等债务，由监管部门进行监督。

（2）农村信用社因吊销许可证被撤销的，由监管部门组织成立清算组及时进行清算，按照清偿计划及时偿还存款本金和利息等债务。

（3）农村信用社资不抵债，不能支付到期债务，经监管部门同意，由人民法院依法宣告其破产。

第三节 新型农村金融机构

为解决农村地区银行业金融机构网点覆盖率低、金融供给不足、竞争不充分等问题,2006年12月中国银监会发布《关于调整放宽农村地区银行业金融机构准入政策,更好支持社会主义新农村建设的若干意见》,引导各类资本到农村地区投资设立村镇银行、贷款公司和农村资金互助社等新型农村金融机构。统计显示,截至2009年末,银监会已核准开业172家新型农村金融机构,其中村镇银行148家,贷款公司8家,农村资金互助社16家。吸收股金共计70亿元,吸收存款269亿元,贷款余额已达181亿元。其中农户贷款达5.1万户,贷款余额65.5亿元;小企业贷款5000万户,贷款余额91亿元,分别占贷款余额的36%和50.4%。根据中国银监会编制的《新型农村金融机构2009—2011年总体工作安排》,3年间将设立1300家左右新型农村金融机构。本节分别介绍村镇银行、贷款公司和农村资金互助社的法律制度。

一、村镇银行

村镇银行是指经中国银监会依据有关法律、法规批准,由境内外金融机构、境内非金融机构企业法人、境内自然人出资,在农村地区设立的主要为当地农民、农业和农村经济发展提供金融服务的银行业金融机构。中国银监会在2007年初制定的《村镇银行管理暂行规定》对其设立、股权设置和股东资格、公司治理、经营管理、监督检查等方面作出了明确的规定。

（一）村镇银行的设立

村镇银行应依照我国《公司法》自主选择组织形式,其名称由行政区划、字号、行业、组织形式依次组成,其中行政区划指县级行政区划的名称或地名。村镇银行是独立的企业法人,享有由股东投资形成的全部法人财产权,依法享有民事权利,并以全部法人财产独立承担民事责任。村镇银行股东依法享有资产收益、参与重大决策和选择管理者等权利,并以其出资额或认购股份为限对村镇银行的债务承担责任。

根据法律规定,设立村镇银行应当具备下列条件:(1)有符合规定的章程;(2)发起人或出资人应符合规定的条件,且发起人或出资人中应至少有1家银行业金融机构;(3)在县(市)设立的村镇银行,其注册资本不得低于300万元人民币;在乡(镇)设立的村镇银行,其注册资本不得低于100万元人民币;(4)注册资本为实收货币资本,且由发起人或出资人一次性缴足;(5)有符合任职资格条件的董事和高级管理人员;(6)有具备相应专业知识和从业经验的工作人员;(7)有必需的组织机构和管理制度;(8)有符合要求的营业场所、安全防范措施和与业务有关的其他设施;(9)中国银行业监督管理委员会规定的其他审慎性条件。

申请村镇银行董事和高级管理人员任职资格,拟任人除应符合银行业监督管理机构规定的基本条件外,还应符合下列条件:(1)村镇银行董事应具备与其履行职责相适应的知识、经验及能力;(2)村镇银行董事长和高级管理人员应具备从事银行业工作5年以上,或者从事相关经济工作8年以上(其中从事银行业工作2年以上)的工作经验,具备大专以上(含大专)学历。

设立村镇银行应当经过筹建和开业两个阶段。筹建期内达到开业条件的,申请人可提交开业申请。村镇银行可根据农村金融服务和业务发展需要,在县域范围内设立分支机构。设立分支机构不受拨付营运资金额度及比例的限制。经核准开业的村镇银行及其分支机构,由决定机关颁发金融许可证,并凭金融许可证向工商行政管理部门办理登记,领取营业执照。

(二)股东资格

根据法律规定,村镇银行最大股东或唯一股东必须是银行业金融机构。最大银行业金融机构股东持股比例不得低于村镇银行股本总额的20%,单个自然人股东及关联方持股比例不得超过村镇银行股本总额的10%,单一非银行金融机构或单一非金融机构企业法人及其关联方持股比例不得超过村镇银行股本总额的10%。任何单位或个人持有村镇银行股本总额5%以上的,应当事前报经银监分局或所在城市银监局审批。

境内金融机构投资入股村镇银行,应符合以下条件:(1)商业银行未并表和并表后的资本充足率均不低于8%,且主要审慎监管指标符合监管要求;其他金融机构的主要合规和审慎监管指标符合监管要求;(2)财务状况良好,最近2个会计年度连续盈利;(3)入股资金来源真实合法;(4)公司治理良好,内部控制健全有效;(5)中国银行业监督管理委员会规定的其他审慎性条件。境内金融机构出资设立或入股村镇银行须事先报经银行业监督管理机构及有关部门批准。

境外金融机构投资入股村镇银行,应符合以下条件:(1)最近1年年末总资产原则上不少于10亿美元;(2)财务稳健,资信良好,最近2个会计年度连续盈利;(3)银行业金融机构资本充足率应达到其注册地银行业资本充足率平均水平且不低于8%,非银行金融机构资本总额不低于加权风险资产总额的10%;(4)入股资金来源真实合法;(5)公司治理良好,内部控制健全有效;(6)注册地国家(地区)金融机构监督管理制度完善;(7)该项投资符合注册地国家(地区)法律、法规的规定以及监管要求;(8)注册地国家(地区)经济状况良好;(9)中国银行业监督管理委员会规定的其他审慎性条件。

境内非金融机构企业法人投资入股村镇银行,应符合以下条件:(1)在工商行政管理部门登记注册,具有法人资格;(2)有良好的社会声誉、诚信记录和纳税记录;(3)财务状况良好,入股前上一年度盈利;(4)年终分配后,净资产达到全部资产的10%以上(合并会计报表口径);(5)入股资金来源合法,不得以借贷资金入股,不得以他人委托资金入股;(6)有较强的经营管理能力和资金实力;(7)中国银行业监督管理委员会规定的其他审慎性条件。拟入股的企业法人属于原企业改制的,原企业经营业绩及经营年限可以延续作为新企业的经营业绩和经营年限计算。

境内自然人投资入股村镇银行的,应符合以下条件:(1)有完全民事行为能力;(2)有良好的社会声誉和诚信记录;(3)入股资金来源合法,不得以借贷资金入股,不得以他人委托资金入股;(4)中国银行业监督管理委员会规定的其他审慎性条件。

（三）公司治理

村镇银行的组织机构及其职责应按照我国《公司法》的相关规定执行,并在其章程中明确,可根据其决策管理的复杂程度、业务规模和服务特点设置简洁、灵活的组织机构。村镇银行可只设立董事会,行使决策和监督职能;也可不设董事会,由执行董事行使董事会相关职责。不设董事会的,应由利益相关者组成的监督部门（岗位）或利益相关者派驻的专职人员行使监督检查职责。

村镇银行设行长1名,根据需要设副行长1至3名。规模较小的村镇银行,可由董事长或执行董事兼任行长。村镇银行董事会或监督管理部门（岗位）应对行长实施年度专项审计。审计结果应向董事会、股东会或股东大会报告,并报银监分局或所在城市银监局备案。行长、副行长离任时,须进行离任审计。

村镇银行董事和高级管理人员对村镇银行负有忠实义务和勤勉义务。董事违反法律、法规或村镇银行章程,致使村镇银行遭受严重损失的,应当承担赔偿责任。行长、副行长违反法律、法规或超出董事会或执行董事授权范围作出决策,致使村镇银行遭受严重损失的,应承担相应赔偿责任。

村镇银行可设立独立董事。独立董事与村镇银行及其主要股东之间不应存在影响其独立判断的关系。独立董事履行职责时尤其要关注存款人和中小股东的利益。村镇银行董事会和经营管理层可根据需要设置不同的专业委员会,提高决策管理水平。规模较小的村镇银行,可不设专业委员会,并视决策复杂程度和风险高低程度,由相关的专业人员共同研究决策或直接由股东会或股东大会做出决策。

（四）经营管理

村镇银行以安全性、流动性、效益性为经营原则,自主经营,自担风险,自负盈亏,自我约束。村镇银行依法开展业务,不受任何单位和个人的干涉。

经银监分局或所在城市银监局批准,村镇银行可经营下列业务:(1)吸收公众存款;(2)发放短期、中期和长期贷款;(3)办理国内结算;(4)办理票据承兑与贴现;(5)从事同业拆借;(6)从事银行卡业务;(7)代理发行、代理兑付、承销政府债券;(8)代理收付款项及代理保险业务;(9)经银行业监督管理机构批准的其他业务。村镇银行按照国家有关规定,可代理政策性银行、商业银行和保险公司、证券公司等金融机构的业务。有条件的村镇银行要在农村地区设置ATM机,并根据农户、农村经济组织的信用状况向其发行银行卡。对部分地域面积大、居住人口少的村、镇,村镇银行可通过采取流动服务等形式提供服务。村镇银行在缴足存款准备金后,其可用资金应全部用于当地农村经济建设。村镇银行发放贷款应首先充分满足县域内农户、农业和农村经济发展的需要。确已满足当地农村资金需求的,其富余资金可投放当地其他产业、购买涉农债券或向其他金融机构融资。

村镇银行不得向关系人发放信用贷款;向关系人发放担保贷款的条件不得优于其他借款人同类贷款的条件。村镇银行发放贷款应坚持小额、分散的原则,提高贷款覆盖面,防止贷款过度集中。村镇银行对同一借款人的贷款余额不得超过资本净额的5%;对单一集团企业客户的授信余额不得超过资本净额的10%。村镇银行不得发放异地贷款。

村镇银行应按照国家有关规定,建立审慎、规范的资产分类制度和资本补充、约束机制,准确划分资产质量,充分计提呆账准备,及时冲销坏账,真实反映经营成果,确保资本充足率在任何时点不低于8%,资产损失准备充足率不低于100%。村镇银行应建立健全内部控制制度和内部审计机制,提高风险识别和防范能力,对内部控制执行情况进行检查、评价,并对内部控制的薄弱环节进行纠正和完善,确保依法合规经营。村镇银行执行国家统一的金融企业财务会计制度以及银行业监督管理机构的有关规定,建立健全财务、会计制度。

村镇银行的接管、解散、撤销和破产,执行我国《商业银行法》及有关法律、行政法规的规定。

(五)监督检查

村镇银行应遵守国家法律、行政法规,执行国家金融方针和政策,依法接受银行业监督管理机构的监督管理。银监会依据国家有关法律、行政法规,制定村镇银行的审慎经营规则,并对村镇银行风险管理、内部控制、资本充足率、资产质量、资产损失准备充足率、风险集中、关联交易等方面实施持续、动态监管。

银监会根据村镇银行的资本充足状况和资产质量状况,适时采取下列监管措施:(1)对资本充足率大于8%、不良资产率低于5%的,适当减少现场检查的频率和范围,支持其稳健发展;(2)对资本充足率高于4%但低于8%的,要督促其制订切实可行的资本补充计划,限期提高资本充足率,并加大非现场监管及现场检查力度,适时采取限制其资产增长速度、固定资产购置、分配红利和其他收入、增设分支机构、开办新业务等措施;(3)对限期内资本充足率降至4%、不良资产率高于15%的,可适时采取责令调整董事或高级管理人员、停办部分或所有业务、限期重组等措施进行纠正;(4)对在规定期限内仍不能实现有效重组、资本充足率降至2%及2%以下的,应适时接管、撤销或破产。

村镇银行违反规定的,银监会有权采取风险提示、约见其董事或高级管理人员谈话、监管质询、责令停办业务等措施,督促其及时进行整改,防范风险。村镇银行及其工作人员在业务经营和管理过程中,有违反国家法律、行政法规行为的,由银监会依照我国《银行业监督管理法》、《商业银行法》等有关法律法规实施处罚;构成犯罪的,依法追究刑事责任。

二、贷款公司

贷款公司是指经中国银行业监督管理委员会依据有关法律、法规批准,由境内商业银行或农村合作银行在农村地区设立的专门为县域农民、农业和农村经济发展提供贷款服务的非银行业金融机构。贷款公司是由境内商业银行或农村合作银行全额出资的有限责任公司。银监会在2007年初的《贷款公司管理暂行规定》中对其设立程序、组织机构、经营管理、监督检查等方面作出了明确的规定。

(一)设立程序

贷款公司的名称由行政区划、字号、行业、组织形式依次组成,其中行政区划指县级行政区划的名称或地名。设立贷款公司应当符合下列条件:(1)有符合规定的章程;(2)注册资本不低于50万元人民币,为实收货币资本,由投资人一次足额缴纳;(3)有具备任职专业知识和业务工作经验的高级管理人员;(4)有具备相应专业知识和从业经验的工作人员;(5)有必需的组织机构和管理制度;(6)有符合要求的营业场所、安全防范措施和与业务有关的其他设施;(7)中国银行业监督管理委员会规定的其他条件。其投资人应符合下列条件:(1)投资人为境内商业银行或农村合作银行;(2)资产规模不低于50亿元人民币;(3)公司治理良好,内部控制健全有效;(4)主要审慎监管指标符合监管要求;(5)银监会规定的其他审慎性条件。

设立贷款公司应当经筹建和开业两个阶段。筹建期内达到开业条件的,申请人可提交开业申请。贷款公司可根据业务发展需要,在县域内设立分公司。经核准开业的贷款公司及其分公司,由决定机关颁发金融许可证,并凭金融许可证向工商行政管理部门办理登记,领取营业执照。

(二)组织机构和经营管理

贷款公司可不设立董事会、监事会,但必须建立健全经营管理机制和监督机制。投资人可委派监督人员,也可聘请外部机构履行监督职能。贷款公司的经营管理层由投资人自行决定,报银监分局或所在城市银监局备案。贷款公司董事会负责制订经营方针和业务发展计划,未设董事会的,由经营管理层制订,并经投资人决定后组织实施。

经银监分局或所在城市银监局批准,贷款公司可经营下列业务:(1)办理各项贷款;(2)办理票据贴现;(3)办理资产转让;(4)办理贷款项下的结算;(5)经中国银行业监督管理委员会批准的其他资产业务。贷款公司不得吸收公众存款,其营运资金为实收资本和向投资人的借款。

贷款公司开展业务,必须坚持为农民、农业和农村经济发展服务的经营宗旨,贷款的投向主要用于支持农民、农业和农村经济发展。贷款公司发放贷款应当坚持小额、分散的原则,提高贷款覆盖面,防止贷款过度集中。贷款公司对同一借款人的贷款余额不得超过资本净额的10%;对单一集团企业客户的授信余额不得超过资本净额的15%。贷款公司应按照国家有关规定,建立审慎、规范的资产分类制度和资本补充、约束机制,准确划分资产质量,充分计提呆账准备,真实反映经营成果,确保资本充足率在任何时点不低于8%,资产损失准备充足率不低于100%。

贷款公司有下列变更事项之一的,需经银监分局或所在城市银监局批准:(1)变更名称;(2)变更注册资本;(3)变更住所;(4)修改章程;(5)中国银行业监督管理委员会规定的其他变更事项。贷款公司有下列情形之一的,应当申请解散:(1)章程规定的营业期限届满或者章程规定的其他解散事由出现;(2)股东决定解散;(3)因分立、合并需要解散。贷款公司解散的,由其投资人按照我国《商业银行法》和《公司法》及有关行政法规的规定实施。

(三)监督管理

贷款公司开展业务,依法接受银行业监督管理机构监督管理,与投资人实施并表监管。银监会依据法律、法规对贷款公司的资本充足率、不良贷款率、风险管理、内部控制、风险集中、关联交易等实施持续、动态监管。

银行业监督管理机构根据贷款公司资本充足状况和资产质量状况,适时采取下列监管措施:(1)对资本充足率大于8%,且不良贷款率在5%以下的,可适当减少检查频率,支持其稳健发展;(2)对资本充足率低于8%、大于4%,或不良贷款率在5%以上的,要加大非现场监管和现场检查力度,并督促其限期补充资本、改善资产质量;(3)对资本充足率降至4%以下,或不良贷款率高于15%的,适时采取责令其调整高级管理人员、停办所有业务、限期重组等措施;(4)对限期内不能实现有效重组、资本充足率降至2%以下的,应责令投资人适时接管或由银行业监督管理机构予以撤销。

贷款公司违反规定的,银监会有权采取风险提示、约见谈话、监管质询、责令停办业务等措施,督促其及时进行整改,防范资产风险。贷款公司及其工作人员在业务经营和管理过程中,有违反国家法律法规行为的,由银监会依照我国《银行业监督管理法》、《商业银行法》及有关法律、行政法规实施处罚;构成犯罪的,依法追究刑事责任。

三、农村资金互助社

农村资金互助社(以下简称"互助社")是指经银行业监督管理机构批准,由乡(镇)、行政村农民和农村小企业自愿入股组成,为社员提供存款、贷款、结算等业务的社区互助性银行业金融机构。银监会在2007年初制定的《农村资金互助社管理暂行规定》(以下简称"本规定")中对其设立程序、股权管理、组织机构、经营管理、监督检查、变更终止等方面作出了明确的规定。

(一)设立程序

农村资金互助社应在农村地区的乡(镇)和行政村以发起方式设立。其名称由所在地行政区划、字号、行业和组织形式依次组成。

设立农村资金互助社应符合以下条件:(1)有符合本规定要求的章程;(2)有10名以上符合本规定社员条件要求的发起人;(3)有符合本规定要求的注册资本,在乡(镇)设立的,注册资本不低于30万元人民币,在行政村设立的,注册资本不低于10万元人民币,注册资本应为实缴资本;(4)有符合任职资格的理事、经理和具备从业条件的工作人员;(5)有符合要求的营业场所,安全防范设施和与业务有关的其他设施;(6)有符合规定的组织机构和管理制度;(7)银行业监督管理机构规定的其他条件。

互助社是独立的企业法人,对由社员股金、积累及合法取得的其他资产所形成的法人财产,享有占有、使用、收益和处分的权利,并以上述财产对债务承担责任。互助社社员以其社员股金和在本社的社员积累为限对该社承担责任。互助社章程应当载明以下事项:(1)名称和住所;(2)业务范围和经营宗旨;(3)注册资本及股权设置;(4)社员资格及入社、退社和除名;(5)社员的权利和义务;(6)组织机构及其产生办法、职权和议事规则;(7)财务管理和盈余分配、亏损处理;(8)解散事由和清算办法;(9)需要规定的其他事项。

设立农村资金互助社,应当经过筹建与开业两个阶段。经批准设立的互助社,由银行业监督管理机构颁发金融许可证,并按工商行政管理部门规定办理注册登记,领取营业执照。互助社不得设立分支机构。

(二)社员和股权管理

农村资金互助社社员是指符合本规定要求的入股条件,承认并遵守章程,向互助社入股的农民及农村小企业。章程也可以限定其社员为某一农村经济组织的成员。

农民向互助社入股应符合以下条件:(1)具有完全民事行为能力;(2)户口

所在地或经常居住地(本地有固定住所且居住满3年)在入股互助社所在乡(镇)或行政村内;(3)入股资金为自有资金且来源合法,达到章程规定的入股金额起点;(4)诚实守信,声誉良好;(5)银行业监督管理机构规定的其他条件。农村小企业向互助社入股应符合以下条件:(1)注册地或主要营业场所在入股互助社所在乡(镇)或行政村内;(2)具有良好的信用记录;(3)上一年度盈利;(4)年终分配后净资产达到全部资产的10%以上(合并会计报表口径);(5)入股资金为自有资金且来源合法,达到章程规定的入股金额起点;(6)银行业监督管理机构规定的其他条件。单个农民或单个农村小企业向互助社入股,其持股比例不得超过互助社股金总额的10%,超过5%的应经银行业监督管理机构批准。社员入股必须以货币出资,不得以实物、贷款或其他方式入股。

互助社的社员享有以下权利:(1)参加社员大会,并享有表决权、选举权和被选举权,按照章程规定参加该社的民主管理;(2)享受该社提供的各项服务;(3)按照章程规定或者社员大会(社员代表大会)决议分享盈余;(4)查阅该社的章程和社员大会(社员代表大会)、理事会、监事会的决议、财务会计报表及报告;(5)向有关监督管理机构投诉和举报;(6)章程规定的其他权利。社员参加社员大会,享有一票基本表决权;出资额较大的社员按照章程规定,可以享有附加表决权。该社的附加表决权总票数,不得超过该社社员基本表决权总票数的20%。享有附加表决权的社员及其享有的附加表决权数,应当在每次社员大会召开时告知出席会议的社员。章程可以限制附加表决权行使的范围。社员代表参加社员代表大会,享有一票表决权。不能出席会议的社员(社员代表)可授权其他社员(社员代表)代为行使其表决权。授权应采取书面形式,并明确授权内容。

互助社社员承担下列义务:(1)执行社员大会(社员代表大会)的决议;(2)向该社入股;(3)按期足额偿还贷款本息;(4)按照章程规定承担亏损;(5)积极向本社反映情况,提供信息;(6)章程规定的其他义务。社员不得以所持本社股金为自己或他人担保。互助社社员的股金和积累可以转让、继承和赠与,但理事、监事和经理持有的股金和积累在任职期限内不得转让。

同时满足以下条件,社员可以办理退股:(1)社员提出全额退股申请;(2)互助社当年盈利;(3)退股后互助社资本充足率不低于8%;(4)在本社没有逾期未偿还的贷款本息。要求退股的,农民社员应提前3个月,农村小企业社员应提前6个月向理事会或经理提出,经批准后办理退股手续。退股社员的社员资格在完成退股手续后终止。

农村资金互助社是独立的企业法人,对由社员股金、积累及合法取得的其他资产所形成的法人财产,享有占有、使用、收益和处分的权利,并以上述财产对债务承担责任。社员以其社员股金和在本社的社员积累为限对该社承担责任。互助社章程应当载明以下事项：(1) 名称和住所；(2) 业务范围和经营宗旨；(3) 注册资本及股权设置；(4) 社员资格及入社、退社和除名；(5) 社员的权利和义务；(6) 组织机构及其产生办法、职权和议事规则；(7) 财务管理和盈余分配、亏损处理；(8) 解散事由和清算办法；(9) 需要规定的其他事项。

（三）组织机构

1. 社员大会

农村资金互助社社员大会由全体社员组成，是该社的权力机构。社员超过100人的，可以由全体社员选举产生不少于31名的社员代表组成社员代表大会，社员代表大会按照章程规定行使社员大会职权。社员大会（社员代表大会）行使以下职权：(1) 制定或修改章程；(2) 选举、更换理事、监事以及不设理事会的经理；(3) 审议通过基本管理制度；(4) 审议批准年度工作报告；(5) 审议决定固定资产购置以及其他重要经营活动；(6) 审议批准年度财务预、决算方案和利润分配方案、弥补亏损方案；(7) 审议决定管理和工作人员薪酬；(8) 对合并、分立、解散和清算等做出决议；(9) 章程规定的其他职权。

农村资金互助社召开社员大会（社员代表大会），出席人数应当达到社员（社员代表）总数三分之二以上。社员大会（社员代表大会）选举或者作出决议，应当由该社社员（社员代表）表决权总数过半数通过；作出修改章程或者合并、分立、解散和清算的决议应当由该社社员表决权总数的三分之二以上通过。章程对表决权数有较高规定的，从其规定。

社员大会（社员代表大会）每年至少召开一次，有以下情形之一的，应当在20日内召开临时社员大会（社员代表大会）：(1) 三分之一以上的社员提议；(2) 理事会、监事会、经理提议；(3) 章程规定的其他情形。社员大会（社员代表大会）由理事会召集，不设理事会的由经理召集。召开社员大会（社员代表大会）、理事会应提前5个工作日通知属地银行业监督管理机构，银行业监督管理机构有权参加。社员大会（社员代表大会）、理事会决议应在会后10日内报送银行业监督管理机构备案。

2. 理事会和经理

互助社原则上不设理事会，设立理事会的，理事不少于3人，设理事长1人，理事长为法定代表人。理事会的职责及议事规则由章程规定。互助社设经理1名（可由理事长兼任），未设理事会的，经理为法定代表人。经理按照章程规定和社员大会（社员代表大会）的授权，负责该社的经营管理。经理事会、监事会同意，经理可以聘任（解聘）财务、信贷等工作人员。

互助社理事、经理任职资格需经属地银行业监督管理机构核准。理事长、经理应具备高中或中专及以上学历，上岗前应通过相应的从业资格考试。

3. 监事会

互助社应设立由社员、捐赠人以及向其提供融资的金融机构等利益相关者组成的监事会,其成员一般不少于3人,设监事长1人。监事会按照章程规定和社员大会(社员代表大会)授权,对互助社的经营活动进行监督。监事会的职责及议事规则由章程规定。经理和工作人员不得兼任监事。

4. 禁止行为

农村资金互助社的理事、监事、经理和工作人员不得有以下行为:(1)侵占、挪用或者私分本社资产;(2)将本社资金借贷给非社员或者以本社资产为他人提供担保;(3)从事损害本社利益的其他活动。违反上述规定所得的收入,应当归该社所有;造成损失的,应当承担赔偿责任。

(四)经营管理

农村资金互助社以吸收社员存款、接受社会捐赠资金和向其他银行业金融机构融入资金作为资金来源。互助社接受社会捐赠资金,应由属地银行业监督管理机构对捐赠人身份和资金来源合法性进行审核;向其他银行业金融机构融入资金应符合本规定要求的审慎条件。

互助社的资金应主要用于发放社员贷款,满足社员贷款需求后确有富余的可存放其他银行业金融机构,也可购买国债和金融债券。互助社发放大额贷款、购买国债或金融债券、向其他银行业金融机构融入资金,应事先征求理事会、监事会意见。互助社可以办理结算业务,并按有关规定开办各类代理业务,但应经属地银监部门及其他有关部门批准。互助社不得向非社员吸收存款、发放贷款及办理其他金融业务,不得以该社资产为其他单位或个人提供担保。

农村资金互助社应审慎经营,严格进行风险管理:(1)资本充足率不得低于8%;(2)对单一社员的贷款总额不得超过资本净额的15%;(3)对单一农村小企业社员及其关联企业社员、单一农民社员及其在同一户口簿上的其他社员贷款总额不得超过资本净额的20%;(4)对前十大户贷款总额不得超过资本净额的50%;(5)资产损失准备充足率不得低于100%;(6)银行业监督管理机构规定的其他审慎要求。

监事会负责对本社进行内部审计,并对理事长、经理进行专项审计、离任审计,审计结果应当向社员大会(社员代表大会)报告。互助社应按照规定向社员披露社员股金和积累情况、财务会计报告、贷款及经营风险情况、投融资情况、盈利及其分配情况、案件和其他重大事项;向属地银行业监督管理机构报送业务和财务报表、报告及相关资料,并对所报报表、报告和相关资料的真实性、准确性、完整性负责。

(五)监督检查

银行业监督管理机构按照审慎监管要求对农村资金互助社进行持续、动态监管。

银监部门根据互助社的资本充足和资产风险状况,采取差别监管措施:(1)资本充足率大于8%、不良资产率在5%以下的,可向其他银行业金融机构融入资金,属地银行业监督管理部门有权依据其运营状况和信用程度提出相应的限制性措施,银行业监督管理机构可适当降低对其现场检查频率;(2)资本充足率低于8%大于2%的,银行业监督管理机构应禁止其向其他银行业金融机构融入资金,限制其发放贷款,并加大非现场监管及现场检查的力度;(3)资本充足率低于2%的,银行业监督管理机构应责令其限期增扩股金、清收不良贷款、降低资产规模,限期内未达到规定的,要求其自行解散或予以撤销。互助社违反本规定其他审慎性要求的,银行业监督管理机构应责令其限期整改,并采取相应监管措施。

农村资金互助社违反有关法律、法规,存在超业务范围经营、账外经营、设立分支机构、擅自变更法定变更事项等行为的,银行业监督管理机构应责令其改正,并按我国《银行业监督管理法》和《金融违法行为处罚办法》等法律法规进行处罚;对理事、经理、工作人员的违法违规行为,可责令互助社给予处分,并视不同情形,对理事、经理给予取消一定期限直至终身任职资格的处分;构成犯罪的,移交司法机关,依法追究刑事责任。

(六)变更终止

农村资金互助社合并,应当自合并决议作出之日起10日内通知债权人。合并各方的债权、债务应当由合并后存续或者新设的机构承继。互助社分立,其财产作相应的分割,并应当自分立决议作出之日起10日内通知债权人。分立前的债务由分立后的机构承担连带责任,但在分立前与债权人就债务清偿达成书面协议另有约定的除外。

农村资金互助社因以下原因解散:(1)章程规定的解散事由出现;(2)社员大会决议解散;(3)因合并或者分立需要解散;(4)依法被吊销营业执照或者被撤销。因前述第1项、第2项、第4项原因解散的,应当在解散事由出现之日起15日内由社员大会推举成员组成清算组,开始解散清算。逾期不能组成清算组的,社员、债权人可以向人民法院申请指定社员组成清算组进行清算。清算组自成立之日起接管互助社,负责处理与清算有关未了结业务,清理财产和债权、债务,分配清偿债务后的剩余财产,代表互助社参与诉讼、仲裁或者其他法律事宜。清算组负责制定包括清偿互助社员工的工资及社会保险费用,清偿所欠税款和其他各项债务,以及分配剩余财产在内的清算方案,经社员大会通过后实施。

第四节 信托公司

在我国,信托公司是经银行业监管机构批准设立的、以经营信托业务为主的非银行金融机构。

一、信托的概念与法律关系

（一）信托的概念

信托是指为了实现一定的目的,把自己的财产或资金委托给他人代为管理或经营的一种法律行为。

信托最早起源于英国,19世纪英国的教徒愿意在过世后,把自己的土地捐赠给教会。后来英国法律禁止将无继承人的土地赠与教会,无主土地收归国有。为了避免土地被国家没收,教徒们便采用民间信托的方式,将土地信托给他人管理,再将教会作为信托受益人,从而形成了信托特有的法律结构：委托人—受托人—受益人。

由于信托安排能够让有能力的人来管理遗产或财产,所谓"受人之托,代人理财",这就解决了家庭主要成员变故而引起的财产危机,有助于保持财产的延续和增值。因此,信托很快成为英国流行的家庭财产管理的工具,并被其他英联邦国家接受,发展成为英美国家财产管理、投资管理的主要工具。20世纪以后,一些大陆法系国家也引入了信托制度。我国在2001年颁布了《信托法》。

（二）信托法律关系的构成

信托法律关系的参加者通常有三方当事人：委托人、受托人和受益人。

委托人又称信托人,是指把自己的财产以信托的方式,委托给受托人经营的人。

受托人或称被信托人,是指接受信托财产,并按约定的信托合同对信托财产进行经营的人。传统上,受托人既可以是个人,也可以是法人。英美国家早期的信托中,受托人大多是家庭的律师或友人。19世纪下半期以后,金融市场的发展催生了信托业,由专业化的信托机构担任受托人的情形越来越普遍。

受益人,是指信托人指定的接受信托财产在经营中产生的利益的人。受益人通常是第三人,也可以是委托人自己。在受益人是委托人本人时,信托法律关系就变成了两方当事人,即委托人与受托人。

学理上通常把以第三人为受益人的信托称为"他益信托",把委托人自己作为受益人的信托称为"自益信托"。

（三）信托财产的独立性

信托财产上的所有权关系比较特殊。在英美等信托制度历史悠久的国家,信托上有双重所有权。一方面，委托人把信托财产的所有权转移给了受托人，受托人作为法律上的所有权人，可以占有、使用、处分信托财产；另一方面，受益人对于信托财产有衡平法上的所有权。两个所有权之间的关系是：信托财产的日常管理和处置都由受托人以所有权人的名义进行，但受托人的任何决策必须是为受益人的利益。如果受托人违反信托的目的，把信托财产处置给第三人，导致受益人利益受损时，受益人可以基于衡平法上的所有人的身份行使权利，从第三人处追回信托财产，不受善意第三人规则的约束。

大陆法系国家遵循"一物一权"原则，不承认双重所有权。因此我国的《信托法》没有明确规定信托财产的所有权人，而是强调信托财产的独立性。它独立于委托人、受托人、受益人的其他财产。我国《信托法》规定，信托财产与委托人未设立信托的其他财产相区别，也与受托人自己的固有财产相区别，同时也不属于受益人。由于信托财产由受托人管理，因此它与受托人固有财产之间的独立性就特别关键。受托人管理运用、处分信托财产所产生的债权，不得与其固有财产产生的债务相抵销。受托人必须将信托财产与自己固有的财产分别管理，对于以金钱或证券为财产的信托，应与受托人自己固有的金钱、证券分别计算。当个人受托人死亡或者信托公司终止时，信托财产不属于遗产或者清算财产。

（四）受托人的权利与义务

受托人是信托关系中最核心的主体，其行为决定整个信托的目的能否实现。因此法律上对其义务更加关注。

受托人的义务主要包括：受托人必须按信托合同对受托事务进行善意的管理，像管理自己的事务一样管理信托事务；受托人不能以任何理由，把信托财产变为自己的固有财产；受托者因自己的原因，管理不当，致使信托财产遭受损失，或违反信托合同处理信托财产时，受托人应在委托人、委托人的继承人或受益人的要求之下，支付补偿金；信托关系结束时，受托人应将信托财产交还委托人或受益人。

受托人的权利主要有：占有并经营管理信托财产的权利，从委托人处取得报酬的权利。受托人在经法院批准的情况下，可以中途解除受托的职责。受托人对信托财产所负担的租税、课税和其他费用，以及为了补偿在处理信托事务中不是由于自己的过失所蒙受的损失，可以出售信托财产，并可以优先于其他权利人行使该权利。

二、信托业与信托公司

（一）信托业的产生

信托业是受托人从个人转向专业化的机构后所逐渐形成的一个行业。其背景是19世纪末信托从个人遗产或家庭财产的管理工具逐步演变为大众投资的组织形式。从事信托业务的专业机构称为信托公司,或信托投资公司,它们接受大众委托,代理进行股票、债券投资或其他金融市场活动。学理上一般把作为个人家庭财产管理工具的传统信托称为"民事信托",把由专业公司运作、主要为大众提供金融投资中介服务的信托称为"商业信托"或"营业信托"。

1893年,英国公布了《受托人条例》,后来又颁布了《官设受托人条例》。英国的银行和保险公司也在这个时期纷纷开办信托业。信托业从英国传入美国以后,美国便把信托发展成为产业筹集资金的金融工具,证券信托在信托业中占了相当大的比重。信托业从美国传入日本,1906年,日本成立了第一家信托公司,以金融信托为主业。1922年,日本颁布了《信托法》和《信托业法》。

由于信托在现代社会中主要作为大众投资管理的工具,因此,许多国家将信托业纳入金融业的范畴。公司法人申请经营信托业务时,需经过金融监管机关批准。

(二)信托业务的主要种类

信托公司办理的信托可以从不同角度进行分类。以信托法律关系主体来划分,可以分为个人信托、雇员受益信托、公益信托和公司法人信托。如果按信托法律关系的客体来划分,可以分为贸易信托、不动产信托和金融信托等。

个人信托是以自然人作为委托人和受益人的信托,个人信托的内容主要有遗嘱信托、财产信托、监护和个人代理等。

雇员受益信托是指以其雇员为受益人将其部分财产办理信托。雇员受益信托的目的在于为公司雇员提供退休福利,也可以作为公司吸引人才的一种手段。这种信托的典型方式有养老金信托、利润分享信托、储蓄计划信托。

公益信托是指公益性社团法人为某种公益性目的设立的信托,如为了教育、宗教、科学、社会福利等目的的财产信托。

公司法人信托是指以公司法人为委托人和受益人,以银行信托部或信托公司为受托人的信托。

在信托业发达的西方国家,上述各种信托业务都比较普遍。在我国,2001年以前主要的信托业务是公司法人信托。2001年《信托法》颁布之后,个人信托逐渐多起来。

(三)信托业的特点

信托业与银行业、投资公司等相比,主要有以下几个特点:

(1)信托财产的所有权转移到受托人手中,受益人不能要求受托人向自己支付信托财产。而银行存款关系下,存款人可以随时要求银行返还存款本金。

(2)信托收益来源于信托财产的经营利润,没有利润就没有收益。而客户在银行储蓄,不论银行经营有无利润都得付利息。

(3)信托业务的受托人为委托人的利益进行经营,受托人得到劳务报酬,而不是与委托人分享红利。信托业务不是共担风险式的联合投资,可以共分红利。实践中,信托公司经营信托业务,通常依照信托文件约定以手续费或者佣金的方式收取报酬。

从上述特点可以看出信托业务有其独特的所有权处理、风险与收益的分配方式,但是在实际经营中,信托业与银行业联系紧密,在投资方式上与投资公司实难分别。

从国外情况看,美国的银行业与信托业没有严格的划分,银行可以经营信托业务,信托公司也可以经营部分银行业务。日本的银行业务与信托业务也是互相融合的,虽然有时立法将这两种业务分开,但后来又以信托银行的形式允许两者兼营。

我国的信托业无论是20世纪20年代还是80年代,都是与银行业混合的,其表现是:银行设信托咨询公司,信托投资公司经营部分存款和贷款业务。虽然在理论界,较多的学者认为信托与银行业应分开,但在实践中却很难,主要因为银行的信誉以及拥有金融专业人才等使银行更适于经营信托业。

三、我国信托业的发展

在20世纪20年代的上海,我国的信托业曾经有过相当发达的时期。当时,上海信托公司与金融资本结合,几经起伏。新中国成立后,金融信托在内地逐渐被取缔,只保留了较少的商品旧货信托业。金融信托在台湾、香港等地区仍继续发展。

1979年,国务院批准成立了中国国际信托投资公司,从此我国的金融信托业又得以恢复发展。1980年9月9日,中国人民银行发出《关于积极开办信托业务的通知》,提出因为改革的发展,企业、企业主管部门和地方财政留存归己支配的各种资金越来越多,这部分资金要寻找出路,银行应帮助企业办理委托放贷和委托投资业务,因此,各专业银行应开办信托业务。这样,我国的信托业就沿着两条线发展起来:一是各专业银行设立的信托咨询公司及其信托业务;二是中央和地方各级政府设立的专门的信托公司及其信托业务。个人不得经营信托业务。

随着信托业的迅速发展,也出现了一些问题。一些地方决定把存在银行账户的专项基金存款,转为地方"信托存款",由地方负责支配,这样做实际上是将银行统一管理运用的一部分信贷资金转作地方资金,导致基建规模迅速扩大,信贷收支失衡。为纠正这种做法,1982年4月10日,国务院发出《关于整顿国内信托投资业务和加强更新改造资金管理的通知》,规定除国务院批准和国务院授权单位批准的投资信托公司以外,各地区、各部门都不得办理信托投资业务,而主要由中国人民银行或中国人民银行指定的专业银行来办理;经批准举办的信托投资业务的全部资金活动,都要统一纳入国家信贷计划和固定资产投资计划,进行综合平衡,禁止采用转移银行存款的办法,在国家规定的投资计划指标以外,增加基建贷款。1983年1月3日,中国人民银行发布《关于人民银行办理信托业务的若干规定》,指出信托要纳入银行信用的轨道,可以办理委托、代理、租赁、咨询、票据贴现和补偿贸易贷款等业务。信托资金的来源,主要靠吸收委托代理的款项和保险收益结余资金以及单位可以完全自主运用的资金。信托业务的利率应在中国人民银行统一规定的幅度内,由委托单位与信托公司协商确定。同年7月15日,中国人民银行发布《关于信托投资公司要停止发放固定资产投资贷款的通知》,要求银行系统的信托投资公司立即停止发放固定资产投资贷款,已发放的贷款,应纳入固定资产投资计划和信贷计划,按银行信贷处理。

上述政策性文件对我国信托业的管理形成了初步的模式,即信托业主要由银行开办,资金来源主要靠吸收企业留成资金和地方财政自有资金,禁止转移银行存款资金,信托业主要从事委托、代理、租赁和咨询等业务,严格控制投资业务。1986年颁布的《银行管理暂行条例》对成立信托投资公司的审批程序作了规定。同年中国人民银行颁布的《金融信托投资机构管理暂行规定》,对有关金融信托投资机构成立的一些问题,如资本金、准备金、经营范围、财务报表等内容作了详细的规定。

由于实践中信托投资公司违规发放信托贷款和信托投资,冲击了国家的基建规模控制和信贷计划控制,中国人民银行从1985年起陆续对信托业进行了5次全面清理整顿。1995年,经国务院同意,中国人民银行要求银行系统所办信托投资公司(包括该公司的分支机构及银行的信托部、证券部)与银行在机构、资金、财务、人事等方面彻底脱钩或改为银行的分支机构;各级政府主办的信托投资公司与原行政主管部门脱钩,归口中国人民银行领导。此项工作到1996年底完成,全国信托投资公司总数由1994年底的393家下降为244家。中国人民银行于2004年颁布了《信托投资公司管理办法》。但是,由于历史发展路径的影响以及我国金融市场发展阶段的制约,独立后的信托投资公司难以摆脱单纯依赖贷款与投资的营利模式,信托业务并没有真正发展起来。

2003年中国银监会成立,承接了中国人民银行对信托业的管理权限,对信托投资公司进行了进一步的清理整顿,强调信托投资公司向"信托主业回归",受人之托,代人理财。2007年1月,中国银监会发布了修订后的《信托公司管理办法》把"信托投资公司"更名为"信托公司",对于信托公司设立、业务范围以及监管制度等都作出了明确的规定。同时,银监会还发布了新的《信托公司集合资金信托计划管理办法》,对目前信托公司最主要的信托业务进行规范。

四、我国现行信托公司的管理规则

（一）设立条件

根据《信托公司管理办法》，我国的信托公司采取有限责任公司或者股份有限公司的形式。设立信托公司应当经中国银监会批准，并领取金融许可证。

设立信托公司，应当具备下列条件：（1）有符合《公司法》和银监会规定的公司章程。（2）有具备银监会规定的入股资格的股东；（3）最低限额的注册资本为3亿元人民币或等值的可自由兑换货币，注册时一次缴足；但信托公司处理信托事务不履行亲自管理职责，即不承担投资管理人职责的，其注册资本可少于3万元，但不得低于1亿元人民币。经营企业年金基金、证券承销、资产证券化等业务，还应符合相关法律法规规定的最低注册资本要求。（4）有具备银监会规定任职资格的董事、高级管理人员和与其业务相适应的信托从业人员。（5）具有健全的组织机构、信托业务操作规程和风险控制制度。（6）有符合要求的营业场所、安全防范措施和与业务有关的其他设施。（7）银监会规定的其他条件。

中国银行业监督管理委员会依照法律法规和审慎监管原则对信托公司的设立申请进行审查，作出批准或者不予批准的决定；不予批准的，应说明理由。

（二）业务范围与财产管理方式

1. 信托业务的范围

信托公司可以申请经营下列部分或者全部本外币业务：（1）资金信托；（2）动产信托；（3）不动产信托；（4）有价证券信托；（5）其他财产或财产权信托；（6）作为投资基金或者基金管理公司的发起人从事投资基金业务；（7）经营企业资产的重组、购并及项目融资、公司理财、财务顾问等业务；（8）受托经营国务院有关部门批准的证券承销业务；（9）办理居间、咨询、资信调查等业务；（10）代保管及保管箱业务；等等。此外，信托公司可以根据《信托法》等法律法规的有关规定开展公益信托活动。

2. 信托财产的运用方式

在上述业务范围内，信托公司可以根据市场需要，按照信托目的、信托财产的种类或者对信托财产管理方式的不同设置信托业务品种，接受委托人的资金或财产进行管理。信托公司管理运用或处分信托财产时，可以依照信托文件的约定，采取投资、出售、存放同业、买入返售、租赁、贷款等方式进行，但不得为对外借款的目的将信托财产用于质押。这是为了避免信托财产承受不必要的风险或损失。

3. 信托公司的固有业务

信托公司除了按照信托计划管理委托人的财产外，还有自己的固有资产，运用固有财产经营的业务称为固有业务。按照现行规定，信托公司在固有业务项下可以开展贷款、租赁、投资等活动,其中投资业务限定为对金融类公司股权投资、金融产品投资和自用固定资产投资,原则上不得进行实业投资。信托公司可以开展对外担保业务,但对外担保余额不得超过其净资产的50%。

信托公司不得开展除同业拆入业务以外的其他负债业务,且同业拆入余额不得超过其净资产的20%,但银监会另有规定的除外。

(三) 主要监管措施

《信托公司管理办法》对于信托公司的经营规则和监督管理都作出了详细的规定,这里择其要点介绍如下:

(1)信托公司应当有良好的内部治理结构,健全各项规章制度,特别是信托财产独立管理等制度。信托公司应当对信托业务与非信托业务分别核算,并对每项信托业务单独核算。信托财产与其固有财产应分别管理、分别记账,并将不同委托人的信托财产分别管理、分别记账。信托公司的信托业务部门应当独立于公司的其他部门,其人员不得与公司其他部门的人员相互兼职,业务信息不得与公司的其他部门共享。

(2)信托公司应当按照《信托法》以及《信托协议》忠实履行受托人职责,不得承诺信托财产不受损失或者保证最低收益,也不得利用受托人地位谋取不当利益,最大限度地避免利益冲突。

(3)为增强委托人、受托人对信托公司的信心,信托公司应保持足够的净资本,每年应当从税后利润中提取5%作为信托赔偿准备金,但该赔偿准备金累计总额达到公司注册资本的20%时,可不再提取。信托公司的赔偿准备金应存放于经营稳健、具有一定实力的境内商业银行,或者用于购买国债等低风险高流动性证券品种。

(4)中国银监会对信托公司的董事、高级管理人员实行任职资格审查制度。未经中国银行业监督管理委员会任职资格审查或者审查不合格的,不得任职。对信托公司的信托从业人员实行信托业务资格管理制度。符合条件的,颁发信托从业人员资格证书;未取得信托从业人员资格证书的,不得经办信托业务。

(5)信托公司违反审慎经营规则的,由银监会责令限期改正;逾期未改正,或者其行为严重危及信托公司的稳健运行、损害受益人合法权益的,银监会可以区别情形,依据《银行业监督管理法》等法律法规的规定,采取暂停业务、限制股东权利等监管措施。信托公司已经或者可能发生信用危机,严重影响受益人合法权益的,银监会可以依法对该信托公司实行接管或者督促机构重组。

第五节 金融租赁公司

一、金融租赁的概念与特点

(一) 概念

金融租赁,是指出租人根据承租人对租赁物和供货人的选择或认可,将其从供货人处购得的租赁物按合同约定出租给承租人占有、使用,向承租人收取租金的交易活动。金融租赁与传统租赁的本质区别在于租赁合同签订时出租人是否实际拥有租赁物。在传统租赁中,出租人是将自己已经拥有的物品租借给承租人,而金融租赁却是租赁合同先成立,然后出租人再按照租赁合同的要求去购买租赁物。

金融租赁是一种资金融通方式,它一方面仍然具有租赁的一般特性,如承租者获得租用物品的使用权,出租者获得租金;另一方面,金融租赁又不同于一般租赁形式,它的出租人向承租人提供信贷,厂商提供设备,承租人使用设备;出租人把所有权的全部责任,包括维修、保险和纳税等,都转移给承租人,租期可长达接近资产的经济寿命。在多数情况下,租赁期满时,承租人可按不低于资产公平市价的价格来购买设备,也可以把资产还给出租人。

(二) 金融租赁的优势

自从1952年美国租赁公司首先采用这种租赁形式以来,金融租赁发展得非常迅速,这主要取决于两个因素:一是商品经济发展的客观要求,生产与设备进一步社会化;二是租赁方式带来的明显经济效益。这两者之中重要的还是效益。金融租赁带来的效益是:(1) 不需大量投资,就能及时得到所需技术设备。(2) 可以保持技术设备的先进性。(3) 对非经常性使用或尚无充分把握的技术设备,采取租赁方式较为有利。(4) 引进技术设备较快,并可得到良好的服务。(5) 处理方法灵活,并免受通货膨胀的影响。(6) 能延长资金融通期限。(7) 能使得现金预算的编制比较灵活。

(三) 金融租赁的特点

(1) 租赁的对象一般是固定资产。因为固定资产的价值往往比较高,企业直接购买会占用大量现金资产,或者根本购买不起,这时便需要作为第三方的融资租赁公司的介入。

(2) 融资与融物相结合。承租者在租赁设备的同时解决了购置设备的资金。不是先向银行贷款再去购置设备,而是先得到设备,租物与借钱结合起来,借物还钱。

(3) 所有权与使用权分离。在租期内,设备的使用权归承租人,设备的所有权仍归出租者。但是,承租者在租期内有责任对设备进行维修和保养,租赁期满还有续租、留购、退还等选择。

(4) 以租金形式分期归还本息。承租者先以较少的投资取得设备使用权,同时,可以用新创造的价值支付租金,并可以获取相当的收益,"借鸡生蛋,以蛋还钱",对承租者有利。而出租者除可收取垫付的设备价款和相应的利息外,又可以获得一笔劳务费,所以出租者也有利可图。

此外,租赁还是扩大商品销售的好形式。

二、我国金融租赁业的发展与现状

(一) 历史沿革

1980年初,中国国际信托投资公司率先开办了国际租赁业务。1981年4月,中日双方在北京成立中国东方租赁有限公司筹备处,这是我国第一家专营租赁业务的合资企业,1987年,成立了中国租赁有限公司。到1999年底,全国共有金融租赁公司15家,资产总额182亿,累计业务额1900亿元。租赁业务范围也有较大的发展,租赁对象从单机发展到生产线;从新设备发展到第二手设备,种类较多;从注意引进设备发展到注意引进技术,即附带引进专利、软件的项目和引进增加出口创汇的设备增多;在国内租赁业务有较大发展的同时,国产设备出口租赁也有新突破,如广东船厂制造的1.8万吨散装货轮首次被租赁到国外。

但是,由于我国金融租赁业长期受到严格计划审批、业务范围限制、监管指标偏高、银行进入禁止等因素制约,其发展也受到了很大的限制。从实践来看,我国金融租赁业发展有如下的特点:

(1) 先发展国际租赁业务,后发展国内租赁业务。

(2) 中外合资租赁企业比重较大,业务也比较活跃,但国内融资租赁业务发展相对缓慢。

(3) 我国的租赁机构除了负责资金融通以外,还代客户联系厂商,安排商务洽谈、组织考察、培训技术等,并办理有关进口手续,有时还协助落实原材料来源,疏通设备的销售渠道等。

(4) 根据国家政策,将租赁业务纳入国家计划。设备租赁一般涉及固定资产投资,80%以上都是技术改造项目,为了配合经济改革,合理调整投资结构,有计划、有步骤地进行技术改造,项目必须遵循国家的方针政策,租金偿还的资金来源和还款计划都必须按规定纳入国家和地方计划,同时必须按规定纳入各级财政计划。

这种重国外、轻国内、严格计划审批的情形长期制约了我国金融租赁业务的快速发展。2000年,中国人民银行在总结经验教训的基础上,参照国际公约与我国《合同法》的相应规定,制定了《金融租赁公司管理办法》。但该办法规定的最低注册资本和资本充足率偏高,业务范围不合理,银行仍然不能经营金融租赁业务,使得近年来金融租赁公司的数目不断减少,我国金融租赁业实际上处于"高门槛、严管制、乏资金"的艰难境地。2006 年,我国金融租赁公司仅有 12 家,其中 6 家停业整顿或重组,另外 6 家全年新增业务量还不到 50 亿元。面对这种严峻形势,中国银监会于 2007 年初发布了新的《金融租赁公司管理办法》,降低了资本充足率与注册资本的门槛,并允许商业银行进入金融租赁业,这对于发展银行自身优势、促进我国金融租赁行业的健康发展具有重要意义。截至 2010 年 3 月底,12 家金融融资租赁公司的总资产达到 1863 亿元,净利润达到 25 亿元,资产储备率上升到 22.1%,不良资产率降低到 0.78%,覆盖率提高到 228.6%。

(二) 金融租赁主要形式

(1) 自营租赁。承租者根据自己所需的设备,先同厂商洽谈供货条件,然后向出租者申请租赁预约,经出租者审查同意后,签订租赁合同。然后,出租者再向厂商订货,并让其向承租者直接发货,设备经承租者验收或试用被认为合格,租期即行开始。承租者按合同交付租金,并负责设备的维修保养。这种租赁期限较长,一般与设备耐用年限相同,中途不得任意解除合同。

(2) 售后回租租赁,简称回租。承租人将自有物件出卖给出租人,同时与出租人签订融资租赁合同,再将该物件从出租人处租回。售后回租业务是承租人和供货人为同一人的融资租赁方式。回租的主要特点是企业既能保持原有设备的使用权,又能将该项设备占用的资金变成一笔应急的资金,可以增加流动资金或进行其他投资,以扩大再生产,同时又不会因为出售设备影响生产。为区别售后回租业务与纯粹的银行贷款,法律上通常要求出租人应真实取得标的物的所有权;标的物属于法定办理登记的财产类别的,还应进行相关登记。

(3) 转租赁,简称转租。承租者把租来的设备再转租给第三者使用,这种方式一般适用于引进外资或设备。国内租赁公司先选定国外租赁公司,以承租者的身份与其签订租赁合同,然后再将该设备转租给国内承租者使用,租金由两家租赁公司分成。转租的特点是,国内租赁公司是中间人。

(三) 金融租赁业务运作过程

1. 金融租赁的专业化

我国的租赁公司可分为两类,即全国性公司和地方性公司。就经营特点来看,有些公司专门经营国内设备的租赁,有些公司则以经营进口设备为主。

2. 金融租赁运作过程

(1) 设备审批和选定。承租单位增添设备应按照相关的监管程序,由公司董事会或由有关部门批准。然后,承租人向供货单位选定设备,商定设备规格、型号、性能、技术要求、数量、价格、交货日期和质量保证等条件;也可由租赁机构代为选择供货单位或设备型号,再由承租者认定。

(2) 申请租赁。承租单位将选定的设备状况,连同相关的项目批准文件、项目可行性报告和租金支付计划等,同租赁机构洽谈租赁有关事宜。租赁机构可以要求承租单位提供具有法人资格的经济实体的担保。双方意见一致时,便可签订正式租赁合同。

(3) 订购设备。租赁合同正式签订后,出租者与供货单位订立供货合同,也可通过变更合同的办法,转为由租赁方购入该项设备。必要时承租者可与供货单位另订设备维修合同。

(4) 直接发货。租赁设备一般可委托供货单位直接向承租者发货,但发货票、运单等单证仍交租赁机构。这样可以减少设备运输的周转环节,节约人力、物力和时间。

(5) 设备保险和保养。租赁期间,设备所有权仍属出租者,所以由出租者办理保险手续。保险费计入租金,也可以由承租者向保险公司缴纳。在租赁期间,设备的维修、保养一般由承租者负责,以保证设备的正常运转。

(6) 支付租金。在租赁期间,承租者应按合同规定向出租者缴纳租金。

(7) 设备的转让、续租与退回。租赁期满,按照租赁合同规定,可以以象征性的价格向承租者转让设备的所有权,也可以续租或退回设备。

三、我国现行金融租赁公司的管理规则

目前我国对金融租赁公司进行监管的主要法律依据是 2007 年中国银监会颁布的《金融租赁公司管理办法》(以下简称《办法》),金融租赁公司的设立与经营须满足以下限制条件。

(一) 设立条件

根据《办法》,我国的金融租赁公司采取有限责任公司或者股份有限公司的形式。设立金融租赁公司应当经中国银监会批准,领取金融许可证,同时须满足以下条件:

(1) 股东资格,须具有符合《办法》规定的出资人。金融租赁公司的出资人分为主要出资人和一般出资人,前者指出资额占拟设金融租赁公司注册资本 50% 以上的出资人,其他为一般出资人。主要出资人可以是中国境内外注册的具有独立法人资格的商业银行、中国境内外注册的租赁公司以及中国境内注册的、主营业务为制造适合融资租赁交易产品的大型企业。主要出资人是其他金融机构的,须经中国银监会认可。一般出资人应符合中国银行业监督管理委员会投资入股金融机构相关规定。

(2) 注册资本,须符合《办法》规定的最低限额。金融租赁公司的最低注册资本为 1 亿元人民币或等值的自由兑换货币,注册资本为实缴货币资本。

(3) 从业人员,须具有符合中国银监会规定的任职资格条件的董事、高级管

理人员和熟悉融资租赁业务的合格从业人员。

(4) 内部治理,须具有完善的公司治理、内部控制、业务操作、风险防范等制度。

(5) 营业场所,须具有相应的安全防范措施以及与业务有关的其他设施。

(6) 中国银监会规定的其他条件。

(二) 业务范围

经中国银监会批准,金融租赁公司可经营下列部分或全部本外币业务:(1) 融资租赁业务;(2) 吸收股东1年期(含)以上定期存款,但不得吸收银行股东的存款;(3) 接受承租人的租赁保证金;(4) 向商业银行转让应收租赁款;(5) 经批准发行金融债券;(6) 同业拆借;(7) 向金融机构借款;(8) 境外外汇借款;(9) 租赁物品残值变卖及处理业务;(10) 经济咨询;(11) 中国银行业监督管理委员会批准的其他业务。

(三) 主要监管措施

(1) 风险监管。主要包括以下五项监管指标:第一,资本充足率。金融租赁公司资本净额不得低于风险加权资产的8%。第二,单一客户融资集中度。金融租赁公司对单一承租人的融资余额不得超过资本净额的30%。计算对客户融资余额时,可以扣除授信时承租人提供的保证金。第三,单一客户关联度。金融租赁公司对一个关联方的融资余额不得超过金融租赁公司资本净额的30%。第四,集团客户关联度。金融租赁公司对全部关联方的融资余额不得超过金融租赁公司资本净额的50%。第五,同业拆借比例。金融租赁公司同业拆入资金余额不得超过金融租赁公司资本净额的100%。

(2) 信息披露。金融租赁公司应按照相关企业会计准则及中国银监会有关规定进行信息披露。

(3) 风险资产管理。金融租赁公司应实行风险资产5级分类制度。

(4) 呆坏账准备。金融租赁公司应当按照有关规定制定呆账准备制度,及时足额计提呆账准备。未提足呆账准备的,不得进行利润分配。

(5) 关联交易规则。第一,不得优于对非关联方同类交易的条件。第二,应当建立关联交易管理制度。第三,重大关联交易经董事会批准。

(四) 特殊经营规则——有关金融租赁业务的民事规定

除中国银监会发布的《金融租赁公司管理办法》外,我国现行法还有一些调整金融租赁业务中出租人与承租人之间的民事法律关系的特别规定,这包括最高人民法院于1996年颁布的《关于审理融资租赁合同纠纷案件若干问题的规定》以及《合同法》有关融资租赁合同的规定。

(1) 合同解除权限制。由于金融租赁的租赁物具有专用性质,而非通用设备,若承租人中途解约,出租人将很难将设备卖掉或重新出租。因此,金融租赁合同是不可撤销的合同,一般绝对禁止承租人解除合同。

(2)出租人的免责。一般情况下,当租赁物不符合约定或者不符合使用目的时,出租人不承担责任,但以下三种情况除外:一是出租人根据租赁合同的约定完全是利用自己的技能和判断为承租人选择供货人或租赁物的;二是出租人为承租人指定供货人或租赁物的;三是出租人擅自变更承租人已选定的供货人或租赁物的。因租赁物的质量、数量等问题对供货人索赔,如出租人无过错,不影响出租人收取租金的权利。

承租人占有租赁物期间,租赁物造成第三人的人身伤害或者财产损害的,出租人不承担责任。

(3)承租人的维修、保养义务。承租人应当妥善保管、使用租赁物,适当维修、保养使设备保持良好状态,并承担由此产生的全部费用。

(4)风险承担。尽管金融租赁中承租人不享有租赁物的所有权,却要承担租赁物灭失或毁损的风险。如果为租赁物投保,无论投保人是出租人或承租人,保险费都由承租人承担。

第六节 财务公司

一、财务公司概述

(一)财务公司的概念

财务公司作为一种非银行金融机构,在不同的国家有不同的业务范围,因此,对其下一个统一的概念有一定的困难。通说认为,财务公司是经营部分金融业务的准银行。其业务范围主要包括承办有存款期限规定的大额存款、发放贷款、经销证券、买卖外汇、代理保险、财务咨询,等等。财务公司的服务对象主要是大企业、大公司和集团公司,以此与银行相区别。

财务公司诞生于18世纪的法国,后来美、英等国纷纷设立。其中,部分财务公司由产品制造商设立,用于向零售商提供服务等业务而最终达到搞活商品流通、促进商品销售的目的。另一部分财务公司则是经营者为了规避政府对商业银行的监管而设立。

(二)财务公司的主要种类

按照财务公司的设立目的和控制人的不同,财务公司主要可以分为美国模式和英国模式两种类型,前者又称为公司附属型,而后者又称为银行附属型:

(1)美国模式财务公司是以搞活商品流通、促进商品销售为特色的非银行金融机构。它依附于制造厂商,是一些大型耐用消费品(如汽车、家电等)制造商为了推销其产品而设立的受控子公司,主要为零售商提供融资服务。这种类型的财务公司主要分布在美国、加拿大和德国。

（2）英国模式财务公司基本上都依附于商业银行，其组建的目的在于规避政府对商业银行的监管。因为法律禁止商业银行从事证券投资业务，而财务公司不属于银行，所以不受此限制。这种类型的财务公司主要分布在英国、日本和我国的香港地区。

我国实践中出现过的财务公司也有两类，分别是企业集团财务公司和外商投资财务公司，它们与上面两种模式的财务公司都不尽相同。企业集团财务公司主要为集团内部成员单位提供资金融通服务。外商投资财务公司是由外国金融机构或中外金融机构按照有关外资金融机构管理法规设立的财务公司。在2006年12月《外资金融机构管理条例》被废止后，该类财务公司依照法律要求转制为其他形式的金融机构。

此外，在我国，也存在类似美国模式的财务公司，即汽车金融公司。但它受单独的法规调整，不适用关于财务公司的规定。

（三）财务公司的特点

财务公司与商业银行相比，主要有以下两个特点：

（1）与商业银行不同，财务公司主要经营批发性金融业务，其服务对象主要是大企业、大公司和公司集团，不开立私人账户，不办理小宗存款、贷款。

（2）相对于商业银行，财务公司注册资本额较少、人员精干、机构小、业务活、服务优良。所以财务公司可以弥补一般商业银行的不足。

二、财务公司在我国的发展

（一）企业集团财务公司

我国在1979年之后，陆续组建了一批企业集团，在企业集团的众多成员单位之间，存在着资金调剂的要求和可能，在这种情况下，企业集团财务公司应运而生。我国的财务公司是由企业集团内部各成员单位入股，向社会募集中长期资金，为企业技术进步服务的金融股份有限公司。它是实行自主经营、自负盈亏、自求平衡、自担风险、独立核算、照章纳税的企业法人。公司在业务上受中国人民银行的领导、管理和监督，在行政上则隶属于各企业集团。财务公司除总公司外，还可设立分支机构或代表处。财务公司是金融业与国民经济支柱产业相互结合的产物，也是金融体制改革深化与金融多样化的产物。1984年，我国第一家财务公司在深圳经济特区成立。2003年，我国进行金融体制改革，财务公司改由银行业监督管理委员会监管。截至2006年底，全国共有企业集团财务公司79家，资产规模达到8581亿元。

在这期间，有关监管部门颁布了一系列规范企业集团财务公司的规范性文件。1992年11月12日，中国人民银行、国家计委、国家体改委、国务院经贸委曾联合发布《关于国家试点企业集团建立财务公司的实施办法》,对企业集团财务公司的设立及活动开展予以规范。1996年9月27日,中国人民银行发布实施《企业集团财务公司管理暂行办法》。2000年6月30日,中国人民银行对暂行办法进行修订,发布实施了《企业集团财务公司管理办法》,统一适用于中、外企业集团财务公司。在财务公司的监管职责转由银监会行使后,银监会于2004年7月27日发布了新的《企业集团财务公司管理办法》,并于2006年12月28日对该管理办法作了小幅修订。

(二) 外商投资财务公司

外商投资财务公司包括中外合资财务公司和外商独资财务公司两种形式。它们面向社会提供较广泛的金融服务。1986年,我国第一家中外合资财务公司——中国国际财务有限公司在深圳成立;1992年,第一家外商独资财务公司——正大国际财务有限公司在上海成立。截至2006年12月一般性金融财务公司的组织形式被废止时,全国共有3家该类财务公司。除上文提到的两家外,还包括1997年成立的通用电气金融财务公司。

我国对这类财务公司一直适用有关外资金融机构管理办法。2006年12月11日,国务院颁布生效的《外资银行管理条例》废止了《外资金融机构管理条例》,外商独资和中外合资财务公司不再具有合法的法律地位,原有的该类外资财务公司都将改制成为外资银行或中外合资银行。

三、我国现行的财务公司管理规则

我国现行的规范财务公司的规范性文件主要是《企业集团财务公司管理办法》(以下简称"本办法")。在该办法中,财务公司的具体定义是,以加强企业集团资金集中管理和提高企业集团资金使用效率为目的,为企业集团成员单位(以下简称"成员单位")提供财务管理服务的非银行金融机构。该办法还适用于外资投资公司为其在中国境内的投资企业提供财务管理服务而设立的财务公司。

(一) 设立条件

《企业集团财务公司管理办法》为设立财务公司的企业集团、企业集团中的母公司和拟设立的财务公司分别规定了一系列的条件。条件都满足才能设立财务公司。其中,"企业集团"是指在中国境内依法登记,以资本为联结纽带、以母公司为主体、以集团章程为共同行为规范,由母公司、子公司、参股公司及其他成员企业或机构共同组成的企业法人联合体。

申请设立财务公司的企业集团应当具备下列条件:(1) 符合国家的产业政策;(2) 申请前1年,母公司的注册资本金不低于8亿元人民币;(3) 申请前1年,按规定并表核算的成员单位资产总额不低于50亿元人民币,净资产率不低于30%;(4) 申请前连续2年,按规定并表核算的成员单位营业收入总额每年不低于40亿元人民币,税前利润总额每年不低于2亿元人民币;(5)现金流量稳定并具有较大规模;(6)母公司成立2年以上并且具有企业集团内部财务管理和资金管理经验;(7)母公司具有健全的公司法人治理结构,未发生违法违规行为,近3年无不良诚信纪录;(8)母公司拥有核心主业;(9)母公司无不当关联交易。

设立财务公司的外资投资性公司相当于企业集团的母公司,所以上述条件中关于母公司的规定也同样适用于外资投资性公司,即外资投资公司应满足上述第(1)、(2)、(5)、(6)、(7)、(8)、(9)项条件。另外,《企业集团财务公司管理办法》还为外资投资性公司设定了净资产和利润标准,即申请前1年其净资产应不低于20亿元人民币,申请前连续2年每年税前利润总额不低于2亿元人民币。

拟设立的财务公司,应当具备下列条件:(1)确属集中管理企业集团资金的需要,经合理预测能够达到一定的业务规模;(2)有符合《公司法》和本办法规定的章程;(3)有符合规定的最低限额即1亿元人民币的注册资本金,经营外汇业务的财务公司,其注册资本金中应包括不低于500万美元或等值的可自由兑换货币;(4)有符合中国银监会规定的任职资格的董事、高级管理人员和规定比例的从业人员,在风险管理、资金集约管理等关键岗位上有合格的专门人才;(5)在法人治理、内部控制、业务操作、风险防范等方面具有完善的制度;(6)有符合要求的营业场所、安全防范措施和其他设施;(7)中国银监会规定的其他条件。

根据《企业集团财务公司管理办法》,企业集团财务公司采取有限责任公司的形式。

(二)注册资本金来源与业务范围

1. 注册资本金

财务公司的注册资本金应当主要从成员单位中募集,并可以吸收成员单位以外的合格的机构投资者的股份。其中,合格的机构投资者是指原则上在3年内不转让所持财务公司股份的、具有丰富行业管理经验的外部战略投资者。外资投资性公司设立财务公司的注册资本金可以由该外资投资性公司单独或者与其投资者共同出资。

2. 业务范围

财务公司可以经营下列部分或者全部业务:(1)对成员单位办理财务和融资顾问、信用鉴证及相关的咨询、代理业务;(2)协助成员单位实现交易款项的收付;(3)经批准的保险代理业务;(4)对成员单位提供担保;(5)办理成员单位之间的委托贷款及委托投资;(6)对成员单位办理票据承兑与贴现;(7)办理成员单位之间的内部转账结算及相应的结算、清算方案设计;(8)吸收成员单位的存款;(9)对成员单位办理贷款及融资租赁;(10)从事同业拆借;(11)中国银行业监督管理委员会批准的其他业务。

符合条件的财务公司,可以向中国银行业监督管理委员会申请从事下列业务:(1)经批准发行财务公司债券;(2)承销成员单位的企业债券;(3)对金融机构的股权投资;(4)有价证券投资;(5)成员单位产品的消费信贷、买方信贷及融资租赁。

(三) 主要监管措施

《企业集团财务公司管理办法》为财务公司设立了一系列审慎经营的标准的要求,包括:(1)资产负债比例符合该办法的规定;(2)建立、健全本公司的内部控制制度;(3)建立风险控制和业务稽核制度,每年向董事会和中国银监会报告;(4)每年委托有资格的中介机构对上一年度的经营活动进行审计,并向中国银监会报告;(5)按时向中国银监会报送所属企业集团的成员单位名单,提供集团业务经营状况及有关数据;(6)按中国人民银行的规定缴存存款准备金,遵守中国人民银行有关利率管理的规定;(7)对单一股东发放贷款余额超过其注册资本金50%或该股东对财务公司出资额的,应当及时向中国银监会报告。

中国银监会可以采取的监管措施有:(1)根据审慎监管的要求,有权依照有关程序和规定对财务公司进行现场检查;(2)财务公司的股东对财务公司的负债逾期1年以上未偿还的,可以责成财务公司股东会转让该股东出资及其他权益,用于偿还对财务公司的负债;(3)可以与财务公司的董事、高级管理人员进行监督管理谈话,要求其就财务公司的业务活动和风险管理等重大事项作出说明。

另外,财务公司违反审慎经营原则的,中国银监会应当依照程序责令其限期改正;逾期未改正的,或者其行为严重危及该财务公司的稳健运行、损害存款人和其他客户合法权益的,中国银监会可以依照有关程序,采取下列措施:(1)责令暂停部分业务,停止批准开办新业务;(2)限制分配红利和其他收入;(3)限制资产转让;(4)责令控股股东转让股权或者限制有关股东的权利;(5)责令调整董事、高级管理人员或者限制其权利;(6)停止批准增设分公司。

第七节 金融资产管理公司

在我国,金融资产管理公司是指经国务院决定设立的收购国有银行不良贷款,管理和处置因收购国有银行不良贷款形成的资产的国有独资非银行金融机构。它是在我国上个世纪末集中对国有银行和国有企业进行改革与转型的过程中产生的一种非银行金融机构,属于国家全资投资的特定政策性金融机构。

一、国有银行不良贷款问题及其解决方式

(一) 国有银行不良贷款问题

国有商业银行是我国金融体系的主体,是企业、尤其是国有企业筹措、融通和配置资金的主要渠道之一。但是,以往国有银行承担的政策性贷款业务较多,加上经济高速发展过程中的粗放式经营,形成了大量的不良资产,尤其是不良贷款;银行业本身的经营管理制度和风险防范制度的缺陷,也在不良资产问题的进一步恶化中起到了一定的作用。

大量的不良贷款已经成为威胁我国金融体系稳定的重大隐患,如果不及时采取措施,不仅难以化解信贷风险,国家也将蒙受重大损失。因此,不良贷款处理是我国金融监管领域一个亟待解决的重大问题;而对于不良资产问题的良好解决,不仅能够降低国家金融风险,也可以以债转股等形式减轻贷款企业的负担。

(二) 国有银行不良贷款问题的解决

提取坏账、呆账准备金的方法对改善银行的经营状况,提高资产质量能够起到一定的作用。1993年以后该制度在我国逐步建立起来,并在不良资产问题的解决中起到一定的现实效果,但是,准备金的提取无法解决已经累积的不良资产问题。对商业银行采取购并和注资,同样可以缓解不良贷款压力。但在我国,由于负有不良贷款的国有银行为国家所有,如果采用财政资金核销银行呆账、坏账,会受到政府财政资金的限制,难以一次性、大规模动用财政资金,因而很难大量开展,也不能从根本上解决问题。

在前两种手段难以彻底解决银行不良资产问题的状况下,美国设立债务处理信托公司以解决储蓄信贷机构的处理方式无疑是很好的参考。这种方式以不良贷款的剥离和重组为主要特征,切断了遗留的不良贷款和新发生不良贷款的联系,切断银行和"历史遗留问题"之间的关系,以减轻不良资产对金融体系的冲击;而专业化的运作和政府的支持则有助于不良贷款问题的最终解决。在这一思路的影响下,我国开始建立金融资产管理公司。

二、我国金融资产管理公司的发展

1999年,国务院决定建立华融、长城、东方、信达四家金融资产管理公司,分别收购、管理、处置从中国工商银行、中国农业银行、中国银行和中国建设银行中剥离的不良资产,以解决现有的四大国有商业银行不良资产问题。金融资产管理公司的主要目的是最大限度保全国有银行的资产、减少损失,同时也改善四大国有商业银行的资产状况,化解潜在的金融风险,提高资信度;以及通过债转股的方式支持国有大中型企业扭亏为盈,建立符合现代企业制度的法人治理结构。

截至2005年6月,四家金融资产管理公司累计处置不良资产7174.2亿元,累计回收现金1484.6亿元,管理取得了一定的成效。

2000年11月10日,国务院发布实施了《金融资产管理公司条例》(以下简称《条例》),以规范和管理金融资产管理公司的活动,依法处理国有银行不良资产,促进国有银行和国有企业的改革和发展。依据《条例》的规定,由中国人民银行(2003年后,中国人民银行的监管职能改由中国银监会行使)、财政部和中国证监会等不同部门依法定职责对金融资产管理公司分别进行监督和管理。财政部先后发布了《金融资产管理公司资产处置管理办法》(2000年11月发布,2004年4月修订)、《金融资产管理公司不良资产处置考核办法(试行)》(2001年11月经国务院批准发布)、《金融资产管理公司托管业务有关财务管理问题的规定》(2004年10月发布),形成了一个基本完整的监督管理体系。

《条例》对金融资产管理公司规定了十年的存续期。随着金融资产管理公司日益接近法定期限的终了期,其未来的存续选择、发展方向成为新问题:是取消还是继续存在,是仍然限制在解决国有银行不良贷款问题范围内营业,还是拓展业务范围?近年来市场上的一些事实似乎说明了金融资产管理公司的未来发展方向。2004年,中国银监会批准信达资产管理公司扩增业务,标志着金融资产管理公司向市场化发展的趋势。2006年6月,信达资产管理公司同澳洲联邦银行所属康联首域集团合资成立了信达澳银行基金管理公司。2007年9月,华融资产管理公司和中国葛洲坝集团公司共同发起设立了华融证券股份有限公司,这些都意味着金融资产管理公司商业化转型的向前推进。2010年8月,作为国务院批复启动商业化转型的第一家资产管理公司,中国信达资产管理股份有限公司挂牌成立,标志着资产管理公司商业化转型试点工作正式启动。

三、我国现行的金融资产管理公司管理规则

(一)设立和组织机构

1. 注册资本

根据《金融资产管理公司条例》,4家金融资产管理公司的注册资本均为人民币100亿元,由财政部核拨。

2. 设立批准

4家金融资产管理公司均由国务院决定设立,中国人民银行颁发《金融机构法人许可证》,并向工商行政管理部门依法办理了登记。

按照《金融资产管理公司条例》的规定,金融资产管理公司设立分支机构,须经财政部同意,并报中国人民银行批准,由中国人民银行颁发《金融机构营业许可证》,并向工商行政管理部门依法办理登记。鉴于中国人民银行的监管职能已于2003年由中国银监会接管,因此,设立分支机构的许可权现由中国银监会行使。

3. 组织机构设置

《金融资产管理公司条例》规定,金融资产管理公司设总裁1人、副总裁若干人,由国务院任命;总裁对外代表金融资产管理公司行使职权,负责金融资产管理公司的经营管理。金融资产管理公司监事会的组成、职责和工作程序,依照《国有重点金融机构监事会暂行条例》执行。

在资格监管方面,《金融资产管理公司条例》规定金融资产管理公司的高级管理人员须经中国人民银行(现改由中国银监会行使)审查任职资格。

(二) 业务范围与经营管理

1. 业务范围

根据《金融资产管理公司条例》第10条的规定,金融资产管理公司在其收购的国有银行不良贷款范围内,管理和处置因收购国有银行不良贷款形成的资产时,可以从事下列业务活动:(1) 追偿债务;(2) 对所收购的不良贷款形成的资产进行租赁或者以其他形式转让、重组;(3) 债权转股权,并对企业阶段性持股;(4) 资产管理范围内公司的上市推荐及债券、股票承销;(5) 发行金融债券,向金融机构借款;(6) 财务及法律咨询,资产及项目评估;(7) 中国人民银行、中国证券业监督管理委员会批准的其他业务活动。此外,金融资产管理公司可以向中国人民银行申请再贷款。

2. 收购不良资产的范围、额度及资金来源

按照《金融资产管理公司条例》规定,金融资产管理公司按照国务院确定的范围和额度收购国有银行不良贷款;超出确定的范围或者额度收购的,须经国务院专项审批。在国务院确定的额度内,金融资产管理公司按照账面价值收购有关贷款本金和相对应的计入损益的应收未收利息;对未计入损益的应收未收利息,实行无偿划转。

金融资产管理公司收购不良贷款后,取得原债权人对债务人的各项权利。原借款合同的债务人、担保人及有关当事人应当继续履行合同规定的义务。

金融资产管理公司收购不良贷款的资金来源包括:(1) 划转中国人民银行发放给国有独资商业银行的部分再贷款;(2) 发行金融债券。实践中,中国人民银行把原发放给国有独资商业银行的再贷款划转给金融资产管理公司,实行固定利率,年利率为2.25%。金融资产管理公司发行金融债券,由中国人民银行(现改由中国银监会行使)会同财政部审批。

3. 以债转股方式处理不良资产的相关规定

金融资产管理公司收购的国有银行不良贷款取得的债权,其中一部分按照国家的"债转股"政策转为对借款企业的股权,从而减轻了企业的还本付息负担。由于我国1993年《公司法》对公司对外投资有"不超过净资产50%"的限

制,《金融资产管理公司条例》特别明确了金融资产管理公司作为特殊类型的公司,其持有股权不受公司净资产额或者注册资本的比例限制。债权转股权后,金融资产管理公司作为企业的股东,可以派员参加企业董事会、监事会,依法行使股东权利。借款企业在实施债权转股权后,则应当按照国家有关规定办理企业产权变更登记。由于金融资产管理公司并非以实业经营为主,不宜长期持股,因此《金融资产管理公司条例》对于"债转股"形成的股权也规定了退出机制:金融资产管理公司可以按照国家有关规定向境内外投资者转让,也可以在一定时期内由债权转股权企业依法回购。

(三) 经营管理与监管

1. 内部治理

金融资产管理公司实行经营目标责任制。金融资产管理公司应当根据不良贷款的特点,制定经营方针和有关措施,完善内部治理结构,建立内部约束机制和激励机制。

2. 经营监管

金融资产管理公司管理、处置因收购国有银行不良贷款形成的资产,应当按照公开、竞争、择优的原则运作。其对外转让资产,主要采取招标、拍卖等方式进行。根据业务需要,金融资产管理公司可以聘请具有会计、资产评估和法律服务等资格的中介机构协助开展业务。

金融资产管理公司资产处置管理办法由财政部制定。财政部根据不良贷款质量的情况,确定金融资产管理公司处置不良贷款的经营目标,并进行考核和监督。金融资产管理公司处置不良贷款形成的最终损失,由财政部提出解决方案,报国务院批准执行。金融资产管理公司的债权因债务人破产等原因得不到清偿的,按照国务院的规定处理。

3. 税务监管

金融资产管理公司免交在收购国有银行不良贷款和承接、处置因收购国有银行不良贷款形成的资产的业务活动中的税收,具体办法由财政部会同国家税务总局制定。金融资产管理公司免交工商登记注册费等行政性收费。

4. 会计审计监督

金融资产管理公司应当按照中国人民银行、财政部和中国证监会等有关部门的要求,报送财务、统计报表和其他有关材料。同时,金融资产管理公司还应当接受审计机关的审计监督。实践中,金融资产管理公司聘请财政部认可的注册会计师对其财务状况进行年度审计,并将审计报告及时报送各有关监督管理部门。

金融资产管理公司终止时,由财政部组织清算组,进行清算。

(四) 法律责任

金融资产管理公司违反金融法律、行政法规的,由中国人民银行依照有关法律和《金融违法行为处罚办法》给予处罚;违反其他有关法律、行政法规的,由有关部门依法给予处罚;构成犯罪的,依法追究刑事责任。

第五章　银行与客户关系的法律制度

第一节　银行、客户与账户

一、银行与银行业务

什么是银行,人们在考察银行的法律意义时要经常面对这个问题。说到银行,不少人会将它同那些气派非凡的建筑和衣着整齐的雇员联系起来,有些人甚至更直接地将银行跟金钱画等号。尽管人们对银行有各种各样的描述,但要对银行下一个准确到位的定义,足以涵盖各种类型的银行业务,并揭示银行的本质特征,是相当困难的。

英国1882年《票据法》第2条规定:"银行是指经营银行业务的企业。"这种概念无疑是循环定义,但是,此后各个国家或者地区的法律并没有找到更好的定义模式。例如,我国香港特别行政区的《银行业条例》规定:"银行是指持有根据《银行业条例》颁发的有效银行牌照的公司"。所以,要理解什么是银行,就必须弄清楚什么是银行业务。香港《银行业条例》规定,银行业务是指以下业务的一种或两种:(1) 接收公开流通的货币,存入经常账户、存款账户、储蓄账户或其他类似的账户,活期或至少3个月以内提取或3个月内立即兑现的存款;(2) 支付客户提取的或收取客户交来的支票。这种法定解释比较简单,因为上述两项业务是银行最具代表性的业务。其他非银行金融机构只能经营其他业务,而不能经营上述两项银行业务。除了这两项业务外,银行还可以经营其他金融业务,譬如贷款业务,银行和其他金融机构都可以经营。

由此可见,银行业务可以有广义和狭义之分。广义的银行业务是指银行作为一个经济主体所能从事的所有金融业务。狭义的银行业务是指银行拥有的与其他金融机构相区别的基本业务,即存款和账户方面的业务。我国法律对银行也下了一个定义。《商业银行法》第2条规定:"本法所称的商业银行是指依照本法和《中华人民共和国公司法》设立的吸收公众存款、发放贷款、办理结算等业务的企业法人。"这个法定解释可以说是广义和狭义的银行业务的结合。

二、银行客户

一个人是不是客户,这个问题在实务中非常重要。尤其是在司法实践中,判明当事人是否是客户,对其权利义务具有实质性的影响。但是,立法上要明确解释银行的客户这个概念同样也很困难。不少法律法规,如《商业银行法》、《储蓄管理条例》等都提到了客户这个概念,却都没有明确给出定义。

银行业务有广义和狭义之分,我们对银行的客户也可以有广义与狭义两种解释。从广义上解释,银行的客户泛指接受银行提供的任何金融服务的人,既包括机构客户,也包括公众客户;既包括存款客户,又包括贷款客户;既包括结算客户,也包括中间业务客户。此外,还包括信用卡客户、保险箱客户、信用证客户和担保客户等。我国《商业银行法》、《反洗钱法》和金融监管规章都采用了广义的"客户"概念。从狭义上解释,银行客户是指在银行开立账户并委托银行办理支付结算业务的人。

一个人要成为银行客户,通常必须持有银行的某种账户。不论开立的是何种账户,账户一经开立,开户者即成为客户。没有在银行开立账户,且不准备开立账户,而仅仅是得到银行临时性服务者,则不能成为客户。通常情况下,客户是非银行的经济组织或者个人。但是,银行本身也可能成为另一家银行的客户,如果前者在后者开有账户,并有支票交接代收。

在特殊情况下,一个即将要开立账户的人士有时也可以被当作客户。因为从银行与客户开始接触,到双方确立关系需要花费一定的时间。在这持续过程中,一个人有可能被视为客户。也就是说,只要他想开立账户,而且最终的确开立了账户,那么,在开立账户过程中,就应被当作客户。我国司法实践中是认可这种观点的。在法院受理的"徐某某诉某国有银行沈阳分行办理存款差错赔偿案"中,原告徐某某委托弟妹李某前往被告某国有银行沈阳分行办理存款。李某填好存款凭条后,连同人民币4755元和存折递给记账员甲。甲经初点认定李某交付的存款现金为4755元,当即写了存折、存款凭条,并在存款凭条上加盖了名章。甲在向复核员乙移交时,将其中部分现金交给了坐在甲与乙之间的实习生丙。丙以这部分现金练习点钞技法。其余现款,甲移交给了乙。大约10分钟后,复核员乙提出,全部款额为4355元,比存款凭条上的数额少了400元,并将款退给甲。甲又将4355元现金退给了李某。为此,原告徐某某向法院起诉,要求被告赔偿所缺少的现金400元。一审法院并没有明确认定原被告双方之间的储蓄合同是否成立,但是认定原告与被告是客户(储户)与银行的关系,最终以侵权为由要求银行承担赔偿责任。该判决得到了二审法院的支持。

三、银行账户

在银行开立账户,是客户与银行建立法律关系的一个重要标志,也是其办理存款、贷款和资金收付等活动的基础和门户;而向客户提供银行账户服务,是银行最基本的金融业务,也是提供其他各类金融服务的基础。从更高层面而言,银行账户反映了整个社会经济活动资金流动的起点和终点,是我国支付结算体系的基础。通过规范和管理银行账户，可以满足各类经济主体的支付结算需要，提高经济运作效率，也有利于防止客户利用银行账户逃债、逃贷、逃税和套取现金，打击洗钱行为和防止腐败。同时，中国人民银行通过综合分析银行结算账户使用中反映出的各种信息，可以准确反映存款人的支付信用状况，及时发现大额可疑资金或异常资金的流出流入，促进社会信用程度的提高，维护经济金融秩序稳定。因此，银行账户的规范和管理具有重要的意义。

我国的《商业银行法》、《反洗钱法》及其他金融监管规章对银行账户的开设、使用及管理提出了一些基本要求，中国人民银行从2003年9月1日起陆续颁布实施了《人民币银行结算账户管理办法》及其实施细则、《关于实施〈人民币银行结算账户管理办法〉有关事项的通知》、《关于规范人民币银行结算账户管理有关问题的通知》、取代1994年10月9日的《银行账户管理办法》，建立起我国的银行结算账户管理制度。

（一）银行账户的基本分类

1. 储蓄/存款账户与银行结算账户

这是根据账户的功能属性进行的基本分类。储蓄/存款账户是指存款人以获得利息为目的而开立并存入资金，到期支取本息的账户。银行结算账户是银行为存款人开立的办理资金收付结算的人民币活期存款账户。储蓄/存款账户仅限于办理现金存取业务，不得办理转账结算。

2. 个人账户与单位账户

这是根据客户的身份属性进行的分类。单位账户的开立主体包括企业法人、国家机关、事业单位、军队、社会团体、外国驻华机构、居民委员会、村民委员会、社区委员会等，此外，非法人企业、民办非企业组织、个体工商户和单位设立的独立核算的附属机构也纳入到单位账户管理中。个人账户的开立主体则为自然人。

上述两个角度相结合，形成了四类账户，个人储蓄账户与单位储蓄账户、个人银行结算账户与单位银行结算账户。按照《人民币银行结算账户管理办法》的规定，个人银行结算账户指自然人因投资、消费、结算等而开立的可办理支付结算业务的存款账户。单位结算账户是以单位名义开立的银行结算账户。

在过去，普通老百姓只能在银行开立储蓄账户，接受银行提供的、被称为"对私业务"的储蓄服务，形式单一，功能不强。近十年来，随着我国经济发展，越来越多的人通过银行代缴水、电、话、气费，归还住房信贷款项，进行证券投资和购物消费等，单纯的个人储蓄账户功能已不能满足需要。为此，《人民币银行结算账户管理办法》允许自然人开设个人银行结算账户，满足人们因投资、消费等产生的转账结算和个人金融服务的需求，同时提高银行零售业务的服务水平和激发其创新能力。当然，个人账户的开立，遵循自愿原则，存款人可以任选一银行营业网点开立个人银行账户,银行不得通过与收、付款单位进行排他性合作,变相为客户指定开户银行。未经本人同意,任何单位不得为存款人指定开户银行。

个人银行结算账户有三个功能:(1)活期储蓄功能,可以存取存款本金和支取利息,个人银行结算账户按活期储蓄利率计息。(2)普通转账结算功能,可以办理汇款、支付水、电、话、气等基本日常费用、代发工资等转账结算服务,使用汇兑、委托收款、借记卡、定期借记、定期贷记、电子钱包(IC卡)等转账支付工具。(3)可以通过个人银行结算账户使用支票、信用卡等信用支付工具。为简化管理,提高效率,除了新开立个人银行结算账户外,个人可以向开户银行申请将已开立的储蓄账户确认为个人银行结算账户。

存款人开设账户后,应当依法进行使用,不得出租、出借银行结算账户,不得利用银行结算账户套取银行信用及进行其他非法活动。如果明知是毒品犯罪、黑社会性质的组织犯罪、恐怖活动犯罪、走私犯罪、贪污贿赂犯罪、破坏金融管理秩序犯罪、金融诈骗犯罪的所得及其产生的收益,为掩饰、隐瞒其来源和性质,为其提供资金账户的,将构成洗钱罪受到刑法的制裁。

(二)账户实名制

1. 基本要求

账户实名制是指客户应当以自己的真实姓名开设账户,不得使用假名、笔名、化名或其他名称。按照我国现行账户实名制的要求,个人银行账户的名称应当与身份证件[①]上的实名一致,企业银行账户的名称须与营业执照上的名称一致。

个人到银行开立账户,应提供真实、合法、完整的本人身份证件和有效证明文件,由银行进行核对,并登记其身份证件上的姓名和号码。代理他人在银行开立个人账户的,代理人应出示被代理人和代理人的身份证件;单位代理个人开户的,应出示单位负责人、授权经办人及被代理人的有效证件。不出示本人身份证件或者不使用本人身份证件上的姓名的,银行不得为其开立个人存款账户。银行应采取有效措施识别客户的真实身份,不得为存款人开立假名和匿名账户。

单位开立账户需要提交单位营业执照正本或相关政府部门的批文或登记文书,以及单位法定代表人或负责人的身份证件。拟设立的公司开设验资专户应提交工商部门颁发的名称核准通知书。

客户开立账户时,银行要与其签订银行结算账户管理协议或通过其他方式

[①] 根据法律、行政法规和国家有关规定,有各种符合要求的身份证件,例如居民身份证、护照、军人身份证件、武装警察身份证件、港澳居民往来内地通行证和台湾居民往来大陆通行证等。为行文方便,下文以"身份证"统称。

明确账户开立和使用的以下事项:账户信息变更的处理、账户信息的使用与保密、可办理的业务种类和条件、账户的有效期限、账户超过有效期限的处理方式、账户管理费收取标准与方式、对账方式和频率、违约赔偿责任等。当客户的账户信息资料发生变更时,客户应及时通知开户银行。银行负有为账户的情况保守秘密的责任,但法律、行政法规另有规定的除外。

2. 实名制的意义及在我国的发展

存款实名制是发达国家早已实行的一项金融制度,现在也逐渐为多数发展中国家所接受。实施实名制,有利于保护真正存款人的合法权益,建立个人信用体系,同时也便利国家的税收征管,惩治腐败和打击洗钱行为。

新中国成立以来,我国一直实行的是记名(虚名)储蓄制度,记名可以是假名、化名、代码或亲朋好友的名字,对于活期储蓄,银行只认存折不认人,只要取款人提供存折出示印鉴或输对密码(由取款人开户时约定),银行即按折付款,造成许多存款纠纷问题[①]。实践中,逃避债务的款项、贪官的灰色收入、犯罪分子的违法所得,单位的小"金库"等都可能隐藏在以虚名开立的账户中。记名储蓄制度的形成与我国长期以来形成的"怕露富"社会心理,银行欠缺有效的客户信息管理和我国的信用征信、个人身份核查系统的不完善密切相关,已不能适应我国经济发展的需要。

为此,从 2000 年 4 月 1 日起,我国开始实行个人存款账户实名制,对单位部分账户也实行核准制(开户证)管理。后继的金融管理法规确立了银行"了解你的客户"的原则,要求银行对存款人开户资料的真实性、合法性和合规性进行审核,建立并完善存款人信用记录档案。伴随中国人民银行 2004 年启动个人信用征信系统建设和 2006 年《反洗钱法》的颁布,建立、健全和执行全面的客户身份识别与身份资料及交易记录保存制度已成为我国金融机构的一项法定义务。

我国 2000 年开始实行个人存款实名制之时,还经常出现个人用假身份证办理的情况。主要原因在于公安机关的身份核查系统未对外开放,银行无法进行身份证核查,辨别真假;加之银行为了自身利益也愿意多拉存款,不太注重对存款人身份进行甄别,因此实名制形同虚设。

近年来,我国逐步克服技术障碍,促进实名制的真正实施。2006 年,中国人民银行建成全国统一的个人信用信息基础数据库和企业信用信息基础数据库并正式运行,有助于银行查询开户人的信用记录;2006 年颁布的《反洗钱法》大大促进了中国人民银行与公安部之间的信息共享建设,从 2007 年 6 月起,全国联

---

① 之前因存款密码泄露而产生的损失归咎于客户的责任,人民法院不予受理。2005 年 7 月 4 日,最高人民法院发布了《关于银行储蓄卡密码被泄露导致存款被他人骗取引起的储蓄合同纠纷应否作为民事案件受理问题的批复》,要求人民法院应当受理因银行储蓄卡密码被泄露,他人伪造银行储蓄卡骗取存款人银行存款,存款人依其与银行订立的储蓄合同提起的民事诉讼,提供了更公平合理的纠纷解决方式。

网核查公民身份信息系统开始投入使用,这一系统由存储公民身份信息并定期更新的公安部信息共享系统和与中国人民银行信息转接系统组成,各家银行可通过与中国人民银行的联网核查系统对开户人的真实身份进行核查,未通过核查的储户可凭银行出具的证明前往公安机构进行查询、变更。此外,中国人民银行建设运行了全国人民币银行结算账户管理系统,运用现代化手段实施对账户开立和使用的监控和分析,也有效地打击了匿名账户、假名账户的开立及相关违法活动。

(三) 单位账户的开立与管理

1. 基本要求

相比个人银行账户的自愿开立,我国单位账户的开立和使用受到更多的监管。这是因为,单位,尤其是公司和企业,是我国经济活动的主要主体,通过单位进行的支付结算占据银行支付结算业务的大部分,也最能反映社会资金的流动方向与状况。为了维护社会资金流动秩序,控制现金的使用,并打击私设小金库、贪污腐败、洗钱等违法犯罪行为,《商业银行法》早在 1995 年就规定,"企业事业单位可以自主选择一家商业银行的营业场所开立一个办理日常转账结算和现金收付的基本账户,不得开立两个以上基本账户"(第 48 条),2003 年 9 月 1 日起施行的《人民币银行结算账户管理办法》,则在 1977 年中国人民银行《银行账户管理办法》对单位账户施行分类管理的基础上,进一步细化了各类单位银行结算账户的开立和使用,建立起比较完善的单位银行结算账户管理制度。

为了实现对单一基本账户的监管,中国人民银行对单位开设某些账户①实行核准制,经中国人民银行核准后由开户银行核发开户许可证。申请开户的单位由主管部门批准向当地人民银行分支机构领取开户许可证后,可以选择一家商业银行凭该许可证开户。没有上级主管部门的单位,从当地工商局申请批文,再领取许可证。开户许可证是核准单位银行结算账户合法性的有效证明,没有许可证的单位,银行不能为其开户。不过,由于开户与银行有直接的利益关系,因此,银行在执行这项法律时,由于利益驱动可能还不能完全达到一企一户的程度。

从海外经验来看,海外银行为客户开户,不限制账户的数量,只对开户人的信用及背景进行严格审查,以防止本行账户用于洗钱或进行恐怖活动。这种做法与其所在国家/地区已建立健全的银行管理和社会安全管理网络系统密切相关,银行可以通过便捷的联网查询和核实开户人的个人资料、银行账户数量以及信贷、纳税、诉讼等涉及信用状况的资料,作出有效判断以防范风险。在风险可

---

① 指基本存款账户、临时存款账户(因注册验资和增资验资开立的除外)、预算单位专用存款账户和 QFII(合格的境外机构投资者)专用存款账户。

控的情况下不限制账户数量,可以便利开户人并提高经济效率。

相反,我国银行的网络建设不尽完善,一些偏远地区的网络建设比较落后;全国集中统一的个人和企业信用征信系统也才启动不久,其覆盖面有限,有关缴费、纳税、诉讼等方面的信息也未完全记录在内;而全国联网核查公民身份信息系统才运行不久,在全社会范围内,尚未建立类似国外集身份证、银行开户、驾照、医疗、就业、纳税等多种功能于一身的社会安全码。在1995年《商业银行法》颁布前,我国企业单位开设两个以上账户是普遍现象,一些查处的经济犯罪主体往往也开立了多个账户。也因此,我国目前还限制单位的开户数量,其目的在于:(1)监管现金的使用和流通,维护银行支付结算安全。这主要针对不少行政事业单位和国有单位利用多头开户转移资金,私设"小金库";或者滥发奖金,进行高消费和腐败,这些行为大多使用现金,不留交易凭证或痕迹。(2)防范企业逃债、逃税。这主要针对企业利用多种账户调拨资金,逃避应承担的债务,进行资金"体外循环"和逃避法院判决的强制执行等。因管理硬件不足对单位开户进行数量限制,只是权益之计,相信随着我国账户管理制度和技术配套的完善,未来我国将逐步放开这一管制。

2. 单位银行结算账户的种类

根据《人民币银行结算账户管理办法》的规定,单位银行结算账户按用途可分为以下几类:

(1)基本存款账户。即《商业银行法》第48条规定的"基本账户",是存款人因办理日常转账结算和现金收付需要开立的银行结算账户。存款人只能开设一个基本存款账户,但存款人可以在注册地或住所地开设银行结算账户,符合条件的也可以在异地开设。基本存款账户是存款人的主办账户,存款人日常经营活动的资金收付及其工资、奖金和现金的支取,应通过该账户办理。

(2)一般存款账户。指存款人因借款或其他结算需要,在基本存款账户开户银行以外的银行营业机构开立的银行结算账户。《人民币银行结算账户管理办法》取消了开立一般存款账户的限制条件,只要存款人具有借款或其他结算需要,都可以申请开立一般存款账户,且没有数量限制。一般存款账户用于办理存款人借款转存、借款归还和其他结算的资金收付。该账户可以办理现金缴存,但不得办理现金支取。

(3)专用存款账户。指存款人按照法律、行政法规和规章,对其特定用途资金进行专项管理和使用而开立的银行结算账户。特定用途资金,例如基本建设资金,更新改造资金,财政预算外资金,粮、棉、油收购资金,证券交易结算资金,期货交易保证金,信托基金,住房基金,社会保障基金等。专用存款账户用于办理各项专用资金的收付,其账户的资金必须由其基本存款账户转账存入。该账户不得办理现金收付业务。

(4) 临时存款账户。指存款人因临时需要并在规定期限内使用而开立的银行结算账户。临时需要,例如设立临时机构,进行异地临时经营活动,公司设立时进行注册验资等。临时存款账户用于办理临时机构以及存款人临时经营活动发生的资金收付,但注册验资的临时存款账户在验资期间只收不付,注册验资资金的汇缴人应与出资人的名称一致。临时存款账户的有效期最长不得超过2年。使用完毕之后,临时存款账户应及时关闭。

(四) 银行账户的变更与撤销

当客户的信息发生变更,例如存款人改变名称,但不改变开户银行及账号,单位的法定代表人或主要负责人、住址以及其他开户资料发生变更时,应于5个工作日内向开户银行提出变更申请并提供有关证明,银行应及时办理变更手续,以免影响客户使用银行账户。

银行账户是客户与银行建立联系并接受服务的纽带,当发生撤销银行账户的情形时,将终止银行与客户之间的合同关系,影响更为重大。所谓银行账户的撤销,是指存款人因开户资格或其他原因终止银行结算账户使用的行为。根据撤销的发起方和权限不同,撤销可分为:

(1) 存款人主动申请撤销(自愿销户)。当发生下列情形时,存款人应在规定期限内主动向开户银行申请撤销银行账户:一是丧失开户资格,包括被撤并、解散、宣告破产或关闭,以及被注销、被吊销营业执照等;二是因迁址需要变更开户银行;三是其他原因,例如拟设立的公司最终未获得工商部门核准登记,在验资期满之后就应申请撤销验资临时账户,并把账户内的资金退回给出资人。

之所以要求存款人主动撤销银行账户,是因为存款人是上述情形发生的当事人,能够全面而及时地了解情况,这也是存款人应承担的法定义务。存款人因丧失开户资格的,应先撤销一般存款账户、专用存款账户、临时存款账户,将账户资金转入基本存款账户后,才可办理基本存款账户的撤销。对于存款人因丧失开户资格而逾期不主动办理账户注销手续的,银行有权停止其账户的对外支付。当存款人未清偿其开户银行债务的,不得申请撤销该账户。

存款人申请撤销账户的,应与开户银行核对账户存款余额,交回各种重要空白票据、结算凭证和开户许可证(如有),银行核对无误之后才能办理撤销手续。如果存款人未能交回上述资料,应出具有关证明,还应承担因此造成的损失。

(2) 银行主动撤销(法定销户)。开户银行满足以下条件,可以对存款人的账户采取撤销措施:一是该账户一年未发生收付活动;二是该账户未欠开户银行债务。当银行发现存在此类账户时,应通知单位30日内前来办理销户手续,逾期的银行将主动进行销户,账户内未划转的款项列入久悬未取专户管理。

赋予银行法定销户权,是因为我国银行一直以来提供无偿账户服务,许多存款人因此缺乏到银行注销废弃或不常用账户的主动性,加上银行为拉存款和创业绩滥开设账户,导致银行系统沉淀了数量庞大的"死账户"或"休眠账户",既增加了我国支付清算系统的负担,也不利于银行提高管理效率,因而有必要由银行主动进行清理。这项措施将和近年来开始实施的小额账户管理费一起,促使客户更好地运用和管理自己的账户,并提高我国银行系统的安全性和效率。

第二节 银行与客户的法律关系

一、银行与客户的关系是契约关系

由于银行业务种类众多,所以银行与客户的关系是多方面的。既然银行和客户有广义和狭义之分,那么,银行与客户的关系自然也有广义与狭义之分。国外在探讨银行业务关系时,通常是集中在狭义的范围即银行存款和账户方面来探讨。本书为了叙述的方便,拟以狭义的银行与客户关系为重点进行分析,同时兼顾广义的范畴。

我国法律并没有明确规定银行与客户关系的性质,但是,从法理上可以看出这种关系的本质是契约关系。

我们首先来考察"存款所有权属于谁"的问题。这个问题关系到银行与客户法律关系性质的认定。当客户将款项存入银行时,严格说来,他并不是将货币"存入"银行,而且将货币"贷给"银行。银行吸收存款,把社会上各种闲散资金集中起来,实际上是形成了银行的负债。这在银行的会计账户科目上体现为"借方余额"。以存款合同为例,款项一经付入银行,就不再是当事人的钱,而是属于银行所有。客户也知道,存入银行的款项就是为了给银行控制而存入的。由银行控制保管的钱实际上就是银行的钱,银行可以随意处理该款项,银行如何使用该款项,无须征得客户同意,也无须对客户负责,银行并没有责任将该款作为客户的财产而加以保管或者处置。银行对客户的责任只是:当客户要求时,银行即将相等于存入金额的款项归还客户。在这个资金融通过程中,银行与客户之间形成的是债权债务关系,银行是债务人,客户是债权人。

从本质上说,银行与客户的关系是债务人与债权人之间的契约关系。那么,这是什么性质的契约关系呢？日本和我国台湾地区理论界有人主张,银行与客户的关系属于消费寄托关系。消费寄托合同关系的特征是,当事人一方将财产交与对方,对方取得寄托物的所有权,但负有义务返还种类、数量、品质相同的物。存款合同关系确实非常类似于消费寄托合同关系。但是,两者还是有区别的。首先,在消费寄托合同关系中,交付财产的一方在合同约定的到期日届满前不能要求对方返还财产,否则对方可以拒绝。而在存款合同关系中,存款人有权随时要求银行偿还。即使是定期存款合同也是如此(除非双方另有约定)。其次，在消费寄托合同关系中，债务人到期时必须履行其债务，而在存款合同关系中，即使存款到期，债务人也无须主动履行其债务，除非存款人来银行取款。另外，消费寄托合同的标的物一般不是金钱。所以，银行与客户之间的存款关系并不完全是消费寄托关系，而是一种特殊的契约关系。

当然，并非只有存款合同才在银行与客户之间产生契约关系。其实无论从事哪种业务，银行与客户之间都会有一种契约形式。客户把自己的货币存入银行形成存款关系，银行向客户发放贷款形成贷款关系，两者都是银行与客户之间的最基本的契约关系——债权债务关系。如果客户委托银行就其账户采取某种行为或者允许他人采取某种行为，例如开立票据或者兑付结算，银行与客户之间的关系虽然不是债权人与债务人的关系，但是构成另外一种契约关系，即代理人和委托人的契约关系。银行是代理人，结算客户是被代理人。

即使在上述"徐某某诉某国有银行沈阳分行办理存款差错赔偿案"中，银行是在缔结合同的过程中与客户产生了法律关系并承担了法律责任。这种缔约过失责任在我国《合同法》中有明确的规定，也属于广义的契约关系范畴。

银行与客户之间的关系既然是民商事上的契约关系，这种关系就受到一般民商事法律，例如《民法通则》、《合同法》、《物权法》和《担保法》等的保护，但应注意的是，金融业是一个受到管制的行业，因此，银行与客户之间的契约关系，还要接受《商业银行法》及其他金融监管法律法规的调整。此外，从历史发展来看，银行业发展早于银行立法，在长期实践中形成了一些行业惯例，例如涉及银行业务流程的"双人临柜，复核为主"，发放贷款中的审贷分离"四只眼睛"原则，以及银行在核对支票印章时采用的"折角法"；涉及客户权益的为客户保密原则、银行格式合同中的"挂失后 24 小时内的损失由客户自己承担"等条款，可以在一定程度上弥补立法的不足，满足规范复杂多变的银行业务的需要，也应适当考虑用于调整银行与客户的契约关系。

因此，如果银行与客户发生任何争议，可以综合金融监管法律、民商法律和行业惯例进行调整。依照我国《合同法》第 52 条的规定，合同不得违反法律或行政法规的强制性规定，否则合同无效。因此，应优先适用《商业银行法》或者国务院颁布的金融法规中的明确规定；《商业银行法》或者金融法规中没有规定或者允许当事人协议确定的，可以适用一般民法或合同法的原则来处理，二者都没有规定的，可以考虑适用行业惯例，但应不失公平合理。

二、银行与客户契约关系的特点

（一）资金融通有关的合同

银行与客户之间关系是一种在双方当事人平等、自愿、公平和诚实信用基础上建立起来的，以市场化需求为导向的契约关系，其契约内容是银行为客户提供金融服务,其中银行充当信用中介,为客户提供资金融通服务,是最为主要的内容。

所谓市场化就是指银行与客户之间的关系是根据市场要求成立的,而不是按照非市场的要求成立的。所谓资金融通,是指银行作为一种中介机构,以货币资金的形式提供一种信用,即以吸收存款的形式,将社会上各种闲散资金,集中到银行;同时又将集中起来的巨额资金,贷给商品生产者和经营者及其他需要资金的单位和个人,以满足生产和消费的需要,从而实现货币资金的调剂和融通。所谓服务,就是指银行与客户关系的内容体现为服务,即是银行为客户提供服务。

(二) 合同有时并非书面

银行与客户之间契约关系的内容,通常并非都在双方订立的书面合同写明。例如,许多合同都没有约定"银行对于其客户的账户必须严格保密"或"客户开立支票时必须小心谨慎,以防被人冒用"。但是,契约中虽然没有规定,这些义务却是双方必须遵守的。在英美判例法系国家,这些权利义务通常存在于法院的判例或者银行的惯例之中。我国则在法律或者银行规章中予以明确规定。客户在银行存款,往往并未意识到,当他用极其简便手续开立了一个银行账户时,他实际上已经参与了一项契约,其中所包含的条款如果全部加以文字化,将有好几页纸的长度。

(三) 不能用嘴谈判,只能用脚投票

银行与客户之间的权利义务条款,基本上属于标准合同条款。客户不能就合同条款进行谈判,只能选择接受或者不接受。这种标准条款与契约自由原则相悖,但是,它符合现代社会经济生活的要求,因此为法律所承认。当然,法律对这类标准合同也有一套特殊的解释规则,例如,我国合同法规定格式合同或条款应按对起草人不利的一面进行解释,提供格式条款的一方免除其责任、加重对方责任、排除对方主要权利的格式条款无效,最高人民法院《关于适用〈中华人民共和国合同法〉若干问题的解释(二)》要求提供格式条款的一方对格式条款中免除或限制其责任的内容履行合理提示及说明义务并承担举证责任,这些措施可以更好地保护客户的利益,以免银行利用其优势地位谋取不当利益或推卸责任。

我国前不久关于银行单方面更改银行卡收费的做法,引起大众持卡人在媒体上的热烈讨论。消费者协会支持大众持卡人的看法,其逻辑如下:大前提是,银行卡关系属于发卡银行与持卡人之间的合同关系。小前提是,合同关系要由双方协商才能达成协议和变更。结论是,银行应该就银行卡收费问题与持卡人协商达成一致后,才能够收费或不收费。

从逻辑上看没错,但是,大前提有一些问题。这个问题在于发卡银行与持卡人之间是合同关系还是只有单方面服务的关系。如果发卡银行以前只有单方面服务关系,客户就不具有与发卡银行谈判的权利,只能选择用脚投票,同意就接受,不同意就走人。

如同报纸因为有广告,所以报纸价格才低于报纸成本。如果订阅报纸的客户,既不希望多看广告,又不希望报纸涨价时,只能选择不订阅报纸,而不能选择与报社谈判。这个道理与发卡银行单方面涨价的道理类似。

(四) 履行债务的条件

银行作为债务人时,无须主动向债权人履行偿还的义务。在银行与客户关系中,银行的责任是,当客户在银行营业时间内向开户银行要求支付全部或者部分款项时,予以支付。因此,客户不能因为银行在其存款到期之后没有主动履行偿还义务而要求银行承担违约责任。反过来,在客户没有提出权利主张之前,银行也不享有诉讼时效的抗辩。

为什么银行作为债务人履行义务还需要一定条件呢?这有两个解释:一是,银行提供有关货币的金融服务,带有一定程度的公共服务性质。因为货币是国家中央银行发行的公共产品,不是一般公司的普通商品。商业银行也是银行业监督管理部门特殊批准的,带有一定程度的公共服务性质的金融服务机构,而不是普通的那种完全不带有、或很少带有公共服务性的商业服务机构。二是,任何公司提供商业服务时还要受到其他有关法律的限制,如《劳动法》。

三、银行与客户关系的成立

我们先来看一个发生在新西兰的真实案例:巴莫罗超市有限公司诉新西兰银行案(Balmoral Supermarket Co. Ltd v. Bank of New Zealand)。在此案中,原告的雇员进入被告银行准备存入现金和支票,该雇员将现金从袋中取出,放在银行柜员和他本人之间的柜台上。柜员从柜台上取了一小扎钞票开始点数,正当该柜员将点完数的钞票放在一旁时,突然数名歹徒闯进,抢走了柜台上未经点数的现钞。于是原告起诉银行,要求赔偿,指控柜台上的现钞已由银行掌握,并已属于银行的财产。但是,法院判决原告败诉,新西兰高等法院认为:在意图存入的款项未经银行清点并签字收悉之前,此款尚未存入,银行也尚未成为客户的债务人。

这是在柜台窗口一瞬间发生的非常有名的案例。这个案例实际上就涉及到合同关系成立时间的法律问题。合同成立就意味着法律约束力的产生,意味着权利义务的产生。双方当事人未依法律规定或者取得对方同意,不得擅自变更或者解除合同。任何一方的违约行为,包括过失行为,都会导致法律后果。过失或者违约的一方必须依照双方协议的约定以及交易性质承担法律责任。所以,合同成立时间的不同,会导致不同的法律后果。例如在上述案件中,假设合同已经成立，那么，银行就应当承担责任，并支付原告被抢走的款项。

类似的案例也在我国发生过。在北京某国有商业银行的一家分支机构中，客户从银行取出3万元现金，在银行门口处被抢。客户要求银行赔偿，理由是银行使用麦克风扩音同客户讲话，将客户取款的数额等信息都让周围的人听到了，违反了银行为客户保密的义务。但是，客户并没有因此而胜诉，理由是银行将现金交给客户后，银行的风险已经转移。

那么，银行和客户的契约关系究竟从何时开始呢？

首先，我们来看存款合同关系的成立。如果存款合同是一种只要当事人之间达成合意就可以成立的诺成性合同，那么，可以认为在银行柜员问询弄清了原告雇员的存款意图时，合同就已经成立，这样银行负有返还存款的义务。但是，存款合同并不是诺成性合同，而是实践性合同，在当事人双方的合意基础上，还必须有款项的交付。因此，交付现金是成立合同的必要条件。存款合同是要式合同，必须以书面订立，存折是合同成立的形式要件，必须在银行登录存折后，合同才成立。另外，《合同法》第25条规定："承诺生效时合同成立"。第26条规定："承诺通知到达要约人时生效。承诺不需要通知的，根据交易习惯或者要约的要求作出承诺的行为时生效。"在储蓄存款关系中，银行的交易惯例并没有要求作出承诺时必须通知对方，而通常是以发放存折作为承诺行为。

其次，其他合同关系的成立。（1）贷款合同是诺成性合同，只要双方达成一致，并签订书面协议，就可以成立合同。（2）银行与客户之间的结算契约，通常自银行在客户的开户申请书上确认盖章时起，合同成立。在存款人将支票或者可转让的票据或者其他债权作为现金存入银行的情况下，银行与客户的契约关系是从存款人开立账户开始，而不是从银行将支票或者其他债权转换成现金时开始。结算账户合同是一种无确定期限的服务合同，在合同存续期间，客户不断地对银行下达结算指令，指示银行对外付款或收款。（3）在自动提款机交易中，银行与客户关系的成立时间是在数据电文进入自动提款机系统的时间。也就是说，当客户按下自动提款机的确认键时，合同关系成立。

四、银行与客户关系的终止

银行与客户之间契约关系的建立，是通过双方的业务往来而实现的。按照一般惯例，银行与客户之间的契约关系，可以通过一定方式终止。主要有以下几种情形：

（1）双方协议终止。银行和客户双方认为有必要终止这种关系，经双方认可，达成协议，清偿债务，从而终止债权债务关系或者代理关系。协议终止的情形通常发生在客户对银行有欠款或者借款的情形下。例如，2007年央行短时间内多次提高贷款利率，促使许多住房贷款借款人在合同未约定的情况下与银行协商提前还款,终止与银行的贷款关系,以避免承受过高的住房贷款利率。

(2) 单方面终止。银行与客户关系的终止通常是由于单方面的行为。其中由于客户的原因终止契约的情况较为常见。客户取出账户上的全部余额,账户就自动撤销。银行单方面撤销账户的情况也存在,1994年的《银行账户管理办法》和后来取而代之的《人民币银行结算账户管理办法》都赋予银行一定条件下的法定销户权,参见上节关于"银行账户的变更与撤销"内容。另外,根据有关规定,如果客户利用银行账户从事违法犯罪活动时,银行可以单方面撤销其账户。

(3) 因法定事由而终止。第一,客户死亡或丧失民事行为能力。自然人客户死亡,客观上废止了对银行的任何债权债务,客户未偿还的债务也自动取消。如果客户有继承人,客户账户上的权利义务均由客户的继承人继承。对于客户丧失民事行为能力,不能正常进行民事活动的,例如客户患有精神疾病,如果客户在失去民事行为能力之前指定有代理人,账户由代理人处理。如果客户没有指定代理人,银行可以申请法院指定或者根据法院的指定,由代理人处理账户事宜。第二,解散、撤销、破产清算等丧失主体资格。无论是客户破产,还是银行破产,都是契约关系的自动终止。客户破产,银行可以根据客户账户情况行使抵销权和向清算人申报债权,以便通过破产清算获得补偿。银行破产,客户只能按照法律规定的分配顺序获得补偿。

第三节 银行与客户的权利义务内容

银行与客户的关系,是由国家认可的具有法律约束力的权利义务关系。银行与客户双方当事人互有权利和义务,双方既是权利主体,又是义务主体。概括而言,银行的权利主要有收费权和抵销权;对客户的义务主要有保证支付、为客户保密、遵守结算纪律及遵守营业时间等内容。客户的权利主要有还本付息权和知情权;对银行的义务主要有借款人的还本付息义务、诚信义务和谨慎义务等内容。

一、银行的权利义务

(一) 银行享有的权利

1. 收费的权利

(1) 收费的法律依据

银行为客户开立各类账户,办理各种业务,并提供专业性、商业性的服务。作为商业企业,银行在业务过程中,支出了一定的费用和人力物力,因此,银行有权收取合理的费用,用以补偿业务服务成本并获取合理的利润。在各种收费中,向借款人收取的利息是银行最主要的收费来源,相比贷款利息的风险性,银行因提供代缴费用、结算、保管箱、资信调查等中间业务而收取的手续费是一项无风险的收入。

银行收取服务费用的法律基础和依据是:一是法律的规定;二是协议的明确约定。我国《商业银行法》第 50 条规定:"商业银行办理业务,提供服务,按照规定收取手续费。……"其法理依据在于"任何提供服务的人都有权收取合理费用"的法律原则。按照中国人民银行规定,银行自 1981 年 1 月 1 日开始对结算业务收费,但是,当时规定的收费标准比较低,为每笔 2 角钱。随后的一些金融部门规章陆续规定了银行服务收费的内容,其中最重要的是 2003 年 6 月 26 日,中国银监会、国家发改委联合制定发布的《商业银行服务价格管理暂行办法》。这个办法规定对于人民币基本结算类业务(如票据、汇兑、委托收款、托收承付)实行政府指导价,按照保本微利的原则确定;其他项目(例如大额取款业务)实行市场价,由商业银行考虑个人和企事业单位的承受能力而制定。但是,银行不得对人民币储蓄开户、销户、同城的同一银行内发生的人民币储蓄存款及大额以下取款业务收费。

银行收取的有些费用,是惯例形成的,无须每笔明确。客户与银行先前的交易做法可以当作双方的约定。如果银行在习惯上收取费用,就视为客户予以默许。但是,如果某些业务,银行以前没有收费,由于后来成本提高,拟收取手续费,在这种情况下,有必要征得客户明确同意,如未征得客户同意,客户可能会提出异议,容易发生纠纷。

(2) 收费的争议与改革

我国银行长期以来一直为社会提供大部分免费的金融服务,即使是有限的收费,其金额也较低,并主要集中在为企业所用的中间业务项目上,普通百姓对银行收费普遍感受不深。但在 2002 年,花旗银行上海分行对日外币存款余额不足 5000 美元的客户按月收取 6 美元或 50 元的管理费,率先引发了国内收费潮,随后银行通过 2003 年的《商业银行服务价格管理暂行办法》获得法定收费权,至此国内银行服务从免费时代进入收费时代,业务收费已成为银行除贷款利息收入之外重要的收入来源。在这一背景下,随着个人金融业务的增加,老百姓日益感受到银行收费的巨大压力。特别是近几年来,围绕"小额账户管理费"、"ATM 机跨行查询收费"、"信用卡收费"、"银行汇兑收费"等引起很大争议,消费者普遍认为银行滥用优势地位乱收费,未能提供与其收费相符的增值服务,侵害了消费者的合法权益,银行则主张其收费合法合理,主要用于弥补服务成本支出。这些争议暴露出银行收费不透明,缺乏合理的定价机制和有效监督等诸多问题。

从法律属性上看,银行的服务收费属于商事行为,应接受市场规则的调整并通过市场竞争解决。充分的竞争可以破解银行的垄断优势和优势地位,在降低价格的同时改善服务,以吸引更多的客户。海内外市场不乏这方面的成功实例,例如国内信用卡发卡目前处于白热化竞争状态,银行为占据市场份额,对本来要收取年费的信用卡,只要持卡人一年刷卡若干次就可免年费,还能按消费额累计积分,兑换礼品。

但单纯地依靠竞争未必能解决保护消费者的全部问题,特别是在所有银行都宣称收费的"零和"市场,消费者要么交费接受服务,要么不交费退出市场,很难通过"用脚投票"来选择银行或迫使银行改变规则。此时,应发挥金融监管部门和行业协会的作用,从保护消费者的利益出发,规范银行收费行为,平衡银行与消费者的利益。此前,已有银行业协会通过协商,解决了"ATM机跨行查询收费"问题;2009年中国银监会发布《关于进一步规范信用卡业务的通知》,制止了饱受诟病的信用卡部分不合理收费,例如对未激活的信用卡收取费用等。

当然,治理银行收费问题,不能重堵轻疏,还应引导银行树立正确的收费价值观,通过提供有价值的服务消除客户对银行收费的抵触心理,并促使银行从服务收费竞争转向全面服务竞争,这样才能取得银行与客户"双赢"的结果。中国银监会目前已结束对《商业银行信用卡业务监督管理办法》的公开征求意见,将尽快推出银行收费新规。总之,应明确的是,法律在肯定银行收费权的基础上,应对银行的收费有一定的限制:一是收费必须合理,通常由法律、法规规定一些必要的标准或定价机制;二是收费标准必须公开。

2. 抵销的权利

法律上的抵销,是指两个人互负债务时,一个债务与另一个债务相抵而使两个债务在等额内归于消灭。当事人可以行使抵销的权利就是抵销权。抵销权依不同的发生根据,可以分为法定抵销和合意抵销两种。法定抵销是指一方当事人可以其单独的意思表示根据法律的规定而行使。合意抵销是指必须由双方当事人达成协议才可以行使。

抵销权是银行维护自身权益的重要权利。在我国银行业务用语中被称为"扣款还贷",即当客户欠银行的款项到期时,如果客户拒不还款,银行可以扣收客户在银行活期账户中的款项归还贷款。

我国银行虽然一直在行使这项权利,但以前缺乏充分的法律依据。因为我国1986年《民法通则》和1995年《商业银行法》都没有规定银行抵销权制度,所以银行通常只好采用合意抵销的办法。例如,1996年中国人民银行《贷款通则》规定,在贷款到期时,银行依合同规定从借款人账户上扣划贷款本金和利息。

我国《合同法》第99条规定了抵销权制度,该条规定:"当事人互负到期债务,该债务的标的物种类、品质相同的,任何一方可以将自己的债务与对方的债务抵销,但依照法律规定或者按照合同性质不得抵销的除外。当事人主张抵销的,应当通知对方。通知自到达对方时生效,抵销不得附条件或者附期限。"这条规定弥补了银行行使法定抵销权的法律缺陷。一般认为,银行行使法定抵销权需具备四个要件:(1)须互负债务;(2)须债务的标的种类相同;(3)债权必须是有效存在的;(4)债务均须届清偿期。

在银行实务中,活期存款账户因客户可随时提款,因此始终处于"可清偿"状态。这样,当银行对客户的贷款到期时,银行与客户之间就产生了"互负到期债务"的情形,银行可以行使抵销权,扣款还贷。当然,当银行与客户的其他债权人处于同等债权地位时,银行不能利用其为客户提供账户服务和掌握客户款项信息的便利,先行扣划客户账户内的款项清偿自身债权,以免破坏债权平等原则,损害客户其他债权人的合法权益。

(二) 银行对客户的义务

1. 为客户保密义务的含义与法律依据

银行对客户的保密义务,是很久以前就已经确立,并为银行业长期奉行的一项基本原则。

所谓为客户保密,是指银行未经客户明确或者暗示同意,不得向第三者透露客户账户的情况、客户与银行的任何交易或从经营客户账户中所取得的任何有关客户的资料,除了国家法律规定和国务院法规规定的有权机关以外,其他部门和地方政府委托监督的事项,各银行均不应予以受理,不得代任何单位查询、冻结、扣划单位、个人客户的存款。

银行为客户保密的义务,最早源于受托人对委托人事务的保密义务,并在银行业务实践和与客户的合同当中得到确认,以后逐步上升为法律规定,成为银行对客户的法定义务。我国银行及其工作人员为客户保密的法律依据是《商业银行法》第29条第1款、第30条前半段和第53条的规定。我国《合同法》还规定,银行在订立合同过程中知悉的客户的商业秘密,无论合同成立与否,都不得泄露或者不正当地利用。即使在合同的权利义务关系终止后,银行也应当遵循诚实信用原则,根据交易习惯履行保密义务。

2. 为客户保密义务的例外

当然,银行的保密义务并不是绝对的。在若干情形下,银行的义务是可以免除的。我国《商业银行法》第29条第2款和第30条第2款都规定了这些除外情形:

首先是为个人储蓄账户保密的除外情形。

我国《商业银行法》第29条规定:"……对个人储蓄存款,商业银行有权拒绝任何单位或者个人查询、冻结、扣划,但法律另有规定的除外。"也就是说,除全国人民代表大会及其常委会通过的法律有专门规定者外,其他任何单位都无权查询、冻结和扣划个人储蓄账户。目前法律规定可以查询、冻结、扣划储蓄账户的部门有九个：人民法院、人民检察院、公安机关、国家安全机关、海关、税务机关、中国人民银行、中国证监会和中国银监会。人民法院根据《民事诉讼法》第220条的规定有权查询、冻结、扣划个人储蓄存款。公安机关、人民检察院根据《刑事诉讼法》的有关规定，可以查询、冻结储蓄账户。国家安全机关根据第六届全国人大常委会第二次会议通过的《关于国家安全机关行使公安机关的侦查、拘留、预审和执行逮捕职权的决定》，可以查询、冻结和扣划个人储蓄账户。海关根据《海关法》第37条的规定，可以查询、冻结、扣划个人储蓄账户。税务机关根据《税收征收管理法》第38条的规定，可以查询、冻结、扣划个人储蓄账户。中国证监会根据《证券法》第180条的规定，有权查询、冻结个人银行账户。中国银监会根据《银行业监督管理法》第41条的规定，有权查询个人银行账户。中国人民银行根据《反洗钱法》第25条、第26条，可以查询个人银行账户，并采取临时冻结措施。除此之外，其他任何单位都无权查询、冻结和扣划个人储蓄账户。

其次是对单位存款账户保密的除外情形。

我国《商业银行法》第30条规定："对单位存款，商业银行有权拒绝任何单位或者个人查询，但法律、行政法规另有规定的除外；有权拒绝任何单位或者个人的冻结、扣划，但法律另有规定除外。"

根据上述法律规定，除人民法院、人民检察院、公安机关、国家安全机关、海关、税务机关、中国人民银行、中国证监会和中国银监会有权查询、冻结、扣划单位存款账户外，国务院还授权一些行政机关有权查询单位存款账户：国家外汇管理局、物价局、监察局、工商管理局、审计局，但不能冻结，也不得扣划单位存款账户。除此之外，其他任何部门、机关、单位都无权查询单位存款账户。例如，技术监督局、纪律检查委员会、财政局、电业局、企事业单位的保卫部门等，都无权查询单位存款账户和个人储蓄账户。另外，银行之间也无权互相查询对方客户的账户。违反对个人储蓄账户和单位存款账户保密义务，非法查询、冻结、扣划个人储蓄存款或者单位存款的，根据我国《商业银行法》第73条的有关规定，商业银行应对由此造成的存款人或者其他客户财产的损失，承担民事赔偿责任。

3. 银行工作人员保密的义务

根据我国《商业银行法》第53条的规定，商业银行的工作人员不得泄露其在任职期间知悉的国家秘密、商业秘密。保密是商业银行工作人员的基本职责，除外来的单位查账方面应当保密外，银行工作人员本身也负有保密的责任。

银行工作人员保密责任既是主观的，也是客观的。从主观方面看，银行工作人员不得故意将存款人或其他客户账户内容向外泄露。从客观方面看，银行工作人员也不得过失地将存款人或者其他客户账户内容对外泄露。例如，现行银行临柜工作人员仍然提倡"唱收唱付"式服务，以避免出现误差。有些银行的储蓄所为临柜工作人员安装了小型扩音器，使营业大厅内的客户能够更清楚地听到临柜工作人员的问话。由于临柜人员与客户的谈话被扩音放大，使得其他人也听到："您贵姓啊？"，"您取多少钱啊？"等。说者无心，听者有意，有些存款人取了钱，刚出银行大门，就被人把钱抢走了。笔者认为使用扩音器的做法，在客观上与银行工作人员的保密义务不符。

4. 我国《刑法》上有关为客户保密的规定

针对实践中客户信息经常被侵犯的情形，全国人大常委会于2009年2月28日通过的《刑法》修正案七增加了两款，作为第253条之一、之二，"国家机关或者金融、电信、交通、教育、医疗等单位的工作人员，违反国家规定，将本单位在履行职责或者提供服务过程中获得的公民个人信息，出售或者非法提供给他人，情节严重的，处3年以下有期徒刑或者拘役，并处或者单处罚金"，"窃取或者以其他方法非法获取上述信息，情节严重的，依照前款的规定处罚"，罪名分别确定为出售、非法提供公民个人信息罪和非法获取公民个人信息罪。机构犯这两款罪的，对单位判处罚金，并对其直接负责的主管人员和其他直接责任人员，依照各该款的规定处罚。

(三) 保证支付的义务

1. 对存款人的保证支付义务

商业银行保证支付存款人取款是无条件的责任，因为这是债权人行使债权的行为，不应受到银行作为债务人的条件限制，保证支付同时也是银行信誉的基础。我国《商业银行法》第33条规定："商业银行应当保证存款本金和利息的支付，不得拖延、拒绝支付存款本金和利息。"

法律规定的是"不得拖延"，这与"不得无故拖延"是不同的，"不得拖延"是无条件的，"不得无故拖延"是有条件的。银行保证支付存款的提取是无条件的。例如，银行营业所白天开业的时候停电，电脑无法运行，银行的营业所就应当改为手工操作，而不能让存款人等有电的时候再来，因为等有电再付款已经造成了"拖延"。无条件只限于支付本金和利息，不包括办理其他业务，如办理定期转存，办理存本取息等业务。当然，如果客户提取的款项数额较大，可能要给银行提供履行债务所需的合理时间，这也是合同法的要求。目前，存款人提取大额存款①，需要提前一两天预约，以便银行准备足够的现金。另外，根据反洗钱法的相关规定，如果客户一次性提取5万元（含）以上的款项，需要提交身份证给银行核对。

凡是客户在银行营业时间内，或者在银行公告的停止办公时间过后的合理放宽时间内，向开户银行请求返还，银行应当予以方便。

---

① 根据银行属于分行、支行或其他级别分支机构，其数额起点有所不同，常见的为10万元。

银行如果延期支付存款人的取款,银行可能承担由此产生的后果。例如,存款人到银行取存款,由于数额较大,银行准备不足,延期支付。该存款人由于没有及时取到钱,使一份贸易合同的定金被对方扣掉。该客户如果诉讼银行拖延支付,要求银行赔偿经济损失时,除了本金、原有的利息,银行还应承担延期支付的利息,还要承担包括定金在内的其他经济损失的民事赔偿责任。

我国曾有过如下的法院案例。2003年12月10日,周某持农行金穗借记卡到银行下属的火车站分理处,持卡要求在柜台取款。分理处营业员建议周某到ATM机上取款,在周某声称不会时,营业员告知其按照ATM机上的提示做即可,周某遂照办。该ATM机位于柜台不过两米,除了上方贴有"您的密码如同钱包,注意保密,以防被盗"的警示字条外,周围无任何安全防护措施。因周某不懂ATM机操作导致取不出款,转身大声向营业员求助,但无人理睬。此时有人趁机将周某的借记卡取出并调换,周某未发觉,当再次持卡到柜台取款时,被告知借记卡已被掉包。周某当即要求营业员办理挂失止付手续,营业员要求周某提供卡号或存折号,周某无法满足,只好告诉营业员身份证和密码,但营业员声称没有办法,要求周某到开户行办理挂失。当周某赶到开户行办理挂失时,才发现借记卡里的存款已被盗取5.3万元。

该案中,银行认为借记卡是在周某持有过程中遗失的,密码也是周某不慎泄露的,应根据《金穗借记卡章程》第11条规定的"因卡片遗失或密码失密造成的资金损失,由持卡人自行承担"处理,不应由银行承担责任。

法院审理认为:(1)我国《商业银行法》第33条规定的银行保证支付义务,不仅是指银行不得拖延、拒绝支付,还包括银行应当以适当的方式履行支付义务。商业银行应当无条件履行保证支付义务。另外,我国《商业银行法》第29条规定了储户的取款自由权利,商业银行有义务保证储户实现这一权利。取款自由,不仅包括取款时间、取款数额上的自由,在有柜台和自动取款机等多种取款方式的情况下,还应当包括选择取款方式的自由。当周某要求在柜台取款时,银行不得拒绝。当然在柜台业务繁忙的情况下,从缩短储户等待时间考虑,可以建议储户到ATM机上取款,但在向储户行使这一建议权之前,有义务了解该储户的取款数额,特别是在周某声称不会使用ATM机的情况下,营业员还有义务向其讲解或者演示自动取款机的使用方法。如果因业务繁忙顾不上履行这些义务,营业员则不能坚持让储户到其不熟悉的自动取款机上取款。本案中,营业员既不履行讲解或演示义务,又坚持让储户到自动取款机上取款,则不是正当行使建议权,而是限制储户的取款自由,不履行保证支付的义务。(2)为储户保密不仅是指银行应当对储户已经提供的个人信息保密,也包括应当为到银行办理交易的储户提供必要的安全、保密的环境。本案中的银行下属火车站分理处,将ATM机置于人员众多且流动性大的营业大厅内,只在其上方张贴一警示纸条,周围无任何安全防范措施,不能保证旁人无法接近正在使用ATM机的储户,无法偷窥储户在ATM机上的密码,客观上使储户无法在保密状态下安全使用ATM机。(3)在周某能提供身份证和个人密码的情况下,营业员未按照《金穗借记卡章程》规定①及时给其办理电话挂失,是造成周某卡内存款被盗取的主要原因,而非周某的迟延挂失所造成的。银行所主张的《金穗借记卡章程》第11条的规定,应当是指只有在持卡人知道如何正确使用与妥善保存金穗借记卡和密码,并且银行也为持卡人正确使用与妥善保存金穗借记卡和密码提供了应有条件的情况下,完全由于持卡人自己的过失使卡片遗失或密码失密造成的资金损失,才由持卡人自行承担。

综上,银行未能履行保证支付义务,提供ATM机服务方式存在安全保护瑕疵以及未能及时办理挂失手续,是造成储户周某储蓄卡被调包、密码遗失、存款丢失的主要原因,而周某不慎遗失银行卡和密码,对损失的造成亦有一定的过错。因此判决银行赔偿周某4万元,其余损失由周某自己承担。

2. 遵守结算纪律

我国《商业银行法》第44条规定:"商业银行办理票据承兑、汇兑、委托收款等结算业务,应当按照规定的期限兑现,收付入账,不得压单、压票或者违反规定退票。有关兑现、收付入账期限的规定应当公布"。

商业银行与过去的专业银行不同。在专业银行时期,银行不但提供银行结算的各种服务,同时还承担了一部分中国人民银行监督结算过程、维护金融秩序的任务。在金融体制改革初期,一些银行考虑自身的经济利益,将客户结算在途资金较长时间压在手上,形成一笔无息贷款,使银行在资金头寸方面比较充足,但是,这样做使得客户资金周转不灵。由于一些银行压单和压票的情况严重,使得个体户结算大量使用现金,出现经济越发达,交易量越大,使用现金直接结算越多的怪现象。中国人民银行多次重申,商业银行在为客户办理转账结算时应按规定的期限,不按期限的规定而压单或压票,或违反规定退票,给客户造成损失的,该银行要赔偿由此而产生的经济损失。

(四) 遵守营业时间的义务

1. 规定营业时间的法律意义

我国《商业银行法》第49条规定:"商业银行的营业时间应当方便客户,并予以公布。商业银行应当在公告的营业时间内营业,不得擅自停止营业或者缩短营业时间。"这个条款依然保持了与1995年《商业银行法》相同的规定。

银行的营业时间对客户影响极大,因为客户只有在银行开业时间才能进入

---

① 该章程第9条规定:"金穗借记卡被盗或遗失,持卡人可凭个人密码办理电话挂失。持卡人办理电话挂失后,应及时补办书面挂失手续。"

银行办理存款、支取和转账结算。如果一家银行不公布营业时间,随时可以开业,随时可以关门停业,客户什么时间去这家银行无法预期,他们也就无法与这家银行打交道了。从法律角度分析,营业时间不定的银行也侵犯了客户的权利,因为客户存款人是债权人,银行是债务人,银行营业时间不定使债权人无法实现债权。当然,营业时间不定的银行是个别例子,绝大多数银行都是正常营业的。

2. 缩短营业时间

法律规定银行不得"擅自"停业或缩短营业时间,也隐含着有例外。如果有特殊情况,银行需要缩短营业时间,或者需要停业1天,例如,某银行支行举办运动会,希望一线的年轻职工参加,活动一下身体,作为工会活动的一部分,银行应当事先申请银监会当地分支机构批准。经过批准就不是擅自缩短营业时间或擅自停业。

3. 延长营业时间

银行有无权利延长规定的营业时间?我国《商业银行法》不限制银行延长规定的营业时间,但是,我国有关劳动保护法律和法规对职工劳动时间有严格规定,职工每周劳动时间不得超过44个小时,只有在法定特殊情况下,才可以超过该时间限制,并且要有加班补贴或倒休。银行营业时间超过每周44个小时是普遍现象,但是银行职工工作时间每周不应超过44个小时,否则违反了《劳动法》。

银行延长规定的营业时间的积极方面,是为客户提供了更多的服务时间,方便客户。但是也有消极方面,银行延长营业时间有可能使客户挂失支付不起作用。英国法院有一个著名案例,一家银行在临近下班时为客户转划出一笔账款,办理完毕时已经超过规定的营业时间。次日上午银行开业时,被划款账户的止付通知到达银行。按惯例在止付通知到达之前已经付出的款项,银行没有责任。但是,受到损失的客户的律师发现一个重要事实:银行是在超过规定营业时间之后办理完此笔付款的。由于银行未按规定时间停止营业,才使得该止付通知不能起到止付作用。英国的法院判决,由于未按规定营业时间停止营业,所以造成客户损失,银行负有责任,应赔偿损失。

境外的商业银行,一般在周六中午12点后就停止营业了,周日全天停业,周一上午才开业。由于ATM机和24小时无人银行在境外已经相当普及,客户可以在自动提款机和无人银行自己办理有关手续。特别是万事达和维萨两大国际信用卡组织提供的遍及全球的自动货币兑换服务,使得外国游客在异国他乡的周末,也照样可以从提款机上获得当地货币。

随着电子信息技术的进步与普及,银行的营业时间已经改变了从前在经营方面的意义,但在法律方面仍有意义:在发生责任事故时,银行的营业时间可以帮助确定银行应承担的责任。

除了上述三项银行对客户应承担的主要义务外,银行还必须根据《商业银行法》第31条的规定确定存款利率并予以公告;根据第32条的规定交存存款准备金,留足备付金,以满足银行审慎经营的要求,更好地保护存款人的利益。

二、客户的权利义务

(一)客户享有的权利

1. 存款客户要求返还存款的权利

客户有权要求银行返还与存入时相等数额款项的全部或者部分。在活期储蓄存款账户中,客户一经提出,银行必须立即返还。在有期限的账户中,按照固定的通知期到期时返还,如果客户放弃固定期的利息,则有权要求银行立即返还。

客户可以向开户银行要求返还,也可以向其他与其通存通兑的银行要求返还。当然,客户的权利有一定的限制:一是必须在银行的公告营业时间内主张权利;二是对数额巨大的现金款项,必须提前一定的时间通知银行。

2. 取得利息的权利

客户取得利息的权利并非约定的权利,而是法律赋予的,即我国《商业银行法》第29条规定的"存款有息"原则。

法律对存款利息的支付以及支付标准作了规定。我国目前的利息还没有市场化,银行与客户之间不得私下约定存款利息,法律对存款利息的支付以及支付标准进行规定,商业银行应在中国人民银行规定的存款基准利率上下限内确定并公告相应的存款利率,高息揽储为法律所制止。

3. 知情权

客户在与银行办理业务前,有权获得银行服务的性质、风险、条件、收费等方面的信息。我国《商业银行法》第31条、第49条分别规定了商业银行进行利率公告和营业时间公告的义务,银行的营业厅里通常张贴着各项服务的收费标准。

目前存在的问题,主要有银行拆分传统业务环节进行多项收费,其定价机制和收费标准未能向客户披露,引发民众不满;银行针对影响客户权益的服务或收费,只在本行网站和营业网点张贴海报进行披露,而未逐一通知到客户,导致不少客户无法获知信息;银行提供的金融服务日趋复杂,其中某些理财服务可能蕴含着比较大的风险,银行既未尽职地履行风险提示和说明义务,客户也无更多的渠道了解或理解其中的风险。在客户的知情权方面,我国银行和立法还有很大的改进空间。

(二)客户对银行的义务

1. 还本付息的义务

银行向客户贷款后,借款人便成为银行的借款客户,该类客户的数量之多在我国是非常突出的。我国国有企业的自有流动资金较少,所以,大部分国有企业的流动资金需要从银行贷款。由于企业在生产经营中也会有各种各样的风险,所以,贷款到期之后,能否还本付息,就成为一项重要问题。

借款人负有向银行还本付息的义务在我国《商业银行法》第 7 条和我国《合同法》"借款合同"的专章中均有规定。在我国已有法律明文规定借款人的还本付息义务之后,在现实金融生活中,还会看到相当多的借款企业到期不能履行义务的案例。有些是因为经济体制上的原因,也有的是因为社会保障体系还有待于进一步完善,使不能履行该义务的企业最终以破产结束。

2. 诚信的义务

银行的客户对其开户银行负有诚实信用的义务,这是《民法通则》第 4 条"民事活动应当遵循自愿、公平、等价有偿、诚实信用的原则"和其他有关法规普遍规定的一项原则。所谓对银行诚实信用,是指客户要以真诚、真实、讲信誉、守信用的态度对待自己的开户银行。例如,银行日常业务操作人员因为疏忽大意,将储蓄存款的数额多支付给取款的客户时,客户一经发现有义务如数归还给银行。又如,当客户使用自动提款机提款时,如果遇到机器发生故障,多支付款项时,提款客户也负有义务将多出的数额如数交还给银行。再如,客户在使用支票或汇票时,如果发现票据上的数额、签章有伪造或变造的情况时,应主动向银行通报。

在北京发生过一个真实的例子,某小区的田某在 ATM 机提款时,机器出现故障,多支付给他许多现金。田某立即将这些现金交给银行,银行派工程人员立即对 ATM 机进行检修,避免了出现更严重的故障。田某的行为是诚实信用的典型,银行给予了他表扬和奖励。相反,2006 年轰动全国的许霆案,却是因不诚信行为而触犯刑律。当许某发现 ATM 机存在故障,取款千元只从银行卡中扣款一元时,遂多次返回 ATM 机提款,反复操作 171 次,非法提取银行款项 17.5 万元,在案发之后潜逃 1 年并将款项挥霍一空,最终广东省高级人民法院终审认定许某犯盗窃罪,判处其有期徒刑 5 年。

3. 谨慎的义务

客户在金融活动中,自己也负有谨慎的义务。例如客户账户的密码应该对他人保密,公章和名章应妥善保管,空白支票和汇票本应妥善保管。如果因为客户自己不谨慎,或自己不能妥善保管好自己的有关密码、印章或空白票据,而被他人盗用遭受损失时,客户自己承担责任,银行不承担责任。

在这方面,境外银行有典型案例。在英国,丈夫明知自己的妻子冒充自己签名使用支票,而不加以制止。直到后来夫妻双方关系不好的时候,丈夫才告知银行妻子冒签其支票的事情。法院认为,丈夫应该对自己没有尽到谨慎义务而自己承担支票的损失。

客户应当谨慎行事,以防有人更改票据上的记载事项,尤其是金额。如果不小心谨慎导致票据易于被篡改,如缺乏大写金额,或者在金额项前面留出过多的空间,给予他人机会添加、更改票据,那么,银行付款后,有权要求客户承担责任。

但是,对于客户的谨慎义务的要求不能过高。毕竟金融业务的专业性很强,客户有时很难把握应谨慎到什么程度。相比而言,银行处于信息更充分的一方,很多情况下由银行采取防范措施更有效率。

《最高人民法院公报》2005年第4期上刊登过这么一个案例:一天晚上,顾某到自助银行提款,看到门禁上有一个装置,上面有"进门前请先刷卡并输入密码"的提示语。他按提示刷卡并输入密码后,自助银行的门却没有打开,因无法入内在ATM机上进行刷卡取款的操作,顾某即离开。谁知该装置是犯罪分子在自助银行门禁系统上安装的盗码器。犯罪人通过上述方式窃取了原告借记卡上的信息和密码,迅速复制成伪卡,盗取了原告卡内的资金。该案中,银行认为自己没有过错,而是客户自己不谨慎,导致密码泄露。

法院审理认为:(1)犯罪分子在自助银行门禁上加装盗码器作案,手段隐蔽,连银行的保安和监控系统都未发现,一个普通公民更无法识破。(2)现今社会新产品层出不穷,原告对自助银行门禁上的新装置究竟是银行安装的,还是犯罪分子加装的,客观上无法作出分辨。况且没有任何人向原告提示遇到这种情况应当如何处理,故对犯罪分子以盗码器盗取借记卡上的磁条信息和密码,原告不负任何责任。(3)相对储户来讲,推出自助银行和ATM机的商业银行,有条件了解自助银行和ATM机的构造和工作原理,商业银行有条件、有机会、有能力防范犯罪分子利用自助银行和ATM机犯罪,有责任承担起这个防范犯罪的义务。最后,法院判决银行赔偿客户的资金损失。当然,银行承担责任后,可以向犯罪分子提起刑事附带民事诉讼。

第四节 银行错误付款的责任承担

银行在结算过程中,由于各种各样的原因,难免会发生错误付款的现象。现实中就有不少因为银行付款错误而引起的纠纷案件。错误付款情况可以分为两大类:一是错收客户账户;二是错付客户账户。错账产生的原因,有的是由于银行的过错造成的;有的则是由于第三方的违法犯罪行为导致的。

一、由于银行原因导致错误付款的处理

(一)错收客户账户的处理

所谓错收客户账户,是指银行为客户代收款项入账时,将本不属于客户的款项计入客户的账户,导致客户账户内多出不应有的款项。

在英国法律上,对多收客户账户的法律后果有明确的规定:一般情况下,银行多收客户账户,客户应当返还,但是,如果客户诚实地相信记录是正确的,并信赖该记录变更了自己的财务情况,银行在事后不得要求更正错误。例如,在Skyring诉Greenwood一案中,银行在客户的账户中贷记了一笔超过其应得的薪水,但是银行没有通知客户,客户也没有怀疑银行的对账单有错误,因此他就把超过收入的钱取出来用掉了。法院裁决客户无须把超额部分归还银行。

我国法律规定与英国不同。我国《民法通则》第92条明确规定:"没有合法根据,取得不当利益,造成他人损失的,应当将取得的不当利益返还受损失的人。"错收客户账户的情况符合不当得利的构成要件,属于不当得利行为。客户依法应当予以返还,银行也有权要求客户返还。

(二)错付客户账户的处理

所谓错付客户账户,是指银行在办理结算过程中,将本不应该由客户账户支出的款项从客户账户上划走,导致客户遭受损失。例如,银行本应从客户A的账户上划款,但因疏忽将客户B账户上的款项划走。

这通常是银行工作人员在办理结算过程中,由于工作粗心而发生的错误付款。在这种情况下,客户通常没有过错,应当由银行承担责任。银行多收客户款项或者从客户账户多划款项,同样属于不当得利,也应当返还。而且银行应当承担第一位的返还责任,不得以其他不当得利的客户尚未返还多收款项为由拖延或者拒绝承担赔偿责任。

二、由第三方原因造成错误付款的责任承担

由于第三方原因造成错账,尤其是第三方仿制客户印章,伪造结算凭证,骗取银行存款的情况,其责任承担比较复杂。

(一)第三方盗用客户印鉴骗取银行付款的责任承担

当客户票据和印鉴等结算凭证一起遗失、被窃或者由保管人占有时,该遗失物拾得人、窃贼或者未经授权签章的代管人有可能盗用发票人的签章,冒用客户名义请求银行支付款项。从客户的主观意思看,印鉴被盗用的支票是不真实的,因为出票人并没有支付款项的意思表示。但是,从票据的表面形式看,这类票据符合票据的形式要件要求,是形式上真实的票据。根据票据的文义性和要式性原则,只要形式真实,银行没有义务去探明权利人的实质意思表示。只要银行是在不知情的情况下进行了支付,客户应当自行承担其损失责任。

(二)第三方伪造印鉴骗取银行付款的责任承担

实践中有不少这样的纠纷,各地法院对这类案件的判决结果也不尽一致。笔者以为,应当本着公平和诚实信用原则,区别不同的案件情况,分别处理:

1. 客户没有过失,银行错误付款的责任承担

客户在银行预留印鉴后,银行工作人员与犯罪嫌疑人串通,伪造客户印鉴或

者故意没有检查出伪造的印鉴,在客户不知情的情况下,盗划客户账户上的资金。在这种情况下,客户并没有任何过错,不应当承担责任,而应由银行承担责任。因为银行工作人员利用职务便利或者工作上的便利条件参与犯罪,是不具备银行工作人员身份的人所无法进行的。他们的行为在民事关系角度可以视为银行的行为。所以法律后果应当由银行承担。

2. 银行与客户双方都有过失,致使第三方得逞

举个例子:客户 A 的现金支票因保管不严遗失被人拾得,拾得人私刻客户印章到银行请求兑现,该伪造的印鉴通过正常的业务审查方法是可以审查发现的,但是,银行对支票审查不严,应当发现却没有发现印章系伪造而进行了支付。无疑,这种情况下客户和银行均有过错,谁来承担损失呢?

从双方行为与损失之间的因果关系来看,客户对票据保管不严致使结算凭证丢失,只是为第三方骗取银行支付提供了前提,并不必然导致错误付款的结果,银行审查不严才是导致款项损失的必然的因果关系。在这种情况下,就必须考虑银行的主观过失程度,也就是说,应当考虑印章伪造的精巧程度。如果印章显而易见系伪造的,银行根据正常的工作程序可以发现却没有发现,银行应承担主要责任甚至全部责任。如果印章伪造非常精巧,银行根据正常的业务核对程序无法发现,应本着公平的原则,由双方分担损失。

3. 银行与客户双方都没有过失,但第三方依然得逞

如果客户与银行都没有过错,比如说,双方的工作人员都没有参与骗取银行款项的犯罪行为,银行工作人员也尽到了应尽的谨慎责任检验印鉴,但是,由于犯罪人伪造的手段比较高明,致使银行工作人员用正常的业务审查办法无法发现,有一些凭证和印鉴甚至只有公安机关的特殊仪器才能检验出来。在这种情况下,银行如何承担责任存在争议:

第一种意见主张,银行目前还没有审查凭证的专用设备,银行工作人员以通常的业务审查办法进行审查,比如目前不少银行采用折角法来核对印鉴的真伪,仍然发现不了伪造的印鉴,对这种情况银行不承担责任。

第二种意见认为,银行有确保客户资金安全的义务,即使审查不出伪造的印鉴,致使客户的资金受到损失,银行应当承担责任。

第三种意见认为,银行与客户应当共同承担责任,并根据具体情况,确定各自承担责任的大小。

笔者以为,在客户没有过错的情况下,银行应当主动承担错误付款的责任。

首先,从法律性质看,银行与客户之间是一种契约关系。无论是存款账户中的债权债务关系,还是结算账户中的代理关系。客户在银行账户中款项的所有权属于银行,错误付款的损失应该是银行的财产损失,不能算作客户的损失。

其次,银行以正常的程序从事业务是不够的,一般情况下,银行应当以"善

良管理人"的谨慎来从事业务活动。1996年3月21日最高人民法院在答复广东省高级人民法院的"法函〔1996〕65号"中认为："折角核对只是现行《银行结算会计核算手续》规定的方法,但该规定属于银行内部规章,只对银行工作人员有约束作用,以此核对方法核对印鉴未发现存在的问题而造成客户存款被骗取的,银行有过错,应当对不能追回的被骗取款项承担民事责任。"根据最高人民法院的司法解释,银行的正常业务程序显然不能作为抗辩理由。

再次,从国外银行的交易惯例看,如果客户没有过失,银行通常对交易事故承担责任。

最后,在客户没有过错的情况,商业银行主动承担错误付款的损失责任,体现了商业银行遵守信用的精神,从长远看对银行有利。

当然,解决这类问题比较彻底的途径首先是应当尽量避免问题的发生。所谓"魔高一尺、道高一丈",采用更加安全、更加保密可靠的技术手段来解决客户的身份乃是根本的途径。目前涌现出不少先进的安全识别方法如密码识别、指纹识别甚至虹膜识别。无疑,银行等金融机构通常都是走在技术运用的前列。其次,如果问题的发生难以避免,也许分散风险是一种明智的选择,银行可以采取保险的形式将这类风险的承担转移给保险公司。

三、客户是否有核查其对账记录的责任

通常情况下,谨慎的客户往往会核对存款或者结算记录,如发现任何差错,便会向银行及时提出,所以,大多数的差错问题都有可能得到及时纠正,无需诉诸法律。

客户有小心谨慎的义务,但是,这种小心谨慎的内容是否包括核查其交易记录在内。客户与银行处理往来账户,都是以银行印妥的条件规定为依据的。不少银行都有一项规定,即客户应核对他的结算单,如果没有疑问,在一定期限后,比如15日后,客户对该结账单不得提出异议。这种条款比比皆是,例如在信用卡的结账单中最为普遍,其效力如何呢?

诚然,客户对自己的每一笔交易心中最有数,自然最有可能发现差错,但是,不能以这个理由,要求客户承担并非由其造成的损失后果。客户因没有及时核对对账单或者核对了没有发现错误的疏忽,而承担不应有的损失,这是不公平的。客户的谨慎责任通常仅限于不能开立易被伪造、变造的票据,或者发现伪冒的票据,立即通知银行,并无核对交易记录的义务。

我国《合同法》第40条规定:"……提供格式条款一方免除其责任、加重对方责任、排除对方主要权利的,该条款无效。"上述情况明显属于银行排除自己的主要责任,而不适当地加重了客户的责任,这类条款当属无效。

第六章 储蓄管理法律制度

第一节 存款的概念、种类和发展

一、存款的法律含义

（一）存款的概念

存款是存款人存入银行或者非银行金融机构的货币资金，在实质上是存款人将货币资金的使用权在一定时期内让渡给金融机构。存款是银行资金的重要来源，从我国目前来看，各项存款占银行信贷资金来源的 2/3 以上，可以说是整个银行经营活动的基础。在我国银行内部，将公众的存款称为储蓄，将企业事业单位的存款称为存款。

（二）存款法律关系的性质与特点

1. 存款法律关系的性质

从法律意义上讲，存款表示银行与存款人之间的债权债务关系。我国《合同法》虽没有规定专门的"存款合同"，但早在 1992 年，就有国务院制定的《储蓄管理条例》对个人存款法律关系进行调整，1995 年的《商业银行法》确认了我国储蓄实务中长期奉行的原则，即"存款自愿、取款自由、存款有息、为储户保密"，实际上高度概括了个人存款合同的主要内容。

从国外情况看，普通法国家一般直接把存款关系称为"债权债务关系"。大陆法系国家中，有些国家将"银行储蓄合同"作为单独的一类合同，并给予明确的界定。例如，《意大利民法典》第 17 节为"银行契约"，其中第 1 分节为"银行储蓄"，第 1834 条名为"金钱储蓄"，规定如下："银行对存入己处的货币享有所有权，并在约定期间届满时或者在存款人提出请求时负有返还同种类货币的义务。存款人要遵循双方约定或惯例确定的提前通知期间的要求。"这样就把存款关系的法律性质及其内容都规定得很清楚。

当银行与客户建立存款法律关系之后，存款人有权在任何时候要求银行还本付息；银行有权将存款贷放出去，并收取贷款利息和服务费。在存款人提款时，银行有义务还本付息。存款人在银行账户上的存款余款低于一定数额时，存款人与银行的债权债务关系便终结。

2. 存款法律关系的特点

（1）存款合同为实践性合同，当存款人将资金存入银行，并经银行签发存折、存单或存款凭证时,存款合同成立。

(2) 货币是特殊的种类物,根据民法原理,其所有权自交付时起转移。一旦存款人将款项存入银行,即丧失该货币资金的所有权而成为银行的债权人,银行则成为货币资金的所有人,可以自主支配该货币资金,发放贷款或者开展其他业务。同时,银行成为存款人的债务人,在存款人要求时承担无条件支付本金和利息的义务,不得拖延和拒绝。当银行破产时,存款人作为债权人参与对破产财产的分配,但为保护存款人,商业银行破产清算时,在支付清算费用、所欠职工工资和劳动保险费用后,应当优先支付个人储蓄存款的本金和利息。

曾有过这样的案例。犯罪分子利用银行对其ATM机管理、维护上的疏漏,通过在银行网点门口刷卡处安装读卡器、在柜员机上部安装摄像装置的方式,窃取储户王某借记卡的卡号、信息及密码,复制假的借记卡,将王某卡内的钱款取走3.5万元。王某向法院主张其与银行存在储蓄合同关系,对于款项被盗自己无过失,银行负有保护储户资金安全的义务,应赔偿上述损失。银行抗辩称,王某卡内的资金短少是由于犯罪行为所致,不应由银行承担赔偿责任。法院经审理认为银行对ATM机进行日常、维护管理,为在ATM机办理交易的储户提供必要的安全、保密环境,是银行履行安全、保密义务的一项重要内容。王某卡内金额的减少是银行未履行其应尽的安全、保密义务所致。在真卡尚由王某持有的情况下,犯罪分子的行为并非侵害了王某的财产权,而是侵犯了银行的财产所有权,王某与银行建立的储蓄合同关系合法有效,双方的债权债务关系仍然存在。法院因此判决银行赔偿王某卡内损失及相应利息。

(3) 存款法律关系不完全等同于一般债权债务关系,本身具有一些特殊性。例如,存款的期限可长可短,取决于存款人的实际需求,不论是活期存款还是定期存款,只要存款人未主张提款要求,银行可一直使用该资金,而存款人继续享有存款本金和利息债权。这一特点对于法律上确定履行时间、违约、诉讼时效等问题有直接的影响。因此,存款人不能因为银行在其存款到期时没有主动履行偿还义务而要求银行承担违约责任;反之,在存款人没有提出偿还主张前,存款关系一直存续,银行不能主张诉讼时效抗辩而享有诉讼时效利益。实践中有一个案件,某存款人在某信用社存了一笔3年的定期存款,但直到20年后才来取款。信用社主张已经过了诉讼时效。法院驳回了信用社的抗辩,判决信用社支付存款及利息。

(4) 存款法律关系的内容表现为银行提供的一种金融服务,具有一定的公共服务性,银行应公平地对待所有存款人,不得拒绝存款,但可以采用收取小额账户管理费等经济手段进行客户范围的调整。

(5) 存款法律关系的具体内容依具体存款类型而定。不同存款形式,如整存整取、零存整取、存本取息等等,其利息计算的方法有较大差异,具体规则往往体现为各家银行发布的"业务须知"或者直接印在存单背面。实践中，围绕着具体存款形式如何计息的一些技术性问题往往成为发生法律诉讼的原因之一。

二、存款的种类

依据不同的标准可以对存款进行多种分类，在我国主要有以下几种分类方法：

（1）根据存款主体的不同，可以分为单位存款和储蓄存款。

单位存款是指企业、事业单位、部队、国家机关、团体、学校等机构，将货币资金存入银行和非银行金融机构所形成的存款；储蓄存款是公民个人将自己的合法收入存入银行等金融机构所形成的存款。我国实行一定范围内的现金管制，因此单位存款带有一定的强制性。储蓄存款具有自愿性与有偿性，存款人可以随时提取现金。由于单位存款与储蓄存款下的权利义务有别，实行的监管制度不同，因此法律上禁止"公款私存"或者"私款公存"。公款的范围包括：凡列在国家机关、企业及事业单位会计科目的任何款项；各保险机构、企事业单位吸收的保险金存款；属于财政性存款范围的款项；国家机关和企事业单位的库存现金等。

（2）根据存款期限和提取方式的不同，可以分为活期存款、定期存款和定活两便存款、通知存款等。

活期存款是不受期限限制，可以随时办理存取的存款；定期存款是事先约定期限，到期后方可支取的存款；定活两便存款则是兼具两者特点的存款方式；通知存款是存款人在存入款项时不约定存期，支取时需提前通知金融机构，约定支取存款日期和金额方能支取的存款。根据存入本金与支取本息方式的差异，定期存款还可以进一步分为整存整取、零存整取、整存零取、存本取息几种方式。有关存款类别的介绍，详见本章第二节"储蓄存款管理制度"。

（3）根据存款币种的不同，分为人民币存款和外币存款。

人民币存款是存款人将人民币资金存入银行所形成的存款；外币存款则是外币资金形成的存款，目前可以直接办理外币存款的有美元、英镑、欧元等多种外币。

此外，实践中还有其他一些存款种类。比如，信托存款，即在特定的资金来源范围内办理的存款。委托存款，即委托人委托金融机构对其指定的对象或项目发放贷款或投资而存入的存款。单位协定存款，即单位客户同时在银行开立结算账户与人民币单位协定账户，并约定结算账户的最低基本存款额度；一旦结算账户中的存款余额超过额度，银行自动将超过部分转入人民币单位协定账户，以优惠利率计息。这是一种结算与存款相结合的特殊安排，客户既保持了使用结算账户的便利，又最大限度地获得了存款的利息收入。实践中，单位协定存款的最低基本存款额度一般不低于10万元。

总的来说,按照期限和支付方式划分存款种类是银行的通行做法。不过,基于我国现金管制的特点,在介绍银行存款的管理规定时,将结合期限和主体两种标准进行。

三、存款管理制度的发展与改革

(一) 1979年之前我国存款管理制度的发展

1949年以前,中国的银行储蓄业务极其落后。自1906年开办银行储蓄直到1936年的30年间,全国银行储蓄存款只有法币4.16亿元,折合黄金360万两。特别是1939年以后,恶性通货膨胀使银行储蓄趋于衰退。

新中国成立后,中国人民银行首先在华北地区开办了人民储蓄业务。随着解放战争在全国取得胜利,人民储蓄逐步扩展到全国。1949年9月,中国人民政治协商会议第一届全体会议通过的《共同纲领》,确定了"鼓励人民储蓄"的方针。此后,在全国人大历次制定的宪法和其他有关法律中,都强调对人民储蓄要采取鼓励和保护政策。1954年9月,周恩来总理在第一届全国人大第一次会议的政府工作报告中指出:财政工作的迫切任务,是继续贯彻合理的税收政策,鼓励人民将多余的资金存款、储蓄和购买公债。1958年,中共中央八届六中全会通过的《关于人民公社若干问题的决议》中也指出:"社员个人所有的房屋、衣被、家具等生活资料和在银行、信用社的存款,永远归社员所有。"中国人民银行认真贯彻党和人民政府鼓励和保护储蓄的政策,并制定了储蓄存款章程、储蓄种类和利率制度。

1949年,由于物价不断上涨,中国人民银行为稳定市场物价、打击金融投机分子、保障群众生活,采用了解放区举办过的折实储蓄,这是20世纪80年代后期银行采取的"保值储蓄"的前身。1950年3月,国家统一财政工作以后,很快出现了物价稳定的局面,折实储蓄逐渐取消。此后,为了消除人民群众对物价还不稳定的疑虑,中国人民银行又开办了"保本保值储蓄"。

由于物价已趋稳定,人民币的计价和储蓄机能提高,国家的经济力量日益强大,市场更趋安定,因此过渡时期采取的折实、保本保值、单一折实等储蓄已没有必要继续保留。中国人民银行于1952年7月制定了新的储蓄存款章程和制度,代替了过渡性的折实储蓄和保本保值储蓄章程,确定了定期整存整取、定期零存整取、定期整存零取、定期存本取息、活期储蓄和有奖定额储蓄等基本储蓄方式。1952年下半年,全国开始实行了统一的利率标准,降低了货币储蓄利率。1953年1月1日,活期储蓄利率已确定为年息4.5%,定期1年期利率降为年息12%,利率档次分为3、6、9个月和1年五种。

1955年11月,国务院批准了中国人民银行《关于进一步发展人民储蓄事业的报告》,强调储蓄工作要贯彻自愿原则,要简化手续,提高效率,方便存取,为存款人保密。1956年,中国人民银行总结过去的经验,制定了"存款自愿,取款自由,为储户保密"的储蓄原则。由于受"左"的思潮影响,当时没有提"存款有息"这项直接关系到存款人利益的规定。

1956年9月,国务院发出《关于加强银行储蓄工作的指示》。其中指出,根据自愿原则吸收城乡人民参加储蓄,是国家筹措建设资金的重要方法之一,也是帮助人民有计划安排收支、安排生活的一个重要手段。当时没有明确提出保护存款人利益和存款有息,而是从帮助群众安排生活的角度,提倡储蓄。这既反映政府对人民群众的关心,又反映了当时储蓄工作还有不够完善之处。

1962年,中国人民银行根据国民经济调整、巩固、充实、提高的方针,进一步修订了储蓄存款章程,改变了一些不合理的规章制度,并分别制定了改进储蓄所、代办所工作的若干规定。这时起至"文革"前的时间里,是我国储蓄工作发展最好的时期。

"文革"期间,银行储蓄遭到破坏。在此期间,不少干部、职工、教师、民主人士,特别是民族资产阶级工商业者在银行的存款被冻结,储蓄存单被抄走。更有甚者,以所谓"革命组织"的名义把个人的储蓄存款取走或转移。在极"左"思潮的干扰下,有些地方还搞"无息存款",甚至还出现少数人"自愿上缴"个人储蓄存款等不正常现象。这些都严重打击了部分群众参加储蓄的积极性,有些人在取消存款利息后不敢再储蓄,有些人化整为零分散存储,有些人不敢领取应得的利息。

(二) 1979年之后我国存款管理制度的改革

为了挽回损失,恢复人民的储蓄信心,1972年修改储蓄存款章程时,把储蓄原则进一步确定为"存款自愿,取款自由,存款有息,为储户保密",即在原来的基础上增加了"存款有息"的内容。但是,当时极"左"思潮仍然严重,银行不适当地降低了储蓄利率,减少了储蓄种类和利率档次,使群众的储蓄积极性受到影响。

直到1979年,情况才开始根本改变。当时在储蓄工作中提出了四个转变:从思想上对储蓄工作重视不够,转变为加强领导,积极推动储蓄事业的开展;从习惯于单纯按行政方法办事,转变为按经济规律办事,充分发挥利率的杠杆作用;从对保护和鼓励储蓄政策重视不够,转变到注意坚持储蓄政策原则;从对宣传、服务质量重视不够,转变到解放思想,正确开展储蓄宣传和提高服务水平。这是一次储蓄管理思想认识上的飞跃,为以后的政策奠定了基础。1980年,中国人民银行再次修订储蓄存款章程,进一步建立和健全各项规章制度。

1983年4月,国务院在批转中国人民银行《关于增设储蓄网络,进一步发展储蓄事业的报告》时,要求银行力争超额完成储蓄存款计划,并强调办好人民储蓄事业,鼓励人民节约储蓄,历来是国家的一项主要政策,是一项重要的社会服务事业。随着储蓄工作的不断改进并日见成效,银行储蓄存款也大幅度增加。1979年全国城乡储蓄余额为281亿元,1986年为2237.6亿元,1990年为6500亿元,1991年达到8507亿元,居民手持现金约2000亿元。1998年我国人均储蓄3800元,银行吸收存款总额4.5万亿。

1992年12月11日,为适应我国经济发展的需要,发展储蓄事业,制止滥设机构和储蓄大战现象,更好地保护储户的合法权益,国务院颁布了《储蓄管理条例》,从1993年3月1日起开始实施。这一条例明确了"储蓄机构是指经中国人民银行或其分支机构批准,各银行、信用合作社办理储蓄业务的机构,以及邮政企业依法办理储蓄业务的机构",表明了"国家保护个人合法储蓄存款的所有权及其他合法权益,鼓励个人参加储蓄"的立场,并强调"储蓄机构办理储蓄业务,必须遵循'存款自愿,取款自由,存款有息,为储户保密'的原则",规定了储蓄业务的种类,利率和利息、提前支取、挂失、查询和过户,以及法律责任等诸多内容,确立了我国储蓄管理的基本框架。之后,1995年《商业银行法》吸收《储蓄管理条例》的经验成果,设立"对存款人的保护"专章,从法律层面确立了"存款自愿,取款自由,存款有息,为储户保密"原则和对存款人的各项保护。有了相对健全的法制,我国金融机构储蓄存款伴随着经济的高速发展呈现大幅度增长。截至2010年6月底,我国银行业存款性金融机构的储蓄存款高达292049.69亿元人民币,为我国经济发展提供了强有力的资金支持。

第二节 储蓄存款管理制度

一、储蓄存款的概念与种类

储蓄是指个人将属于其所有的人民币或者外币存入储蓄机构,储蓄机构开具存折或者存单作为凭证,个人凭存折或者存单可以支取存款本金和利息,储蓄机构依照规定支付存款本金和利息的活动。

依据有关规定和实践中的做法,储蓄存款主要有以下几个种类:

(1) 活期储蓄。活期储蓄是一种随时可存、随时可取、余额和存期都不受限制的灵活方便的储蓄。开户起点是1元,由银行发给储蓄存折,以后凭存折随时可以到银行办理存取手续,存取的数目多少不限。

(2) 定期储蓄。定期储蓄是在存款时约定存款时间,到期或按期支取本金和利息的一种储蓄。定期储蓄的特点是:存期较长,资金比较稳定,银行可以在一定时期内有计划地运用这些资金。此外,这部分资金在短时期内不流入市场,可以蕴蓄一部分购买力,对国家有计划地组织商品流通,合理安排市场都很有利。

所以,定期利率比活期利率高。在定期存款中,又分若干种类:

第一,整存整取定期储蓄。它以50元为起存点,多存不限,一次存入,约定存期,由银行发给存单,到期凭存单一次支取本金和利息。定期分为半年至5年若干个档次,利率根据存款时间越长利率越高的原则制定。如果客户在定期存款到期以前急需用款,可以办理提前支取。办理提前支取时储户需提供本人的身份证件(工作证、户口簿、退休证、身份证等)。提前支取时,可以支取全部或一部分存款,但一张存单以提前支取一次为限。

第二,零存整取定期储蓄。它的存取办法分为两种:一种是每月固定存额,一般5元起存,存期为1年、3年、5年三个档次。存储金额由开户人在开户时确定,以后每月存款一次,在1个月内任何一天都可以存储。如中途漏存或停存,1年期的仍可续存,不必补存。3年、5年期的可以补存,但在补存上的同时,必须预存下个月的存款(即一次存3个月)。如果连续存3个月(包括3个月),则不再办理补存和续存,已存部分可提前支取,也可以到期后再取。如果储户因特殊情况漏存,可补存。如已连续停存3个月,第4个月来存时,同意补存和预存;或连续停存4个月,第4个月来存时,同意补存和预存一次;或已连续停存4个月,第5个月来存时,同意补存两次预存两次。客户因为有特殊情况,并补上了连续三次停存的存款,银行可以通融办理,今后仍可继续存储。另一种是积零成整,由储户选择到期本息合计支取的一个整数,如500元、1000元等。利息事先算好,计算出每月应存的金额,以后由储户逐月存入,到期支取本息。零存整取和积零成整储蓄的利率比整存整取的利率略低。零存整取方式还可以跟企业发工资联系起来。银行给企业一个总存折,职工列明细清单,或明细存折。每月发工资时,事先扣除存款额,既减少了发工资时的现金准备、点币、找零工作,又简化了存款手续。

第三,存本取息定期储蓄。它是存入的本金不动,只按期支取利息。开户时本金一次存入(一般5000元起存),由储户确定存期,由银行发给存单,到期一次支取本金。利息凭存单分期支取。可以1个月利息一次,或几个月取一次。如到取息日不来取的,以后随时可取,但不计复利。

第四,整存零取定期储蓄。这种储蓄的存期及利率与存本取息相同。开户时本金一次存入(一般1000元起存),由储户确定存期和分次支取本金的期次,银行发给存单。以后凭存单分期支取本金。支取期分一个月一次、三个月一次、半年一次,由储户确定,利息于期满结清支取。

零存整取、存本取息和整存零取定期储蓄的客户因临时应急在存款未到期之前也可以办理提前支取,具体手续与整存整取期储蓄的办法相同。但零存整取、存本取息不办理部分提前支付时,其已分期付给的利息,照原数扣回。整存零取定期储蓄以提前支取本金一次或两次,部分提前支取后,在以后月份一次或两次,其余支取日期原定不变。如全部金额提前支取按照实存金额的实存时间计息。

(3) 定活两便储蓄。这是一种存期不固定可随时支取,一次存入本金随时可以支取的存款,一般 50 元起存,由储蓄机构发给存单,存单分为记名和不记名两种,记名可挂失。无论存期多长,其利率最高不超过整存整取 1 年期存款利率的 6 折。这种储蓄方式满足了那些既想随时支取,又想得到较高利息的储户的需要;同时,又是储蓄机构鼓励储户尽可能长时期地存款的一种措施。

活期存款的优点在于存期自由,不受限制,取款灵活方便;但这种储蓄业务要经常准备现金以备客户随时支取,银行人力物力耗费较大,而且不能像定期存款那样,银行可以在一定时期内将这部分资金用于放贷或投资,获取更多收益。所以活期储蓄的利率比定期储蓄的利率低。定活两便存款兼具活期存款和定期存款的优势,则利率介于二者之间。

二、储蓄存款管理制度的主要内容

目前,关于储蓄管理,适用的法律法规主要有全国人大常委会 1995 年发布的《商业银行法》、国务院 1992 年发布的《储蓄管理条例》、中国人民银行 1993 年发布的《关于执行〈储蓄管理条例〉的若干规定》、中国人民银行 1997 年发布的《关于加强金融机构个人存取款业务管理的通知》、中国人民银行 2005 年发布的《关于人民币存贷款计结息问题的通知》等。这些金融立法对储蓄存款的管理主要有:

(一) 储蓄存款的计息和结息

储蓄是金融机构与客户之间建立的一种债权债务关系,属于商事行为的范畴,作为储蓄合同必备条款之一的利率,是当事人之间意思表示一致的结果,但在我国未完全实现利率市场化的环境下,储蓄存款利率是受管制的利率,属于中国人民银行规定的基准利率之一,金融机构应予遵守执行。

目前,除活期存款和定期整存整取存款外,通知存款、协定存款、定活两便、存本取息、零存整取和整存零取等其他存款种类的计息、结息规则,由开办业务的金融机构法人,以不超过中国人民银行同期限档次存款利率上限为原则,自行制定并提前告知客户。因而,尽管存款人不能确定利率,但选择到不同银行存款,其获取的利息可能存在差别。

1. 活期储蓄存款的计息和结息

活期储蓄利率是月息,以厘计算。2005 年 9 月 21 日起,个人活期存款从以前按年结息(每年 6 月 30 日为结息日)改为按季结息,按结息日挂牌活期利率计息,每季末月的 20 日为结息日,结息后利息可计入本金生息。单位活期存款则按日计息,按季结息,计息期间遇利率调整分段计息,每季度末月的 20 日为结息日。如果未到结息日期,需要取清全部存款的,银行可随时结算利息,按清户日挂牌公告的活期利率计息到清户前一日止。

近年来,随着电子结算逐步取代手工结算,尽管活期储蓄的日利率仍按年利率除以 360 天计算,但包括工商银行、招商银行和中信银行在内的部分银行已认同全年按 365 天计息,存款人可按实际存款天数获得相应利息(非每月按 30 天计算),更好地保护了存款人的利益。

2. 定期储蓄存款的计息和结息

定期存款利率按央行规定的同期存款利率执行,但如果在储蓄合同期间遇到央行调整利率,如何确定适用的利率;提前支取定期存款或定期存款到期未取,是否适用储蓄合同原定利率,是当事人共同关注的问题。

我国在 1993 年 3 月 1 日《储蓄管理条例》实施前,储蓄计息实行的是"对储户有利"的政策,存期内如遇国家调整利率,是否需要改变储蓄合同利率取决于哪种方式对储户有利:(1) 如果国家调高利率,则分段计息:国家调高利率日之前按照原合同利率计息;调高利率日之后按新利率计息;(2) 如果国家利率调低,则整个存期内仍按原利率计息。《储蓄管理条例》实施后,从尊重当事人意思表示,肯定储蓄合同利率条款优先效力的角度出发,规定定期储蓄存款遇国家利率调整不再实行分段计息,而是按照储蓄合同订立时的挂牌利率计算整个存期内的利息。另外,《储蓄管理条例》遵循了尊重当事人意思自治的原则,对于违反存期约定,提前支取的定期存款,以及逾期支取的定期存款,其超过原定存期的部分(除约定自动转存的外),不再适用原储蓄合同下的定期存款利率,而是按支取日挂牌公告的活期储蓄存款利率计付利息。

《储蓄管理条例》的上述规定,事实上已表明央行利率的调整不再影响已订立的定期储蓄合同。但如果存期内发生央行不断调高利率的情况,定期储蓄存款人为获取更多的利息收益,往往会来银行办理取款再存手续。这种情形在 1993 年 3 月《储蓄管理条例》实施后不久发生过一次,2007 年央行多次调高利率时再次重演。两次升息,银行的处理方式却不同。1993 年时,银行宣布 3 月 1 日以后 7 月 11 日(利率调高日)以前存入的定期储蓄存款,在 7 月 11 日以后虽然不"分段计息",但由银行"自动转存",目的是简化居民储户来银行排队取款再存的手续。但 2007 年时银行不再为储户办理自动转存,储户只能一次次到银行排长队办理,公众和媒体对银行很有意见。

从法律上看,银行目前的做法并无不妥。《储蓄管理条例》规定,储蓄机构办理定期储蓄存款时,根据储户的意愿,可以同时为储户办理定期储蓄存款到期自动转存业务。可见,自动转存应具备以下两个条件:(1) 银行与储户事先有约定,储户做了按定期利率计息的转存选择;(2) 只能针对到期的定期储蓄,未到期的定期存款不应当适用自动转存。2007 年 3—12 月,央行连续 6 次提高储蓄存款利率,平均间隔不到 2 个月,这个周期不符合 3 个月、6 个月、1 年及 1 年以上的各种期限的定期存款的要求,理应不发生自动转存。储户如事先未与银行约定自动转存,就只能到银行取款再存。这种做法虽然符合法律及其程序规定,但其实施却给老百姓增添了诸多麻烦,也浪费了银行不少人力物力,不尽合理。法律是社会生活经验的总结,应追求具有合理性的良法,尽量避免合法与合理性的背离。我国今后应不断提高立法水平并继续完善金融法制,以更好地服务于人民大众。

(二) 提前支取、代取和挂失的规定

1. 提前支取

根据"取款自由"的原则,即使是定期存款,储户也可以提前支取。储户提前支取定期存款的,凭存单或存折、本人(存款人)的身份证明办理。留有印章样本,凭印章和身份证件支取。

2. 代取

定期储蓄存款人本人如不能亲自来取,可委托他人代取,凭存单、存款人身份证件及委托代取人身份证件办理。活期存款代取只凭存折,不需查验其他证件。

3. 挂失

存单、存折或预留印鉴如有遗失,应当及时拿本人的身份证件,说明丢失原因,并提供存款日期、户名、储蓄种类、存款金额和账号等情况,向原存款银行挂失止付。经银行核对相符,并交 1 元钱挂失费,在存款确未被支取时,由储户填写挂失申请书,办理挂失手续,银行经调查核实,于 7 天后(自挂失日算起)补发存单、存折或更换印鉴。如果是凭印鉴支取的,储户要在挂失申请书上签盖原留印鉴。在储户申请挂失止付前,存款已被人冒领,银行不负责。挂失后补发新存单或存折前,又找到存单或存折,需要由储户凭身份证件注销原挂失。补发新存单或存折后,如找到原存单或存折,应将其送交银行注销。

(三) 查询、冻结、扣划个人储蓄存款的规定

1. 原则与程序

鼓励和保护公民的储蓄存款,是我国长期以来一直推行的一项政策,也是保护公民合法财产权利的一个重要方面。我国《商业银行法》第 29 条规定:"商业银行办理个人储蓄存款业务,应当遵循存款自愿、取款自由、存款有息、为存款人保密的原则。对个人储蓄存款,商业银行有权拒绝任何单位或者个人查询、冻结、扣划,但法律另有规定的除外。"这里的"法律"指的是狭义意义上的法律,即由全国人民代表大会或其常务委员会通过,由国家主席以主席令予以发布的规范性文件。查询、冻结、扣划会影响到存款人的财产权益和其他利益,必须予以严格限制。相比对单位存款的查询,个人储蓄的查询少了"行政法规另有规定

的除外",范围更小,标准更严格,可以更好地保护个人存款人的合法权益。

因此,获得法律明确授权的司法机关、行政机关、军事机关及行使行政职能的事业单位(以下简称有权机关)可以查询、冻结、扣划个人在银行的存款,银行有协助的义务,具体事项由存款人开户的营业分支机构办理。目前,有关对存款的查询、冻结和扣划,主要适用中国人民银行、最高人民法院、最高人民检察院和公安部1993年联合发布的《关于查询、冻结、扣划企业事业单位、机关、团体银行存款的联合通知》,以及中国人民银行2002年发布的《金融机构协助查询、冻结、扣划工作管理规定》,等等。

进行查询、冻结或扣划个人储蓄存款应遵循依法合规、不损害客户合法权益的原则。有权机关进行查询、冻结、划扣时,应当出具协助查询存款通知书、协助冻结存款通知书、协助扣划存款通知书或者法院的有关裁定书、判决书等。前来银行办理查询、冻结、划扣事项的具体经办人员应当出示工作证件,银行应当进行审查和登记,并将经有权机关执法人员和金融机构经办人签字的登记表妥善保存,严格保守有关国家秘密。

2. 有权机关的权利与银行的协助义务

有权机关查询的资料限于存款资料,包括被查询个人开户、存款情况以及与存款有关的会计凭证、账簿、对账单等资料。对这些资料,有权机关根据需要可以抄录、复制、照相,但不得带走原件。

根据《金融机构协助查询、冻结、扣划工作管理规定》,冻结银行存款的期限最长为6个月,期满后可以续冻。有权机关应在冻结期满前办理续冻手续,否则视为自动解除冻结措施。在冻结期内,银行不得自行解冻,只有原作出冻结决定的有权机关作出解冻决定并出具解除冻结存款通知书的情况下,银行才能解冻已冻结的存款。

银行应将协助扣划的存款直接划入有权机关指定的账户,不得协助有权机关提取现金。

银行在接到协助冻结、扣划存款通知书后,不得再扣划应当协助执行的款项用于收贷收息,不得向被查询、冻结、扣划单位或个人通风报信,帮助隐匿或转移存款。

银行在协助有权机关办理完毕查询存款手续后,有权机关要求保密的,银行应当保守秘密。但银行在协助有权机关办理完毕冻结、扣划存款手续后,根据业务需要可以通知存款单位或个人。

银行如果遇到两个以上有权机关对同一笔存款采取冻结或扣划措施时,应当协助最先送达协助冻结、扣划存款通知书的有权机关。两个以上有权机关对银行协助冻结、扣划的具体措施有争议的,银行应当按照有关争议机关协商后的意见办理。

最高人民法院曾在2003年判决过如下案例。1999年,A公司在某银行分理处开立单位存款账户,建立与银行的存款关系,到2000年1月16日其账户余额尚有1200余万元,后因银行分理处主任挪用款项导致A公司在办理转账时被银行拒付。经过法院调解,A公司与银行达成存款支付协议,约定在2000年4月17日前付清全部本息。但直到2000年5月31日,银行才将剩余的1000万元本金及102478.43元利息划入A公司的账户,6月1日,银行将上述款项进账单、对账单、计付存款利息清单送交A公司。在划入的当天,法院根据另一家银行的申请冻结了该笔存款,A公司因存款被冻结而无法取款。A公司主张分理处未按存款支付协议履行付款义务,构成违约,应承担因此给A公司造成的损失。法院经审理认为,银行2000年5月31日的划款行为应认定银行已经向A公司履行了1000多万元本息的付款义务。该笔款项被冻结并最终被扣划1000万元到其他银行账户,以抵偿A公司总公司所欠的其他银行的债务,是分理处根据人民法院的裁定和通知,履行法定协助的义务。银行已履行了向A公司的付款义务,不应再支付1000万元,A公司主张银行未付款而要求承担责任的理由不能成立。

(四) 存款人死亡后,存款提取、过户的规定

1. 合法继承

存款人死亡后,合法继承人为证明自己的身份和有权取得存款,应向当地公证处(未设公证处的地方向县、市人民法院)申请办理继承权证明书,银行凭此办理。

2. 遗产争议

如果该项存款的继承权发生争执,由人民法院判处,银行凭法院的判决书、裁定书或调解书办理。

3. 无主存款

无法定继承人又无遗嘱的,经公证部门证明,暂按财政部门的规定办理。全民所有制企业事业单位、国家机关、群众团体的职工的存款,上缴财政部门收归国有;集体所有制企业单位的职工的存款,转为集体所有。此项上缴国库或转归集体所有的存款都不计息。

4. 境外人士的存款

境外人士在国内的存款,依照继承人在国内或国外而有不同的处理方式。

原存款人为在国外的华侨、中国血统的外籍人或港澳台同胞的,合法继承人在国内的,凭原存款人的死亡证(或其他可证明原存款人确实死亡的证明),向当地公证处申请办理继承权证明书,银行凭此办理。

继承人在国外的,凭原存款人死亡证明和经我驻该国使、领馆认证的亲属证明,向我公证机关办理继承权证明书,银行凭此办理。继承人所在国按上述规定

办理有困难者,可由当地侨团、友好社团和爱国侨领、友好人士提供证明,并由派驻该国使、领馆认证后,向我公证机关办理继承权证明书,银行凭此办理。

5. 境内外国人/无国籍人的存款

在我国定居的外侨(包括无国籍者),在我国银行的存款,其存款过户或提取手续,与我国公民存款处理手续相同,按上述规定办理。与我国订有双边领事协定的国家的侨民应按协定的具体规定办理。

6. 持单人、持折人领取存款

由于银行不可能及时掌握存款人的死亡情况,因此,对存款的支付仍宜按现行储蓄存款章程的规定和习惯的做法,即凭存款单(折)付款(留有印鉴的需验对图章),对定期存款提前支取者,需查看取款人的身份证明。存款人死亡后,在其合法继承人主张权利以前,存款如已被人取走,银行不负责任。

7. 受托向海外调出存款

对于受托调回港澳或海外的私人遗产的过户和付款手续问题,原则上应按照有关规定,通过公证处发给继承权证明书办理为妥。但在具体掌握上,对金额不大(每人不超过1000元)或对个别继承人确实比较了解,付款确有把握,不致发生误付的情况下,可凭继承人所属工作单位提供的直系亲属证明书,并根据各继承人共同签署的协议书分配遗款。

三、我国《刑法》中有关个人储蓄存款犯罪的规定

(一) 非法吸收公众存款罪

这种犯罪包括非法吸收公众存款罪和变相吸收公众存款罪,前者是指没有金融许可证的机构或个人吸收公众存款的行为,后者是指通过某种形式,表面上看不是吸收存款,实际上是在吸收存款,但是行为人又不具有经营金融业务许可证的犯罪。

根据我国《刑法》第176条规定,对犯非法吸收公众存款罪的,处3年以下有期徒刑或者拘役,并处或者单处2万元以上20万元以下罚金;数额巨大或者有其他严重情节的,处3年以上10年以下有期徒刑,并处5万元以上50万元以下罚金。机构犯本罪的,也应处罚金。

(二) 出售、非法提供公民个人信息罪

我国《商业银行法》规定银行办理个人储蓄存款业务时,应遵循为存款人保密的原则,除非法律另有规定,银行有权拒绝任何单位或个人进行查询。银行工作人员或银行将本单位在履行职责或者提供服务过程中获得的公民个人信息,出售或者非法提供给他人,情节严重的,将构成《刑法》第253条规定的"出售、非法提供公民个人信息罪",受到严厉制裁。

第三节 单位存款管理制度

一、单位存款的概念与种类

单位存款是指企业、事业、机关、部队和社会团体等单位在金融机构办理的存款。银行实务中一般称为"对公存款"。单位存款可以采取包括定期存款、活期存款、通知存款、协定存款及经银行业监督管理部门批准的其他存款形式。

依照存款的资金来源和计息标准,单位存款可以分为企业存款和财政性存款。企业存款是企业在生产经营中由于货币资金收支在数额上和时间上的不一致,使得部分资金暂时闲置而形成的存款。财政性存款是指各级财政金库和机关、部队以及学校、团体等事业单位预算资金和与预算资金有直接联系的各项资金在银行形成的存款。银行对财政性存款一律不予计息。

二、单位存款管理制度的主要内容

我国对单位存款的管理制度,除了适用《商业银行法》外,主要还包括1988年的《现金管理暂行条例》及其实施细则、1997年的《人民币单位存款管理办法》、2003年的《人民币银行结算账户管理办法》和2006年的《反洗钱法》等。除了本书第五章关于单位账户的管理之外,这些金融立法对单位存款的管理主要有:

(一)限制现金使用与强制收支管理

单位资金适用强制存入原则。根据《现金管理暂行条例》的规定,凡在银行开立账户的单位,应将其每日收入的现金中超过核定库存限额的部分,于当日送存开户银行;当日送存确有困难的,由其开户银行确定送存时间,不得擅自保存,不得"坐支"现金(即将收入的现金直接用于支付),也不得以个人名义存入银行。应开户单位的申请,开户银行根据实际需要,原则上以开户单位3至5天的日常零星开支所需核定库存现金限额。可以适当放宽边远地区和交通不发达地区的开户单位的库存现金限额,但最多不得超过15天的日常零星开支。

对于外汇收支,《外汇管理条例》规定:境内机构的经常项目外汇收入,可以按照国家有关规定保留或者卖给经营结汇、售汇业务的金融机构;境内机构的资本项目外汇收入保留或者卖给经营结汇、售汇业务的金融机构,应当经外汇管理机关批准,但国家规定无需批准的除外。

开户单位之间的经济往来,除了可以在以下范围内使用现金外,必须通过银行转账结算:

(1)职工工资、各种工资性津贴;(2)个人劳务报酬,包括稿费和讲课费及其他专门工作报酬;(3)支付给个人的各种奖金,包括根据国家规定颁发给个人的各种科学技术、文化艺术、体育等各种奖金;(4)各种劳保、福利费用以及国家规定的对个人的其他现金支出;(5)收购单位向个人收购农副产品和其他物资支付的价款;(6)出差人员必须随身携带的差旅费;(7)结算起点(1000元)以下的零星支出;(8)确实需要现金支付的其他支出。这些要求主要来自1988年的《现金管理暂行条例》,有些内容已不适应经济发展的需要,例如1000元的起算点过低,中国人民银行在2009年底已启动了相关的立法修改。

银行依法对开户单位支取和使用存款进行监督,各单位支取存款时,应在有关的结算凭证上填写用途。银行应建立健全反洗钱制度,按照《金融机构大额交易和可疑交易报告管理办法》等规定向中国反洗钱监测分析中心报告人民币、外币大额交易和可疑交易。

(二)对单位定期存款的管理

单位办理定期存款时,须提交开户申请书、营业执照正本等,并预留印鉴。印鉴应包括单位财务专用章、单位法定代表人章(或主要负责人印章)和财会人员章。接受存款的银行给存款单位开具"单位定期存款开户证实书",证实书仅对存款单位开户证实,不得作为质押的权利凭证。

支取定期存款时,存款单位应出具证实书并提供预留印鉴,银行为其办理支取手续,同时收回证实书。存款单位支取定期存款,只能存入其基本存款账户,不得用于结算或从定期存款账户中提取现金。

财政拨款、预算内资金及银行贷款不得作为单位定期存款存入金融机构。

(三)禁止"公款私存"和"私款公存"

"公款私存"是指将单位存款以个人名义开立储蓄账户。这是一种常见的逃避单位存款监管的行为,我国1999年末开征个人利息税和2000年开始实行个人存款实名制后,这一行为受到了一定的遏制。个人储蓄实行"存款自愿、取款自由、存款有息、为储户保密"的原则,而且在特定时期国家还给予保值贴补的利益。这些特点与单位存款的强制存入、限制取现、财政性存款不计息以及银行监督管理等要求大相径庭。公款私存除获得了本来无法获得的利息收入外,还有如下的危害性:一是为单位私设"小金库"、逃避监督提供了便利,二是影响单位与银行间的正常资金周转,三是容易逃税、漏税,四是滋生腐败。我国《商业银行法》第48条第2款规定:"任何单位和个人不得将单位的资金以个人名义开立账户存储。"

"私款公存"是指个人存款以单位名义存入银行或其他金融机构。这个问题在1999年11月1起对个人存款利息开征20%所得税时比较突出地显现出来。由于对单位存款的利息收入不直接课征利息税,而是与单位的其他收入合并进行核算,因此一些个人,尤其是私营企业主将储蓄存款转入企业存款账户中,以逃避利息税。同时,2000年开始对个人存款实行实名制,也导致了一些人通过"私款公存"隐藏财产,逃避债务或其他义务。《人民币单位存款管理办法》规定,禁止任何个人将私款以单位名义存入金融机构,也禁止开户单位将其他单位和个人的款项以本单位的名义存入金融机构。2008年10月9日,我国取消了实行多年的利息税,经济生活中"私款公存"的现象有所减少。

（四）单位存款的变更、挂失

因存款单位人事变动,需要更换单位法定代表人章(或单位负责人章)或财会人员印章时,必须持单位公函及经办人身份证件向存款银行办理更换印鉴手续,单位定期存款的,应同时出示单位定期存款证实书。

因存款单位机构合并或分立,其定期存款需要过户或分户,必须持原单位公函、工商部门的变更、注销或设立登记证明及新印鉴(分户时还须提供双方同意的存款分户协定)等有关证件向存款银行办理过户或分户手续,由银行换发新证实书。

存款单位的密码失密或印鉴遗失、损毁,必须持单位公函,向存款银行申请挂失。存款银行受理挂失后,挂失生效。如存款在挂失生效前已被人按规定手续支取,存款银行不负赔偿责任。

此外,根据我国《商业银行法》的规定,银行有权拒绝任何单位或者个人查询单位存款,但法律、行政法规另有规定的除外;银行有权拒绝任何单位或者个人冻结、扣划单位存款,但法律另有规定的除外。相比个人储蓄存款,对单位存款的查询多了"行政法规"另有规定的例外,这是因为单位的许多经济和社会活动主要由行政法规调整,这样的规定在保护存款单位合法权益的同时也能便利监管部门对存款单位的管理,维护经济和社会的良好秩序。

第四节　存单纠纷的法律问题[①]

存单或其他证明存款关系的凭证(如进账单、对账单、存款合同等,以下概用"存单"代称)纠纷是前些年实践中较常见的一类存款纠纷,其中的法律问题比较复杂,最高人民法院专门在1997年发布了《关于审理存单纠纷案件的若干规定》。本节结合最高人民法院的司法解释,简要介绍处理存单纠纷的基本法律规则。

---

① 本节引自吴志攀、刘燕编著:《金融法》(全国高等教育自学考试法学专业指定教材),北京大学出版社2008年版,第五章第四节"存单纠纷的法律问题",并略有增删。

一、存单概述

（一）存单的概念与法律性质

存单是银行对存款人出具的证明其在该银行的存款金额的书面凭证。

存单与存折是银行办理储蓄业务出具的两种信用凭证。其中，存单通常用于一次存取、金额较大、存期较长的定期存款业务，例如整存整取、定活两便储蓄等。存折则通常用于一段时期内收付次数较多，具有连续性的储蓄种类，例如活期储蓄、零存整取等储蓄种类。

银行在经办业务时，必须在存单上加盖储蓄业务章和经办人员私章，将有关户名、存款金额、存期、存入时间、到期时间、账号、利率等内容填写齐全。存单是储户办理存款和取款的凭证，银行签发存单之后，就对储户负有还本付息的责任，储户可凭存单按约定对银行主张存款债权。从法律上看，针对单次存款交易的存单可以看做是一份存款合同或者债权文书，它是对存款人与银行之间的存款合同关系的一个最直观的证明。

（二）存单的种类

1. 记名存单与不记名存单

根据存单是否记载权利人，存单可分为两种，一种是记名存单，一种是不记名存单。记名存单是一种事先明确记载存单权利人的权利凭证。对银行来说，记名人为储蓄存款法律关系的相对方，银行只能向记名的相对方履行支付存款的义务。记名存单可以挂失。

不记名存单如同钞票，不得挂失。持票人是存单的权利人，银行须向持票人支付存款。

2. 可转让存单与不可转让存单

根据存单是否可以转让，存单可以分为可转让存单与不可转让存单。我国前些年发行的大额可转让定期存单，就是属于可转让存单。有时，银行在存单上注明"不得转让"，这样的存单就是不可转让存单。

记名存单的转让通常采取记名人背书的方式，但有关存单的监管法规对转让方式另有规定的除外。不记名存单的转让以交付方式完成。

（三）存单的用途

存单的用途有两个方面：一是持有到期而取得本息，二是用于融资。后一个用途是因为存单一般为定期存单，且时间较长。如果存单人急需要用钱，可以用存单质押给银行以获得贷款。此外，可转让存单也可以用于清偿债务。转让存单的行为在法律上属于债权的转让。

二、存单纠纷的缘起与类型

(一) 背景

存单纠纷是我国上个世纪90年代以来比较突出的金融纠纷类型。一些金融机构(包括银行、信托公司、财务公司等,以下概以"银行"代称)为了拉存款,出具的存单很不规范,如私下承诺高额利息或预先支付利息,甚至在委托贷款的情况下也对委托人出具存单。少数银行内部人员与犯罪分子共谋,出具无真实存款关系的虚假存单(即虚开存单),或者伪造、变造存单,然后持存单要求银行付款,对银行进行诈骗。此外,某些存款人一边用存单进行质押贷款或者清偿债务,一边又到银行申请挂失①后取走存款,导致质押权人或受让人到期无法实现存单利益。诸如此类的问题引发了大量存单纠纷,给银行带来了惨重损失,甚至导致中国人民银行在1997年4月叫停了大额可转让定期存单及其存单质押贷款业务。经过整顿后,1999年9月,中国人民银行颁布了《单位定期存单质押贷款管理规定》。2007年7月3日,中国银监会根据《物权法》等法律,公布了新的《单位定期存单质押贷款管理规定》和《个人定期存单质押贷款办法》,严格了存单的出具与使用程序。

为了解决存单纠纷,最高人民法院于1997年12月发布了《关于审理存单纠纷案件的若干规定》,将存单纠纷区分为两大类:一般存单纠纷和以存单为表现形式的借贷纠纷。

(二) 一般存单纠纷

一般存单纠纷是指存单持有人与银行就存单兑付发生的争议。由于存单既可能用于获得利息收入,也可能用于质押贷款,因此,在一般存单纠纷中,存单持有人可能是存款人,也可能是接受存单作为质押或债务清偿的第三人。而银行往往对存单持有人能否主张权利或者对特定存单的真实性有异议,要求确认存单无效。

一般存单纠纷的典型情形包括:

(1) 真实的存款人持真实存单来取款,银行以预先曾向存款人支付过高息为由,拒绝按照票面记载的本息全额进行支付。

(2) 存款人所持有存单凭证、印章等存在瑕疵,但有真实的存款行为,银行以涉及犯罪或其工作人员个人行为等为由,拒绝支付存单票面所记载的本息。

---

① 根据1997年《中国人民银行关于办理存单挂失手续有关问题的复函》(银函〔1997〕520号),在办理挂失手续时,银行对存款人和受理挂失人的身份证件进行形式审查,不负有鉴别身份证件真伪的责任。而全国联网核查公民身份信息系统尚未建成,银行对鉴别身份证件真假欠缺有效手段,也为存单诈骗提供了条件。

（3）正常的质押贷款纠纷，即借款人以自己或他人的存单作质押物向银行办理质押借款，逾期未还款，银行持存单要求实现质权。

（4）虚假存单质押贷款纠纷，即借款人以甲银行虚开的存单向乙银行办理质押借款，无法还款时，乙银行执行质押品无法实现权利，遂要求虚开存单的甲银行承担责任。

（三）以存单为表现形式的借贷纠纷

以存单为表现形式的借贷纠纷，本质上是一个委托贷款或者资金拆借活动，只不过银行对委托人出具了存单，从而使借贷关系以存单关系的方式表现出来。① 当存款人持存单向银行主张兑付时，银行以存款人与第三方用资人之间存在委托贷款关系或资金拆借为由，拒绝支付存单票面所记载的本息。

在这类纠纷中，通常存在三方当事人：出资人、银行、用资人。出资人把资金拆借给用资人，取得比银行存款更高的利息。如果按照正常的途径，这一交易应当采取委托贷款的方式，即出资人把资金委托给银行转贷用资人，出资人承担收益和风险；银行作为中间人，只收取手续费，不承担风险。但出资人却要求银行出具存单，出资人依存单取得正常存款利息，同时从用资人处取得高额利差。出资人通过要求银行出具存单，把它与银行之间的委托关系变成了存款关系，从而向银行转嫁第三人不能还款的风险。银行之所以参与这类交易，或者为了拉存款而迎合客户的要求，或者是存在内部人员徇私舞弊、损害银行利益的情形。

三、一般存单纠纷的处理规则

按照现行司法解释，处理一般存单纠纷的关键是一个证据与举证责任分配问题。存单持有人与银行各执一词，对于存单是否代表了真实的存单关系有不同的主张，司法实践中需要审查存单与存款关系两个方面，并在存单持有人与银行之间合理分配举证责任。

（一）存单与存款关系双重真实原则

存单是对存款人与银行之间存款关系的一个表证。但是，由于实践中存在虚开、伪造、变造存单的情形，因此存单并非存款关系真实存在的充分证明，不具有类似票据的无因性。法院还需要审查基础存款关系是否真实发生过。只有存款关系也同时存在，银行才有义务兑付存单。换言之，如果要求银行兑付存单，那么存单真实性与存款关系的真实性二者缺一不可。

---

① 如果出资人与银行、用资人之间按有关委托贷款的要求签订有委托贷款协议的，人民法院应认定出资人与银行之间成立委托贷款关系。银行向出资人出具的存单或进账单、对账单或与出资人签订的存款合同，均不影响银行与出资人间委托贷款关系的成立。关于委托贷款的法律特征，参见本书第七章第二节"委托贷款"部分。

（二）如果存单真实,则存款关系是否真实的举证责任由银行承担

1. 银行的举证责任

持有人以真实存单凭证为证据提起诉讼的,银行如果拒绝兑付,就应当举证证明持有人与自己不存在存款关系。如果银行有充分证据证明持有人未向自己交付存单所记载的款项,法院可以认定存款关系不存在,银行有权拒付。但是,如果银行不能证明存款关系不真实,人民法院应认定持有人与银行间存款关系成立,应当承担兑付款项的义务。

在2003年的"天津市邮政局与焦长年存单纠纷"一案中,最高人民法院认为存款人提供存折和取款卡,已证明了自己与邮政局存在储蓄合同关系,证明自己的存款数目,以及存折和取款卡没有丢失。邮政局主张存款人恶意支取,应当就存款人使用或支使他人使用取款卡在同日进行异地取款负举证责任,不能要求存款人举证证明自己没有异地取款行为。因为根据证据学原理,只能要求主张事实发生或者存在的当事人承担举证责任;而不能要求主张事实不存在或者没有发生的当事人负举证责任。

2. 仅有银行底单的记载,不足以构成充分证明

银行在证明存单记载的存款关系不真实时,如果没有其他证据,仅有银行自己的底单记载,即便该记载内容与持有人存单上记载的内容不一致,这也只是金融机构的内部工作记录,不足以构成抗辩。例如,存单上记载的"利率10%"或者"本金2000元",但银行的底单上记载的是"利率8%"或者"本息之和为2000元"。如果没有其他证据,银行不能仅以自己的底单记载来对抗存单持有人。

曾发生过如下的案例。A公司在银行处开立结算账户,由银行向A公司出具了存折,A公司持此存折办理存取款手续,该事实双方当事人均予认可。A公司持有的存折,其上数字均由银行的职员填写,并由银行的职员复核确认。现银行没有证据证明与A公司的存款关系不真实,却仅以其内部底单的记载来主张A公司存折上的存款余额为误写,理由不能成立,应按存折上的记载承担还本付息义务。

（三）如果存单有瑕疵,举证责任在存单持有人与银行之间进行分配

存单持有人提起诉讼的存单在样式、印鉴、记载事项上有别于真实凭证,但无充分证据证明系伪造或变造的,称为"瑕疵存单",持有人应对瑕疵存单的取得提供合理的陈述。如持有人对瑕疵存单的取得提供了合理陈述,而银行否认存款关系存在的,银行应当对持有人与银行间是否存在存款关系负举证责任。

如果银行有充分证据证明持有人未向银行交付上述凭证所记载的款项的,可以认定持有人与银行间不存在存款关系。但是,如银行不能提供证明存款关系不真实的证据,或仅以银行底单的记载内容与上述凭证记载内容不符为由进

行抗辩的,应认定持有人与银行间存款关系成立,银行应当承担兑付款项的义务。

(四)伪造、变造或者虚开的存单,根据具体情况确定责任分担

如果有充足证据证明存单系伪造、变造,法院将确认存单无效,驳回持有人要求兑付的诉讼请求,或根据实际存款数额进行判决。如果法院认为伪造、变造、虚开存单涉嫌诈骗,应将犯罪线索及时书面告知公安或检察机关,追究相关当事人的刑事责任。如存单相关当事人因伪造、变造、虚开存单或涉嫌诈骗,有关国家机关已立案侦查,存单纠纷案件确须待刑事案件结案后才能审理的,人民法院应当中止审理。对于追究有关当事人的刑事责任不影响对存单纠纷案件审理的,人民法院应对存单纠纷案件有关当事人是否承担民事责任以及承担民事责任的大小依法及时进行认定和处理。

四、以存单为表现形式的借贷纠纷的处理规则

(一)法律性质

以存单为表现形式的借贷,属于违法借贷,合同无效。出资人收取的高额利差或者预先扣除的利差,不论是银行支付的,还是用资人支付的,都用于充抵本金;其余损失,由出资人、银行与用资人因参与违法借贷而共同承担。

实践中,由于违法借贷下用资人往往无力偿还贷款,或者根本找不到了,因此出资人盯住出具存单的银行要求全额付款。现行司法解释区分违法资金的流向而要求银行承担不同程度的责任。具体的责任分配,根据资金是否实际通过银行转账以及用资人是否由银行指定而有差别。除非有相反的证据,通常资金占有人应首先被推定为资金指定人。

(二)责任分配的方式

1. 情形一:资金经过银行转账 + 银行指定用资人

在这种情形下,出资人将款项或票据(以下统称资金)交付给银行,银行给出资人出具存单或进账单、对账单或与出资人签订存款合同(以下统称"出具存单"),并将资金自行转给用资人,由于出资人并未直接接触用资人,仅与银行打交道,因此,银行与用资人对偿还出资人本金及利息承担连带责任,利息按人民银行同期存款利率计算至给付之日。

2. 情形二:资金经过银行转账 + 出资人自己指定用资人

在这种情形下,出资人将资金交付给银行,银行给出资人出具存单,出资人再指定银行将资金转给用资人的,首先由用资人返还出资人本金和利息,利息按人民银行同期存款利率计算至给付之日。银行因其帮助违法借贷的过错,应当对用资人不能偿还出资人本金部分承担赔偿责任,但不超过不能偿还本金部分的 40%。

3. 情形三:资金未经过银行转账 + 银行指定用资人

在这种情形下,出资人未将资金交付给银行,而是依照银行的指定将资金直接转给用资人,银行给出资人出具了存单。首先由用资人偿还出资人本金及利息,银行对用资人不能偿还出资人本金及利息部分承担补充赔偿责任;利息按人民银行同期存款利率计算至给付之日。

4. 情形四:资金未经过银行转账 + 出资人自己指定用资人

在这种情形下,出资人未将资金交付给银行,而是自行将资金直接转给用资人,银行给出资人出具了存单。首先由用资人返还出资人本金和利息;利息按人民银行同期存款利率计算至给付之日。银行因其帮助违法借贷的过错,应当对用资人不能偿还出资人本金部分承担赔偿责任,但不超过用资人不能偿还本金部分的 20%。

按照最高人民法院《关于审理存单纠纷案件的若干规定》,如果以存单为表现形式的借贷行为确已发生,即使银行向出资人出具的存单存在虚假、瑕疵,或银行工作人员超越权限出具存单等情形,亦不影响人民法院按以上规定对案件进行处理。

(三) 当事人的确定

出资人起诉银行的,人民法院应通知用资人作为第三人参加诉讼;出资人起诉用资人的,人民法院应通知银行作为第三人参加诉讼。存单系公款私存的,人民法院在查明款项的真实所有人基础上,应通知款项的真实所有人为权利人参加诉讼,与存单记载的个人为共同诉讼人。该个人申请退出诉讼的,人民法院可予准许。

五、以伪造、变造、虚开存单进行质押的处理规则

(一) 伪造、变造的虚假存单的质押

存单持有人以伪造、变造的虚假存单质押的,质押合同无效。接受虚假存单质押的当事人如以该存单质押为由起诉银行,要求兑付存款优先受偿的,人民法院应当判决驳回其诉讼请求,并告知其可另案起诉出质人。

(二) 虚开存单的质押

存单持有人以银行开具的、未有实际存款或与实际存款不符的存单进行质押,以骗取或占用他人财产的,该质押合同无效。接受存单质押的人起诉的,该存单持有人与开具存单的银行为共同被告。

1. 连带责任

利用存单骗取或占用他人财产的存单持有人对侵犯他人财产权承担赔偿责任,开具存单的银行因其过错致他人财产权受损,对所造成的损失承担连带赔偿责任。

2. 接受存单质押的人存在过错

接受存单质押的人在审查存单的真实性上有重大过失的,开具存单的银行仅对所造成的损失承担补充赔偿责任。

接受存单质押的人明知存单虚假而接受存单质押的,开具存单的银行不承担民事赔偿责任。

(三) 虚假存单或者虚开存单的核押

存单核押是指质权人将存单质押的情况告知银行,并就存单的真实性向银行咨询,银行对存单的真实性予以确认,并在存单上或以其他方式签章的行为。

在存单持有人持伪造、变造、虚开的存单出质的情形下,当质权人向存单所指的银行进行询问时,如果该银行对存单给予了核押,则质押合同有效,该银行应当依法向质权人兑付存单所记载的款项。

第七章 贷款法律制度

第一节 《贷款通则》及贷款新规概述

一、目的和范围

(一)《贷款通则》及贷款新规的目的

为了规范我国金融机构的信贷业务,提高信贷资产质量,化解金融风险,1995年7月27日,中国人民银行发布了《贷款通则(试行)》,随后的1996年6月28日,正式颁布了《贷款通则》。颁布《贷款通则》的目的是,规范金融机构贷款行为,保护借贷双方的合法权益,保证信贷资产的安全,提高贷款使用的整体效益,促进社会经济的持续发展。《贷款通则》颁布已有十年,为了更好地适应经济生活的需要,中国人民银行、银监会于2004年4月发布了修订《贷款通则》的征求意见稿,拟进行较大的调整。

近年来,随着我国金融市场的迅猛发展和金融体制改革的逐步深入,银行和其他金融机构的风险意识和自主经营能力有了很大提高,传统上对银行贷款业务的一些直接限制逐步被取消,转而建立以风险为基础的审慎性监管。特别是为应对2008年金融危机,银监会在《贷款通则》内容的基础上,2009年以来陆续颁布了《项目融资业务指引》、《固定资产贷款管理暂行办法》、《流动资金贷款管理暂行办法》和《个人贷款管理暂行办法》等部门规章和规范性文件(以下通称"贷款新规"),初步构建和完善了我国银行业金融机构的贷款业务法规框架,这些具体规则成为规范银行贷款业务最重要的法律渊源。贷款新规从规范贷款业务流程、防范贷款风险、保护金融消费者权益的角度提出监管要求,目的在于进一步规范金融机构的贷款业务经营行为,加强贷款审慎经营管理,促进贷款业务健康发展,建立我国金融机构贷款新秩序并维护我国的金融安全。

由于我国过去实行的是计划经济,既没有商业银行,也没有金融市场,因此,贷款的风险都转化为政府风险,所以,也就不存在金融风险问题。现在国有专业银行已进行改制并转型为商业银行,贷款的风险由银行自己承担,任何银行不良资产比例过大,都有破产的可能。

为维护金融市场秩序,贷款活动应遵循一定的规则,在规则规范下,有资格提供资金者才能作为贷款者,有能力偿还者才能作为借款者。贷款要采用相应的担保措施,以保证贷款者的资金能够收回。

《贷款通则》及贷款新规不仅保护贷款者的利益,也保护借款者的利益,法律公平保护借贷双方的合法权益。在现实社会中,借款者和贷款者在经济实力上可能不同,但是他们在贷款合同中的法律地位是平等的,他们的权利义务也是对等的,同样受到《贷款通则》、贷款新规和其他有关法律的保护。

《贷款通则》及贷款新规对提高信贷资产的安全性也作了相应的规定,使《商业银行法》有关提高信贷安全的规定更加具体化,更具有可操作性。

商业银行通过将金融债务转化为金融债权,从事金融经营。银行能够完成金融债务与债权的转化而其他生产企业则不能。资金的流动性是银行经营的基础,因此,商业银行除了要获得中国人民银行(2003年4月28日之后为中国银监会,下同)的特别许可外,还应具备处理资金流动与周转的能力。如果银行的贷款不能按期收回,就变成关注贷款,关注贷款再超过一定时间或进一步恶化,就变为次级贷款,进而发展成为可疑贷款和损失类贷款(后三类贷款统称"不良贷款")。不良贷款就意味着银行贷款的本金和利息可能都无法收回了。商业银行处理不良贷款的办法是用银行的贷款损失准备金(行业内称为"拨备")进行冲销。贷款损失准备金是银行资本的一部分,冲销不良贷款后,银行的资本就要减少,所以,银行可以冲销不良贷款的资本不可能太多。如果不良贷款的数额过大,银行的贷款损失准备金不够冲销不良资产数额,银行就会处于资金周转不灵状态,进而可能引起银行的倒闭。所以,商业银行贷款的风险是非常大的。《贷款通则》及贷款新规规定了一系列条款来规范贷款活动,减少风险,保证银行稳健经营。

(二)《贷款通则》及贷款新规的管辖范围

《贷款通则》的管辖范围是在我国境内的中资金融机构的贷款业务。我国加入WTO之后,银行业逐步对外开放,外资银行与中资银行一样享有"国民待遇",因此,贷款新规将管辖范围规定为在我国境内经银监会批准设立的银行业金融机构开展的相应贷款业务。

"贷款人"在《贷款通则》中是指在我国境内设立的中资银行、信托公司、企业集团财务公司、金融租赁公司、城市信用社、农村信用社及其他经营贷款业务的金融机构。贷款新规进一步拓展了"贷款人"的范围,除了包括在我国境内设立的中资银行业金融机构之外,也包括了外国银行分行、中外合资银行和外资法人银行等。

"借款人"在《贷款通则》和贷款新规中是指,从经营贷款业务的银行业金融机构取得贷款的法人、其他经济组织、个体工商户和自然人。

"贷款"在《贷款通则》及贷款新规中是指贷款人对借款人提供的并按约定的利率和期限还本付息的货币资金。《贷款通则》是我国金融法律、行政法规、行政规章中对关键术语进行法定解释的一个好范例,由于法定的解释写入了规则条文,使《贷款通则》具有了较强的可操作性。贷款新规结合经济生活的发展需要,进一步明确了不同类别贷款的操作和贷款全程管理要求,健全了贷款监管和法律责任,有利于更好地保护金融消费者并建立良好的贷款秩序。

二、银行业金融机构发放贷款的几项原则

商业银行和其他金融机构发放贷款和借款人在使用贷款时,应当遵守下列几项原则:

第一,合法原则。即贷款应符合国家的法律、行政法规和中国人民银行、银监会发布的命令、规章,任何不符合法律规定和中央银行、银监会部门规章的贷款行为,都是应当禁止的。

第二,应当遵循资金使用的安全性、流动性和效益性原则,这也是《商业银行法》对商业银行规定的基本经营原则。

第三,自愿、平等和诚实信用原则。借款人与贷款人发生的借贷业务往来应当遵守自愿、平等、诚实信用的原则,借款人和贷款人在地位上是平等的,借贷行为是自愿的,执行借款合同是诚实信用的。这三个条件是市场经济存在与发展的基础,也是贷款业务的基础。

第四,公平竞争、密切协作的原则。贷款人开展贷款业务应当公平竞争、密切协作,不得从事不正当的竞争行为。

第二节 我国金融机构的贷款种类及利率管理

一、我国金融机构的贷款种类

我国金融机构的贷款种类按照不同的划分标准,可以分为许多类别。

(一)按照贷款期限的分类

按贷款期限分类,可以分为:短期贷款、中期贷款与长期贷款。短期贷款是指贷款期限在1年以内(含1年)的贷款,是商业单位和生产企业日常周转需要的流动资金贷款,这是金融机构从事的最主要的贷款业务。中期贷款是指贷款期限在1年以上(不含1年)5年(含5年)以下的贷款。长期贷款是指贷款期限在5年(不含5年)以上的贷款。这种分类的法律意义在于确定借款人的义务、安排风险防范措施以及确定利率高低。按照我国《商业银行法》、《贷款通则》及贷款新规的规定,贷款期限是贷款合同的基本条款之一。贷款期限届满之后,经贷款人同意,可以进行贷款展期,但展期期限的长短有所限制。

(二)按照有无担保或其他还款来源的贷款分类

按照贷款是否设定了担保或以其他对象作为还款来源进行分类,可以分为:

(1) 信用贷款。信用贷款是指银行或其他金融机构基于借款人的信誉而发放的贷款。这种贷款没有担保,风险由银行或金融机构承担。如果借款人到期不能够还贷,按照《商业银行法》第 42 条第 3 款规定,"借款人到期不归还信用贷款的,应当按照合同约定承担责任。"

(2) 担保贷款。担保贷款包括三种形式:保证贷款、抵押贷款和质押贷款。保证贷款,是指按《担保法》规定的保证方式,以第三人承诺在借款人不能偿还贷款时,按约定承担一般保证责任或者连带保证责任为前提而发放的贷款。抵押贷款,是指按《担保法》和《物权法》规定的抵押方式,以借款人或者第三人的财产作为抵押物发放的贷款。质押贷款,是指按《担保法》和《物权法》规定的质押方式,以借款人或第三人的动产或权利作为质物发放的贷款。

(3) 票据贴现或贸易融资为基础的贷款。票据贴现贷款是指贷款人用信贷资金购买未到期商业汇票,向贴现客户贷出现金的一种特殊贷款形式。在该汇票到期被拒绝付款时,持票人可以对背书人、出票人以及汇票的其他债务人行使追索权。贸易融资是指贷款人用信贷资金购买借款人拥有的未到期的贸易往来产生的应收账款债权,向其贴现贷出资金的一种特殊贷款形式,行业内称为保理。在该应收账款到期而债务人拒绝付款时,贷款人可根据是否买断债权,而选择向借款人或应收账款债务人行使债务求偿权。

(4) 项目融资为基础的贷款。银监会在《项目融资业务指引》中规定了这类融资应符合的特征:第一,贷款用途通常是用于建造一个或一组大型生产装置、基础设施、房地产项目或其他项目,包括对在建或已建项目的再融资;第二,借款人通常是为建设、经营该项目或为该项目融资而专门组建的企事业法人,包括主要从事该项目建设、经营或融资的既有企事业法人;第三,还款资金来源主要依赖该项目产生的销售收入、补贴收入或其他收入,一般不具备其他还款来源。

(三) 按照贷款风险承担的主体的分类

按照风险承担主体来分类,可以分为:

(1) 自营贷款。自营贷款是指贷款人以合法方式筹集的资金自主发放的贷款,其风险由贷款人承担,并由贷款人收取本金和利息。自营贷款有两个基本要素:第一,贷款的资金来源必须是以合法方式筹集的资金。商业银行合法筹集的资金在《商业银行法》第 3 条已有规定,包括吸收公众存款、发行金融债券、进行同业拆借以及提供各种服务收取的费用等。第二,自主发放贷款,即商业银行自己承担风险、自己决策、以盈利为目的的贷款。

(2) 委托贷款。委托贷款是指由政府部门、企事业单位及个人等委托提供资金,由贷款人(即受托人)根据委托人确定的贷款对象、用途、金额、期限、利率等代理发放、监督使用并协助收回的贷款,其风险由委托人承担,贷款人(即受托人)收取手续费,不得代垫资金。银行开展委托贷款业务,已由原先的审批制改为目前的备案制。委托贷款有以下几个基本条件:第一,委托单位提供资金,银行不得代垫资金。第二,银行与委托单位签订委托协议,银行按委托协议发放贷款。银行作为被委托人与委托人是委托关系,不是存储关系,所以,银行不能再给委托单位开出存单。第三,银行监督使用并协助收回贷款。银行"监督"贷款的使用,应当明确"监督"不是担保贷款按约定使用;银行"协助"收回贷款,也不应该理解为银行担保该贷款能收回。第四,贷款风险由委托单位承担。风险由委托单位承担的含义是,委托贷款的借款单位是委托单位自己选择的,银行只是作为代理人,不承担风险。第五,银行不收取利息,但可以收取手续费。代理人收取代理的手续费,符合《商业银行法》第50条"商业银行办理业务,提供服务,按照规定收取手续费"的规定。

(四) 按照贷款用途的分类

贷款用途关系银行信贷资金的投向和安全,是贷款合同重要的必备条款。银行不得发放无指定用途的个人贷款,贷款用途一旦指定,借款人不能挪用或者更改贷款用途。按贷款用途的不同,可以分为:

(1) 针对符合条件的自然人发放的个人消费性贷款和个人生产性贷款。前者主要用于个人消费,常见的包括个人住房贷款、汽车消费贷款、助学贷款等;后者主要用于个人生产性需要,例如个体工商户经营贷款和农村承包经营户贷款。不过,如果他们申请的个人贷款用于生产经营且金额超过50万元人民币,则按贷款用途适用流动资金贷款或者固定资产贷款管理办法的规定。

(2) 针对非自然人发放的流动资金贷款和固定资产贷款。前者指贷款人向企(事)业法人或国家规定可以作为借款人的其他组织发放的用于借款人日常生产经营周转的贷款。贷款人要根据借款人营运资金的实际需求发放流动资金贷款,以免滥发,造成"短款长用"。流动资金贷款不得挪用,不得用于固定资产、股权等投资,不得用于国家禁止生产、经营的领域和用途。后者指贷款人向企(事)业法人或国家规定可以作为借款人的其他组织发放的,用于借款人固定资产投资的贷款。常见的包括土地开发贷款、住房开发贷款、基本建设贷款、国防或人防基本建设贷款、项目融资贷款等。在固定资产贷款发放和支付过程中,贷款人要确认借款人与拟发放贷款同比例的项目资本金足额到位,并与贷款配套使用,项目的进度不得慢于贷款发放的速度,以防止借款人套用银行贷款用作项目资本金或者挪用银行贷款。

(五) 按照贷款组织方式的分类

按一个贷款项目的具体组织方式,可分为单一银行贷款和银团贷款。

单一银行贷款是指一家银行对一个借款人发放的贷款。法律关系上体现为一个债权人与一个债务人。这是实践中最常见的贷款方式。

银团贷款是指由两家或两家以上银行基于相同贷款条件,依据同一贷款协议,按约定时间和比例,通过代理行向借款人提供的贷款或授信业务。按照在银团贷款中的职能和分工,银团贷款成员通常分为牵头行、代理行和参加行等角色,各参与银行按照银团贷款相关协议享受权益和承担风险。牵头行通常负责组织、协调整个银团与借款人的谈判事宜,同时组织银团贷款成员与借款人签订书面银团贷款协议,明确各贷款人的权利与义务。代理行在银团贷款协议签订后,按相关贷款条件确定的金额和进度归集资金向借款人提供贷款,并负责银团贷款资金贷后管理和贷款使用情况的监督检查。代理行可以由牵头行担任,也可由银团贷款成员协商确定。银团贷款有利于促进银行协同合作,分享收益,分担风险,对于符合一定条件的大额贷款,鼓励采取银团贷款方式;多家银行业金融机构参与同一项目融资的,原则上应当采用银团贷款方式。我国银团贷款的管理制度首见于中国人民银行 1997 年发布的《银团贷款暂行办法》,银监会于 2007 年 8 月 11 日又公布实施了《银团贷款业务指引》,要求此前不一致的银团贷款业务规定,统一以该指引为准。

（六）其他经过批准的贷款种类

如同业拆借性的行业内的短期贷款、信用证贷款、信用卡贷款和贴现援助性贷款等,在此就不一一分析了。

二、商业银行贷款的期限和利率

（一）贷款期限限制

首先,贷款期限根据借款人的生产经营周期、还款能力和贷款人的资金供给能力等由借贷双方共同商议后确定,并在借款合同中标明。商业银行享有经营自主权,在贷款期限方面,在规定的最长期限的范围以内,由银行和其他金融机构自己决定。

其次,《贷款通则》规定了贷款的最长期限:（1）自营贷款期限一般最长不得超过 10 年,超过 10 年应当报银行业监督管理部门备案;（2）票据贴现的贴现期最长不得超过 6 个月,贴现期限计算从贴现之日起到票据到期日止。

（二）贷款展期

贷款不能按期归还,要办理贷款展期申请。借款人应当在贷款到期前,向贷款人申请贷款展期。原来的贷款有抵押或保证的,办理贷款展期申请时,原贷款保证、抵押或质押要同时办理展期手续,借款人要同原来的保证人、抵押人、出质人商议,并且取得他们的同意,出具同意延期的书面证明。如果原来的保证人、抵押人或出质人不同意展期,原来的保证、抵押或质押义务从贷款展期时起,自动解除。贷款展期的批准权在商业银行或其他金融机构,不在借款人。

《贷款通则》对展期贷款有一定的限制,规定:(1)短期贷款展期期限累计不得超过原贷款期限;(2)中期贷款展期期限累计不得超过原贷款期限的一半;(3)长期贷款展期期限累计不得超过3年。法律另有规定的除外。贷款新规适度松绑了展期限制,进一步加大了商业银行的放贷自主权,其中流动资金贷款和固定资产贷款的展期放权由商业银行自主决定,但个人贷款的展期仍有所限制,《个人贷款管理暂行办法》第39条第2款规定:"一年以内(含)的个人贷款,展期期限累计不得超过原贷款期限;一年以上的个人贷款,展期期限累计与原贷款期限相加,不得超过该贷款品种规定的最长贷款期限。"

借款人未申请展期或申请展期未得到批准,其贷款从到期日的次日起,可能就转入关注类及以下贷款账户。

最高人民法院在2008年判决的"中国工商银行股份有限公司三门峡车站支行与三门峡天元铝业股份有限公司、三门峡天元铝业集团有限公司借款担保合同纠纷案"((2008)民二终字第81号)中认为,借新还旧系贷款到期不能按时收回,金融机构又向原贷款人发放贷款用于归还原贷款的行为。借新还旧与借款人用自有资金归还贷款,从而消灭原债权债务的行为有着本质的区别。虽然新贷代替了旧贷,但贷款人与借款人之间的债权债务关系并未消除,客观上只是以新贷的形式延长了旧贷的还款期限,故借新还旧的贷款本质上是旧贷的一种特殊形式的展期。

(三)贷款利率和利息管理

利息是一定时间内使用资金的价格,在法律属性上,利息是本金产生的法定孳息。利率是一定时间内利息量与本金的比率,通常用百分比表示。利率水平的高低,反映了银行的贷款收益和借款人贷款成本的多少。发放贷款是商业银行的主要业务,贷款利息收入是我国商业银行主要的收入来源。

根据《人民币利率管理规定》,中国人民银行是我国的利率主管机关,代表国家行使利率管理权,其所制定的利率是法定利率,具有法律效力,任何单位和个人均无权变动。在我国现阶段,金融机构与客户之间的利率仍受到中国人民银行的管制,尚未完全实现市场化。我国《商业银行法》第38条规定:"商业银行应当按照中国人民银行规定的贷款利率的上下限,确定贷款利率。"第42条第1款规定:"借款人应当按期归还贷款的本金和利息。"可见,贷款合同中的利率,不是一个完全由贷款人与借款人协商的条款,商业银行与其他放贷的金融机构之间,在利息方面还不能展开有效竞争,我国完成利率改革还需要相当长的时间。

我国贷款利率和利息管理的主要内容是:

(1)贷款人应该根据中国人民银行规定的贷款利率浮动范围,确定每笔贷款的利率,并规定在贷款合同中。目前,商业银行、城市信用社贷款利率的浮动区间上限扩大到贷款基准利率的1.7倍,农村信用社贷款利率的浮动区间上限扩大到贷款基准利率的2倍,金融机构贷款利率的浮动区间下限保持为贷款基准利率的0.9倍不变,贷款利率浮动区间不再根据借款人的企业所有制性质、规模大小分别制定。为促进住房消费,拉动经济增长,商业性个人住房贷款利率的下限扩大为贷款基准利率的0.7倍。

(2)人民币各项贷款(不含个人住房贷款)的计息和结息方式,由借贷双方协商确定。人民币中长期贷款在合同期内遇到贷款利率调整的,由借贷双方按商业原则确定,可在合同期间按月、按季、按年调整,也可采用固定利率的确定方式。5年期以上档次贷款利率,由金融机构参照人民银行公布的5年期以上贷款利率自主确定。

个人住房贷款期限在1年以内(含1年)的,实行合同利率,遇中国人民银行调整贷款基准利率的,不分段计息;贷款期限在1年以上的,则从调整日的下一个年度1月1日开始,适用新的利率。

(3)展期贷款利率按签订展期合同之日的法定贷款利率执行。贷款的展期期限加上原期限达到新的贷款利率档次期限,则在原期限和延期内均按新的贷款利率档次计收利息。

(4)对逾期或未按合同约定用途使用借款的贷款,从逾期或未按合同约定用途使用贷款之日起,按罚息利率计收利息,直至清偿本息为止。对不能按时支付的利息,按罚息利率计收复利。逾期贷款的罚息利率为在借款合同载明的贷款利率水平上加收30%—50%;借款人未按合同约定用途使用借款的罚息利率,为在借款合同载明的贷款利率水平上加收50%—100%。

(5)贴息指利息补贴,即借款人在按照贷款合同的利率支付贷款利息时,可以获得一部分利息补贴,因此实际承担的利率低于合同规定的利率。按照《贷款通则》,贷款贴息实行谁确定谁贴息的原则。应贴补的贷款利息,由利息贴补者直接补偿给借款人。根据国家政策,为了促进某些产业和地区经济的发展,有关部门可以对贷款补贴利息。对有关部门贴息的贷款,承办银行应当自主审查发放,并根据《贷款通则》有关规定严格管理。除国务院外,任何单位和个人无权决定停息、减息、缓息和免息。贷款人应当依据国务院决定,按照职责权限范围具体办理停息、减息、缓息和免息。

(6)利息的支付。我国《合同法》第200条规定,借款的利息不得预先在本金中扣除。利息预先在本金中扣除的,应当按照实际借款数额返还借款并计算利息。例如,借款人向贷款人借款100万元,年利率5%,到期应向贷款人支付利息5万元。但贷款人仅向借款人支付了95万,预扣5万元作为贷款利息。预扣利息的做法有利于贷款人提前收回利息,降低贷款风险,但借款人因此取得少于合同约定的贷款数额,不仅影响资金的正常使用,也加重了借款人的负担,不符合公平原则。应注意的是,禁止预扣利息的规定不适用于票据贴现贷款。银行实务中,票据贴现都采用预先扣除贴现利息的做法,申请贴现人得到的是票面金额扣除贴现利息后的净额。

第三节 贷款合同的当事人

一、借款人

(一) 借款人的资格与条件

我国《贷款通则》规定:借款人应当是经过工商行政管理部门(或主管机关)核准登记的企事业法人、其他经济组织、个体工商户或具有我国国籍的具有完全行为能力的自然人。这是我国法律和法规第一次对借款人下定义。随着我国金融改革和对外开放的加快,贷款新规放宽了借款人的资格,符合国家有关规定的境外自然人也可以申请个人贷款;申请流动资金贷款和固定资产贷款,借款人应依法设立,或者经工商行政管理机关或主管机关核准登记。

同时,贷款新规在吸收《贷款通则》规定的基础上,从审慎性原则出发对借款人申请贷款规定了一些条件,只有符合条件的借款人才能获得贷款。例如,针对个人贷款,要求:(1) 贷款用途明确合法;(2) 贷款申请数额、期限和币种合理;(3) 借款人具备还款意愿和还款能力;(4) 借款人信用状况良好,无重大不良信用记录。针对流动资金贷款,要求借款人:(1) 借款用途明确、合法;(2) 借款人生产经营合法、合规;(3) 借款人具有持续经营能力,有合法的还款来源;(4) 借款人信用状况良好,无重大不良信用记录。针对固定资产贷款,要求借款人:(1) 借款人信用状况良好,无重大不良记录;(2) 借款人为新设项目法人的,其控股股东应有良好的信用状况,无重大不良记录;(3) 国家对拟投资项目有投资主体资格和经营资质要求的,应符合其要求;(4) 借款用途及还款来源明确、合法;(5) 项目符合国家的产业、土地、环保等相关政策,并按规定履行了固定资产投资项目的合法管理程序;(6) 符合国家有关投资项目资本金制度的规定。

贷款新规对借款人的条件,主要集中在借款人信用记录、还款意愿和还款能力,以及贷款的合法使用等方面上,强调了金融机构在享有放贷自主权时,进行风险防范和控制的着眼点。

(二) 借款人的权利

借款人的权利是法定的,主要包括下列几个方面:(1) 可以自主向主办银行或者其他银行的经办机构申请贷款并依条件取得贷款;(2) 有权按合同约定提取和使用全部贷款;(3) 有权拒绝借款合同以外的附加条件;(4) 有权向贷款人的上级和中国人民银行反映、举报有关情况；(5) 在征得贷款人同意后,有权向第三人转让债务。

（三）借款人的义务

从商业意义上讲,商业银行发放了贷款后,只有权利,而没有义务。借款人则相反,收到贷款后,只有义务,而没有权利了。所以,借款人的义务是主要的,包括下列几个方面的义务：(1) 向贷款人提供真实、准确、有效的贷款申请资料（法律规定不能提供者除外）,包括向贷款人如实提供所有开户行、账号及存款余额情况等,配合贷款人对贷款申请内容和相关情况的真实性、准确性和完整性所进行的贷款调查和审查；(2) 应当配合贷款人进行贷款支付管理、贷后管理和相关检查,在不影响其正常生产经营的条件下接受贷款人对其使用信贷资金情况和有关生产经营、财务活动的监督；(3) 按照贷款合同约定的用途使用贷款；(4) 遵守贷款"实贷实付"要求,根据法律规定或合同约定,执行贷款人受托支付或者借款人自主支付给交易对象贷款资金；(5) 按照贷款合同的规定及时清偿贷款本息；(6) 将债务全部或者部分转让给第三人的,应当取得贷款人同意；(7) 进行对外投资、实质性增加债务融资,以及进行合并、分立、股权转让等重大事项前征得贷款人同意；(8) 发生影响其偿债能力的重大不利事项时,应当及时通知贷款人,同时采取保全措施。

（四）对借款人的限制

《贷款通则》、贷款新规及其他金融行政规章对借款人行为也有限制,目的是保证贷款人的资金安全和金融市场稳定。这些限制主要有：(1) 不得向贷款人提供虚假的或者隐瞒重要事实的资产负债表和损益表等；(2) 不得采取欺骗手段骗取贷款；(3) 不得以化整为零方式规避贷款人受托支付；(4) 不得挪用贷款或将贷款用于非法目的,例如流动资金贷款不得用于固定资产、股权等投资,不得用于国家禁止生产、经营的领域和用途；贷款不得用于从事股本权益性投资,国家另有规定的除外；贷款不得用在有价证券、期货等方面从事投机经营业务等；(5) 不得套取贷款用于借贷,牟取非法收入；(6) 除依法取得经营房地产资格的借款人以外,不得用贷款经营房地产业务,依法取得经营房地产资格的借款人,不得用贷款从事房地产投机。

二、贷款人

（一）贷款人概念与资格

《贷款通则》及贷款新规规定了贷款人法定的概念。首先,贷款人在我国必须是经过中国人民银行（2003 年 4 月 28 日以后为中国银监会,下同）批准,持有中国人民银行颁发的"金融机构法人许可证"或"金融机构营业许可证",并经过工商行政管理部门核准登记的金融机构。其次,我国目前实行贷款业务特许制度,即只有经过中国人民银行批准的金融机构才能从事贷款业务,没有经过批准的金融机构与任何单位和个人不允许从事贷款业务。公民个人之间从事的民间借钱活动,不属于贷款业务的范畴,不需要中国人民银行监管。

(二) 贷款人的权利

《贷款通则》及贷款新规规定了贷款人享有许多权利,目的主要是为了保护金融机构和维持金融市场的稳定。贷款人的权利包括:(1) 要求借款人提供申请贷款所需的相关资料,并要求借款人承诺这些资料的真实、准确和有效性;(2) 根据借款人的条件,决定贷与不贷以及贷款金额、期限和利率等;(3) 对借款人的生产经营活动和财务活动情况进行贷款调查和检查,对贷后资金使用、借款人的信用及担保情况变化等进行跟踪检查和监控分析;(4) 依合同约定从借款人账户上划收贷款本金和利息;(5) 有权根据法律规定和贷款合同的约定,参与借款人大额融资、资产出售以及兼并、分立、股份制改造、破产清算等活动,维护贷款人债权;(6) 借款人未能履行贷款合同规定的义务,贷款人有权依合同约定要求借款人提前归还贷款、增加担保或停止支付借款人尚未使用的贷款及采取其他违约救济措施;(7) 在贷款将受或已受损失时,可依据合同规定,采取清收、贷款协议重组、不良资产市场化处置、继续向借款人追偿等使贷款免受损失或减少损失的措施。

贷款人根据贷款条件和贷款程序自主审查和决定贷款,除国务院批准的特定贷款外,有权拒绝任何单位和个人强令其发放贷款或者提供担保。

(三) 贷款人的义务

贷款人的义务主要包括:(1) 应当公布所经营的贷款的种类、期限和利率,并向借款人提供咨询;(2) 应当公开贷款要审查的资信内容和发放贷款的条件,公示贷款合同的格式条款;(3) 贷款人应当审议借款人的借款申请,并及时给予书面答复,短期贷款答复时间不得超过 1 个月,中期、长期贷款答复时间不得超过 6 个月,国家另有规定者除外;对未获批准的贷款申请,贷款人应告知借款人;(4) 应当与借款人签订书面贷款合同,如需担保的,还需签订担保合同,并根据法律规定或合同约定办理相应的登记手续;应严格执行个人贷款面谈、贷款合同面签制度,通过电子银行渠道发放的贷款除外,但贷款人至少应采取有效措施确定借款人真实身份;(5) 应当对借款人的债务、财产及生产经营情况保密,但对依法查询者除外;(6) 贷款合同生效后,应根据法律规定或合同约定采用贷款人受托支付或者借款人自主支付的方式,及时发放贷款。

(四) 对贷款人的限制

为了减少信贷资产的风险,提高信贷资产的质量,我国《商业银行法》、《贷款通则》及贷款新规对贷款人从事贷款业务规定了一些限制,主要有:

(1) 贷款的发放必须严格执行《商业银行法》第 39 条对资产负债比例管理

的有关规定以及第40条关于不得向关系人发放信用贷款、向关系人发放担保贷款的条件不得优于其他借款人同类贷款条件的规定。

贷款新规进一步要求贷款人在从事个人贷款业务时,应建立借款人合理的收入偿债比例控制机制,结合借款人收入、负债、支出、贷款用途、担保情况等因素,合理确定贷款金额和期限,控制借款人每期还款额不超过其还款能力。在从事流动资金贷款、固定资产贷款时,应将贷款纳入对借款人及借款人所在集团客户的统一授信额度管理,并按区域、行业、贷款品种等维度建立相应贷款的风险限额管理制度。

(2)不得将个人贷款的调查事项全部委托给第三方完成。

(3)借款人有下列情况之一者,不得对其发放贷款:第一,不具备《贷款通则》及贷款新规对借款人规定的资格和条件的;第二,生产、经营或投资国家明文禁止的产品、项目的;第三,建设项目按国家规定应当由有关部门批准而未取得批准文件的;第四,生产经营或投资项目未取得环境保护部门许可的;第五,在实行承包、租赁、联营、合并(或兼并)、合作、分立、产权有偿转让、股份制改造等体制变更过程中,未清偿原有贷款债务、落实原有贷款债务或提供相应担保的;第六,有其他严重违法经营行为的。

(4)不得有下列违法违规行为,否则要承担相应的法律责任:第一,超越或者变相超越权限审批贷款;第二,发放无指定用途的个人贷款;或者降低信贷条件或者超过借款人实际资金需求发放流动资金贷款,或者在与贷款同比例的项目资本金到位前发放固定资产贷款;第三,授意借款人虚构情节获得贷款,或与借款人串通,违规发放贷款;第四,放任借款人挪用贷款或将贷款用于非法目的而不制止,以及对借款人违背贷款合同的行为应发现而未发现,或虽发现但未采取有效措施;等等。

(5)自营贷款和特定贷款,除按中国人民银行规定计收利息之外,不得收取其他任何费用;委托贷款,除按中国人民银行(2003年4月28日以后为银监会)规定计收手续费之外,不得收取其他任何费用。

(6)不得给委托人垫付资金,国家另有规定的除外。

第四节 贷款程序与监管

一、贷款操作程序

(一)贷款申请程序

借款人需要贷款,应当向主办银行或者其他银行的经办机关直接申请。贷款人应该对借款人提交贷款申请资料的方式和具体内容提出要求。通常,借款人需要填写包含借款金额、借款用途、偿还能力及还款方式等主要内容的《借款申请书》，并同时提交借款人的基本资料，包括经审计的财务报告。申请项目贷款的，还需要提交项目建议书和可行性报告；有担保的，还需要提交担保品或保证人的资料。借款人要向贷款人承诺所提交资料的真实、完整和有效。

（二）贷款调查与评估

我国现在所有的商业银行都按照《商业银行法》第35条第2款的规定，对贷款实行"审贷分离、分级审批"制度。"审贷分离"是指一项贷款申请由银行的不同部门进行审查和批准。其中，贷款审查由银行的贷款业务部门进行，它包括贷款调查和风险评价两个步骤：

（1）贷款人应设置或落实具体的部门和岗位负责贷款尽职调查，对借款人的基本情况、贷款用途、还款来源及担保情况等贷款申请内容和相关情况进行核实，形成调查评价意见。贷款调查应采取现场与非现场调查的方式进行。针对个人贷款，在不损害借款人合法权益和风险可控的前提下，可将贷款调查中的部分特定事项审慎委托第三方代为办理，但必须明确第三方的资质条件。但贷款人不得将贷款调查的全部事项委托第三方完成。

（2）在调查的基础上，贷款业务部门对贷款调查内容的合法性、合理性、准确性进行全面审查，重点关注调查人的尽职情况，并从借款人的偿还能力、诚信状况、担保情况、项目合规性和可行性、还款来源可靠性、抵（质）押比率、风险程度等角度进行贷款风险评价，评定客户的信用等级，形成风险评价报告，供贷款审批部门参考。通常，信用等级高的客户，优先取得贷款，信用等级低的客户，限制贷款。

（三）贷款审批

银行的贷款调查和风险评估部门完成上述工作之后，将资料转交给审批部门审查批准。按照"审贷分离，分级审批"的要求，审批部门不能接触贷款申请人，审批部门批准了贷款，一切后果由审批部门负责。但是，如果借款人提供的资料有问题时，由贷款部门负责。所谓"分级审批"，是指根据贷款数额大小不同，由不同分支机构审批。各商业银行总行通常对分支机构逐级进行授权，各级分支机构在授权范围内批准贷款项目；超过本级授权范围的，由上一级分支机构审批。贷款人应该建立规范的贷款审批制度和流程，明确贷款审批权限，包括内部的审批授权和转授权机制，确保审批人员按照授权独立审批贷款，不得越权审批。

需要说明的是，"审贷合一"与"审贷分离"是管理模式的不同，也是经营风格的不同。审贷合一，可能提高工作效率，但风险比较大，特别是对关系人贷款，风险更大。在审贷分离的管理模式下，风险比较小，但工作效率可能差一些。在西方市场经济制度下，银行法可能不会规定到商业银行管理风格和经营模式这样具体的内容。但是,我国由于特殊的历史情况,造成国有商业银行的管理水平不高,信贷资产质量不佳,因此,国家的法律就对直接涉及信贷审批的程序加以规定,将贷款审批问题直接引入政府行政指导之中。

为了强化贷款风险管控,贷款新规中强调了贷款人应完善内部控制机制,分解各贷款环节,实行贷款风险全程管理,按照有效制衡原则将各环节职责落实到具体部门和岗位,并建立各岗位的考核和问责机制。

(四) 签订贷款合同

贷款人应该与借款人订立书面的贷款合同。贷款合同的内容主要包括:约定的贷款种类、贷款用途、贷款金额、利率、还款期限、还款方式、贷款发放方式、借贷双方的权利和义务、贷款资金支付接受贷款人管理和控制等与贷款使用相关的条款、违约责任、风险处置和双方认为需要约定的其他事项。对于个人贷款,要求贷款人与客户进行贷款面谈,贷款合同面签,通过电子银行渠道发放的贷款除外,但贷款人应采取有效措施确认借款人的真实身份。

我国《商业银行法》限制银行提供信用贷款,所以,大多数的银行贷款都要求有担保。所以,在贷款人与借款人签订贷款合同的同时,大多数还要求签订另外一份保证合同或在贷款合同中订立保证条款。保证贷款应当由保证人与贷款人签订保证合同或保证人在贷款合同上写明与贷款人协商一致的保证条款,并签名盖章。抵押贷款、质押贷款应当由抵押人、出质人与贷款人签订抵押合同、质押合同,并依法办理登记后,合同才生效。这些内容在我国《担保法》、《物权法》中有详细规定,本书将在第八章进行讨论。

(五) 贷款发放与支付

贷款人要按贷款合同约定按期发放贷款。贷款人不按合同约定按期发放贷款的,应偿付违约金。借款人不按合同约定用款的,应偿付违约金。

长期以来,银行放款采用"实贷实存",即贷款申请成功后,一次性无条件地将贷款发放给借款人并存入其在银行的账户,这种做法使银行丧失了制约借款人的手段并为借款人挪用贷款提供了便利,存在诸多弊端。为此,贷款新规改变了过去无条件支付的管理方式,实施"实贷实付"的支付控制防范风险,规定了贷款人受托支付和借款人自主支付两种方式。

贷款人受托支付是指贷款人根据借款人的提款申请和支付委托,将贷款资金支付给符合合同约定用途的借款人交易对手。贷款人应在贷款资金发放前审核借款人相关交易资料是否符合合同约定条件,经审核同意后,将贷款资金通过借款人账户支付给借款人交易对手,并应做好有关细节的认定记录。借款人自主支付是指贷款人根据借款人的提款申请将贷款资金发放至借款人账户后,由借款人自主支付给符合合同约定用途的借款人交易对手。贷款人应要求借款人定期汇总报告贷款资金支付情况,并通过账户分析、凭证查验、现场调查等方式核查贷款支付是否符合约定用途。

按照贷款新规,个人贷款应采用贷款人委托支付方式,只有在以下几种情况,经贷款人同意才可采用借款人自主支付方式:(1)借款人无法事先确定具体交易对象且金额不超过 30 万元人民币的;(2)借款人交易对象不具备条件有效使用非现金结算方式的;(3)贷款资金用于生产经营且金额不超过 50 万元人民币的;(4)法律法规规定的其他情形的。流动资金贷款在发放前,贷款人应确认借款人满足合同约定的提款条件,采用何种贷款支付方式由双方协商确定。固定资产贷款发放和支付过程中,贷款人应确认与拟发放贷款同比例的项目资本金足额到位,并与贷款配套使用。通常,借贷双方可协商采用何种贷款支付方式,但单笔金额超过项目总投资 5% 或超过 500 万元人民币的贷款资金支付,应采用贷款人受托支付方式。

（六）贷后管理

贷款发放之后,贷款人应定期进行检查、分析,对借款人执行贷款合同情况及借款人的经营情况进行动态追踪调查和检查,掌握借款人资信方面的重大变化和影响借款偿还的情况,建立贷款质量监测制度和贷款风险预警体系,一旦出现不利情形,及时对风险进行重新评估,并采取提前收贷、追加担保等必要措施保护银行债权。

（七）贷款归还

借款人应按贷款合同的规定按时足额归还贷款本息。贷款人在短期贷款到期 1 个星期之前、中长期贷款到期 1 个月之前,应当向借款人发送还本付息通知单;借款人应当及时筹备资金,按时还本付息。贷款人对逾期的贷款要及时发出催收通知单,做好逾期贷款本息的催收工作。贷款人对不能按借款合同约定期限归还的贷款,应当按规定加罚利息;对不能归还或者不能落实还本付息事宜的,应当督促归还或者依法起诉。对借款人确因暂时经营困难不能按期归还贷款本息的,贷款人可与借款人协商进行贷款重组。对确实无法收回的不良贷款,贷款人应对其进行专门管理,及时制定清收或盘活措施,在按照相关规定进行不良贷款核销后,贷款人应继续向借款人追索或进行市场化处置。借款人提前归还贷款,应当与贷款人协商。

二、贷款质量监管

（一）不良贷款的登记、考核与冲销

贷款人应当建立和完善贷款质量监测制度,对不良贷款进行分类、登记、考核和催收。

(1)不良贷款的登记。不良贷款由会计、信贷部门提供数据,由稽核部门负责审核并按规定权限认定,贷款人应当按季填报不良贷款情况表。在报送上级行的同时,应当报送银监会当地分支机构。

(2) 不良贷款的考核。贷款人的次级贷款、可疑贷款和损失贷款(三类贷款统称不良贷款)不得超过银监会规定的比例。贷款人应当对所属分支机构下达和考核各类不良贷款的有关指标。

(3) 不良贷款的催收和冲销。信贷部门负责不良贷款的催收,稽核部门负责催收情况的检查。贷款人应当按照国家有关规定提取贷款损失准备金,并按照不良贷款冲销的条件和程序冲销不良贷款。未经国务院批准,贷款人不得豁免贷款,除国务院批准外,任何单位和个人不得强令贷款人豁免贷款。

(二) 不良贷款的分类标准

在《贷款通则》中对不良贷款规定了三级分类标准:(1) 呆账贷款,是指按财政部有关规定列为呆账的贷款。(2) 呆滞贷款,是指按财政部有关规定,逾期(含展期后到期)超过规定年限以上仍未归还的贷款,或虽未逾期或逾期不满规定年限但生产经营已终止、项目已停建的贷款(不含呆账贷款)。(3) 逾期贷款,是指借款合同约定到期(含展期后到期)未归还的贷款(不含呆滞贷款和呆账贷款)。

这种分类与我国特殊的金融市场情况还是相符合的。随着金融体制改革的进行,我国于1998年开始逐步采用国际通用的五级考核标准,中国人民银行2001年发布的《贷款风险分类指导原则》正式确立了这一考核标准,2007年4月,银监会发布了《贷款风险分类指引》作为最终的规则。五级考核标准是:(1) 正常贷款,即借款人能够履行合同,没有足够理由怀疑贷款本息不能按时足额偿还的贷款;(2) 关注贷款,即尽管借款人目前有能力偿还贷款本息,但存在一些可能对偿还产生不利影响的因素的贷款;(3) 次级贷款,即借款人的还款能力出现明显问题,完全依靠其正常营业收入无法足额偿还贷款本息,即使执行担保,也可能会造成一定损失的贷款;(4) 可疑贷款,即借款人无法足额偿还贷款本息,即使执行担保,也肯定要造成较大损失的贷款;(5) 损失贷款,即在采取所有可能的措施或一切必要的法律程序之后,本息仍然无法收回,或只能收回极少部分的贷款。后三类贷款被称为不良贷款。

银行应至少每季度对全部贷款进行一次分类,其高级管理层要对贷款分类制度的执行、贷款分类的结果承担责任。贷款分类之后,银行应根据有关规定及时足额计提贷款损失准备,核销贷款损失。采用这种考核标准有利于我国的金融业与世界金融市场接轨,为将来我国的银行进一步国际化打下良好的基础。

第五节 贷款责任制及债权保全

一、贷款管理责任制

根据我国《商业银行法》、《贷款通则》和其他法律、法规的有关规定,我国商业银行的管理责任制可以概括为"两制一禁止"。具体内容是:

(一) 行长负责制

"两制一禁止"中的第"一制"是行长负责制,具体包括贷款管理实行行长、或经理、或主任负责制。行长负责制的内容是,贷款实行分级经营管理,各级行长应当在授权范围内对贷款的发放和收回负全部责任。行长可以授权副行长或贷款管理部门负责审批贷款,副行长或贷款管理部门负责人应当对行长负责。

贷款人的各级分支机构应当建立有行长和副行长和有关部门负责人参加的贷款审查委员会(或小组),负责贷款的审查。

(二) 审贷分离制与分级审批制

"两制一禁止"中的另"一制"是审贷分离、分级审批制。银行贷款实行行长负责制并不是行长"一言堂",而是要在"审贷分离、分级审批"基础上实行行长负责制。

审贷分离制度包括:贷款调查评估人员负责贷款调查评估,承担调查失误和评估失准的责任;贷款审查人员负责贷款风险的审查,承担审查失误的责任;贷款发放人员负责贷款的检查和清收,承担检查失误、清收不力的责任。

分级审批制度包括:贷款人应当根据业务量大小、管理水平和贷款风险度确定各级分支机构的审批权限,超过审批权限的贷款,应当报上级审批。各级分支机构应当根据贷款种类、借款人的信用等级和抵押物、质物、保证人等情况确定每一笔贷款的风险度。

除此之外,还应当建立和健全信贷工作岗位责任制,它包括各级贷款管理部门应将贷款管理的每一个环节的管理责任落实到部门、岗位、个人,严格划分各级信贷工作人员的职责。

贷款人对大额借款人建立驻厂信贷员制度。此外,贷款人还应建立离职审计制,贷款管理人员在调离原工作岗位时,应当对其在任职期间和权限内所发放的贷款风险情况进行审计。

(三) 禁止的行为

"两制一禁止"中的"禁止"是指禁止银行中的贷款业务人员从事法律禁止的行为。法律禁止的行为包括:(1)利用贷款来索取、收受贿赂或者违反国家规定收受各种名义的回扣、手续费;(2)利用贷款的权利贪污、挪用或侵占贷款资金;(3)违反规定向亲属、朋友发放贷款或者提供担保;(4)授意借款人虚构情节,或者与借款人串通骗取贷款;(5)在贷款人或其他经济组织兼职;(6)法律、行政法规和业务管理规定的其他禁止行为。

二、贷款债权保全和清偿的管理

(一)债权保全的重要性

贷款人的债权保全在于对借款人的借款管理。目前我国金融机构贷款债权面临的一个突出问题是,借款人借改制、重组或破产等途径逃废债务,或者借承包、租赁等途径逃避贷款人的信贷监管以及偿还贷款本息的责任,给金融机构的金融资产安全造成很大威胁。金融机构加强贷款债权保全的工作必要而迫切。对于借款人法律地位的不同变化对贷款的影响,贷款人要采取相应的管理措施。目前的贷款新规,吸收银行实践经验,规定贷款人应要求借款人在贷款合同中承诺,发生影响其偿债能力的重大不利事项及时通知贷款人;进行合并、分立、股权转让、对外投资、实质性增加债务融资等重大事项前征得贷款人同意。贷款人在放贷后,应保持对借款人和贷款使用状况的动态跟踪,当借款人法律地位或资产发生重大变化时,贷款人应根据法律法规规定和贷款合同的约定,及时、积极地参与借款人大额融资、资产出售以及兼并、分立、股份制改造、破产清算等活动,维护贷款债权。

(二)借款人法律地位的变化及对贷款合同的影响

借款人主体形态的变化,主要有四种:(1)借款人内部实行承包制度、租赁制;(2)借款人用全部或者部分资产对外投资设立子公司,或者对外联营、合资经营,或者以其他方式处置资产;(3)借款人与其他企业进行合并、分立;(4)借款人进行股份制改造或重组等。

从法律关系上看,借款人这四种法律地位的变化对贷款人债权的影响是不同的:

(1)借款人内部实行承包或租赁经营时,原有的贷款合同当事人没有变化,但承包、租赁下容易出现承包人、租赁人的短期行为,损害借款人的偿债能力。因此,贷款合同应事先明确在此情形下贷款人有权得到的保障,例如可以要求借款人在承包、租赁合同中明确落实原贷款债务的偿还责任,比如要求清偿债务或提供相应的担保,保障贷款人的权益不受影响。如果借款人不能落实债务,其所欠贷款债务应当经贷款人同意,由发包方与承包方,或由出租方与租赁方在协议或合同中明确各自的偿还责任。对于已经设定抵押权、质权的财产,应当经过抵押权人、质权人同意,才可承包或租赁,等等。

(2)借款人用全部或部分资产对外投资、联营、合资经营。我国《公司法》放开了公司对外投资的限制,除法律另有规定外,不得成为对所投资企业的债务承担连带责任的出资人。从理论上看,借款人以资产换取了所投资公司的股权或者联营企业的权益,不会损害贷款人的债权。如果借款人未能还款,贷款人可以采取冻结所投资公司股权或联营企业权益的方式来清偿。但实践中,我国的产权转让市场欠发达,股权类资产的变现比较困难,贷款人即使手握股权也无法获得债权的有效清偿,况且,有些借款人假借对外投资、联营的机会转移核心资产,制造所投资公司或联营企业亏损的假象而恶意逃债,使贷款人颗粒无收。因此,贷款合同应事先明确在此情况下贷款人有权获得的保障,例如提前通知,要求借款人在资产有偿转让前落实贷款债务的清偿,或要求借款人将所得收益优先归还贷款,或根据借款人所占用的资本金或资产的比例将贷款债务落实到所投资的企业中。

（3）借款人与其他企业进行合并、分立的,贷款合同的借款人主体发生变更。根据我国《民法通则》和《公司法》的要求,公司合并时,合并各方的债务应当由合并后存继的公司或新设的公司承继;分立后的公司如果之前未与债权人对债务清偿另有书面协议约定的,对原有企业的债务承担连带责任。另外,公司合并时,债权人可以要求公司清偿债务或者提供相应的担保。

（4）借款人进行股份制改造或重组的,借款人的法人资格都会发生变化,贷款人应有权参与这些过程,要求借款人落实贷款本息偿还事宜。根据最高人民法院《关于审理与企业改制相关的民事纠纷案件若干问题的规定》（法释〔2003〕1号）,企业通过增资扩股或者转让部分产权,实现他人对企业的参股,将企业整体改造为有限责任公司或者股份有限公司的,原企业债务由改造后的新设公司承担。另外,贷款人应根据法律法规和贷款合同的约定,参与借款人破产财产的认定与债权债务的处置。破产借款人财产的认定与债务的处置应当在贷款人的参与下,严格按照有关法律进行,不受地方保护主义或部门本位主义的影响。对于破产借款人已设定财产抵押、质押或其他担保的贷款债权,无论抵押财产数额占破产资产的比例多少,都应当优先受偿;无财产担保的贷款债权按法定程序和比例受偿。借款人全资附属公司资产或参股公司股权,属于破产财产的,也应当用于清偿债务。

在最高人民法院2007年判决的"中国农业银行哈尔滨市太平支行与哈尔滨松花江奶牛有限责任公司、哈尔滨工大集团股份有限公司、哈尔滨中隆会计师事务所有限公司借款合同纠纷案"〔(2007)民二终字第178号〕中,法院认为债务人在债权人发出的债务逾期催收通知书上签字或者盖章的行为,虽然并不必然表示债务人愿意履行债务,但可以表示其认可该债务的存在,属于当事人对民事债务关系的自认,人民法院可据此认定当事人之间存在债务关系;国有企业改制后,原有债务应当由改制后的企业承担。债权人向改制后的企业发出债务逾期催收通知书的,应当视为债权人对债务人变更的认可。

（三）"债务随资产转移"的司法规则

针对近年来借款人逃废银行债务的现象比较普遍，为保护债权人的合法权益，最高人民法院2002年底发布了《关于审理与企业改制相关的民事纠纷案件若干问题的规定》，突破了法人独立责任的基本法理，确立了"债务随资产转移"的司法规则。

按照这一规则，如果借款人以其优质财产与他人组建新公司，将债务留在原企业，从而导致原企业无法清偿债务的，属于恶意逃债行为。此时，虽然借款人本身依然存在，但是贷款人可以以新设公司和借款人作为共同被告提起诉讼，新设公司应当在所接收的财产范围内与借款人共同承担连带责任。

"债务随资产转移"的司法规则可以适用于上面提到的借款人以对外投资、联营、合资经营的名义转移资产、逃避债务的情形。实践中，最高人民法院正通过审判实务逐步明确"恶意逃债"的范围。

三、贷款管理特别规定

以上介绍的是银行贷款的一般程序和制度，此外，我国《商业银行法》和《贷款通则》还规定了若干贷款管理的特别制度。这些制度包括：

（1）建立贷款主办银行制度。借款人应当按中国人民银行的规定与其开立基本账户的贷款人建立贷款主办银行关系。借款人发生企业分立、股份制改造、重大项目建设等涉及信贷资金使用安全的重大经济活动，事先应当征求主办银行的意见。一个借款人只能有一个贷款主办银行，主办行应当随基本账户的变更而变更。主办行不包资金，但应当按规定有计划地对借款人提供贷款，为借款人提供必要的信息咨询和代理等金融服务。中国人民银行制定了《主办银行管理暂行办法》，从1996年7月1日起开始实施。

（2）特定贷款管理制度。国有独资商业银行应当按国务院的规定发放和管理特定贷款。特定贷款管理办法另行规定。

（3）贷款特许制度。非银行金融机构贷款的种类、对象、范围，应当符合银监会的规定。各级行政部门和企事业单位、供销合作社等合作经济组织、农村合作基金会和其他基金会，不得经营存贷款等金融业务。企业之间不得违反国家规定办理借贷或者变相借贷融资业务，如需进行贷款或者融资，应通过委托贷款的方式进行。

（4）异地贷款备案制度。贷款人发放异地贷款，或者接受异地存款，应当报银监会当地分支机构备案。

（5）信贷资金不得用于财政支出。

四、我国《刑法》中规定的贷款犯罪

(一) 高利转贷罪

1. 高利转贷行为

这种行为是以牟取高额利息为目的,以转贷为手段,套取金融机构信贷资金再高利转借给他人,并且借款数额较大的一种犯罪。这种犯罪行为扰乱了我国的金融管理秩序,损害了金融机构和广大存款人的利益。

2. 对高利转贷罪的处罚

我国《刑法》第 175 条规定,对犯有高利转贷罪的,处 3 年以下有期徒刑或者拘役,并处违法所得 1 倍以上 5 倍以下的罚金;数额巨大的,处 3 年以上 7 年以下有期徒刑,并处违法所得 1 倍以上 5 倍以下罚金。机构犯高利转贷罪的,对机构处以罚金,并对该机构直接负责的主管人和其他直接责任人,处 3 年以下有期徒刑或者拘役。

(二) 虚假信用申请罪

这是全国人大常委会 2007 年 6 月 29 日通过的《刑法》修订案(六)新增加的一个罪名,列为《刑法》第 175 条之一:"以欺骗手段取得银行或者其他金融机构贷款、票据承兑、信用证、保函等,给银行或者其他金融机构造成重大损失或者有其他严重情节的,处 3 年以下有期徒刑或者拘役,并处或者单处罚金;给银行或者其他金融机构造成特别重大损失或者有其他特别严重情节的,处 3 年以上 7 年以下有期徒刑,并处罚金。"机构犯前款罪的,对机构判处罚金,并对其直接负责的主管人员和其他直接责任人员,依照前款的规定处罚。

该罪与《刑法》第 193 条"贷款诈骗罪"的主要区别在于不需要以非法占有为目的。只要具备以下三个要件,就构成本罪:(1) 在申请银行信用过程中有虚假陈述;(2) 逾期不还贷款;(3) 给银行或其他金融机构造成重大损失。此外,本罪侵犯的客体比贷款诈骗罪更广,不仅包括银行贷款,而且包括银行或者其他金融机构的票据承兑、信用证、保函等。

(三) 违法发放贷款罪

全国人大常委会 2007 年 6 月 29 日通过的《刑法》修订案(六)对违法发放贷款罪进行了修改,制裁对象不仅包括原有的向关系人违法发放贷款,向其他借款人违法发放贷款,还包括其他违反贷款管理规定发放贷款的行为。修改后的《刑法》第 186 条规定,银行或者其他金融机构的工作人员违反国家规定发放贷款,数额巨大或者造成重大损失的,处 5 年以下有期徒刑或者拘役,并处 1 万元以上 10 万元以下罚金;数额特别巨大或者造成特别重大损失的,处 5 年以上有期徒刑,并处 2 万元以上 20 万元以下罚金。银行或者其他金融机构的工作人员违反国家规定,向关系人发放贷款的,依照前款的规定从重处罚。银行或其他金

融机构犯前款罪的,对机构判处罚金;对其直接负责的主管人员和其他直接责任人员,依照前述条款的规定处罚。

（四）贷款诈骗罪

借款人如果存在以下情形,以非法占有为目的,诈骗银行或其他金融机构贷款,数额较大的,将构成贷款诈骗罪,具体情形包括：(1) 编造引进资金、项目等虚假理由的;(2) 使用虚假的经济合同的;(3) 使用虚假的证明文件的;(4) 使用虚假的产权证明作担保或者超出抵押物价值重复担保的;(5) 以其他方法诈骗贷款的。我国《刑法》第193条规定,对犯有贷款诈骗罪的,处5年以下有期徒刑或者拘役,并处2万元以上20万元以下罚金;数额巨大或者有其他严重情节的,处5年以上10年以下有期徒刑,并处5万元以上50万元以下罚金;数额特别巨大或者有其他特别严重情节的,处10年以上有期徒刑或者无期徒刑,并处5万元以上50万元以下罚金或者没收财产。

（五）出售、非法提供公民个人信息罪

借款人申请贷款时,要向贷款人提供详细的个人基本资料,我国《商业银行法》规定商业银行的工作人员不得泄露其在任职期间知悉的国家秘密、商业秘密,我国《合同法》也要求当事人在订立合同过程中知悉的商业秘密,无论合同是否成立,不得泄露或者不正当地使用。银行工作人员或银行将本单位在履行职责或者提供服务过程中获得的公民个人信息,出售或者非法提供给他人,情节严重的,将构成《刑法》第253条规定的"出售、非法提供公民个人信息罪",受到严厉制裁。

第八章 信贷担保法律制度

第一节 信贷担保法律制度概述

一、担保的类别及对信贷的特殊意义

（一）担保的含义与类别

担保，又称为债的担保，是一种保障债权实现的制度。担保权人在债务人不履行到期债务时，可以依法要求充当保证人的第三人承担责任，或者依法享有就特定担保财产优先受偿的权利。根据不同标准，可以将担保进行如下分类：

（1）物的担保与人的担保。物的担保是指以特定财产作为保障债权的手段，当债务人不履行到期债务时，债权人有权就担保财产优先受偿。抵押、质押、留置等都属于物的担保。人的担保是以保证人的信用来担保债的履行。保证这种担保形式属于人的担保。

（2）单一担保与最高额担保。这是按照担保的运作方式进行的分类。

单一担保是指对单个主合同项下的某一特定金额的债权提供的担保。最高额担保，是指对一定期限内连续发生的多个债权，在预先确定的最高限额内提供的担保。例如，我国《担保法》第14条规定："保证人和债权人可以就单个主合同分别订立保证合同，也可以协议在最高债权额限度内就一定期间连续发生的借款合同或者某项商品交易合同订立一个保证合同。"

（3）担保与反担保。我国《物权法》第171条规定："第三人为债务人向债权人提供担保的，可以要求债务人提供反担保"。反担保是指债务人对为自己债权提供担保的第三人提供的担保，又称为"担保的担保"，其功能是保障第三人将来承担担保责任后，能够顺利实现对债务人的追偿权。举例来说，张三为李四向银行借款30万元提供连带保证，同时要求李四将其名下的一项房产抵押给自己作为反担保。一旦李四日后不能还款，由张三代为偿还后，张三可以向李四追偿，就该房产抵押物优先受偿。

（二）担保制度对信贷的特殊意义

本书之所以将担保制度专列一章予以介绍，是因为担保对信贷有特殊的意义。我国《商业银行法》第4条规定，商业银行以流动性为经营原则。第7条规定，商业银行开展信贷业务，应当严格审查借款人的资信，实行担保，保障按期收回贷款。因此，担保制度是银行实现流动性原则的保障。

假如某商业银行将 100 万元贷款给甲企业,贷款期限为 1 年,年利息 12%。那么,结果可以有两种:

第一种结果是,如果甲企业不能按《借款合同》约定期限还贷,延期 1 年后才还清贷款。此时,银行不但可以收回本金,还可以收回两年的利息 24 万,罚息 4 万元,利息总计为 28 万元。

第二种结果是,如果甲企业按期还贷,银行收回 112 万元。银行再将该 100 万贷给乙企业使用 1 年,年利息仍然是 12%。到期乙企业按期还贷。此时,甲乙企业交给银行的利息总计为 24 万元。

分析上面假设的例子,如果从收益方面计算,从第一种结果来看,银行可以获得利息更多,银行并没有吃亏。那么,在实践当中,银行何以要放弃较高的收益,而在贷款到期以后积极催收,乃至提起诉讼,寻求司法保护呢?这得从银行资产的流动性谈起。

我们知道,银行主要有两大类型业务,一是负债业务,一是资产业务。银行的负债业务主要包括吸收公众存款、发行金融债券、同业间资金拆借以及向中央银行贷款等行为。资产业务主要包括银行对中央政府与中央银行、企业的授信活动以及对其他银行的资金拆借行为。银行之所以可以从事资产业务,很重要的原因在于银行的负债活动。银行是通过负债活动筹集资金,从而开展授信业务的。因此,银行是典型的负债经营企业。

那么银行是否可以不受限制地吸收存款、发放贷款呢?不行。因为负债过重影响银行的清偿能力。所以各国法律对银行的负债比例都有一定的限制。

我国《商业银行法》第 39 条规定:商业银行贷款,资本充足率不得低于 8%。该条规定说明的就是这个道理。巴塞尔银行业管理与监督委员会于 1988 年 7 月通过的《关于统一国际银行资本衡量和资本标准的协议》(以下简称《巴塞尔协议》)第 44 条也规定:"资本与加权风险资产的目标比率为 8%。"该比率就是我国《商业银行法》所说的资本充足率。《巴塞尔协议》的规定说明,银行的负债经营是一个全球性特征。

即使有上述 8% 的资本充足率限制,银行仍然是一类高负债经营的企业。而对付高负债的一个有效办法就是必须保持资产的流动性。如果银行到期不能收回发放的贷款,银行就有可能不能履行对其他机构与个人的负债义务。人们一旦对一家银行的偿付能力表示怀疑,就可能会到银行挤兑。银行负债经营的特点决定了世界上没有任何一家银行可以经得起存款人的挤兑。因此,银行避免挤兑现象发生的唯一办法,就是要提高资产的流动性,依此化解金融风险。为此,我国《商业银行法》第 39 条接着还规定:流动性资产余额与流动性负债余额的比例不得低于 25%。

前述例中,第一种结果的最大缺点是风险大于第二种结果。这种风险就是资金缺乏流动的风险。银行如果按第一种结果的情况来贷款,设有保证,或设定抵押或质押的话,就不会有遭受风险的威胁,又保证了资金流动性。只有保证了资金流动性,债权的实现才能不受阻碍,从而也就避免银行出现金融危机。因此,从银行和其他金融机构来看,保障资金流动性对金融机构来说是考虑资金的时间价值的最主要的目的,从法律上看保障债权是金融机构民事权利的根本目的。

由此,我们可以看出,担保对于信贷活动意义十分重大。

我国《合同法》第198条规定:"订立借款合同,贷款人可以要求借款人提供担保。担保依照《中华人民共和国担保法》的规定。"从我国《担保法》第1条立法目的将"促进资金融通"放在首位,第2条需要设立担保的几种主要的经济活动将"借贷"放在第一的规定顺序,以及《物权法》在第171条有关担保物权的适用范围上首先列举"借贷"民事活动等,我们也可以看到,担保法律制度对于保障信贷资金安全和信贷活动的正常开展,起着非常重要的作用。

从我国规范担保与融资活动的立法史看,担保制度与信贷活动也有着紧密的联系。

1950年,政务院财经委员会颁布的《关于机关、国营企业、合作社签订合同契约暂行办法》第6条明确规定:"银行借款契约,以有担保为原则,但在国家计划中规定之贷款,且事实上无法提供担保者,由借款单位的上级机关或主管机关担保。"1985年,国务院发布的《借款合同条例》第7条规定:"借款方申请借款应具有中国人民银行规定的一定比例的自有资金,并有适销适用的物资和财产作贷款的担保。借款人无力偿还借款时,贷款方有权要求依照法律程序处理借款方作为贷款保证的物资和财产。借款不完全具备本条第1款规定的申请借款条件,但有特殊情况需要借款时,可以提出申请,但需有符合法定条件的保证人,经贷款方同意,并报经贷款方上级同意后,方可借款。"我国《商业银行法》第7条第1款规定:"商业银行开展信贷业务,应当严格审查借款人的资信,实行担保,保障按期收回贷款。"第36条规定:"商业银行贷款,借款人应当提供担保。商业银行应当对保证人的偿还能力、抵押物、质物的权属和价值以及实现抵押权、质权的可能性进行严格审查。经商业银行审查、评估、确认借款人资信良好,确能偿还贷款的,可以不提供担保。"

因此,我国《合同法》、《担保法》、《商业银行法》规定贷款人有权要求借款人提供担保,与我国法律法规的一贯规定是相通的。

二、担保法律关系及担保法律制度概述

(一) 担保法律关系

在司法实践中,了解与研究担保法律关系,对于正确确定诉讼主体,认定合

同的法律效力，明确当事人的民事责任，具有重要意义。担保法律关系的要素包括：主体、客体和内容三个方面。

1. 主体

担保法律关系的主体包括接受担保的一方和提供担保的一方。

（1）接受担保的一方。在融资担保活动中，接受担保的一方往往是资金出借人，一般是诉讼中的原告。大多数是银行、信托公司、财务公司、金融租赁公司，以及证券公司、保险公司等。

（2）提供担保的一方。在融资担保活动中，提供担保的一方，在保证合同中，只能是第三人；在抵押和质押担保中，既可以是资金融入人，也可以是第三人；在留置和定金担保中，只能是资金融入人。他们一般都是诉讼中的被告。

2. 内容

担保法律关系的内容，是指担保合同双方当事人之间的权利义务关系。因担保方式不同，权利义务的内容也不同。我国《担保法》及其司法解释、《物权法》等对此作了明确规定。

3. 客体

担保法律关系客体，是指担保合同双方当事人权利义务所指向的对象。在保证合同中，客体是行为；在抵押担保中，客体是抵押财产，包括动产和不动产，以及不动产上的权利，如土地使用权；在质押担保中，客体既可以是法律允许流通的动产，也可以是无形的财产权利，如依法可以转让的债权、股票、股份、商标专用权、专利权、著作权中的财产权；在融资留置担保中，客体主要是票据；在融资定金担保中，客体是货币。

（二）担保法律制度

1. 担保的原则

担保的法定原则是：平等、自愿、公平、诚实信用。所谓"平等"是指当事人在信贷担保活动中的地位平等。所谓"公平"是指信贷担保的内容公平。所谓"自愿"是指信贷担保不能违反当事人的意思，更不能强迫，不能被欺骗，不能胁迫提供保证和抵押等。所谓"诚实信用"是指信贷担保的当事人，特别是保证人必须诚实信用，人的保证完全靠保证人的信誉，信誉不好，保证就不能起到真正的作用。

2. 担保制度的法律渊源

我国《合同法》、《担保法》及其司法解释、《物权法》等法律法规是目前调整担保法律关系的主要法律渊源。

我国《合同法》所确立的一般合同规则，是规范担保合同的基础性法律；全国人大常委会1995年6月30日通过的《担保法》规定了保证、抵押、质押、留置、定金五种担保方式，构建了我国担保法律制度的框架；2000年最高人民法院发布的《关于适用〈中华人民共和国担保法〉若干问题的解释》(以下简称《担保法》司法解释),对《担保法》实施中的具体问题作了进一步规定。

我国《物权法》,专设了"担保物权"一节规定抵押权、质权和留置权的基本规则,增设了可用于担保的财产形式,并修改了《担保法》的部分规定,进一步完善了我国的担保法律制度。如果《担保法》与《物权法》的规定不一致的,则要优先适用《物权法》,这是"时间优先"法律效力原则的要求。

三、担保责任范围与担保责任的免除

(一)担保人承担责任的范围

一旦触发担保条件,担保人就要依照法律和合同约定承担担保责任。在融资合同纠纷中,除非担保合同另有规定,担保人承担责任的范围,应包括借款本金、利息(包括复息)、罚息、质押和留置中保管担保财产的费用和实现债权的费用。实现债权的费用包括诉讼费、公告费用、鉴定费、委托拍卖费等可以预见的费用。

(二)担保责任的免除

在有效的担保合同中,担保人并不必然要承担担保责任。按照我国《担保法》的规定,在下列情况下,担保人的法律责任可以免除:

(1)借款人履行还款义务,主债务消灭。

(2)贷款人免除借款人还款义务。

(3)贷款人放弃担保权利。

上述几种情况,既可以是全部免除,也可以是部分免除,如免除罚息。在审判实践中,除偶有免除罚息的以外,因贷款人主动放弃权利而免除担保责任的现象是极为少见的。

(4)超过担保期限。担保合同明确约定有担保期限的,如担保权人未在担保期限内依法主张权利,担保人可因超过担保期限而免除担保责任。

(5)超过诉讼时效期间。借款合同履行期限届满起2年内,如果没有诉讼时效中止、中断事由出现,贷款人不对借款人提起诉讼的,担保人因主债务超过诉讼时效而免除担保法律责任。在这种情况下,即使主债务人放弃诉讼时效超期的抗辩,担保人仍享有该抗辩权。

四、担保的性质与担保合同无效时的责任分担

(一)担保的法律性质

我国《担保法》第5条规定:"担保合同是主合同的从合同,主合同无效,担保合同无效。担保合同另有约定的,按照约定";《物权法》第172条规定:"担保合同是主债权债务合同的从合同。主债权债务合同无效,担保合同无效,但法律另有规定的除外",揭示了担保的从属性。

如果借款合同是主合同,保证合同或抵押合同就是从属合同。当借款合同无效时,担保合同也无效。担保合同被确认无效后,债务人、担保人、债权人有过错的,应当根据其过错各自承担相应的民事责任。

按照我国《物权法》的要求,只有"法律另有规定"才能使担保物权合同在效力上独立于借款合同,但《担保法》除了规定担保物权之外,还规定有保证和定金两种非物权性担保方式,因此,在这两方式上,是允许当事人自由约定担保合同效力的①。如果根据法律或约定,担保合同效力独立于借款合同,则借款合同有效与否不会影响担保合同的效力。

在实践中,我们也要看到,保证合同或抵押合同往往是借款合同的前提和基础,因为没有担保为前提或基础,银行就不会提供贷款。因此,如果担保合同没有就效力是否独立于借款合同的问题作出明确约定的,在借款合同无效的情况下,担保人很难因担保合同无效而抗辩免责。

(二) 担保合同无效时的责任分担

担保合同无效包括两种情形:其一,主合同无效,导致担保合同无效;其二,担保合同本身无效,与主合同无关。我国《担保法》第5条第2款和《物权法》第172条第2款共同确立的处理原则是"担保合同被确认无效后,债务人、担保人、债权人有过错的,应当根据其过错各自承担相应的民事责任",这种民事责任属于缔约过失责任,担保人因担保合同无效而不存在承担担保责任的问题。依此规定,担保人如在签订担保合同时无过错,就不应承担合同无效的法律责任;如果有过错,则应根据过错程度,承担合同无效的法律责任。根据我国《民法通则》第61条和《合同法》第58条的规定,合同无效后,因该合同取得的财产,应当返还给受损失的一方,不能返还或者没有必要返还的,应当折价补偿;有过错的一方应赔偿对方遭受的损失;双方都有过错的,应当各自承担相应的责任。

在实务中,还应根据担保合同无效的上述两种情形区分处理:

(1) 主合同无效导致担保合同无效的责任分担。这种情况下,担保人无过错的,不承担民事责任;担保人有过错的,其承担民事责任的部分,不应超过债务人不能清偿部分的三分之一,这是《担保法》司法解释总结实践经验后的规定。

(2) 主合同有效,担保合同无效时的责任分担。导致担保合同无效的原因很多,在主合同有效的情况下,也可能存在担保合同无效的情形。

按照我国《民法通则》和《合同法》的有关规定,合同的效力取决于以下四个要素:主体是否有相应的民事权利能力和民事行为能力;当事人的意思表示是否真实;内容是否合法;合同是否符合法定形式。

据此,担保合同自身无效,主要有以下情形:

---

① 常用于国际贸易中通行的见索即付、见单即付的保证合同。

第一,主体不合格的无效担保合同。在担保借款合同中,保证人必须是具有代为清偿能力的法人、其他组织或公民;抵押人必须是抵押物的所有权人、处分权人或所有人授权的人;出质人必须是动产质物的所有权人、处分权人,以及质押权利的债权人、持有人或享有人。除公民之间的借贷以外,接受担保的资金融出人必须是具有融资业务资格的金融机构。不符合这些条件的当事人签订的担保合同是无效担保合同。

第二,意思表示不真实的担保合同。这种无效担保合同在保证担保中最为明显。我国《担保法》第30条规定:"有下列情形之一的,保证人不承担民事责任:(一)主合同当事人双方串通,骗取保证人提供保证的;(二)主合同债权人采取欺诈、胁迫等手段,使保证人在违背真实意思的情况下提供保证的。"这两种情况下保证人之所以不承担保证责任,是因为保证行为违背了保证人的真实意愿,违背了自愿、诚实信用的担保原则,而保证人在缔约时没有过错,合同无效的责任在于主合同债权人或主合同双方当事人。此外,如果保证人能举证证明保证合同系他人盗用公章所为,也可以确认合同无效,但保证人应承担保证合同无效的责任。

第三,内容不合法的无效保证合同。担保合同可因担保的事由不合法(例如为赌债提供担保),抵押、质押的标的不合法,或者权利义务违反平等、公平原则无效。

第四,不符合法定形式要件的无效合同。如房产抵押合同应经登记而未登记。

这种情形下,债权人无过错的,担保人与债务人对主合同债权人的经济损失,承担连带赔偿责任,其实是将担保人与债务人置于赔偿损失的同等地位;债权人、担保人有过错的,担保人承担民事责任的部分,不应超过债务人不能清偿部分的二分之一;造成担保合同无效的过错全部在担保人的,担保人应当承担全部赔偿责任。《担保法》司法解释第7条的这种处理思路,也在其他解释条文中得到体现。例如,《担保法》司法解释第4条规定,董事、经理违反《公司法》第60条的规定,以公司资产为本公司的股东或者其他个人债务提供担保的,担保合同无效。除债权人知道或者应当知道的外,债务人、担保人应当对债权人的损失承担连带赔偿责任。不过,担保合同因担保人不具备担保主体资格而无效,不属于债权人无过错的情形,因为担保人主体资格的欠缺通常比较明显,基本上都有法律规定,债权人在这种情况下接受担保人提供的担保,即使不是明知,也存在重大过失,应认为有过错。

就分支机构的担保情形,我国《担保法》第29条特别作出规定:"企业法人的分支机构未经法人书面授权或者超出授权范围与债权人订立保证合同的,该合同无效或者超出授权范围的部分无效,债权人和企业法人有过错的,应当根据其过错各自承担相应的民事责任;债权人无过错的,由企业法人承担民事责任。"

第二节 保 证

一、保证和保证人

(一) 保证的概念

我国《担保法》中所称的"保证",是指保证人和债权人约定,当债务人不履行债务时,保证人按照约定履行债务或者承担责任的行为。所以,可以说"保证"是人的一种担保,这种保证的效力全靠保证人的信用。保证人有信用时,保证就可以起到担保的作用;反之,保证人没有信用,保证的担保作用就会减弱或没有了。

(二) 保证人

我国《担保法》规定,有代为清偿能力的法人、其他组织或者公民,可以作为保证人。由于保证人是以其信誉为借款人担保的,所以,保证人的资格非常重要。因而,不具有完全代偿能力的法人、其他组织或者自然人,以保证人身份订立保证合同后,又以自己没有代偿能力要求免除保证责任的,人民法院不予支持。

法律禁止下列主体作为保证人:

(1) 国家机关不得为保证人,但经过国务院批准为使用外国政府或者国际经济组织贷款进行担保的除外。外国政府或国际经济组织贷款一般是援助性的,或非商业性的,贷款期限长,利率低,宽限期长,所以我国政府指定财政部或中国人民银行提供担保,这种担保是国与国政府之间的关系,不是商务关系。

(2) 学校、幼儿园、医院等以公益为目的的事业单位、社会团体不得为保证人。但如果是从事经营活动的事业单位、社会团体为保证人的,如不存在其他导致保证合同无效的情况,其所签订的保证合同则有效。

(3) 企业法人的分支机构、职能部门不得为保证人。但是,企业法人的分支机构有法人书面授权的,可以在授权范围内提供保证。在这种情况下,如果企业法人分支机构的财产不足以承担保证责任的,由企业法人承担民事责任。

(三) 共同保证人

同一债务有两个以上保证人的,保证人应当按照保证合同约定的保证份额,承担保证责任。没有约定保证份额的,保证人承担连带责任,债权人可以要求任何一个保证人承担保证责任,保证人都负有担保全部债权实现的义务。已经承担保证责任的保证人,有权向债务人追偿,或者要求承担连带责任的其他保证人清偿其应当承担的份额。

二、保证合同和保证方式

(一) 保证合同

保证合同必须是以书面形式表示的,但是具体形式可以有多种。例如,可以是保证人与债权人签订的书面保证合同;还可以是具有担保性质的信函或传真等;也可以是主合同中的担保条款。如果主合同没有保证条款,但保证人以保证人身份在合同上签字或盖章的,也成立保证合同关系。担保合同可以就单个主合同分别订立保证合同,也可以协议在最高债权额限度内就一定期间连续发生的借款合同或某项商品交易合同订立一个保证合同。

(二) 保证合同的主要条款

保证合同应该具备一些法定的主要条款,这些条款包括:(1)被保证的主债权种类、数额;(2)债务人履行债务的期限;(3)保证的方式;(4)保证的范围;(5)保证的期间;(6)双方认为需要约定的其他事项。保证合同如果不具备这些条款,可以通过补充完善。

(三) 保证的方式

保证的方式有两种:

第一种是一般保证。一般保证是指当事人在保证合同中约定,债务人不能履行债务时,由保证人承担保证责任。一般保证的保证人在主合同的纠纷未经过审判或者仲裁,并就债务人财产依法强制执行仍不能履行债务前,对债权人可以拒绝承担保证责任。一般保证的保证人在诉讼中的地位一般是第二被告,并且只有当主债务人在法律文书生效后,法院依法强制执行其财产仍不能清偿全部款项时,一般保证的保证人才能产生代为清偿的义务。这就是一般保证人的"检索抗辩权"或称"先诉抗辩权"。所以,一般保证责任是对主债务人不能履行的赔偿责任。但是,保证人在下列情况下,不得拒绝履行保证的义务:(1)债务人住所变更,致使债权人要求其履行债务发生重大困难的,例如债务人下落不明,移居境外,且无财产可供执行;(2)人民法院受理债务人破产案件,中止执行程序的;(3)保证人以书面形式放弃前述规定的权利的。

第二种保证方式是连带责任保证。连带责任保证是指当事人在保证合同中约定保证人与债务人对债务承担连带责任。连带责任保证的债务人在主合同规定的债务履行期届满没有履行债务的,债权人可以要求债务人履行债务,也可以要求保证人在其保证范围内承担保证责任。为了保护债权人的利益,法律还规定,当事人对保证方式没有规定或者规定不明确的,按照连带责任保证承担保证责任。

因此,在连带保证中,借款人不偿还贷款本息的,法院既可以强制执行作为第一被告的借款人的财产,也可以强制执行作为第二被告的保证人的财产。所以,从理论上讲,贷款人既可以将借款人作为第一被告,保证人作为第二被告,也可以将借款人、保证人单独作为被告向法院提起诉讼。但从审判实践看,除非出现借款人破产、撤销、注销、下落不明等情况,贷款人不宜仅起诉保证人,仍应将借款人作为第一被告,保证人作为第二被告提起诉讼。这是因为,法院在审理担保融资合同纠纷时,要查清某些案件事实,如贷款人是否按时汇付贷款、借款人是否已归还借款本金和利息、主合同是否合法有效、主合同当事人是否存在相互串通、骗取保证人提供担保等,都应有借款人参加。否则,不利于查清事实,正确裁判案件。因此,当贷款人将保证人单独作为被告提起诉讼时,如不存在上述情况,法院应当追加借款人为被告参加诉讼。

（四）保证人的抗辩权

一般保证和连带保证责任的保证人享有债务人的抗辩权。债务人放弃对债务的抗辩权的,保证人仍有权抗辩。所谓"抗辩权"是指债权人行使债权时,债务人根据法定事由,对抗债权人行使请求权的权利。

三、保证责任

（一）保证范围

保证担保的范围包括主债权及利息、违约金、损害赔偿和实现债权的费用。保证合同另有约定的,按照约定。如果当事人对保证担保的范围没有约定,或者约定不明确的,法律规定保证人应当对全部债权承担责任。

"全部债权"的范围是什么,法律没有进一步解释。笔者的理解是:全部债权包括《借款协议》中约定的主债权、利息加罚息。因为这些项目是可以事先在主债务中约定的,而保证合同才能够事先约定,主债务人不还钱情况发生时,保证担保的范围是什么,全部债权就是什么。

（二）债权转让

在保证期间,债权人依法将主债权转让给第三人的,保证人在原有的保证担保的范围内继续承担保证责任。保证合同另有约定的,按照约定。需要注意的是,保证合同另有约定一般是指债权转让事先通知保证人并取得其同意,如果不事先通知,又没有取得同意,保证人通常对转让以后的新债权人不提供保证。另外,常见的还有保证人和债权人事先约定仅对特定的债权人承担保证责任或者禁止债权转让,这些情况下保证人也不再承担保证责任。

（三）债务转让

在保证期间,债权人许可债务人转让债务的,应当取得保证人的书面同意,保证人对未经过其同意而转让部分的债务,不再承担保证责任,但保证人仍应当对未转让部分的债务承担保证责任。

（四）主协议变更

在保证期间，债权人与债务人协议变更主合同的，应当取得保证人的书面同意，未经过保证人书面同意的，保证人一般不应再承担保证责任。保证合同另有约定的，按照约定。主合同即《借款合同》发生上述变更，可能是主债的数额、期限、利息和其他还款的条件发生了变化，该变化影响保证人的利益，所以需要得到保证人同意或遵守其他事先的约定。为了更好地促进合同履行，发挥担保的作用并平衡债权人与担保人的利益，《担保法》司法解释细化了对这一规定的操作：(1) 如果变更的结果是减轻债务人的债务，这样的变更对保证人有利，因而保证人应对变更后的合同承担保证责任；(2) 如果变更的结果是加重了债务人的债务，为了不增加保证人的负担，保证人对加重的部分不承担保证责任；(3) 如果主合同变更的是合同履行期限，则保证期间为原合同约定的或法定的期间；(4) 主合同尽管进行了变更但未实际履行，保证人仍应承担保证责任。

（五）保证期间

保证期间是指保证人承担保证责任的期间，由于一般保证人与连带责任保证人承担责任的顺序不同，我国《担保法》及其司法解释区分了以下情况：

(1) 一般保证中，如果保证合同约定了保证期间的，按照其约定。如果未约定保证期间的，保证期间为主债务履行期限届满之日起 6 个月。

在上述保证期间，债权人未对债务人提起诉讼或者申请仲裁的，保证人免除保证责任；债权人已提起诉讼或者申请仲裁的，保证期间适用诉讼时效中断的规定。

(2) 连带保证中，如果保证合同约定了保证期间的，按照其约定。如果未约定期限的，保证期间为主债务履行期限届满之日起 6 个月。

在上述保证期间内，如果债权人未要求连带保证人承担保证责任的，保证人免除保证责任。

(3) 约定不明确或视为约定不明确的情形。例如，保证合同中这样约定："保证人的保证期间从主债务到期开始，到该债务本金加利息和有关费用还清为止。"这种写法在许多贷款保函中都被采纳，《担保法》司法解释视这种情况为约定不明，保证期间为主债务履行期届满之日起 2 年。再如，保证合同约定的保证期间早于或者等于主债务履行期限的，视为没有约定，保证期间为主债务履行期届满之日起 6 个月。

此外，保证人依照我国《担保法》第 14 条规定就连续发生的债权作保证，又未约定保证时间的，保证人随时可以书面通知债权人终止保证合同。但是保证人对于通知到债权人前所发生的债权，仍然承担保证责任。

（六）"物保"与"人保"的选择

同一债权既有物的保证，又有"人的保证"，例如，一笔贷款既设立了抵押，又有第三人充当连带责任保证人的,应如何承担担保责任？我国《物权法》修改了《担保法》第28条的内容,其第176条规定,被担保的债权既有物的担保又有人的担保的,债务人不履行到期债务或者发生当事人约定的实现担保物权的情形,债权人应当按照约定实现债权;没有约定或者约定不明确,债务人自己提供物的担保的,债权人应当先就该物的担保实现债权;第三人提供物的担保的,债权人可以就物的担保实现债权,也可以要求保证人承担保证责任。提供担保的第三人承担担保责任后,有权向债务人追偿。

(七) 保证人的补偿权利

保证人有两项特殊补偿权利:一是追偿权,保证人承担保证责任后,有权向债务人追偿。二是代位追偿权,债权人在法院受理债务人破产案件后,当债权人未申报债权的,保证人可以参加破产财产的分配,预先行使追偿权。

第三节 抵 押

一、抵押和抵押物

(一) 抵押的概念

我国《担保法》所称"抵押",是指"债务人或者第三人不转移对本法第34条所列财产的占有,将该财产作为债权的担保。债务人不履行债务时,债权人有权依照本法规定以该财产折价或者以拍卖、变卖该财产的价款优先受偿"。

在设定抵押关系中,债务人或者第三人设定抵押的称为"抵押人",债权人称为"抵押权人",提供担保的财产称为"抵押物"。

(二) 法定的可以设定抵押的财产

我国《物权法》比《担保法》增加了一些可用于抵押的财产形式。根据《物权法》第180条的规定,法定的抵押财产指债务人或者第三人有权处分的下列财产:(1)建筑物和其他土地附着物;(2)建设用地使用权;(3)以招标、拍卖、公开协商等方式取得的荒地等土地承包经营权;(4)生产设备、原材料、半成品、产品;(5)正在建造的建筑物、船舶、航空器;(6)交通运输工具;(7)法律、行政法规未禁止抵押的其他财产。抵押人可以将前述所列财产一并抵押。

此外,我国《物权法》新设了"浮动抵押"的类型,其第181条规定,经当事人书面协议,企业、个体工商户、农业生产经营者可以将现有的以及将有的生产设备、原材料、半成品、产品抵押,债务人不履行到期债务或者发生当事人约定的实现抵押权的情形,债权人有权就实现抵押权时的动产优先受偿。

(三) 抵押率与再抵押

我国《担保法》没有规定具体抵押率数额,所谓抵押率是指抵押物价值与贷款数额之间的比例,但是《担保法》规定"抵押人所担保的债权不得超过其抵押物的价值"。再抵押,是指同一财产设定第一次抵押后,再设定第二次抵押。《担保法》规定"财产抵押后,该财产的价值大于所担保债权的余额部分,可以再次抵押,但不得超出其余额部分"。

(四) 房屋与土地同时抵押的原则

由于房屋与房屋所占有的土地不可分,所以我国《物权法》第182条规定:以建筑物抵押的,该建筑物占用范围内的建设用地使用权一并抵押。以建设用地使用权抵押的,该土地上的建筑物一并抵押。抵押人未依照前述规定一并抵押的,未抵押的财产视为一并抵押。在操作上,计算房屋的价值时,就已经计算了该土地的价值,所以实际上抵押房屋就连同土地一起抵押了。

出于保护集体土地使用权的目的,我国《担保法》和《物权法》都规定,乡(镇)、村企业的建设用地使用权不得单独抵押。以乡(镇)、村企业的厂房等建筑物抵押的,其占用范围内的建设用地使用权同时抵押。

(五) 禁止抵押的财产

我国《担保法》和《物权法》都规定了一些财产禁止设定抵押担保,这些财产包括:(1) 土地所有权;(2) 耕地、宅地基、自留地、自留山等集体所有的土地所有权,但法律许可抵押的除外;(3) 学校、幼儿园、医院等以公益为目的的事业单位、社会团体的教育设施、医疗卫生设施和其他社会公益设施;(4) 所有权、使用权不明或者有争议的财产;(5) 依法被查封、扣押、监管的财产;(6) 依法不得抵押的其他财产。

法律禁止使用上述财产设定抵押的目的是保护国家公益事业的发展和债务人的长远利益。

二、抵押合同和抵押物登记

(一) 抵押合同

抵押人和抵押债权人应当以书面形式订立抵押合同,抵押合同应当包括以下内容:(1) 被担保的主债权种类、数额;(2) 债务人履行合同的期限;(3) 抵押物的名称、数量、质量、状况、所在地、所有权权属或者使用权权属;(4) 抵押担保的范围;(5) 当事人认为需要约定的其他事项。

上述内容是法定的抵押合同的内容,当抵押合同不完全具备上述所列规定内容的,当事人可以补正。

(二) 禁止流押条款

债权人与债务人商议抵押合同条款时,禁止约定"流押"性质的条款。所谓流押条款的特点是:贷款到期不还时,债权人取得抵押物的所有权。所以我国《担保法》和《物权法》对此作了规定,抵押权人在债务履行期届满前,不得与抵押人约定债务人不履行到期债务时抵押财产归债权人所有。

(三)抵押的登记与生效

当事人设定财产抵押时,对于须登记才能确权的抵押物,例如建筑物及其他土地附着物、建设用地使用权、正在建造的建筑物等,必须办理抵押登记,且抵押权自登记时起设立。对于生产设备、原材料、半成品、交通工具、正在建造的船舶或航空器等不要求通过登记确权的抵押物,抵押权自抵押合同生效时设立,但未经登记的,抵押权不得对抗善意第三人。

(四)办理抵押物登记的部门

抵押物登记根据不同的种类,在下列不同部门办理登记手续:(1)以无地上定着物的土地使用权抵押的,为核发土地使用权证书的土地管理部门;(2)以城市房地产或者乡(镇)、村企业的厂房等建筑物抵押的,为县级以上地方人民政府规定的部门;(3)以林木抵押的,为县级以上林木主管部门;(4)以航空器、船舶、车辆抵押的,为运输工具的登记部门;(5)以企业的设备和其他动产抵押的,为财产所在地的工商行政管理部门;(6)设定《物权法》第181条规定的浮动抵押类型的动产抵押的,为抵押人住所地的工商行政管理部门;(7)当事人以其他财产抵押的,可以自愿办理抵押物登记,抵押合同自签订之日起生效。当事人办理其他种类物品的抵押物登记的,登记部门为抵押人所在地的公证部门。

(五)抵押登记的操作

办理抵押物登记手续,应当向当地登记部门提供下列文件或者其复印件:(1)主合同和抵押合同;(2)抵押物的所有权或者使用权证书。抵押登记办理完毕后,该登记的资料就具有证明的作用,可以供其他人前来查询。所以,登记部门登记的抵押资料,应当允许其他人查阅、抄录或者复印。

三、抵押的效力

(一)抵押担保范围

抵押担保的范围应当包括主债权及利息、违约金、损害赔偿金和实现抵押权的费用。如果抵押合同另有约定的,按照约定。

(二)孳息处理

孳息是指在抵押后,抵押物法定或天然产生的物质利益,如利息、红利、租金、使用费等。孳息的所有权归属问题如何解决呢?我国《担保法》作了明确的规定:第一,债务履行期届满,债务人不履行债务致使抵押物被人民法院依法扣押的,自扣押之日起抵押权人有权收取由抵押物分离的天然孳息以及抵押人就抵押物可以收取的法定孳息。第二,如果抵押权人未将扣押抵押物的事实通知应当清偿法定孳息的义务人的,抵押权的效力不及于该孳息。抵押权人收取孳息时,应当先用孳息充抵收取孳息的费用。

（三）抵押权与租赁权的关系

抵押人如果将已出租的财产抵押的,应当书面告知承租人,原来的租赁合同继续有效。因为抵押是不转移财产的占有的,所以,设定抵押的财产在抵押期间并不改变它的使用权,如果抵押财产原来已经出租,出租继续有效,设定抵押并不影响承租人的对财产的使用,这是"买卖不破除租赁"规则在担保领域的体现。

但是,当财产设定抵押后再进行出租的,则租赁关系不得对抗已登记的抵押权。不再适用"买卖不破除租赁"规则,这是因为承租人可以从抵押财产登记中查询租赁财产上的物上负担情况,也就应当承担因实现抵押权而带来的风险。但如果没有办理抵押权的财产出租,承租人不知道也不应当知道财产已抵押的情况,抵押权就不能因此对抗租赁权,适用的仍是"买卖不破租赁"规则。

（四）抵押物的转让

在抵押期间,抵押人转让抵押财产的,应当取得抵押权人的同意,不能仅通知抵押权人并告知受让人。在转让操作上,抵押权人如果不配合,不交出抵押的房产证时,转让也不可能完成。按照我国《物权法》第192条这一规定的设计,实际上是要求抵押财产进行转让时,应消灭该财产上的抵押权,以提高抵押的效率并减少抵押物流转过程中的风险。因此,抵押人应将转让所得的价款向抵押权人提前清偿债务或者提存。转让的价款超过债权数额的部分归抵押人所有,不足部分由债务人清偿。如果抵押人未取得抵押权人同意的,不得转让抵押财产。但受让人代为清偿债务消灭抵押权的除外。

（五）禁止抵押权再抵押

我国法律禁止抵押权再设定抵押。举例子来说,银行接受了借款人的抵押物,在贷款期限未到期前,银行也需要周转资金时,银行是否可以将该抵押权再次抵押给另一家银行取得周转资金？抵押权的再抵押,在海外市场经济国家和地区是可以的,只是再抵押的期限不得超过原来第一次抵押的期限。

但是,我国不允许抵押权再抵押。《担保法》和《物权法》都规定,抵押权不得与债权分离而单独转让或者作为其他债权的担保。禁止的目的是控制市场中的现金流通量,降低通货膨胀率。但《物权法》第192条在强调债权转让,担保该债权的抵押权应一并转让的同时,允许"法律另有规定或当事人另有约定的除外",更好地满足了实践的需要。

（六）抵押物保值

抵押人实施的行为如果足以使抵押物价值减少的,抵押权人有权要求抵押人停止其行为。由于这样的原因使抵押物价值减少时,抵押权人有权要求抵押人恢复抵押物的价值,或者提供与减少的价值相当的担保。如果抵押人对抵物价值的减少无过错的,抵押权人只能在抵押人因损害而得到赔偿范围内要求提供担保,抵押物价值未减少的部分,仍作为债权的担保。这里所谓的损害赔偿,对购买了保险的抵押物来说,是指保险公司的赔偿。

(七)抵押权与债权同时存在

法律规定抵押权与其担保的债权同时存在,债权消灭的,抵押权也消灭。

四、抵押权的实现

(一)处理抵押权的方式

债务履行期届满或者发生当事人约定的实现抵押权的情形,抵押权人未受清偿时,债权人可以与抵押人协议以抵押物折价或者以拍卖、变卖该抵押物所得的价款受偿。折价或者变卖抵押财产的,应当参照市场价格。

抵押权人与抵押人未就抵押权实现方式达成协议的,抵押权人可以请求人民法院拍卖、变卖抵押财产,而不再是《担保法》规定的通过向人民法院提起诉讼的方式处理,以简化抵押权处理的程序并提高处置效率。

所谓"折价",是指债权人与债务人之间协商抵押物的价值后,折抵债权的款额。所谓"拍卖",是指在公开的拍卖市场上以公开竞价的方式,与出价最高买者成交的买卖活动。所谓"变卖",是指由第三方有权利的部门(如法院),将抵押物卖给一个或多个特定的买者的活动。

抵押物折价或者拍卖、变卖后,其价款超过债权数额的部分归抵押人所有,不足部分由债务人清偿。处理抵押物所得的价款多于债务的本金利息的部分,应该归还给抵押人。

(二)债权人清偿顺序

同一财产向两个以上债权人抵押的,拍卖、变卖抵押物所得的价款按照以下规定清偿:

(1)抵押权已登记的,按照登记的先后顺序清偿;顺序相同的,按照债权比例清偿。

(2)抵押权已登记的先于未登记的受偿。

(3)抵押权未登记的,按照债权比例清偿。

(三)新增财产处理

建设用地使用权抵押后,土地上新增的房屋等建筑物不属于抵押物。需要拍卖该抵押的建筑物时,应当将该土地上新增的房屋等建筑物与抵押物一同拍卖,但对拍卖新增房屋等建筑物所得,抵押权人无权优先受偿。如果债务人以承包的荒地的土地使用权抵押的,或者以乡(镇)、村企业的厂房等建筑物占用范围内的建设用地使用权一并抵押的,在实现抵押权后,未经法定程序不得改变土地集体所有的性质和土地用途。

(四) 国有土地使用权拍卖

抵押权人拍卖划拨的国有土地使用权所得的价款,应当依法缴纳相当于应缴纳的土地使用权出让金的款额后,抵押权人才有优先受偿权。抵押权人的优先权只是优先于其他债权人,不得在补偿地价之前获得受偿。

(五) 代位追偿

为债务人抵押担保的第三人,在抵押权人实现抵押权后,有权向债务人追偿。

(六) 抵押物灭失

抵押权因抵押物灭失而消灭。抵押物灭失所得的赔偿金,应当作为抵押财产。抵押财产通常都会有保险,当抵押物在抵押期间内灭失的,由保险公司赔偿损失。

五、最高额抵押

(一) 最高额抵押的定义

所谓"最高额抵押",是指抵押人与抵押权人协议,在最高债权额限度内,以抵押物对一定期间内连续发生的债权作担保。在商品批发业经常需要大批量的资金迅速周转,批发商业贷款与还款的周期非常短,可能是几天就周转一次。如果每次都签订抵押合同,而且合同在短时间内迅速完成,就显得比较麻烦。这时如果批发商业单位同银行签订最高额抵押合同,就可以解决问题。

(二) 最高额抵押合同与特点

借款合同可以附最高额抵押合同。债权人与债务人就某项商品在一定期间内连续发生交易而签订合同,可以附最高额抵押合同。我国《物权法》第204条修改了《担保法》第61条的规定,允许最高额抵押的主合同债权按照当事人意思自治的原则,由债权人自主决定是否转让,以及转让多少。不过,最高额抵押担保的债权确定前,部分债权转让的,通常最高额抵押权不得转让,除非当事人之间另有约定。这是该种合同与普通主合同的区别。

当发生下列情形之一时,最高额抵押权担保的债权确定:(1)约定的债权确定期间届满;(2)没有约定债权确定期间或者约定不明确,抵押权人或者抵押人自最高额抵押权设立之日起满2年后请求确定债权;(3)新的债权不可能发生;(4)抵押财产被查封、扣押;(5)债务人、抵押人被宣告破产或者被撤销;(6)法律规定债权确定的其他情形。

最高额抵押还有一个特点,因为最高额抵押担保的数额与实际发生的数额可能不同,如果最高额抵押担保的数额高于实际发生的债权数额,只能就实际发生的数额担保;反之,如果最高额抵押担保的数额少于实际发生的数额时,该差额没有担保。

第四节 质 押

一、动产质押

（一）动产质押

动产质押是指债务人或者第三人将其动产移交债权人占用,将该动产作为债权的担保。债务人不履行债务时,债权人有权依法以该动产折价或者以拍卖、变卖该动产的价款优先受偿。

债务人或者第三人设定动产质押的称为"出质人",债权人称为"质权人",移交给质权人的动产称为"质物"。

（二）质押合同

出质人和质权人应当以书面形式订立质押合同,口头合同无效。质押合同自质物移交于质权人占有时生效。质押合同应当包括以下主要条款:(1) 被担保的主债权种类、数额;(2) 债务人履行债务的期限;(3) 质物的名称、数量、质量、状况;(4) 质物担保的范围;(5) 质物移交的时间;(6) 当事人认为需要约定的其他事项。例如,质物在质权人占有的时间内,质权人是否可以使用质物？使用该质物取得的孳息是否归质权人所有？质物是否需要买保险？还有许多可以约定的问题,不一一列举。

（三）禁止留质条款

出质人和质权人在合同中不得约定在债务履行期届满质权人未受清偿时,质物的所有权转移为质权人所有。因为质押与典当有些相像,但是,处理质物不是以所有权取得为特征,而是处分质物取得原来约定好的本金和利息。

（四）质押担保范围

质押担保的范围包括主债权及利息、违约金、损害赔偿金、质物保管费用和实现质权的费用。质押合同另有规定的,按照约定。

（五）孳息处理

质权人有权收取质物所生的孳息。质押合同另有约定的,按照约定。债权人取得该孳息时,孳息应当先充抵收取孳息的费用。

（六）质权人的保管责任

质权人负有妥善保管质物的义务。因保管不善致使质物灭失或者毁损的,质权人应当承担民事责任。质权人不能妥善保管质物可能使其灭失或者毁损的,出质人可以要求质权人将质物提前清偿债权而返还质物。

因不能归责于债权人的事由使质物有损坏或者价值明显减少的可能,足以危害质权人权利的,质权人可以要求出质人提供相应的担保。出质人不提供的,质权人可以拍卖或者变卖质物,并与出质人协议将拍卖或者变卖所得的价款用于提前清偿所担保的债权或者向出质人约定的第三人提存。

（七）质物返还与质权消灭

债务履行期届满债务人履行债务的,或者出质人提前清偿所担保债权的,质权人应当返还质物。如果债务履行期届满质权人未受清偿的,可以与出质人协议以质物折价,也可以依法拍卖、变卖质物。

与抵押权不同,质权之下需要转移财产给质权人占有,为了敦促质权人及时行使质权,稳定交易秩序,我国《物权法》规定了出质人的行使质权请求权及质权人怠于行使质权的责任,其第220条规定,出质人可以请求质权人在债务履行期届满后及时行使质权;质权人不行使的,出质人可以请求人民法院拍卖、变卖质押财产。质权人因怠于行使权利造成损害的,应承担赔偿责任。

质物折价或者拍卖、变卖后,其价款超过债权数额的部分归出质人所有,不足部分由债务人清偿。为债务人质押担保的第三人,在质权人实现质权后,有权向债务人追偿。

质权因质物灭失而消灭。因灭失所得的赔偿金,应当作为出质财产。质权与其担保的债权同时存在,债权消灭的,质权也消灭。

二、权利质押

（一）权利质押

权利质押是指用代表金钱或财产的有价证券作抵押,对债权进行担保的行为。我国《担保法》规定下列权利可以质押：（1）汇票、支票、本票、债券、存款单、仓单、提单；（2）依法可以转让的股份、股票；（3）依法可以转让的商标专用权、专利权、著作权中的财产权；（4）依法可以质押的其他权利。我国《物权法》第223条增加了一些可出质的权利,主要是依法可转让的基金份额、股权,以及应收账款。应收账款是指工商企业因赊销产品而形成的对客户的债权。

当事人设立权利质押必须签订书面合同,并转移占有相关的权利凭证。质权自权利凭证交付时起设立;无权利凭证的,质权自有关部门办理出质登记时设立。

（二）登记与生效

在我国,股票、基金份额等权利凭证是电子化登记,知识产权以及应收账款等也没有类似汇票、存单那样的权利凭证,因此这些权利都只能通过在相关主管部门的登记来确立质权。

（1）以基金份额和上市公司股票出质的,质权自证券登记结算机构办理出质登记时设立。非上市交易的股权出质,质权自工商行政管理部门办理出质登记时设立。

（2）以注册商标专用权、专利权、著作权中的财产权出质的,质权自有关主管部门办理出质登记时设立。

（3）以应收账款出质的,质权自信贷征信机构办理出质登记时设立。目前,我国的信贷征信机构由中国人民银行管理。

（三）先期处理

以载明兑现或者提货日期的汇票、支票、本票、债券、存款单、仓单、提单出质的,汇票、支票、本票、债券、存款单、仓单、提单兑现或者提货日期先于债务履行期的,质权人可以在债务履行期届满前兑现或者提货,并与出质人协议将兑现的价款或者提取的货物用于提前清偿所担保的债权或者向与出质人约定的第三人提存。

（四）权利出质后的转让

基金份额、股权出质后,不得转让,但经出质人与质权人协商同意的除外。出质人转让基金份额、股权所得的价款,应当向质权人提前清偿债务或者提存。

知识产权中的财产权出质后,出质人不得转让或者许可他人使用,但经出质人与质权人协商同意的除外。出质人转让或者许可他人使用出质的知识产权中的财产权所得的价款,应当向质权人提前清偿债务或者提存。

应收账款出质后,不得转让,但经出质人与质权人协商同意的除外。出质人转让应收账款所得的价款,应当向质权人提前清偿债务或者提存。

第五节 留置与定金

一、留置的概念

（一）留置的定义

留置是指在债务人不履行到期债务时,债权人有权依法留置已经合法占有的债务人的动产,并就该动产优先受偿。

被留置的动产称为留置财产,留置动产的债权人称为留置权人,这一权利称为留置权。

（二）留置的一般用途

留置主要使用在因保管合同、运输合同、加工承揽合同发生的债权,债务人不履行债务的,债权人有留置权作为担保。债权人留置的动产,应当与债权属于同一法律关系,但企业之间留置的除外。法律规定或者当事人约定不得留置的动产,不得留置。在民事活动中,留置的财产为可分割物品的,留置物的价值应当相当于债务的金额。

（三）留置担保的范围

留置担保的范围包括主债权及利息、违约金、损害赔偿金、留置物保管费用和实现留置权的费用。

（四）商务留置权人的义务

在商务交往活动中,留置人负有妥善保管留置物的义务。因保管不善致使留置物灭失或者毁损的,留置权人应当承担民事责任。当然,留置人可以将这种风险转移给保险公司分担。

（五）留置担保的实现

留置权人与债务人应当在合同中约定留置财产后的债务履行期间;没有约定或者约定不明确的,留置权人应当给债务人2个月以上履行债务的期间,但鲜活易腐等不易保管的动产除外。

债务人逾期未履行的,留置权人可以与债务人协议以留置财产折价,也可以就拍卖、变卖留置财产所得的价款优先受偿。

应注意的是,留置权是物权,其不受所担保的债权的诉讼时效的限制,即使留置权人的债权过了诉讼时效,其仍可能对留置财产行使留置权。因此,为平衡留置权人与债务人的利益,实现留置财产的"物尽其用",《物权法》赋予了债务人留置权行使请求权,其第237条规定,债务人可以请求留置权人在债务履行期届满后行使留置权;留置权人不行使的,债务人可以请求人民法院拍卖、变卖留置财产。

留置财产折价或者变卖的,应当参照市场价格。

留置物折价或者拍卖、变卖后,其价款超过债权数额的部分归债务人所有,不足部分由债务人清偿。

（六）留置权消灭

留置权因下列原因灭失:(1)债权消灭的;(2)债务人另行提供担保被债权人接受的。

二、银行业务中的留置

（一）留置的空白

留置在银行中采用的不多,在法律实务中目前没有规定。我国《担保法》与《票据法》中将留置用于金融机构中的问题还是空白,例如没有规定"票据留置"的条款。但是,"票据留置"在海外结算市场还是有的。例如,海外银行为客户托收票据,在该票据收妥前,为客户垫付票款。同时,银行对该票据可以有留置权。当银行不能收回该票款时,银行将依照与客户的约定,从其账户中拨款冲抵。

（二）空白的原因

我国银行结算中的原则是:"银行不垫款"和"票据收妥抵用"。所以,票据留置做法在我国不能发展。但是,在我国开设的外国银行可能愿意承担一部分风险,为客户垫款,票据的留置就可能出现。在我国,中国人民银行曾经实施的《银行结算办法》和其他有关法律对外资银行垫款并没有限制。

为了加快结算效率,银行如果承担了垫款的风险,银行的结算收费也会相应提高,银行则可以从垫款中得到较高的收益。所以,商业银行的发展趋势,是会朝着结算垫款方面发展的。

三、定金

（一）定金的概念

定金是指当事人之间约定,由一方向对方给付定金作为债权的担保。债务人履行债务后,定金应当抵作价款或者收回。给付定金的一方不履行约定债务的,无权要求返还定金;收受定金的一方不履行约定债务的,应双倍返还定金。

（二）定金合同与比例

定金应当以书面形式约定。当事人在定金合同中应当约定交付定金的期限。定金合同从实际交付定金之日起生效。

我国《担保法》中对定金的比例有所限制,不得超过主合同标的额的20%,在法定限制之下定金的具体数额可以由当事人约定。

（三）金融业务中的定金担保

在许多金融业务中都可以约定定金,例如,银行为客户开出信用证时,要求客户交给银行一定数额的钱款作为定金,银行垫付另一部分。由于信用证定金一般在30%以上,所以不符合《担保法》的规定,只能用银行与客户之间的合同来约定。

股票和期货交易业务中证券商也要求客户按照买卖证券与期货和约数额的比例,交付定金,或称保证金。在客户的支付能力受到一定限制不能继续履行交易规则时,证券商可以将定金平仓。由于证券业中的定金也是浮动的,超过20%比例时不适用《担保法》的规定,只能由证券商与客户之间的合同来约定。

第九章 人民币管理法律制度

第一节 人民币概述

一、人民币的法律地位

(一) 人民币的法偿性

人民币是在1948年12月1日,也就是中国人民银行成立的当天发行的。当时的华北人民政府发布了《关于建立中国人民银行和发行人民币的布告》。该布告规定:"一、华北银行、北海银行、西北农民银行合并为中国人民银行,以原华北银行为总行。所有三行发行之货币及其对外之一切债权债务,均由中国人民银行负责承受。二、于本年12月1日起,发行中国人民银行钞票,定为华北、华东、西北三区的本位货币,统一流通。所有公私款项收付及一切交易,均以新币为本位货币。新币发行后,冀币、边币、北海币、西农币逐渐收回。"

随着解放战争的胜利,人民币也在全国形成稳定的市场。1955年2月20日,人民币进行了重大的改革,收回旧版发行新版,我们现在使用的人民币就是在1955年改版的基础上确立的。人民币的法偿性在《中国人民银行法》第16条作了规定:"中华人民共和国的法定货币是人民币。以人民币支付中华人民共和国境内的一切公共的和私人的债务,任何单位和个人不得拒收。"

我国的人民币在票面上没有"法偿货币"的字样,在此之前也没有法律规定它的法偿性。中国老百姓非常尊重政府,对政府中央银行发行的货币也十分尊重,从来没有拒收人民币的案例记录。然而,作为法定的本位货币,从法律的角度考虑,还是应当在其票面,或在有关的法律中规定人民币的法偿性。《中国人民银行法》填补了人民币在这方面的空白。

(二) 人民币使用范围的特点

根据《中国人民银行法》第16条的规定,人民币主要是在我国市场上使用。由于我国的台湾、香港和澳门地区实行"一国两制"的政策和其他特殊政策,当地原来的货币可以继续使用,所以,人民币在台湾、香港和澳门地区不作为当地的法定货币。

不过,由于中国国力的增强,人民币的购买力很稳定,而且近年来一直处于升值的过程中,香港、澳门地区以及周边国家的机构及个人逐渐开始接受人民币作为支付工具。

(三) 法偿货币的支持

人民币的法偿性来源于国家法律的保障。人民币是信用货币,没有黄金和美元的支持,它是通过国家中央银行的信贷程序发行的,发行依据国家计划进行,国家计划考虑物价水平、社会购买力和经济发展的情况。

二、人民币的发行

(一) 人民币的发行原则

人民币的发行原则是:(1) 经济发行的原则,即根据市场经济发展的需要和货币流通规律的要求发行货币;(2) 计划发行的原则,即根据国民经济和社会发展计划来发行货币;(3) 集中发行的原则,即货币的发行权集中在中央银行,禁止其他单位擅自发行货币。

(二) 中国人民银行发行人民币

国家将人民币的发行权授予中国人民银行,由它来统一负责人民币发行和货币流通量的调节工作。《中国人民银行法》第18条规定:"人民币由中国人民银行统一印制、发行。中国人民银行发行新版人民币,应当将发行的时间、面额、图案、式样、规格予以公告。"

(三) 发行的程序

人民币的具体发行由中国人民银行设置的发行库来办理,分为发行基金的调拨以及货币投放、回笼两个环节。

发行库又称发行基金保管库。发行基金是中央银行为国家保管的待发行的货币。它是货币发行的准备基金,不是流通中的货币。发行基金由设置发行库的各级人民银行保管,总行统一掌管,根据各分支的需要进行发行基金的调拨。《中国人民银行法》第22条规定:"中国人民银行设立人民币发行库,在其分支机构设立分支库。分支库调拨人民币发行基金,应当按照上级库的调拨命令办理。任何单位和个人不得违反规定,动用发行基金"。

实践中,货币发行主要是依靠央行与商业银行之间的现金收付活动进行现金投放或回笼来实现的。商业银行在中国人民银行开设存款账户,每日向中国人民银行办理一次交存或支取现金手续。商业银行向人民银行支取现金时,现金就从央行发行库发出,进入商业银行的业务库,称为"现金投放";商业银行再通过各分支网点将现金支付给客户,这样货币就从发行库中流出来,进入了流通领域。另一方面,当商业银行业务库中的现金超过了核定的限额,就需要把超过的部分交回到央行发行库,称为"现金归行"。货币从发行库到业务库的过程叫"出库",即货币发行;货币从业务库回到发行库的过程叫"入库",即货币回笼。

在一定时期内,流出发行库的货币额大于入库的货币额,意味着货币发行的增加;流出发行库的货币额小于入库的货币额,意味着货币发行的减少,流通中的货币也就减少了。

三、残损人民币的兑换与销毁工作

（一）残损人民币的兑换

《中国人民银行法》第 21 条规定，残缺、污损的人民币，按照中国人民银行的规定进行兑换，并由中国人民银行负责收回、销毁。1955 年 5 月 8 日，中国人民银行发布了《残损人民币兑换办法》，从即日起公布实行，今日仍然有效。该办法将残损人民币兑换的标准分为三类：一是全额兑换。如果票面残缺不超过 1/5，其余部分图案、文字能照原样连接者，或票面污损、熏焦、水湿、油浸、变色，但能照原样连接者，可以全额兑换。二是半数兑换。票面残缺 1/5 以上至 1/2，其余部分图案文字能照样连接者，照原面额半数兑换。三是不予兑换。票面残缺超过 1/2 以上，或票面污损、熏焦、水湿、油浸、变色，不能辨认真假者，或故意挖补、涂改、剪贴、拼凑、揭去一面者，不予兑换，也不能流通使用。

（二）残损人民币的销毁

中国人民银行将收回的残损人民币，在发行库进行复点，然后在票面上打洞。清点后登记入库，等待销毁。销毁人民币的方式有蒸煮粉碎、打成纸浆、机器粉碎或火焚等。

第二节 人民币的保护

一、人民币的保护

（一）禁止伪造、变造人民币

《中国人民银行法》第 19 条规定，禁止伪造和变造人民币。伪造人民币是指仿造人民币的形状、特征、色彩，制造假币冒充真币的行为。变造是指用剪贴、挖凑、涂改、正背两面揭开等方法，增大票面额或增多张数的行为。这些都是犯罪的行为，国法不容。

我国早在 1951 年 4 月 19 日就由当时的政务院发布了《妨害国家货币治罪暂行条例》，1951 年 3 月 6 日又发布了《中华人民共和国禁止国家货币出入国境办法》。这两部法规在新中国建设初期对稳定货币、打击伪造货币的犯罪行为起到了重要的作用。

1979 年 7 月 1 日，《中华人民共和国刑法》颁布，1980 年 1 月 1 日开始实施。该法第 122 条规定了伪造国家货币或者贩运伪造国家货币罪。

1995 年 6 月 30 日，第八届全国人大常委会第十四次会议通过了《关于惩治破坏金融秩序犯罪的决定》，对伪造货币罪加大了处罚力度。1997 年 3 月 14

日,第八届全国人大第五次会议通过的修订后的《中华人民共和国刑法》第170条吸收了1995年全国人大常委会《决定》的相关内容。对伪造货币者,处3年以上10年以下有期徒刑,并处5万元以上50万元以下罚金;对伪造货币集团的首要分子,或伪造货币数额巨大者,或有其他特别严重情节者,处10年以上有期徒刑、无期徒刑或者死刑,并处5万元以上50万元以下罚金或没收财产。

（二）禁止出售、购买伪造、变造的人民币

《关于惩治破坏金融秩序犯罪的决定》中的有关规定被修订后的《刑法》第171条吸收,对出售、购买伪造的货币或者明知是伪造的货币而运输,数额较大的,处3年以下有期徒刑或者拘役,并处2万元以上20万元以下罚金;数额巨大的,处3年以上10年以下有期徒刑,并处5万元以上50万元以下罚金;数额特别巨大的,处10年以上有期徒刑或者无期徒刑,并处5万元以上50万元以下罚金或没收财产。

修订后的《刑法》对银行工作人员购买伪造的货币,或者利用职务上的便利,以伪造的货币换取真币的行为作出了特别规定。对这种行为,司法机关可以判处3年以上10年以下有期徒刑,并处2万元以上20万元以下罚金;数额巨大或者有其他严重情节的,处10年以上有期徒刑或者无期徒刑,并处2万元以上20万元以下罚金或者没收财产;情节较轻的,处3年以下有期徒刑或者拘役,并处或者单处1万元以上10万元以下罚金。

（三）禁止使用伪造货币

如果明知是伪造的货币而持有、使用,并且数额较大的,也属犯罪行为。依照最高人民检察院、公安部《关于经济犯罪案件追诉标准的规定》,"数额较大"的标准是"总面额在4000元以上"。《刑法》第172条规定,对于这种行为,处3年以下有期徒刑或者拘役,并处1万元以上10万元以下罚金;数额巨大的,处3年以上10年以下有期徒刑,并处2万元以上20万元以下罚金;数额特别巨大的,处10年以上有期徒刑,并处5万元以上50万元以下罚金或没收财产。

（四）情节轻微的行为

对于变造人民币、出售变造人民币或者明知是变造的人民币而运输,或者购买伪造、变造的人民币,或明知是伪造、变造的人民币而持有、使用,但情节轻微的,根据《中国人民银行法》第42条和第43条的规定,由公安机关处15日以下拘留,1万元以下罚款。

二、人民币图样保护

人民币的保护不仅在于禁止伪造或变造人民币,而且对于人民币的图样也要保护。《中国人民银行法》第19条规定,禁止在宣传品、出版物或者其他商品上非法使用人民币图样。这一条款应当理解为,未经中国人民银行批准,禁止在图书封面、杂志封面、商品外观设计或外包装上使用人民币图样；禁止用人民币的纸币装饰其他商品、生活用品或工艺品；禁止用人民币的纸币或硬币制作商品、生活用品或工艺品；禁止使用人民币纸币或硬币作为装修材料；禁止使用或焚烧人民币作为祭拜物品等。

《中国人民银行法》第44条规定，在宣传品、出版物或者其他商品上非法使用人民币图样的，中国人民银行应当责令改正，并销毁非法使用的人民币图样，没收违法所得，并处5万元以下罚款。

三、禁止代币票券

早在20世纪60年代，我国东北一些地区，少数企业仿照人民币的式样印刷了企业内部使用的代币票券，并且流入市场。1962年8月22日，中国人民银行发布了《关于严格禁止各单位模仿人民币样式印制内部票券的报告》。同年9月24日，国务院批转了这个报告，并且指出，模仿人民币样式印制内部票券，是国家法律不能容许的。这种做法，不仅会造成国家金融秩序的混乱，影响人民币的威信，而且会助长营私舞弊，给坏分子以可乘之机，必须坚决制止。

20世纪70年代，又有一些公司为了职工福利，印发代币券在商店使用。20世纪80年代，复印机广泛使用，社会上也出现过一些单位用复印机印制人民币的情况。1984年8月15日，中国人民银行和公安部联合发布了《禁止使用复印机复印人民币的通告》，对故意复印人民币，并且造成严重后果的，依法追究刑事责任。

《中国人民银行法》第20条规定，任何单位和个人不得印制、发售代币票券以代替人民币在市场上流通。第45条规定，印制、发售代币票券以代替人民币在市场上流通的，中国人民银行应当责令停止违法行为，并处20万元以下罚款。

第十章 外汇管理法律制度

第一节 外汇管理概述

一、什么是外汇

在经济交往中,我们越来越多地接触到美元、欧元、英镑、日元、港币等外币;外贸部门和商业银行越来越多地接触到以外汇表示的汇票、支票和本票以及外币存单等支付凭证;公司企业也已经有了外汇表示的股票、债券和外国政府的债券;报纸上每天公布的外汇牌价包括十几个国家的外汇和特别提款权的兑换价格。

1996年4月1日,国务院颁发了《中华人民共和国外汇管理条例》,并于1997年和2008年两次对该条例进行了修订。该条例第3条规定,下列以外币表示的、可以用作国际清偿的支付手段和资产为外汇:(1)外国现钞,包括纸币、铸币;(2)外币支付凭证或者支付工具,包括票据、银行存款凭证、银行卡等;(3)外币有价证券,包括债券、股票等;(4)特别提款权;(5)其他外汇资产。

上述法规定义的外汇,泛指一切我国本币以外的外国货币。但是,并不是任何国家的货币都能成为金融交易中经常使用并具有多种职能的自由外汇。一些国家的经济发展较快,国际贸易又较为发达,加之历史和传统的原因,他们的本位货币被世界各国普遍接受,可以在国际市场自由兑换其他货币,只有这种外汇才成为自由外汇。

目前,国际金融界普遍接受的自由外汇有美元、欧元、日元、英镑。同时,瑞士法郎、港币等也可以在一定程度上自由兑换。但是,在作为国际储备时,后者不如前者所占比重大。

外汇管制主要是对这几种自由兑换的外汇的管制。在严格外汇管制的国家中,自由外汇与本国货币之间的兑换,事先要经过有关当局的批准。我国目前也实行外汇管制,当自由外汇兑换人民币时,在不同情况下适用不同的管制措施。在我国与非自由外汇的国家进行贸易时,曾经采用过计账方式来进行贸易。例如,过去中苏两国曾采用计账方式进行贸易,现在,中俄两国采用易货贸易,或采用美元结算。

近年来,随着我国经济的发展和综合国力的提高,人民币资产价格不断提升,人民币在国际上的信用也不断提升,在很多边境贸易中,参与方已经开始采用人民币进行结算,一些国家的商业机构也接收人民币作为支付手段。以此为基础,关于人民币国际化进程的讨论和研究也不断增多。

二、外汇的作用

自由外汇在国际市场上有四种作用:价值尺度、支付手段、信用手段和储备手段。由于黄金同美元脱钩,黄金较少作为硬通货在国际市场上流通,因而,它作为国际货币的手段越来越少了,而更多的是作为交易的商品来对待。

自由外汇在外汇管制国家的作用主要是国际支付手段、信用手段和国际储备手段。

对我国来说,外汇的作用主要是国际贸易中的支付手段和储备手段。我国属于发展中国家,工业技术和管理水平比较发达国家而言还相当落后,需要进口发达国家的工业生产线和零配件,如汽车生产线、家电生产线、西医和医疗器械辅助生产线以及电子通讯设备等。另外,我国虽然是一个农业大国,但是我国每年都要进口大量的粮食来调剂品种。由于人民生活水平的提高,在一些大城市的生活消费品中,进口商品从服装到食品,从家具到烟酒糖果,应有尽有,这些都需要外汇。而外汇的来源只有依靠出口商品换取。

我国改革开放三十多年来,进出口贸易额上升很快。由于出口额大于进口额,所以我国外汇储备不断增加。加入 WTO 以后,外汇储备增长更加迅速,到 2010 年 6 月底,外汇储备达 2.4 万亿美元,居世界第一位。庞大的外汇储备保障了我国的国际支付,但也带来了较大的资产风险,特别是 2008 年金融危机以来,美元资产不断贬值,如何使外汇保值增值是一个我们急需面对的重要问题。

三、外汇管理的意义

外汇管理是国家对进出本国境内的外汇收付、借贷、买卖、汇进汇出、汇率、携带进出境等活动进行的管理。各国根据各自的目的进行不同程度的外汇管理。有些国家对外汇实行严格的管理,对贸易、非贸易资本项目的收支均加以管理,许多发展中国家采取这种管理方法。我国在 1996 年 1 月 1 日前,也属于严格外汇管理的国家。有些国家采取比较宽松的管理,这些国家一般对经常贸易项目外汇收支不加限制,只对资本项目收支加以一定程度的限制,一些发达的工业国家,采取这种宽松的管理,如北欧一些国家及亚洲的日本。还有一些经济发达的国家和地区,特别是在历史上采用亚当·斯密自由经济理论的国家,几乎没有外汇管理,允许外汇自由兑换、自由买卖和自由携带进出境,如美国、英国、瑞士、我国香港地区和外汇储备较多的沙特阿拉伯等中东石油出口国。

从实行外汇管理的国家看,尽管各自的政策有特殊性,但是它们也有明显的共性,即采取外汇管制的目的可以归纳为以下几方面内容:(1) 维护本国货币的汇价水平的稳定。稳定的汇率一方面有助于企业、特别是进出口企业合理安排生产经营,另一方面有助于维护人们对本币的信心。(2)保持国际收支平衡。国际收支平衡意味着外汇的流入与流出基本相符,这是稳定汇率的基础。收支不平衡有逆差与顺差两种状态。出口大于进口为顺差,进口大于出口为逆差。逆差容易造成一国的货币贬值、物价上涨、社会生活水平下降等不良后果。外汇逆差的国家就必须设法减少外汇支出,扩大各种外汇收入,来扭转逆差。另一方面,过大的外汇顺差也可能导致本国的货币升值,出口产品价格上涨,从而在国际市场上失去竞争力。因此,只有保持国际收支平衡,才能保证国内经济的稳定发展,促进国际贸易的发展。(3)保证本国经济独立自主地发展。对第三世界发展中国家来说,它们要在经济上摆脱发达国家的控制,阻止大国的金融渗透,必须用法律保证本国货币是唯一合法的本位货币,任何外币只能同本币兑换,不能在市场上使用。这种强制性的管理措施,可以保证本国的产品不被过低估价,使本国的生产要素保持在一个合理的水平上。

四、我国实行外汇管理的必要性

我国实行外汇管理有历史方面的原因,也有现实方面的原因。从历史方面看,由于1949年以前,国民党政府发行的金圆券已经大幅度贬值,人民大众不愿接受这种恶性通胀的货币,导致市场上各种外币的流通,在广东流行港币,在上海流行美元,在北京和天津流行使用银圆和金条。

新中国成立前夕,中国人民银行在河北省石家庄市成立,并发行人民币。随着全国的解放,人民币迅速占领国内市场,金圆券被兑换后退出市场。新中国政权成立初期,在大城市里还流行着各种外币和金条银圆的情况下,人民币信誉的建立,需要法律的保护。

1949年9月,中国人民政治协商会议第一次全体会议通过的《共同纲领》中规定,禁止外汇在国内流通,外汇、外币和金银买卖应由国家银行经营。

此外,各地人民政府也颁布了外汇管理办法或命令,禁止一切外国货币在我国市场上流通;还规定无论我国公民,还是外国来访者,凡是持有外币者,均应在使用之前,按政府规定的牌价到中国银行兑换成人民币,或作为外币存款存入中国银行;凡是我国的一切外汇业务,包括国际结算、国际汇兑、外汇买卖,必须由中国银行办理或在中国银行的监督下,由指定的银行办理。这些最初的外汇管理命令,对我国新本位货币的流通和信誉的建立,起到了保障的作用,这些最初的规定也发展成为后来的外汇管理法。

从现实方面的原因看,我国还属于发展中国家,生产力水平与工业生产技术在许多方面还比较落后,仍然需要从国外进口先进设备,引进先进技术和管理经验,因此,需要大量外汇。目前虽然贸易顺差比较大,但出口产品构成不合理,农副产品、工业初级产品和初加工产品仍然占较大的比重,而进口的主要是高技术产品,这对于外贸收支平衡是一种潜在的威胁。此外,外汇管制还有利于稳定人民币币值,保障人民币在国内市场上的唯一合法地位,保证外汇收支平衡与信贷、财政、物资的综合平衡。

五、外汇管理的消极影响

首先,外汇管制限制了市场自由调节作用的充分发挥。如果允许外汇自由买卖,市场调节机制会由于外汇供求关系的变化而自发地调节汇率,使汇率保持在一种供求平衡的状态。但是,在外汇管制的条件下,外汇汇率由官方规定,外汇不能自由买卖,官方汇率不可能像自由汇率一样反应灵敏,因而,经常发生官方汇率与市场汇率相背离的情况。在这种情况下,国内商品成本无法同国际市场上同类产品成本相比较,它反映的是国内垄断定价或者扭曲的价格,而不是市场竞争价格。这不利于经济资源的有效配置。

其次,外汇管制往往阻碍国际贸易的发展,加重各国之间的矛盾。外汇管理国家往往采取鼓励出口、限制进口的政策,这是贸易自由流通的障碍之一,甚至可能引起其他国家的报复。历史上曾出现过贸易战、货币战,使各国之间的矛盾加深,不利于世界的和平与发展。

再次,外汇管制下一国外汇储备的过快增长,容易引发国内通货膨胀。我国在2006、2007年间就处于这样一种状态中。由于贸易顺差以及外商投资,流入国内的外汇数量大增,它们都通过银行的结售汇系统而卖给了中央银行,中央银行为此被迫向银行系统、进而向全社会投放了大量的人民币,这就产生了严重的货币流动性过剩问题,引发通货膨胀。2007年上半年,我国粮食、猪肉等基本消费品以及房产、股票等资产价格急剧上涨,通货膨胀已经成为全社会关注的一个焦点。

第二节 我国外汇管理制度的基本框架

一、我国外汇管理制度的演变

我国外汇管理制度的历史沿革可以分为以下几个阶段:

(一) 1979年改革开放前的外汇管理

新中国成立时,百业待兴,外汇匮乏,1950年底我国的外汇结存额不到2亿元。根据当时的国情,我国中央人民政府颁布了《外汇分配使用暂行办法》。国家在外汇管理制度上实行"集中管理、统一经营"的方针,对外汇收支采取行政手段,进行全面的计划管理和控制。外汇管理的主要任务是,取消外币在我国的流通特权,保障人民币的唯一合法地位,稳定人民币价值,建立独立自主的外汇管理体制。这种管理制度包括建立独立的供汇结汇制度和自主的汇价制度,建立外汇业务专业银行办理制度和禁止人民币、外币及金银自由进出境制度。

随着国内经济的恢复与发展,我国外汇管理主要集中在对外贸易领域。外汇使用根据中央统一计划,统收统支。贸易进出口部门以进出口报关单和结汇单统一向中国银行出售或购买外汇。各单位不得私自保存外汇,也不得在境外保存外汇。外贸部门的一切外汇收支都必须通过中国银行结算,贸易外汇收支计划也按合同落实,由中国银行监督执行。

(二) 1979 年至 1993 年的外汇管理

改革开放后,随着经济体制改革和对外开放政策的执行,我国开始吸引外资来沿海与内地投资,外汇管理的重点也包括对资本项目外汇管理。在这一时期,我国初步建立了有关外汇管理方面的法律规范体系。

1980 年 12 月,国务院公布了《中华人民共和国外汇管理暂行条例》,以外汇管理对象的所有制形式和个人划分不同的管理办法,对国有、集体企业实行计划管理,对外商投资企业实行宽松的外汇管理政策,随后又公布了一系列外汇管理施行细则及其他外汇管理办法。通过这些条例、细则的颁布和实施,初步建立起了我国的外汇管理法规体系。

随着改革开放的深入,外汇资源配置逐步引入市场机制。我国改革了外汇统收统支、统一分配的管理办法,实行了外汇留成办法,允许企事业单位之间互相调剂外汇的余缺,并在大中城市相继开设了外汇调剂中心。这样,就形成了官方汇率与市场调剂汇率并存的汇率双轨制。外汇收支从指令性计划逐步向指令性计划与指导性计划相结合过渡。同时,逐步放开居民个人持有外汇的限制,在一段时期内发行并使用外汇兑换券,以保障外汇持有人的利益。

与此同时,外汇经营体制也逐步引入了竞争机制。1984 年以前,外汇业务一直由中国银行独家经营。从 1984 年开始,专业银行逐步实行业务交叉,其他非银行金融机构也开始开办外汇业务。1985 年,国务院发布了《经济特区外资银行、中外合资银行管理条例》。1987 年中国人民银行公布了《非银行金融机构外汇管理办法》。1993 年公布了《银行外汇业务管理规定》、《非银行金融机构外汇业务管理规定》,初步确立了金融机构经营外汇的法规框架。另外,外债管理法规体系和外债统计监测法规体系也相继建立起来。

(三) 1994 年至 1996 年的外汇管理

1993 年底,根据中共中央《关于建立社会主义市场经济体系若干问题的决议》,中国人民银行公布了《关于进一步改革外汇管理体制的公告》,对外汇管理体制进行重大改革,实现汇率并轨,实行以市场供求为基础的、单一的、有管理的浮动汇率制度。这些改革措施的效果明显,包括以下方面内容:改进了汇率形成机制;取消外汇留成和上缴,实行银行结售汇制度;建立了全国统一的银行间外汇市场——上海中国外汇交易中心,各地的外汇调剂中心逐步被关闭;取消外汇收支的指令性计划,国家主要采取经济和法律手段调控国际收支;禁止境内外币计价结算,停止发行、逐步收回外汇券;实现了经常项目有条件可兑换。对外汇支付的监管由事前管理转向事后管理。这一时期的外汇管理法规主要有《结汇、售汇及付汇管理暂行规定》、《贸易进口付汇核销监管暂行办法》等。

随着外汇管理体制的改革,外汇经营体制的放松,以及外汇管理内容和手段的变化,外汇管理急需依靠法律、法规的形式加以规范。因此,国务院于1996年发布了《中华人民共和国外汇管理条例》。实行经常项目有条件可兑换,从直接管理为主向间接管理为主过渡。1996年12月1日,中国接受国际货币基金组织第8条款,实现了人民币经常项目下可兑换。据此,修改了《中华人民共和国外汇管理条例》,明确规定"国家对经常性国际收支和转移不予限制",并对新中国成立以来的外汇管理法规、规章和其他规范性文件进行了全面清理和修订。

中国实行经常项目可兑换后,经常项目下外汇的汇入、汇出及兑换只需凭有效凭证和商业单据直接到银行办理,对于超出银行真实性审核限额的兑付,须到外汇局作真实性审核和必要的事后核查。对资本项目的外汇收支实行事前审批和事后监管。

(四) 1997年亚洲金融危机后的外汇管理

1997年亚洲金融危机后,中国出台了一系列完善外汇管理的政策法规,主要有《银行外汇业务管理规定》、《境内外汇账户管理规定》、《离岸银行业务管理规定》、《境内机构借用国际商业贷款管理办法》、《经常项目外汇结汇管理办法》、《外债统计监测实施细则》以及《境内机构对外担保管理办法实施细则》等,旨在区分经常项目收支和资本项目收支,限制游资的流入,加强对借用外债的宏观调控和及时准确掌握中国外汇外债的统计监测数据。

1998年12月,全国人大常委会审议通过《关于惩治骗购外汇、逃汇和非法买卖外汇犯罪的决定》。国务院及有关部委制定了一系列规定和办法,有力打击了非法的外汇资金流动,以保证合法的外汇资金需求,进一步完善了外汇管理法规体系。

亚洲金融危机的教训表明,在一国尚未具备实现金融自由化的条件下,匆匆实现资本项目可兑换是不明智的。

(五) 2001年加入世界贸易组织后的外汇管理

2001年我国加入世界贸易组织。世贸组织规则对我国外汇管理提出了新的改革要求,自此,我国进一步完善了经常项目可兑换,以推进资本项目可兑换,主要措施有:(1)大幅减少行政性审批,提高行政许可效率。(2)完善经常项目外汇管理,促进贸易投资便利化。(3)稳步推进资本项目可兑换,拓宽资金流出入渠道。(4)积极培育和发展外汇市场,完善有管理的浮动汇率制。2005年7月21日,人民币汇率形成机制改革,实行以市场供求为基础、参考一篮子货币进行调节、有管理的浮动汇率制度。(5)加强资金流入管理,积极防范金融风险。(6)强化国际收支统计监测,加大外汇市场整顿和反洗钱力度。

二、我国外汇管理体制

(一)中国人民银行

按照《中国人民银行法》,中国人民银行负责制订我国的汇率政策,报国务院批准。同时,中国人民银行负有如下职责:(1)实施外汇管理,监督管理银行间外汇市场;(2)监督管理黄金市场;(3)持有、管理、经营国家外汇储备、黄金储备。

(二)国家外汇管理局

我国外汇管理的职能部门是国家外汇管理局及其分局。1979年3月,国务院设立了国家外汇管理总局,它与中国银行合署办公,实际上是一个机构,两块牌子。1982年8月,国家外汇管理总局并入中国人民银行,属于中央银行管理外汇的一个职能部门,其名称改为国家外汇管理局。1988年,国务院进行了机构调整,将国家外汇管理局划为国务院直属局,业务上由中国人民银行代管;在地方各省、自治区、直辖市设立一级分局,在全国大部分市设立二级分局,有个别外汇集中的县、市还设立了支局,从中央到地方建立了外汇管理的行政管理体系。

根据国务院"三定方案",国家外汇管理局的主要职责是:(1)设计、推行符合国际惯例的国际收支统计体系,拟定并组织实施国际收支统计申报制度,负责国际收支统计数据的采集,编制国际收支平衡表;(2)分析研究外汇收支和国际收支状况,提出维护国际收支平衡的政策建议,研究人民币在资本项目下的可兑换;(3)拟定外汇市场的管理办法,监督管理外汇市场的运作秩序,培育和发展外汇市场;分析和预测外汇市场的供需形势,向中国人民银行提供制订汇率政策的建议和依据;(4)制订经常项目汇兑管理办法,依法监督经常项目的汇兑行为;规范境内外外汇账户管理;(5)依法监督管理资本项目下的交易和外汇的汇入、汇出及兑付;(6)按规定经营管理国家外汇储备;(7)起草外汇行政管理规章,依法检查境内机构执行外汇管理法规的情况、处罚违法违规行为;(8)参与有关国际金融活动;(9)承办国务院和中国人民银行交办的其他事项。

国家外汇管理局在各省、自治区、直辖市、副省级城市设有34个分局、2个外汇管理部,即在省、自治区、直辖市设立分局;在北京、重庆设立外汇管理部;在深圳市、大连市、青岛市、厦门市、宁波市设立分局。国家外汇管理局还在有一定外汇业务量、符合条件的部分地区(市)、县(市)分别设立了国家外汇管理局中心支局、支局。国家外汇管理局的分支机构与当地的中国人民银行分支机构合署办公。

三、我国外汇管理法律制度

伴随着经济体制改革,我国逐步形成了一个较为完善的外汇管理法律体系。

1980年12月5日,国务院发布了《中华人民共和国外汇管理暂行条例》,它是我国比较系统地管理外汇的第一部行政法规,为国家外汇管理工作发挥了重大的作用。该条例共分7章34条,创造了按主体不同分别管理外汇的模式,即区分国家单位、集体经济组织、个人、外国驻华机构及其人员、侨资企业、外资企业、中外合资经营企业及其人员,实行不同的外汇管理制度。这种模式一直沿用到1996年的《中华人民共和国外汇管理条例》颁布,才改为按用途不同分别管理外汇。

1994年以后,我国全面改革外汇管理体制,分步实施人民币经常项目可兑换,并建立起了保障人民币经常项目可兑换的外汇管理法律框架。1996年1月29日,国务院发布了《中华人民共和国外汇管理条例》,并于1996年4月1日实施,使1994年外汇管理体制改革的成果法制化。

1996年7月1日起,中国人民银行在全国将外商投资企业的外汇买卖纳入银行结售汇体系,同时修改并发布了《结汇、售汇及付汇管理规定》,取消了尚存的经常项目的汇兑限制,提前达到了《国际货币基金组织协定》第8条款的要求。我国政府于1996年11月27日正式对外宣布:中国从1996年12月1日起实现人民币经常项目可兑换。为此,国务院又于1997年1月14日及时对《外汇管理条例》进行了修改,将"国家对经常性国际支付和转移不予限制"写进了总则中,并对经常项目外汇管理相应条款作了修订和补充,随后对整个外汇管理法律框架进行了清理和修改,为人民币在经常项目可兑换提供了法律保障。

进入新世纪来,我国经济快速发展,国际经济形势也不断演变,导致我国国际收支形势发生根本变化,由外汇短缺变为外汇储备增长过快。2008年,为应对这样的局面,国务院对《外汇管理条例》进行了全面修改。修改后的条例共54条,主要内容为:

(1) 对外汇资金流入流出实施均衡管理。要求经常项目外汇收支应当具有真实、合法的交易基础,取消外汇收入强制调回境内的要求,允许外汇收入按照规定的条件、期限等调回境内或者存放境外;规范资本项目外汇收入结汇管理,要求资本项目外汇及结汇资金应当按照批准的用途使用,增加对外汇资金非法流入、非法结汇、违反结汇资金流向管理等违法行为的处罚规定;明确外汇管理机关有权对资金流入流出进行监督检查及具体管理职权和程序。

(2) 完善人民币汇率形成机制及金融机构外汇业务管理。规定人民币汇率实行以市场供求为基础的、有管理的浮动汇率制度;经营结汇、售汇业务的金融机构和符合规定条件的其他机构,按照国务院外汇管理部门的规定在银行间外汇市场进行外汇交易;调整外汇头寸管理方式,对金融机构经营外汇业务实行综合头寸管理。

(3) 强化对跨境资金流动的监测,建立国际收支应急保障制度。健全国际收支统计申报制度,完善外汇收支信息收集,加强对跨境资金流动的统计、分析与监测;根据世界贸易组织规则,规定国际收支出现或者可能出现严重失衡,以及国民经济出现或者可能出现严重危机时,国家可以对国际收支采取必要的保障、控制等措施。

(4) 健全外汇监管手段和措施。为保障外汇管理机关依法、有效地履行职责,增加规定了外汇管理机关的监管手段和措施,同时规定了外汇管理机关进行监督检查的程序。

另外,近年来,中国人民银行以及国家外汇管理局陆续发布了一系列法规规章,如《银行外汇业务管理办法》、《中国人民银行关于完善人民币汇率形成机制改革的公告》、《外债管理暂行办法》、《商业银行开办代客境外理财业务管理暂行办法》、《个人外汇业务管理办法》等,进一步完善我国外汇管理制度。

第三节 外汇储备管理制度

一、我国的外汇储备

(一) 外汇储备的含义

如同任何货币一样,外汇的首要功能是作为支付工具。当外汇多了,暂时用不了时,便作为一种储备工具而存在。在外汇自由兑换的国家,暂时沉淀不用的外汇分散在企业、个人和政府手中,其中企业、个人作为经营单位和用汇主体掌握大多数外汇,以便随时使用。政府持有部分外汇储备,用于清偿国家对外债务,并根据需要对外汇市场进行调控。

国际金融实务中,"外汇储备"这个概念通常指政府手中持有的外汇,它是一国维持国际收支平衡的基础。因此外汇储备通常被视为一国的国际清偿能力的象征。

(二) 我国的外汇储备

我国自改革开放以来,国民经济持续增长,特别是入世以来对外贸易的迅速发展,形成了巨额的外汇储备。1978 年,我国的外汇储备仅有 1.67 亿美元;1996 年首次突破了 1000 亿美元;2006 年底突破 1 万亿美元;2007 年 6 月底则增长到 1.3 万亿美元;至 2010 年 6 月,外汇储备达 2.4 万亿美元。改革开放三十年来,中国从一个外汇极度匮乏的国家,跃升为世界头号外汇储备大国,令世界为之瞩目。

充足的外汇储备对中国经济安全具有重要意义。它有助于增强国内外投资者对中国经济的信心,防范和抵御金融风险,推动中国经济持续稳定地发展,维护和巩固中国作为大国的国际经济地位和国际影响。当然,庞大的外汇储备也带来了较大的资产风险,特别是2008年金融危机以来,美元资产不断贬值,如何使外汇保值增值是一个我们急需解决的重要问题。

二、外汇储备管理的必要性

外汇储备管理的必要性,与我国外汇储备的来源及其法律性质密切相关。

(一)外汇储备的来源

目前,我国的外汇储备除少量自有黄金外,主要来自三个渠道:一是出口企业的创汇;二是在鼓励引进外资的政策背景下,资本项目的净流入外汇;三是我国对外举债所募集的外汇资金。因此,我国外汇储备主要由三大部分构成:经常项目下的贸易盈余、资本项目下的资本净流入及部分外国政府和国际金融组织提供的借款。

(二)外汇储备对应的债务特征

在上述外汇储备的三大部分构成中,对外举债部分形成的外汇,必须按照约定的借款期限进行偿还。资本项目下形成的外汇实际上也属于一种或有负债,如果将来中国经济出现衰退达不到资本的预期收益,这些逐利资本就会流出中国,到其他收益更好的市场,因此,这些外汇也是要归还资本所有者的。只有贸易盈余部分形成的外汇可以视为我国自有外汇。

但即使是自有外汇,其中绝大部分依然具有负债的性质。人民币是我国境内唯一流通的法定货币,国家禁止外汇在境内流通或计价。这样,外汇在我国境内是没有使用价值的,相反还有保管成本以及贬值的风险,因此,个人与企业手中一般都不会保留外汇。再加上我国长期对境内机构实行强制性的银行结汇售汇制(2008年《外汇管理条例》取消经常项目外汇收入强制结汇要求),出口企业创收的外汇不允许自己保留,或者经批准保留少量部分,其余外汇卖给指定外汇银行,后者再卖给中央银行。因此,我国的外汇储备都集中于中央银行。中央银行获得外汇资产靠的是发行货币,而货币的发行是央行的负债,因此,我国的中央银行在掌管外汇储备的同时,也形成了央行"欠民间的债务"。这就是所谓的"外汇储备与债务相对应"的特征。

(三)外汇储备对应的债务特征所蕴含的意义

第一,外汇储备及其对应债务这一特征,表明外汇储备虽然是一国政府掌管的外汇资金,但它并非"多出来的财富",更不是国家的财政收入,不能像使用预算资金那样"使用"国家的外汇储备。一些常见的提法,如"将外汇储备划拨社保基金"或者"用外汇储备投资教育和医疗产业"等,是不正确的。第二,我国外汇储备的快速增长并集中于中央银行,导致央行被动增加基础货币的投放,加剧了我国国内的流动性泛滥问题。外汇储备增长越快,央行因买入外汇而投放的货币越多,这就容易造成经济过热,出现泡沫,给政府的宏观调控带来困难。

(四)改善外汇储备管理的必要性

一是通过调整外汇币种结构和投资方向,实现外汇储备的保值增值;二是适度控制央行持有的外汇储备规模,减轻流动性压力,实现国内经济宏观调控目标;三是实行藏汇于民的政策,推动我国企业走出国界进行国际化经营,满足居民个人日益丰富的消费需求。

以往我国外汇资源高度集中于央行,而作为用汇主体的企业和个人则缺乏外汇,或者使用外汇受到诸多限制。这就约束了经济主体的市场活力,不利于企业的跨国经营。近年来,我国外汇储备管理思路的一个重大改变,就是要藏汇于民,在保证国家金融安全的同时,适度控制国家外汇储备的过快增长,增强市场主体对外汇的支配能力。

三、外汇储备管理制度的改革

(一)外汇资产种类的合理配置

由于历史以及贸易结构的原因,我国的外汇储备绝大部分是美元。而美国长期实行的赤字财政政策,导致美元多数时期处于贬值状态,给我国的外汇储备带来很大的风险。因此,有必要合理配置外汇储备资产的种类,适度增加黄金、欧元、日元等外汇资产种类的比重。

(二)从消极投资到积极管理

稳定汇率、维持国际收支平衡一直是我国外汇储备的首要功能,央行需要保有一定数量的可流动外汇以维持人民币汇率的稳定。因此,长期以来,我国在管理外汇储备上一直遵循着安全性、流动性和盈利性三条原则,外汇储备主要投资于发达国家的国债,如购买美国政府发行的国库券等。

国债投资是一种消极投资,无信用风险,但收益有限。随着人民币的不断升值,投资外国国债的收益率将进一步降低。因此,有必要在保持合理的低风险投资规模的同时,对新增外汇储备采取更加积极的投资管理方式。其中,借鉴其他国家的成功经验,将一部分外汇储备交由专门的投资机构进行积极有效的管理,是我国近年来外汇储备制度改革的一个基本思路。

2003年,国务院批准成立了汇金公司,以后者为管道,将一部分外汇储备用于补充国有银行资本金。汇金公司首批对中国建设银行、中国银行各注资225亿美元,后又对中国工商银行注资150亿美元。在国有银行完成股份制改造并上市后,汇金公司持有的股份显著增值,实现了外汇储备的保值增值。当然,从法律角度看,央行投入外汇储备设立汇金公司的程序是有问题的,忽略了央行掌管的外汇储备对应的债务特征。有鉴于此,我国2007年对国家外汇投资公司的注资采取了财政注资的方式,从而保证了法律的严肃性。

四、国家外汇投资公司

(一)法律性质

经国务院批准,2007年9月29日,中国投资有限责任公司在北京正式挂牌成立,对国家的外汇储备进行专业化经营。这是我国借鉴新加坡淡马锡公司的成功经验所设立的政府持股的投资性公司。

从法律地位来看,中国投资有限责任公司是依据《公司法》设立的国有独资公司,2000亿美元资本金来源于1.55万亿元特别国债。该公司实行政企分开、自主经营、商业化运作,在可接受的风险范围内,实现长期投资收益最大化。

(二)资本金注入

中国投资有限责任公司的资本金为2000亿美元,全部由中央财政注资,其注资过程严格依法进行。由于财政部手中并无外汇储备,故拟分批发行总共1.55万亿人民币的特别国债向中央银行购买外汇。2007年6月29日,全国人大常委会作出决议,批准财政部发行特别国债购买外汇,同时调整2007年末国债余额限额。鉴于《中国人民银行法》禁止央行对政府财政透支,禁止其直接认购、包销国债和其他政府债券,在实际操作中,财政部于2007年8月29日定向对中国农业银行发行了2007年第一期特别国债6000亿元,用所得资金向中国人民银行购买外汇。同日中国人民银行进行了公开市场操作,从中国农业银行买入了该批特别国债,从而保证了银行体系流动性的需要。

(三)业务范围和运作方式

按照国务院对于中国投资有限责任公司的定位,其基本业务是利用超出储备规模的外汇进行境外实业投资和金融产品组合投资,以期提高外汇经营收益。

中国投资有限责任公司的业务范围,主要包括境外金融市场投资、股权投资和国内金融机构注资等。此外,2003年成立的汇金公司作为子公司被注入中国投资有限责任公司中,继续持有对重点金融企业的股权投资。同时,中国投资有限责任公司将逐步扩展对海外重要战略资源,如一些大型的铁矿公司、石油公司等的投资,从而增加我国的战略资源储备。

由于背靠中国庞大的外汇储备,中国投资有限责任公司被一些海外媒体视为全球最大的"潜在收购人"。

第四节 经常项目与资本项目管理制度

一、经常项目外汇管理

(一) 经常项目的含义

经常项目是指国际收支中经常发生的交易项目,包括贸易收支、劳务收支、单方转移等项目。其中,贸易收支指一国出口商品所得收入和进口商品的外汇支出的总称。劳务收支指对外提供劳务而引起的货币收支,包括境外建筑安装工程、国际运输、保险、跨国文化体育的商业表演等。单方面转移指对外进行单方面的、无对等往来的支付,如华侨汇款、政府的对外援助和捐赠等。

在上述项目中发生的外汇,就是经常项目下的外汇。依照我国《外汇管理条例》,"国家对经常性国际支付和转移不予限制"。

(二) 境内机构经常项目管理

这里所称的"境内机构",是指在我国境内的企业事业单位、国家机关、社会团体、部队等,包括外商投资企业和金融机构。国家外汇管理局对经常项目外汇收支活动进行监管。经常项目下的外汇管理规定如下:

(1)《外汇管理条例》第9条规定:境内机构、境内个人的外汇收入可以调回境内或者存放境外。(2) 外汇收入管理制度:从2007年8月起,境内机构经常项目项下的外汇收入实行意愿结汇制,可以卖给银行,也可以自己保留。2008年修订的《外汇管理条例》对此进一步加以明确,第13条规定,经常项目外汇收入,可以按照国家有关规定保留或者卖给经营结汇、售汇业务的金融机构。而此前,我国实行强制结汇,境内机构的所有外汇收入都必须按照《结汇、售汇及付汇管理规定》卖给外汇指定银行,或者在外汇指定银行开立外汇账户,在经批准的限额内保留一部分。这里所称"外汇指定银行",是指经外汇管理机关批准经营结汇和售汇业务的银行。(3) 外汇支出管理制度:《外汇管理条例》第14条规定,经常项目外汇支出,应当按照国务院外汇管理部门关于付汇与购汇的管理规定,凭有效单证以自有外汇支付或者向经营结汇、售汇业务的金融机构购汇支付。

二、资本项目外汇管理

(一) 资本项目的含义

资本项目是指国际收支中因资本输出和输入而产生的资产与负债的增减项目,包括直接投资、各类贷款、证券投资等。在资本项目下的外汇称为资本项目外汇。

我国传统上对资本项目下的外汇管理比较严格,尤其强调对外汇流出的控制。近年来,随着中国经济实力的增强以及外汇储备的增长,我国逐渐开始推进资本项目的可兑换,特别是鼓励企业及个人走出国门,到境外进行投资经营。同时,由于我国经济持续高速增长与人民币升值预期的增强,国际热钱开始涌入我国,以图快速牟利。因此,近年来我国资本项目管理思路的一大转变是改变了以往"宽进严出"的政策,加强对资本项目下外汇流入的管理。2008年修订的《外汇管理条例》进一步明确了这一转变。

(二)直接投资管理

直接投资包括外商来华直接投资以及我国企业的境外投资。

(1)对于外商直接投资,在很长的一段时间内外汇管理方面比较宽松。外商投资企业依照经国家批准的投资合同,可以保留其资本金或进行结汇;利润分配作为经常项目管理,汇出不受限制;投资回收经批准后可以购汇汇回。不过,近年来,由于人民币升值预期强烈,外资热钱不断涌入,为防止国内投资过热,我国的外商直接投资的外汇兑换管理有趋于严格的倾向。比较突出的是,我国对以股权投资、房地产投资为主要业务的外商投资企业的外汇兑换加以一定限制。这是近年来外商投资外汇监管思路上的一个突出变化。

(2)对于境内企业到境外投资,我国实行项目审批与外汇审查的双审制。境外投资项目由国家发改委、商务部及其授权机关审批,由外汇管理机关审查其外汇资金来源,然后按照国务院关于境外投资外汇管理的规定办理有关资金汇出手续。以前对境外投资的外汇控制比较严格,要求用自有外汇对外投资,且投资收益要调回国内。近年来,为鼓励企业的国际化经营,同时为减轻外汇储备过大的压力,我国已经允许企业用人民币向银行购买外汇到境外去投资,且实现的利润可以全部保留在境外。

(三)证券投资管理

与直接投资相比,证券投资下的外汇流动的特点是速度快,金额大,交易频繁,容易对本国金融体系造成较大冲击。1997年亚洲金融危机就是一个例证。因此,有必要对证券投资项下的外汇流动给予特别关注。目前实行的是总量控制及合格机构投资者制度。

(1)对于境外投资者进入中国证券市场,目前的规定是,境外投资者可以直接进入我国境内的B股市场购买B股,无须审批;进入A股市场购买股票、债券等投资品种,需要通过合格境外机构投资者(Qualified Foreign Institute Investor,简称QFII)进行,且通过QFII汇入的外汇资金不得超过国家批准的外汇额度。

(2)对于境内投资者到境外证券市场投资,实行合格境内机构投资者(Qualified Domestic Institute Investor,简称QDII)制度。境内商业银行、保险公司、信托公司等作为机构投资人,在外汇管理部门批准的外汇额度内,可以直接到境外进行证券投资,也可以接受客户委托到境外证券市场投资。2007年8月,我国开始试点境内个人直接进入境外证券市场,其外汇资金可以是自有外汇,也可以从境内银行购买外汇。这是我国资本项目开放的一个重大举措。

(四)对外债的管理

依照国家发展计划委员会(现为国家发改委)、财政部、国家外汇管理局2003年12月发布的《外债管理暂行办法》,外债指境内机构对非居民承担的以外币表示的债务,包括境外借款、发行债券、国际融资租赁等等。境内机构对外提供担保形成的潜在外汇偿还义务,是一种或有外债,也纳入外债管理。国家发改委、财政部和国家外汇管理局是我国的外债管理部门,根据外债类型、偿还责任和债务人性质,对举借外债实行分类管理。主要内容有:

(1)国际金融组织(如世界银行、IMF等)贷款和外国政府贷款由国家统一对外举借。它属于主权外债,以国家信用保证对外偿还。

(2)境内中资企业等机构从境外举借中长期国际商业贷款,须经国家发改委批准;举借短期国际商业贷款,由国家外汇管理局核定外债限额,实行余额管理。

(3)外商投资企业借用国外贷款的,不需要有关部门批准,但需要报外汇管理机关备案,其外债限额控制在国家批准的投资总额与注册资本的差额之内。

(4)金融机构在境外发行外币债券,必须经过国务院外汇管理部门批准,并按照国家有关规定办理手续。

三、对个人的外汇管理

(一)对个人外汇管理思路的变化

在1997年《外汇管理条例》中,对个人外汇的管理是放在"经常项目外汇"名下的,且"个人"是指中国公民和在我国境内居住满1年的外国人。对个人外汇的管理的重点是本国居民的非经营性收支下取得或使用的外汇。

随着我国对外开放的深化,个人外汇收支出现了一些新特点,如经常项目中的经营性收支比重增加,对外投资等资本性项目需求增大,非中国居民在华的经济活动更频繁,等等。为便利新形势下的个人外汇收支,简化业务手续,中国人民银行于2006年12月发布了《个人外汇管理办法》,就个人外汇管理的总体要求、经常项目外汇、资本项目外汇、个人外汇账户以及外币现钞的管理等作出了规定。该办法适用的对象包括境内个人与境外个人,前者指持有中国居民身份证、军人身份证或武警身份证的中国公民,后者指外国公民(包括无国籍人)及港澳台同胞。

(二)分类管理原则

个人外汇业务按照交易主体区分境内与境外个人外汇业务,按照交易性质区分经常项目和资本项目个人外汇业务。国家外汇管理机关按上述分类对个人外汇业务进行管理。其中,经常项目项下的个人外汇业务按照可兑换原则管理,不需要审批;资本项目项下的个人外汇业务按照可兑换进程管理,逐步扩大个人资本项目外汇的自由兑换范围。

(三)结汇、购汇年度总额控制

个人外汇收入可以自己保存,也可以向银行结汇。个人向银行结汇、购汇及对外支付,不论是资本项目还是经常项目,在年度总额内的,凭身份证件在银行办理;超过年度总额的,经常项目项下凭身份证和有交易额的相关证明等材料在银行办理,资本项目项下按照有关规定,办理相应的核准或者登记手续。依照国家外汇管理局2007年发布的《个人外汇管理办法实施细则》,目前结汇、购汇的年度总额分别为每人每年等值5万美元。国家外汇管理局可根据国际收支状况,对年度总额进行调整。

(四)银行对个人的外汇业务监督

银行为个人办理外汇收付、结售汇及开立外汇账户等业务,应对个人提交的有效身份证件及相关证明材料的真实性进行审核,并通过国家外汇管理局指定的管理信息系统办理个人购汇和结汇业务,真实、准确录入相关信息。对于大额、可疑外汇交易,银行应根据有关《反洗钱法》的规定进行记录、分析和报告。银行不得以将大额交易分拆等方式逃避限额监管,也不得使用虚假商业单据或者凭证逃避真实性管理。

此外,个人跨境收支应当按照国际收支统计申报的有关规定办理国际收支统计申报手续。

第五节 对外担保管理

一、对外担保的概念

对外担保是指我国境内机构对国外其他机构借入外债或发行外汇债券等向外国债权人提供的担保。此种担保承诺,在我国债务人不能履行债务时,由担保人代为履行债务。2010年7月国家外汇管理局颁布的《关于境内机构对外担保管理问题的通知》第1条对对外担保进行了定义:对外担保,是指境内机构(担保人)根据《中华人民共和国担保法》、《中华人民共和国物权法》及《境内机构对外担保管理办法》的规定,以保证、抵押或者质押等形式,向境外机构(担保受益人)承诺,当债务人(境内外机构)未按照合同约定履行义务时,由担保人履行义务或者由受益人依照《中华人民共和国担保法》、《中华人民共和国物权法》的规定,将抵押物、质物折价拍卖、变卖的价款优先受偿的行为。

对外担保的债务均为以外国货币表示的外债,担保者均为我国境内资信良好、并有相当外汇资产能力的银行和其他金融机构。传统的理论认为对外担保合同是从合同,它以外汇借款主合同为基础,主合同有效时,担保合同也有效;主合同无效时,担保合同也无效。但现在,担保合同独立化已成为发展趋势。

我国对外担保合同主要有以下几种:(1)借款担保。它既包括境内的机构和外商投资企业境外借款的担保,也包括我国驻外企业的境外借款的担保,还包括我国工程承包公司在国外借款和外国公司提供的信贷的担保。(2)投标担保。它是我国对外担保人为我国工程承包公司对外国招标项目投标时提供的担保,保证投标公司履行标书中约定的义务,如果投标公司不能履行其义务,担保人负责赔偿招标人的损失。(3)履约担保。它是特指在国际贸易中,出口商或进口商及其银行向对方保证履行合同义务的担保。出口商的履约担保是保证按期、按约定地点和约定的货物交货;进口商的履约担保是保证按约定条款接货与付款。

二、对外担保管理的必要性

一方面,对外担保在我国利用外资、发展对外经济技术贸易合作过程中有着重要作用。对外担保信誉与实际保障能力,早已成为取得外债的前提和保障条件,成为我国在国际经济交往中的信誉标志,它增强了外商来华投资的信心,成为减少我国投资环境风险的重要因素。

另一方面,境内机构对外担保形成了潜在的对外偿还义务,称为或有外债。当债务人不能清偿债务时,或有负债就转化为现实负债,担保机构需要实际承担担保责任,对外支付外汇。如果担保人无外汇,或者国家外汇储备无法提供足够的外汇,就会出现信用违约。从这个意义上看,对外担保潜在地增加了我国的国际债务,有必要纳入外债项目管理。由于上述两方面的原因,完善对外担保管理的法律制度就具有重大的现实意义。

在20世纪80年代后期,我国各省市利用外资规模迅速发展。由于法律对对外担保资格问题没有明确规定,一度出现了一些地方的政府部门、财政厅局、企业上级主管机关都对外提供担保的情况。由于政府机关不是企业法人,没有独立资产和实际偿付能力,这些担保最后只有转嫁摊派给企业。针对这种混乱情况,自1984年6月以来,国家外汇管理局公布了批准的有资格对外担保的单位名单。这些单位主要有三类:(1)我国银行及其信托咨询公司;(2)全国性和地方性的信托投资公司;(3)外国银行和金融公司设在我国的分行或子公司。除此之外,未经国家外汇管理局批准的单位对外担保无效。在这以后,国家外汇管理局的此类文件不断更新,国家批准的有资格对外担保的单位也越来越多。1987年2月20日,中国人民银行发布了《境内机构提供外汇担保的暂行管理办法》,对对外担保管理做了更详细的规定。

目前,我国对外担保工作的法律依据是《外汇管理条例》以及中国人民银行、国家外汇管理局等相关机构制定的《境内机构对外担保管理办法》、《境内机构对外担保管理办法实施细则》、《外债管理暂行办法》、《关于境内机构对外担保管理问题的通知》等,它们对于对外担保的资格、条件和管理程序等作出了明确的规定。

三、担保资格及担保范围

目前,银行、非银行金融机构、企业都可以提供对外担保,但他们的担保资格、担保范围和担保程序各不相同。2010年7月国家外汇管理局《关于境内机构对外担保管理问题的通知》对这些问题进行了详细的规定,这里对其进行一个概括的介绍:

（一）银行的担保资格和担保范围

具有担保业务经营资格的境内银行提供融资性对外担保,可向所在地国家外汇局申请对外担保余额指标。在外汇局核定的指标内,银行可自行提供融资性对外担保,无需逐笔向外汇局申请核准。融资性对外担保,是指担保项下主合同具有融资性质的对外担保,包括但不限于为借款、债券发行、融资租赁等提供的担保,以及国家外汇管理局认定的其他对外担保形式。

具有担保业务经营资格的境内银行提供非融资性对外担保,不受指标控制,无需逐笔向外汇局申请核准,但应符合行业监管部门的相关风险管理规定。非融资性对外担保,是指除融资性对外担保以外的其他形式的对外担保,包括但不限于质量担保、项目完工责任担保、招投标担保、预付款担保、延期付款担保、货物买卖合同下的履约责任担保以及国家外汇管理局认定的其他对外担保形式。

外汇局主要依据银行本外币合并的实收资本、营运资金或外汇净资产规模等为银行核定指标。外汇局可参考银行上年度对外担保履约和对外担保合规情况、执行外汇管理规定考核情况、当年度业务发展计划,以及当年度国家国际收支状况和政策调控需要等进行相应调整。

单家银行的指标原则上不得超过其本外币合并的实收资本或营运资金的50%,或者其外汇净资产数额。

对被担保人的要求:(1) 银行提供融资性对外担保,应严格控制在外汇局核定的指标范围内,被担保人不受与境内机构的股权关系、净资产比例和盈利状况等限制,但应符合国家有关担保等法律法规以及行业监管部门的相关管理规定。(2) 银行提供非融资性对外担保,其被担保人或受益人至少有一方应为在境内依法注册成立的法人,或至少有一方应为由境内机构按照规定在境外设立、持股或间接持股的机构。

（二）非银行金融机构和企业的担保资格和担保范围

境内非银行金融机构和企业提供对外担保,应向外汇局逐笔申请核准。

不过,对外担保业务笔数较多、内部管理规范的非银行金融机构和企业（包括外商独资企业）,其提供对外担保（包括融资性和非融资性担保）,可以法人为主体向外汇局申请核定余额指标。在核定的指标范围内,境内非银行金融机构和企业提供对外担保,无需向外汇局逐笔申请核准。

担保人为非银行金融机构时,其指标核定依据与银行一致。担保人为企业时,其净资产与总资产的比例原则上不低于15%,外汇局为企业核定的余额指标或逐笔核准的对外担保余额不得超过其净资产的50%。

对被担保人的要求:(1)担保人为非银行金融机构时,被担保人须为在境内依法注册成立的法人或者境内机构按照规定在境外设立、持股或间接持股的机构。(2)担保人为企业时,被担保人须为担保人按照规定程序在境内外设立、持股或间接持股的企业。(3)被担保人净资产数额应当为正值。(4)被担保人最近三年内至少有一年实现盈利。如被担保人从事资源开发类等长期项目的,则最近五年内至少有一年实现盈利。被担保人成立后不满三年（一般企业）或五年（资源开发类企业）的,无盈利强制性要求。(5)境内房地产开发商为非居民房屋按揭贷款向境内银行提供的回购担保不受以上规定的限制。

第六节 对违反外汇管理行为的处罚

对违反外汇管理行为及其处罚的规定见于我国《外汇管理条例》和《刑法》的相关章节。

一、逃汇行为及其处罚

逃汇是指境内机构和个人逃避外汇管理,将应该结售给国家的外汇私自保存、转移、使用、存放境外,或将外汇、外汇资产私自携带、托带或者邮寄出境的行为。我国《外汇管理条例》第39条规定:有违反规定将境内外汇转移境外,或者以欺骗手段将境内资本转移境外等逃汇行为的,由外汇管理机关责令限期调回外汇,处逃汇金额30%以下的罚款;情节严重的,处逃汇金额30%以上等值以下的罚款;构成犯罪的,依法追究刑事责任。

根据我国《刑法》第190条和1998年全国人大常委会《关于惩治骗购外汇、逃汇和非法买卖外汇犯罪的决定》,犯有逃汇罪的公司、企业或者其他单位,判处逃汇数额5%以上30%以下罚金,并对其直接负责的主管人员和其他直接责任人员处5年以下有期徒刑或者拘役;数额巨大或者有其他严重情节的,对单位判处逃汇数额5%以上30%以下罚金,并对其直接负责的主管人员和其他直接责任人员处 5 年以上有期徒刑。

二、套汇行为及处罚

套汇是指境内机构和个人用人民币或物资非法换取外汇或外汇收益,从而套取国家外汇资源的行为。

传统的套汇行为主要有三类:(1)直接套汇,即违反规定,以人民币偿付应当以外汇支付的进口货款或者其他款项;或者出访人员未经批准,将出国经费移作他用,以人民币偿还等。(2)代支付套汇,即境内机构或个人以人民币为境外机构或来华外国人支付其在国内的各种费用,由对方付给外汇。(3)贸易套汇,即境内机构以出口收汇或者其他收入的外汇,直接抵偿进口物品费用或其他支出的。

在经常项目项下外汇可兑换后,境内用汇单位和个人可以凭真实的交易凭证到银行购汇,传统套汇行为大大减少。但又出现了一种新的套汇行为——骗购外汇,即使用虚假出口单据、合同等向银行购汇,从而套取国家外汇资源。骗购外汇导致国家掌握的外汇资源流失,极大地冲击了经常项目可兑换的基础。

对此,我国《外汇管理条例》第 40 条规定:有违反规定以外汇收付应当以人民币收付的款项,或者以虚假、无效的交易单证等向经营结汇、售汇业务的金融机构骗购外汇等非法套汇行为的,由外汇管理机关责令对非法套汇资金予以回兑,处非法套汇金额 30% 以下的罚款;情节严重的,处非法套汇金额 30% 以上等值以下的罚款;构成犯罪的,依法追究刑事责任。1998 年《关于惩治骗购外汇、逃汇和非法买卖外汇犯罪的决定》增设了骗购外汇行为的刑事处罚:对套汇行为,由外汇管理机关给予警告,强制收兑,并按套汇金额处以 30% 到 3 倍以下的罚款。对于骗购外汇,根据其骗购金额及情节,《关于惩治骗购外汇、逃汇和非法买卖外汇犯罪的决定》分别规定了从拘役、有期徒刑至无期徒刑的处罚,并处骗购外汇数额 5% 以上 30% 以下罚金。情节特别严重的,还可并处没收财产。

三、扰乱金融秩序的行为及处罚

扰乱金融的行为泛指上述逃汇、套汇之外,其他违反外汇监管规定的行为。它可以分成四类:(1)金融机构未经批准,擅自经营外汇业务,或者超越批准经营范围扩大外汇业务。(2)境内机构未经批准,擅自在境外举债,发行具有外汇价值的有价证券,接受贷款或者提供对外担保等。(3)违反外汇流通管理秩序的行为,如未经批准,境内机构以外汇计价结算、借贷、转记、质押,或者以外币流通使用,或者私自买卖外汇、变相买卖外汇以及倒买倒卖外汇,等等。(4)其他扰乱外汇管理秩序的行为,如未依法办理外汇核销、外债登记、担保登记,未进行国际收支申报等等。

对于这些行为,我国《外汇管理条例》第 41 条至第 49 条详细规定了行为构成和相应的行政处罚。同时,第 51 条规定:当事人对外汇管理机关作出的具体行政行为不服的,可以依法申请行政复议;对行政复议决定仍不服的,可以依法向人民法院提起行政诉讼。

对于非法买卖外汇行为,依照我国《刑法》第 225 条的规定进行处罚。即对这种行为可处 5 年以下有期徒刑或者拘役,情节特别严重的,处 5 年以上有期徒刑,并处违法所得 1 倍以上 5 倍以下罚金或者没收财产。如果是机构从事非法买卖外汇的,依照《刑法》第 231 条的规定处罚。

第十一章 利率与汇率管理法律制度

第一节 利率管理的必要性

一、利率的概念

(一) 利率的含义

利率,也叫利息率,它是一定时期内利息与贷出或存入款项的本金的比率。利息与贷出金额的比率,叫贷款利率,利息与存款金额的比率,叫存款利率。

银行利率是调节经济的重要杠杆,银行通过利率的上升和下降,可以引导社会资金的流向,调节资金的使用规模,提高资金使用效率。银行利率的变动可以影响商品市场、其他资金市场、外汇市场、地产市场、外贸市场等许多市场的价格变化。因此,银行对利率进行有效的管理,对整个国民经济的影响非常大。

(二) 利率的种类

利率可以从不同角度进行分类。

(1) 按资金融通关系的主体分,有中央银行与商业银行间的存贷款利率,商业银行及金融机构之间的同业拆借利率,银行与客户之间的存贷款利率。

(2) 按借贷合同中利率的状态分,有固定利率与浮动利率。固定利率是指借贷合同中确定的利率在整个合同期间保持不变。浮动利率是指借贷合同利率随着市场利率水平的变化而不断调整。

(3) 按利率所反映的货币价值分,有名义利率与实际利率。名义利率是没有考虑通货膨胀的利率,一般银行公布的利率都是名义利率。实际利率则是考虑了通货膨胀因素在内的利率水平,反映的是货币的实际购买力,用公式表示为:实际利率 = 名义利率 - 通货膨胀率。当通货膨胀高于名义利率时,我们说储蓄是负利率,在银行存钱是亏本的。

我国在 20 世纪 80 年代至 90 年代实行的保值储蓄,对长期存款到期支取适用的利率为"名义利率 + 保值贴补率",这个利率水平基本上相当于当时的通货膨胀率,这样就避免了出现储蓄贬值的结果,对存款人非常有利。

二、利率管理的必要性

(一) 利率的基础是市场资金供求关系

利率反映着货币的时间价值。从本质上说,它是由资金的市场供求关系来决定的。社会上对资金的需求大,但提供资金者少,利率就上升。反之,市场中资金很充裕,但没有什么人要用钱,利率就会下降。

(二) 利率管理的意义

在不同国家,利率管理体现为中央银行或者银行业协会对市场利率形成机制以及引导作用的不同程度的干预。进行管理或干预的必要性主要有三个方面:一是有效发挥利率杠杆对经济的调节作用;二是维护正常的金融秩序,创造公平有序的竞争环境,避免恶性利率竞争;三是避免行业垄断利率,保护存款人和借款人的合法权益。

在许多市场经济国家,政府通常采用金融政策来间接调控利率,或者由银行之间的同业公会或称利率卡特尔来直接管理利率。我国银行利率在传统上主要是由国务院及中国人民银行直接决定,更多地具有行政管理的色彩。1996年以后,我国启动了利率市场化改革,利率管理中逐渐体现市场供求关系的影响。

尽管不同国家利率管理方式有所不同,但共同的特点是用法规或行业规章的方法来管理利率。这是因为:(1) 采用法规或行业规章管理银行利率,具有统一性,它可以使银行统一地在一定范围内竞争,以便减少存款人的风险。(2) 国家可以通过制定与修改法规或行业规章,控制银行利率的变化趋势,从而实现对国民经济的宏观调控。(3) 法规与行业规章明确规定了禁止性条款,如果银行违反就要受到处罚,因此,法律手段是促使银行保护存款人利益的有效手段。

三、我国利率管理制度的沿革

新中国成立以来,我国利率管理制度大致上可以分为五个时期。

第一个时期是新中国成立初期。利率管理的主要特点是:针对多种经济成分同时并存的情况,利率管理上也实行多种政策配合使用。一方面允许私营银行钱庄参照当地利率委员会的行业利率协商确定各自的利率;另一方面积极发展国家银行利率对宏观经济的影响。当时大中城市的私营钱庄的利率由当地的利率委员会决定。利率委员会由金融工商各界代表组成,其中金融界代表占半数以上,工商联及金融业职工各派1名至数名代表,其他有关团体每单位派1名代表列席,工商主管机关代表最多不超过2人。利率委员会以中国人民银行规定的最高放款利率为标准,在标准以下协商制定钱庄的放款利率,并报当地人民银行核定。以后随着金融界的公私合营,私营钱庄取消了,利率委员会也停止办公,全国银行的各种利率统一由中国人民银行总行拟定,经国务院批准后执行,逐渐形成高度集中化的利率管理体制。

第二个时期是从第一个五年计划时期到"文革"之前。这个时期的特点是:利用利率杠杆促进私营金融体制社会主义改造,同时多次降低利率,简化利率档次,导致利率管理向单纯的行政管理方式发展。

第三个时期是"文革"期间。由于受到政治运动的影响,利率管理工作从指导思想到具体做法都出现了违背经济规律的情况,进一步地降低存贷款利率和缩小利率差额及档次的做法,极大地挫伤了人民群众的储蓄积极性,降低了贷款的使用效率。在利率管理体制上,中央高度集中化的行政管理也使得利率的杠杆作用难以发挥。

第四个时期是改革开放后至 20 世纪 90 年代中期。随着经济建设中心地位的确立,国民经济管理逐步由实物管理转向价值管理,调控方式逐步由以指令性计划为主的直接控制转向以经济手段为主的间接调控,利率在国民经济宏观调控中的重要性重新显现出来,利率管理体制也不断得到完善和发展。1988 年 10 月 5 日,中国人民银行下发了《关于加强利率管理工作的暂行规定》,首次以部门规章的形式对利率管理进行了专门规范,初步明确了中国人民银行利率管理的主体地位和管理范围。1990 年中国人民银行下发了《利率管理暂行规定》,对中国人民银行利率管理的职责范围进行了全面的界定,并明确了中国人民银行各级机构在利率管理中的职责。此时,中国人民银行对利率管理的范围覆盖了几乎所有资金价格和对计息规则的管理。在完善利率管理制度的同时,通过适度扩大金融机构存、贷款利率浮动幅度和下放利率浮动权的形式,对利率管理体制改革进行了积极尝试。

第五个时期是 20 世纪 90 年代中期之后到现在。1993 年,中共中央《关于金融体制改革的决定》提出,我国利率改革的长远目标是:建立以市场资金供求为基础,以中央银行基准利率为调控核心,由市场资金供求决定各种利率水平的市场利率管理体系。参照域外的经验,利率改革的基本步骤是:货币市场利率先放开,银行与客户的利率后放开;银行间利率先放开,银行以外的利率后放开;贷款利率先放开,存款利率后放开;大额存款利率先放开,小额存款利率后放开;直接金融利率先放开,间接金融利率后放开;证券公司交易利率先放开,银行交易利率后放开;国际金融交易先放开,本地金融交易后放开。

1996 年,我国建立了统一的银行间市场,逐步放开金融机构间的业务利率,如 1996 年 6 月放开银行间同业拆借利率,1997 年 6 月放开银行间债券回购利率。1998 年 8 月,国家开发银行在银行间债券市场首次按市场利率发行债券;次年,国债发行也开始采用市场招标形式,这就实现了银行间市场利率、国债和政策性金融债发行利率的市场化。与此同时,中国人民银行逐步扩大了金融机构对企业和个人贷款利率的浮动幅度,统一了不同期限档次利率的浮动政策,放开了规定标准以上大额定期存款的利率,使金融机构拥有了更多的定价权。

在外币利率管理方面,1984 年以来,中国人民银行授权中国银行公布境内外币存贷款利率。2000 年,中国人民银行放开了境内外币贷款利率和 300 万美元(或等值其他外币,下同)以上的大额存款利率,300 万美元以下的小额外币存款利率由中国人民银行对外公布。2002年3月,中国人民银行统一了中、外资金融机构外币利率管理政策,将境内外资金融机构对境内中国居民的小额外币存款,纳入人民银行现行小额外币存款利率管理范围。2003年7月,放开了英镑、瑞士法郎和加拿大元的外币小额存款利率管理,由商业银行自主确定。2003年11月,对美元、日元、港币、欧元小额存款利率实行上限管理,商业银行可根据国际金融市场利率变化,在不超过上限的前提下自主确定利率。

1999年3月2日,中国人民银行修订并下发了《人民币利率管理规定》,强调了利率杠杆对国民经济的调节作用,进一步简化了利率管理的种类,明确了中国人民银行利率管理和金融机构自定利率的范围,使利率管理体制改革的成果以规范的形式明确下来。目前,我国利率管理基本上是在该《规定》的框架内进行。截至2009年底,中国人民银行累计放开、归并或取消的本、外币利率管理种类为119种,尚管理的本外币利率种类有29种。

第二节 我国的利率管理制度

一、利率主管机关及权限

(一)权限范围

中国人民银行是经国务院授权的利率主管机关,代表国家依法行使利率管理权,其他任何单位和个人不得干预。中国人民银行制定的各种利率是法定利率。法定利率具有法律效力,其他任何单位和个人均无权变动。

根据《人民币利率管理规定》第5条的规定,中国人民银行制定、调整以下利率:(1)中国人民银行对金融机构存、贷款利率和再贴现利率;(2)金融机构存、贷款利率;(3)优惠贷款利率;(4)罚息利率;(5)同业存款利率;(6)利率浮动幅度;(7)其他。

(二)中国人民银行对商业银行的存贷款利率

中央银行对商业银行的贷款构成了基础货币的投放,这种贷款的利率水平对其他种类的利率以及全社会的资金使用成本影响很大。新中国成立以来,中国人民银行与其分行和其他商业银行的关系是行政领导关系,主要使用行政命令来指挥。1979年后,我国银行信贷管理体制和银行机构管理体制开始改革,国有专业银行与中国人民银行逐渐形成存款与借款的金融债权债务关系,并对存贷款计息。随着专业商业银行向商业银行的转型,中国人民银行根据社会资金的供求情况调整对商业银行的存贷款利率,间接影响商业银行对客户的存贷款利率,进而影响整个社会的资金供应。

为稳步推进利率市场化改革,健全中央银行利率形成机制,理顺中央银行和借款人之间的资金利率关系,完善货币政策间接调控体系,经国务院批准,中国人民银行从 2004 年 3 月 25 日起实行再贷款浮息制度。再贷款浮息制度是指中国人民银行在国务院授权的范围内,根据宏观经济金融形势,在再贷款(再贴现)基准利率基础上,适时确定并公布中央银行对金融机构贷款利率加点幅度的制度。

按照《人民币利率管理规定》第 28 条的规定,中国人民银行对金融机构再贷款也应签订贷款合同,明确贷款利率;合同期内遇利率调整不分段计息。对贷款期内不能按期支付的利息按合同利率计收复利。本金逾期,按逾期日的罚息利率计收罚息,直到归还本息,遇罚息利率调整分段计息。对逾期期间不能按期支付的利息按罚息利率按季计收复利。

(三) 金融机构存贷款利率

金融机构的存贷款利率是指金融机构对客户的存贷款利率。在目前的利率管理体制下,中国人民银行决定金融机构对客户存贷款的基准利率,同时规定利率浮动幅度。商业银行及金融机构在此范围内确定具体利率。例如,中国人民银行宣布,从 2008 年 12 月 23 日起,下调金融机构 1 年期人民币存贷款基准利率各 0.27 个百分点,其他期限档次存贷款基准利率作相应调整。调整后金融机构 1 年期存款基准利率由现行的 2.55% 降低至 2.25%;6 个月至 1 年(含 1 年)期贷款基准利率由现行的 5.58% 降低至 5.31%。

(四) 罚息利率

罚息是借贷合同下借款人逾期归还本息时适用的违约责任方式。中国人民银行 2003 年 12 月发布了《关于人民币贷款利率有关问题的通知》(银发[2003] 251 号),对此前实行的罚息利率的确定方式有了一定的调整,具体内容如下:

(1) 逾期贷款罚息利率由现行按日 2.1‰ 计收利息,改为在借款合同载明的贷款利率水平上加收 30%—50%。

(2) 借款人未按合同约定用途使用借款的罚息利率,由现行按日 5‰ 计收利息,改为在借款合同载明的贷款利率水平上加收 50%—100%。

(3) 对逾期或未按合同约定用途使用借款的贷款,从逾期或未按合同约定用途使用贷款之日起,按罚息利率计收利息,直至清偿本息为止。对不能按时支付的利息,按罚息利率计收复利。

二、商业银行及其他金融机构的利率管理

(一) 利率权限

按照《人民币利率管理规定》第 6 条,金融机构有权确定以下利率:(1) 浮动利率;(2) 内部资金往来利率;(3) 同业拆借利率;(4) 贴现利率和转贴现利率;(5) 中国人民银行允许确定的其他利率。

（二）浮动利率

我国《商业银行法》第38条规定："商业银行应当按照中国人民银行规定的贷款利率的上下限，确定贷款利率。"

商业银行是自主经营和自负盈亏的商业机构，自主经营的关键是利率自主决定权。在市场经济制度下，有的国家采取完全的自主定价，如美国的联邦储备银行不直接规定商业银行贷款利率，而是根据市场货币供应量变化，通过调整中央银行的基础货币贷款利率、调整存款准备金和公开市场运作来间接控制商业银行贷款利率。有的国家或地区则采取浮动定价。例如，我国香港地区没有中央银行，金融管理局对外汇基金通过银行公会的利率协议来控制利率，银行公会将银行分类，规定每一类别适用的贷款利率浮动的上下限。

目前我国中央银行对浮动利率的管理包括三种方式：上下浮动，上限管理，下限管理。

1. 上下浮动

上下浮动是指中央银行确定利率浮动的上下区间。例如，中国人民银行2003年12月10日发布了《关于扩大金融机构贷款利率浮动区间有关问题的通知》（银发[2003]250号），规定自2004年1月1日起，商业银行贷款利率浮动区间扩大到[0.9,1.7]，即商业银行对客户贷款利率的下限为基准利率乘以下限系数0.9，上限为基准利率乘以上限系数1.7。以1年期贷款利率6%为例，商业银行可以在浮动区间为下限5.4%（=6%×0.9），上限10.2%（=6%×1.7）的范围内确定利率。

2. 下限管理

下限管理是指中央银行确定利率浮动的下限，但上不封顶。按照中国人民银行2004年10月发布的《关于调整金融机构存、贷款利率的通知》（银发[2004]251号）规定，自2005年起，我国商业银行贷款和政策性银行按商业化管理的贷款实行下限控制，为基准利率的0.9倍，上浮幅度不限。

3. 上限管理

上限管理是指中央银行确定利率浮动的上限，但下不封底。按照前述《关于调整金融机构存、贷款利率的通知》，目前商业银行对个人的人民币存款实行以基准利率为上限的利率下浮制度。以1年期存款利率为例，2010年9月的基准利率为2.25%，上限管理意味着金融机构接受1年期储蓄存款最高可支付2.25%的利率，最低利率不限，在0—2.25%的区间内自主确定。当然，如果一家商业银行给出的储蓄利率太低了，储户也就不会来存款了。

三、我国的货币市场基准利率

(一) 货币市场基准利率的概念

货币市场基准利率一般是指银行间同业拆放利率。它是一种单利、无担保、批发性利率,在金融市场上具有普遍的参照作用,其他利率水平或金融资产价格均根据这一基准利率水平来确定。

各主要发达国家都有自己的货币市场基准利率,如美国的联邦基准利率、日本的无担保隔夜拆借利率、英国的伦敦同业拆放利率(Libor)等。其中,伦敦同业拆放利率对国际融资交易影响很大,许多国际借贷合同都采用"Libor+若干基点"的计息方式。

(二) 我国的货币市场基准利率

2006年,中国人民银行发布了《关于构建中国货币市场基准利率有关事宜的通知》(银发[2006]316号),建立了我国的货币市场基准利率机制——"上海银行间同业拆放利率"(Shanghai Interbank Offered Rate,简称Shibor)。

上海银行间同业拆放利率(Shibor)以位于上海的全国银行间同业拆借中心为技术平台计算、发布并命名,是在由银行报价团自主报出的人民币同业拆出利率基础上计算出的一种单利、无担保、批发性利率。Shibor报价银行团现由16家信用等级较高的商业银行组成,它们都是公开市场一级交易商或外汇市场做市商,在货币市场上人民币交易相对活跃、信息披露比较充分。全国银行间同业拆借中心负责Shibor的报价计算和信息发布。每个交易日根据各报价银行的报价,剔除最高、最低各2家报价,对其余报价进行算术平均计算后,得出每一期限品种的Shibor,并于11:30对外发布。目前,对社会公布的Shibor品种包括隔夜、1周、2周、1个月、3个月、6个月、9个月及1年期利率。中国人民银行成立了Shibor工作小组,依据《上海银行间同业拆放利率实施准则》确定和调整报价银行团成员,监督和管理Shibor运行,规范报价银行与指定发布人的行为。

Shibor是我国利率市场化改革的一个重大成果。它能够综合反映我国货币市场的资金供求状况和利率的期限结构,为货币市场的产品定价提供了初步参考,有助于提高我国金融机构的自主定价能力。同时,它也完善了货币政策调控机制,便利中国人民银行科学地确定各存贷款的基准利率,灵活地调整市场供求。

第三节 人民币汇率定值管理

一、汇率定值的概念

汇率是一个国家的货币和另一个国家货币之间兑换的比率。在表示汇率的方法上，通常采用另一国货币来表明本国货币的价格。例如，可以用1个或100个外国货币单位折合成若干本国货币，比如1美元＝7.5元人民币。这种表示方法叫作直接标价法。也可以采用1个或100个本国货币单位折合成外国货币来表示汇率，这种方法叫间接标价法，英国和美国就是采用这种标价方法来表示英镑和美元的汇价。

汇率反映了各国货币价值之间的比例关系。货币之所以有价值，是因为货币代表了一定的价值量。一种货币代表的价值量越多，同其他货币兑换时的汇价就越高。

从世界各国货币发展的过程来看，都经历过使用金属货币的阶段，如采用金币或银元。因为金属本身具有价值，所以货币的价值就由其所含的贵金属的价值来决定，不需要其他物质来支持。第二次世界大战后，金本位货币制度瓦解，各国以纸币作为主要流通手段。起初纸币的物质支持是纸币可兑换的金银。但是，黄金少而纸币多，纸币兑换金银越来越不可能。于是，1944年7月的布雷顿森林会议规定了各国货币同美元挂钩，美元同黄金挂钩的新办法。1971年8月，美国政府宣布停止各国中央银行向美国中央银行按官价兑换黄金，从此，以美元支持的各国货币便失去了支持，开始了浮动汇率阶段。

所以，在金本位制和美元本位制时期，各国货币的汇价高低无非是代表黄金或美元的多少，现在各国货币汇价的高低是看它代表的商品的多少，也就是在本国市场上的购买力的高低。举例来说，如果同样的物品在甲国的价格为乙国价格的2倍，说明甲国货币的购买力只有乙国的一半，因此两国货币的汇率为：1单位甲国币＝0.5单位乙国币。

二、人民币汇率定值的基础

人民币汇率制度在很大程度上取决于人民币货币制度。人民币汇率定值的基础，从一开始就既不是黄金，更不是美元，而是它所代表的商品价值。人民币是中国人民银行于1948年12月1日成立时开始发行的货币。1948年12月7日，新华社发表题为《中国人民银行发行新币》的社论，其中明确声明："解放区的货币，从它产生第一天开始，即与金银脱离关系。"同时，解放区人民政府还发布命令，禁止在解放区内以黄金或白银计价、流通、抵押和放贷，只允许个人收藏，不许私下买卖，如果要卖，只能卖给中国人民银行。

在人民币发行之初，为了抑制通货膨胀、稳定市场物价和人民币币值，中国人民银行还在一个时期实施了人民币储蓄折实方法，以粮、布、油、煤、盐、铁、药等商品的物价上涨情况折合成利息付给储蓄者。以后，物价趋于平稳后，银行便取消了折实保值方法。1989年9月，中国人民银行采取了人民币保值储蓄的办法，这与折实保值的办法在道理上相同，只不过保值储蓄计算物价上涨所选择的商品比折实保值要多得多。这两种方法都更加直观地使人们感受到人民币的价值取决于它所代表的商品的价值这一原理。

三、人民币汇率定值管理的主要考虑因素

（一）货币购买力

人民币同外币的汇率不是用人民币与外币的黄金平价来确定的，而是以两国货币在本国市场上的实际购买力的比较来确定的，这种方法叫做购买力平价方法。

以这种方法确定人民币汇率是一个基础，具体汇率的确定还取决于其他因素。在行政确定汇率年代，主要参考我国的外贸进出口情况及侨汇情况，兼顾出口企业的换汇成本以及侨汇利益。这两方面因素都有压低人民币汇率的倾向。近年来，我国人民币汇率进行市场化改革，汇率更多地受到人民币供求关系的影响，并呈现不断升值的趋势。

（二）换汇成本

换汇成本是出口企业考察出口业务盈亏的参数。国内企业将出口商品获得的外汇收入兑换成人民币，用该人民币收入与出口商品的生产经营成本进行比较，以确定出口业务是盈利还是亏损。如果汇率不合适，外汇收入兑换成的人民币太少，甚至无法弥补出口企业的生产成本，企业就没有出口的积极性。在汇率相对稳定的时候，企业获得出口订单后就可以知道出口商品的人民币预期收入，从而判断该笔出口业务的盈亏。为了鼓励出口，人民币汇率在上个世纪80年代一度刻意保持在较低的水平。

（三）侨汇利益

侨汇是海外华侨汇给国内亲友的外币。由于我国境内禁止外汇流通计价，侨汇在国内须兑换成人民币才能使用，兑换比例参照侨汇与人民币的购买力而定。如果汇率不合适，外汇兑换的人民币太少，人们就会选择直接在国外购买相关的物品运进国内消费，而不是寄外汇。侨汇一度是我国的主要外汇来源，对于国家进口必要的物资设备意义重大，因此在确定人民币汇率定值时应考虑保障侨汇利益。随着侨汇比重的下降，该因素的影响逐渐减弱。

(四) 市场供求关系

货币作为一种商品,其价格受到供求关系的影响。也就是说,如果市场对人民币的需求大,人民币汇率就上升;如果对外汇的需求大,人民币汇率就下跌。贸易逆差或境外投资增加都会导致对外汇需求上升,人民币就会贬值。相反,外贸顺差或者外商来华投资增加都导致对人民币需求上升(因为多余的或者流入的外汇须兑换成人民币在我国境内使用),人民币就面临升值。

我国目前就处于贸易收支与投资双顺差的状态,所以人民币受到很大的升值压力。但是,目前国内人民币与外汇的供求关系并不是一种真实的市场供求关系,而是外汇需求受到抑制下产生的扭曲状态。我国长期实行外汇管制,且一直采取"宽进严出"的政策,限制境内机构及个人的用汇,特别是限制境外投资。近年来,国家逐步放开对资本项目的兑换,释放市场对外汇的真实需求,这对于缓解人民币升值压力是非常必要的。

第四节 人民币汇率制度

一、人民币汇率制度的演变

(一) 1949—1978 年

从新中国成立到改革开放之前,人民币汇率由国家实行严格的管理和控制。根据不同时期的经济发展需要,我国的汇率体制经历了新中国成立初期的单一浮动汇率制(1949—1952 年)、20 世纪 50—60 年代的单一固定汇率制(1953—1972 年)和布雷顿森林体系后以"一篮子货币"计算的单一浮动汇率制(1973—1980 年)。

1949 年 1 月 19 日,中国人民银行在天津市公布了人民币对若干外国货币的第一个汇率,1 美元兑换 600 元旧人民币(折合 230 元新人民币)。以后,从 1953 年至 1972 年的 19 年里,人民币主要同英镑联系,采用固定汇率,人民币对其他国家的汇率,再用英镑同其他货币的汇率折算而成。在 1968 年 11 月英镑大幅度贬值之前,人民币与英镑的汇率是 100 英镑兑换 689.3 元人民币,英镑贬值后,相对升值为 100 英镑兑 590.8 元人民币。

1971 年以美元为中心的固定汇率体系崩溃后,世界各国改为浮动汇率,我国人民币也改为以国际上较坚挺的几种货币组成的"一篮子货币"作为参照系,来调整人民币与各国货币的汇率。1973 年,人民币对美元的年平均汇率是 1 美元兑换 2.02 元人民币。

(二) 1978—1994 年

改革开放之初,为鼓励外贸企业出口的积极性,我国的汇率体制从单一汇率制转为双重汇率制,实行官方汇率与贸易外汇内部结算价并存的汇率双轨制(1981—1984年)。后为便利企业之间在协商基础上的外汇调剂,又实行了官方汇率与外汇调剂价格并存的双轨制(1985—1993年)。随着改革开放的深入,人民币汇率双轨制的弊端逐渐显现出来。一方面多种汇率的并存,造成了外汇市场秩序混乱,助长了投机;另一方面,长期外汇黑市的存在不利于人民币汇率的稳定和人民币的信誉。

（三）1994—2005年

1993年11月中共中央《关于建立社会主义市场经济体制若干问题的决定》提出:"改革外汇体制,建立以市场供求为基础的、有管理的浮动汇率制度和统一规范的外汇市场,逐步使人民币成为可兑换货币。"1994年1月1日,人民币官方汇率与外汇调剂价格正式并轨,我国开始实行以市场供求为基础的、单一的、有管理的浮动汇率制。企业和个人按规定向银行买卖外汇,银行进入银行间外汇市场进行交易,形成市场汇率。中央银行设定一定的汇率浮动范围,并通过调控市场保持人民币汇率稳定。

1997年亚洲金融危机爆发,为防止亚洲周边国家和地区货币轮番贬值使危机深化,中国主动收窄了人民币汇率浮动区间,为维护地区乃至世界经济金融的稳定作出了积极贡献。实践中,人民币利率逐渐变成一种盯住美元的固定利率,保持在8.3:1的水平。

（四）2005年以后

近年来,我国经常项目和资本项目双顺差持续扩大,加剧了国际收支失衡,也使我国与主要贸易国之间频生摩擦,这其中有人民币汇率随不断贬值的美元而人为低估的因素。因此,适当调整人民币汇率水平,改革汇率形成机制,一方面有利于改善国际收支,优化资源配置,推动以内需为主的经济可持续发展,另一方面有利于我国增强货币政策的独立性。2005年7月21日,中国人民银行发布《关于完善人民币汇率形成机制改革的公告》,正式宣布开始实行以市场供求为基础、参考一篮子货币进行调节、有管理的浮动汇率制度。当天,人民币对美元汇率升值2%,为8.11:1。此后人民币步入小幅升值的通道。2006年5月15日,人民币对美元汇率中间价突破8:1的心理关口。至2008年9月国际金融危机爆发前,人民币兑美元汇率中间价为6.83:1。国际金融危机爆发后,人民币兑美元汇率一直稳定在这一水平。2010年6月,中国人民银行宣布重启汇改,进一步推进人民币汇率形成机制改革,增强人民币汇率弹性。至2010年9月10日,人民币兑美元汇率中间价为6.76:1,创历史新高。

二、人民币汇率制度的主要内容

我国现行的人民币汇率制度是以市场供求为基础、参考一篮子货币进行调节、有管理的浮动汇率制度。

（一）市场供求为基础

市场供求通过银行间即期外汇市场的交易报价体现出来。按照2006年1月3日中国人民银行发布的《关于进一步完善银行间即期外汇市场的公告》，中国外汇交易中心于每日银行间外汇市场开盘前向所有银行间外汇市场做市商询价，并将全部做市商报价作为人民币兑美元汇率中间价的计算样本，去掉最高和最低报价后，将剩余做市商报价加权平均，得到当日人民币兑美元汇率中间价。

人民币兑欧元、日元和港币汇率中间价，由中国外汇交易中心分别根据当日人民币兑美元汇率中间价与上午9时国际外汇市场欧元、日元和港币兑美元汇率套算确定。

（二）中国人民银行对汇率的管理与调节

中国人民银行负责确定美元等主要外币对人民币的交易价围绕中间价上下浮动的幅度，并根据市场发育状况和经济金融形势适时调整汇率浮动区间。

同时，中国人民银行根据我国对外经济发展的实际情况，选择若干种主要货币，赋予相应的权重，组成一个货币篮子。在市场询价基础上，中国人民银行参考一篮子货币计算人民币多边汇率指数的变化，对人民币汇率进行管理和调节。其目的是维护人民币汇率的正常浮动，保持人民币汇率在合理、均衡水平上的基本稳定，促进国际收支基本平衡，维护宏观经济和金融市场的稳定。

（三）人民币汇率的公布

中国人民银行授权中国外汇交易中心公布人民币汇率，后者于每个工作日上午9时15分对外公布当日人民币对美元、欧元、日元和港币汇率中间价，作为当日银行间即期外汇市场以及银行柜台交易汇率的中间价。各金融机构在中国人民银行规定的浮动区间内，自行确定本机构对客户的挂牌价。

三、人民币汇率的标价方法与价格种类

（一）直接标价法

我国人民币的汇价采用直接标价法，这种方法是以100或1万或10万外币单位作为标准折算为一定数量的人民币，外币的100、1万或10万单位数字不变，人民币的数额每日调整报出新的汇价。

（二）价格种类

人民币汇率的种类分为即期汇率与远期汇率两大类。

即期汇率是当前外币与人民币的兑换价格。主要有以下几种：(1)中国外汇交易中心每日公布的人民币外汇牌价。它是银行间即期外汇市场交易以及银行柜台交易汇率的中间价。(2)银行间市场交易汇率。它是交易参与人围绕中间价以单方询价或者集中撮合方式成交所形成的价格。(3)银行柜台对客户的

挂牌价，包括买入外汇价、卖出外汇价、买卖外币现钞价等。买入价与卖出价之间有一个差价，作为银行买卖外汇的收益。银行外币现钞买入价是按照国际市场的外币现钞价，通过人民币对外币买入价扣除现钞运送费、保险费和垫付人民币资金的利息来计算的，因此比买入外汇价要低一点。卖出外币现钞，与卖出汇价相同。

远期汇率是汇率期货的价格，指在未来特定时日买卖外汇或人民币所使用的兑换价格。通过签订远期汇率合同，当事人可以事先确定未来的货币兑换价格，从而锁定市场汇率变动的风险。这对进出口企业意义重大。它们可以提前锁定未来外汇收入或外汇支出的人民币金额，准确匡算进出口业务的成本与收益，减少汇率损失。

第十二章 银行卡法律制度

第一节 银行卡概述

一、银行卡的发展

贝壳、石头、羽毛、金银、纸币,到今天的信用卡,人类文明的演进历程悄然显现。

银行卡最早可追溯到20世纪初期美国一些石油公司、运输公司等发行的商业信用卡。1952年,美国纽约的富兰克林国民银行发行了第一张现代银行信用卡,银行不用经过信用审查,主动向个人发行信用卡,商户与银行签订协议同意接受这些信用卡。购物时持卡人向商户出示信用卡,商户对信用卡内容进行抄录,购货金额加上一定信用卡费用将被记入商户在银行的账户上。如果购货金额超过商户的限额,商户须取得银行的同意。20世纪50年代末、60年代初,这种信用卡被上百家银行仿效,就此绵延发展。后来又出现了信用卡组织来统一发卡标准,同时为不同发卡机构之间提供清算服务的便利,这样,信用卡呈现出方便、快捷、安全等特点,成为备受金融业界及消费者青睐的现代支付结算工具。

我国银行卡业起步较晚。1985年中国银行发行了长城卡,1989年中国工商银行发行了牡丹卡,1991年中国农业银行发行了金穗卡,1990年中国建设银行代理人民币万事达卡和人民币维萨卡。在经历了缓慢的市场培育阶段后,我国信用卡市场近年来进入了快速发展的时期。截至2010年第二季度末,我国已发行银行卡22.66亿张,其中信用卡已达到2.07亿张。随着我国经济发展和国力的增强,人民币银行卡也开始走出国门,被境外银行的自动柜员机(ATM)和商户销售终端(POS)接受。2004年1月和9月,中国内地银行发行的有"银联"标识的人民币银行卡先后登陆我国香港和澳门地区。2005年1月,中国银联又正式开通人民币银行卡在韩国、泰国和新加坡的受理业务,并把银联卡的使用范围逐步扩大到美国、德国、法国等国。到2010年上半年,银联卡已经可以在世界上九十多个国家和地区使用。

二、银行卡的概念及分类

(一)什么是银行卡

招商银行的一卡通、建行的龙卡等等,都体现了银行卡在购物、炒股、支付等方面无可比拟的方便和快捷,银行卡已经成为百姓钱包中的必备品。然而究竟什么是银行卡？可能大家并不十分清楚。

从外观上看,银行卡是一种名片大小的塑料卡片,表面载有持卡人的姓名、号码、有效期限,有的还印有持卡人的相片。银行卡可以直接在 ATM 机上取款、存款或转账,也可到商店或饭店进行消费,由服务人员将信用卡在一种专门的刷卡机上,盖上带有复写的账单刷一次,将该卡上凸出的拼音性姓名和号码印在三联的账单上。这个行为相当于持卡人向商店和饭店付了账。商店或饭店将该账单的其中一联转交有关银行,再由银行将该账款从银行划到商店或饭店,然后,银行再按期(最长 60 天)要求持卡人对银行付账。由于银行对某些银行卡提供了信用,使持卡人可以提前消费,后付款。只要持卡人按期付款,银行对持卡人按规定计利息,这就是银行对持卡人的信用。

从法律方面看,银行卡是银行向用户发行的一种信用支付工具,它具有转账结算、存取现金、消费信用、储蓄和汇兑等多种功能。

按照《银行卡业务管理办法》的规定,银行卡是指由商业银行(含邮政金融机构,下同)向社会发行的具有消费信用、转账结算、存取现金等全部或部分功能的信用支付工具。商业银行未经中国人民银行批准不得发行银行卡。凡在中华人民共和国境内办理银行卡业务的商业银行、持卡人、商户及其他当事人均应遵守该办法。

银行卡卡面应当载有以下要素:发卡银行一级法人名称、统一品牌名称、品牌标识(专用卡除外)、卡号(IC 卡除外)、持卡人使用注意事项、客户服务电话、持卡人签名条(IC 卡除外)等。单位卡应当在卡面左下方的适当位置凸印"DWK"字样。

(二) 银行卡的分类

关于银行卡的广告已经非常普遍,有龙卡、一卡通、牡丹卡等等,但这些不是银行卡的不同种类,有的仅仅是同一类银行卡的不同名称罢了。

银行卡因分类标准不同而有不同的分类。按币种不同分为人民币卡、外币卡;按发行对象不同分为单位卡(商务卡)、个人卡;按信息载体不同分为磁条卡、芯片(IC)卡。芯片(IC)卡既可应用于单一的银行卡品种,又可应用于组合的银行卡品种。

联名/认同卡是商业银行与营利性机构/非营利性机构合作发行的银行卡附属产品,其所依附的银行卡品种必须是已经中国人民银行批准的品种,并应当遵守相应品种的业务章程或管理办法。发卡银行和联名单位应当为联名卡持卡人在联名单位用卡提供一定比例的折扣优惠或特殊服务;持卡人领用认同卡表示对认同单位事业的支持。

银行卡最通常的分类包括信用卡和借记卡。在1999年《银行卡业务管理办法》出台之前,信用卡与银行卡的概念是模糊的,缺乏明确的区分。《银行卡业务管理办法》指出,信用卡和借记卡的明显区别在于,借记卡不允许透支,而信用卡则允许透支。

1. 信用卡的分类

信用卡是银行卡的主要形式。按是否向发卡银行交存备用金,信用卡分为贷记卡、准贷记卡两类。信用卡最显著的特征是允许持卡人一定额度的透支。

贷记卡是指发卡银行给予持卡人一定的信用额度,持卡人可在信用额度内先消费、后还款的信用卡。它实际上是给持卡人一定期限的资金融通。这意味着持卡人可以在银行里不存有一分钱,也能潇洒地进行消费,当然这是有一定额度和一定期限的。

准贷记卡是指持卡人须先按发卡银行要求交存一定金额的备用金,当备用金账户余额不足支付时,可在发卡银行规定的信用额度内透支的信用卡。我国目前发行的许多信用卡,均属于准贷记卡。由于中国信用机制尚未健全,因此,很难查证一个人的信用状况,在这种情况下,银行一般会要求持卡人先交存一部分钱显示信用后,才能在一定范围内透支。

2. 借记卡的分类

借记卡按功能不同分为转账卡(含储蓄卡,下同)、专用卡、储值卡。借记卡不具备透支功能。

转账卡是实时扣账的借记卡,具有转账结算、存取现金和消费功能。

专用卡是具有专门用途、在特定区域使用的借记卡,具有转账结算、存取现金功能。专门用途是指在百货、餐饮、饭店、娱乐行业以外的用途。

储值卡是发卡银行根据持卡人要求将其资金转至卡内储存,交易时直接从卡内扣款的预付钱包式借记卡。这种卡是为广大百姓所熟悉的,许多大型超市和娱乐场所都盛行这种卡。麻烦的是,利用储值纪念卡变相发行代币购物券的现象年年屡禁不止。

三、有关银行卡的立法

(一)银行卡法律制度的必要性

银行卡将逐步代替现金,在流通领域产生巨大的作用。由于信用卡是一种新的技术,融合银行结算、商业销售和电子联网技术等多方面技术,使得信用卡成为更加迅速、准确、有效的结算与信用工具。

相比于现金结算和支票结算,信用卡结算所涉及的当事人更多,各方的法律关系更为复杂,产生的纠纷和诉讼也是多种多样。如信用卡冒用的损失分配、大量邮寄信用卡行为带来的发行风险、个人信用申请中的歧视、消费者隐私权危机,等等。以往有关现金、支票结算的法律和法规不能适应信用卡技术发展的需要,所以,必须制定符合信用卡结算特点的法规,保护发卡银行、特约商店和持卡人的合法利益,防止信用卡犯罪。健全的信用卡业务法律法规体系是信用卡产业得到健康发展的一个根本保障。

(二) 银行卡法律制度的构成

美国在 20 世纪 60、70 年代制定了大量适用于金融机构的消费者保护法律,包括了对银行卡进行规范的法律。这些涉及到银行卡的联邦法律主要有:《贷款实情法》(Z 条例)、《公正信用记账法》、《信贷机会均等法》(B 条例)、《公正资信报告法令》、《公正索回债款行为法》、《电子资金调拨法》(E 条例)、《联邦破产法》、《金融隐私权法》。

相较于美国,中国关于银行卡的立法就相对单薄一些,但也在不断完善之中。我国目前银行卡方面的法律制度主要由以下几个部分组成。

1. 银行卡管理法规

中国人民银行 1992 年颁布了《信用卡业务管理暂行办法》,是我国第一个信用卡管理规章。1996 年,它被央行颁布的《信用卡业务管理办法》所取代,而后来的这部法规亦废止。

在上述立法的基础上,1999 年 1 月,为加强银行卡业务的管理,防范银行卡业务风险,维护商业银行、持卡人、特约单位及其他当事人的合法权益,依据《中华人民共和国中国人民银行法》、《中华人民共和国商业银行法》、《中华人民共和国外汇管理条例》及有关行政法规制订了《银行卡业务管理办法》(本章简称《办法》)。随后,中国人民银行也发布了《关于大力促进银行卡业务联合的通知》、《关于规范储值纪念卡发行和管理工作的通知》等一系列通知来对银行卡进行规范。

随着我国银行卡业务的迅猛发展,1999 年的这部法规已经不能完全满足实际的需要,银监会和央行正在积极研究和制定更高层次的法规——《银行卡管理条例》。

2. 合同法与消费者权益保护法

银行卡法律制度中很重要的一块是对银行卡当事人之间法律关系的调整,特别是对作为持卡人的大众消费者权益的保护。它涉及合同法与消费者权益保护法两个部门。目前我国这两个部门法中专门针对银行卡法律关系的法律规范还非常匮乏。在英、美等国,信用卡法律体系重点并不在于信用卡透支额度、发卡机构等具体业务内容,而重点在于保障消费者平等获取信用、信用卡公平结账、信用卡债务合法催收等方面。这些法律有助于形成一个成熟的信用文化,为信用卡行业的蓬勃发展奠定坚实的法制基础。

3. 刑法中关于信用卡犯罪的规定

我国的《刑法》对信用卡的相关犯罪也进行了规定。2004 年全国人大常委会对《刑法》中"信用卡"的含义进行了解释:信用卡是指由商业银行或者其他金融机构发行的具有消费支付、信用贷款、转账结算、存取现金等全部功能或者部分功能的电子支付卡。

2005年,《刑法修正案(五)》对原《刑法》第196条所规定的"信用卡诈骗罪"进行了修正。依照该规定,使用信用卡进行诈骗的犯罪,是指以非法占有为目的,利用信用卡为工具进行金钱诈骗,且数额较大的行为。其主要的行为方式如下:

(1) 使用伪造的信用卡,或者使用以虚假的身份证明骗领的信用卡。
(2) 使用作废的信用卡。
(3) 冒用他人信用卡。
(4) 恶意透支。恶意透支是指持卡人以非法占有为目的,超过规定限额或者规定期限透支,并且经发卡银行催收后仍不归还的行为。

信用卡诈骗活动,数额较大的,处5年以下有期徒刑或者拘役,并处2万元以上20万元以下罚金;数额巨大的或者有其他严重情节的,处5年以上10年以下有期徒刑,并处5万元以上50万元以下罚金;数额特别巨大或者有其他特别严重情节的,处10年以上有期徒刑或无期徒刑,并处5万元以上50万元以下罚金或没收财产。

同时《刑法修正案(五)》还在第177条之一增设了"妨害信用卡管理罪",它规定,有下列情形之一,妨害信用卡管理的,处3年以下有期徒刑或者拘役,并处或者单处1万元以上10万元以下罚金;数量巨大或者有其他严重情节的,处3年以上10年以下有期徒刑,并处2万元以上20万元以下罚金:(1) 明知是伪造的信用卡而持有、运输的,或者明知是伪造的空白信用卡而持有、运输,数量较大的;(2) 非法持有他人信用卡,数量较大的;(3) 使用虚假的身份证明骗领信用卡的;(4) 出售、购买、为他人提供伪造的信用卡或者以虚假的身份证明骗领信用卡的。

2009年12月,最高人民法院和最高人民检察院联合发布了《关于办理妨害信用卡管理刑事案件具体应用法律若干问题的解释》,对刑法规定的相关信用卡犯罪的具体认定和适用进行了规定。例如,它规定:持卡人以非法占有为目的,超过规定限额或者规定期限透支,并且经发卡银行两次催收后超过3个月仍不归还的,应当认定为《刑法》第196条规定的"恶意透支"。

四、中国银联公司的业务规则

随着银行卡业务规模的不断扩大和各项投入的不断增加,各商业银行自成体系的业务运营方式已难以适应银行卡业务进一步发展的要求。重复建设使银行卡的发展总在低水平上徘徊。只有通过合作,才能改善用卡环境,减少成本,降低风险,推动银行卡业务健康、快速地发展。中国银联正是在这种形势下成长和发展起来的。

中国银联是经中国人民银行批准,在合并了全国银行卡信息交换总中心和各城市银行卡中心的基础上,由国内八十余家金融机构投资设立的股份制金融服务机构。其功能是建设和营运全国统一的银行卡跨行信息交换网络系统,制订统一的业务规范和技术标准,管理和经营"银联"标识,推动我国银行卡产业的迅速发展。

中国银联自 2002 年 3 月成立后,制订了一系列信用卡业务规则。其中 2004 年的《中国银联业务规则》十分详细地规定了发卡业务、收单业务、特约商户管理、业务授权与转授权、业务处理、资金清算以及手续费和网络服务费等各个环节的业务规则。2005 年的《银联卡争议处理裁判规则(试行稿)》则规定了发卡机构和收单机构之间的责任分配,以及一些具体业务中的争议解决方式,如信用卡冒用时发卡机构和收单机构之间的责任分配,等等。这些规则有利于明晰实践中各方当事人的权利义务,便利相关争议的解决。

由于中国银联的企业性质,其发布的银联卡业务规则不属于法规范畴,而是关于业务流程的操作规程,以及发卡行、收单行、银联等主体之间权利义务的约定。然而,鉴于银行卡业务的技术性特征,法律法规很难事无巨细地作出详细规定,因此,中国银联的操作规程在一定程度上对现行的银行卡业务法规体系是一个有益的补充。

第二节 银行卡业务中的当事人之间的法律关系

信用卡支付方式看起来是非常方便的,没有携带现金的诚惶诚恐,更不用为零钱和假钱烦恼。消费者到任意一家特约受理网点购物或者消费,只要在账单上签上自己的大名,支付行为即告完成。但是,从法律的角度考察,这种行为要复杂得多。实际上银行卡交易要涉及不少当事人,而且当事人的人数因为具体交易情况的不同而有所增减。一般地说,银行卡业务可以涉及发卡机构(发卡银行)、持卡人、担保人、特约商户等当事人。并且,银行卡由于其功能的多样性,决定了其法律关系的多样性。

一、银行卡业务中的法律关系

银行卡可用于提取现金,但更主要的是作为转账结算的支付工具。在不同业务中,其法律关系的内容是不同的。

(一)提取现金

在提取现金的情形下,如果是在发卡行的自动柜员机上提现,就是一般的银行与客户之间的关系。

如果跨行提现,则提供自动柜员机服务的中间银行是作为持卡人的代理人,向发卡行要求提取现金,因此在银行与客户的关系外,还存在一个委托代理关系。持卡人作为委托人要支付手续费。按照《银行卡业务管理办法》,持卡人在其领卡城市之内跨行取款,每笔收费不得超过2元人民币;异地跨行取款,每笔收费不得低于8元人民币。

(二) 刷卡消费

银行卡刷卡消费又称POS机交易,指持卡人在银行卡的特约商户处,通过银行设置的POS终端用银行卡进行的消费结算。这是信用卡最为基本最为原始的业务。持卡人在特约商户处消费购物、用餐或者接受服务时,无需即时支付任何费用,只要出示商户接受的信用卡即可,商户收银员通过POS终端对交易进行处理,持卡人的消费款项就可以由银行代消费者向商户支付,从而完成购买行为。

POS交易的基本法律结构包括持卡人、发卡行、特约商户三方当事人,存在三个交易环节:(1) 持卡人在特约商户处刷卡消费;(2) 发卡人向特约商户付款结算;(3) 持卡人向发卡人支付透支款项。由此构成三方法律关系,即持卡人和特约商户之间的关系、发卡人和特约商户的关系以及持卡人和发卡人的关系。其法律关系如下图所示。

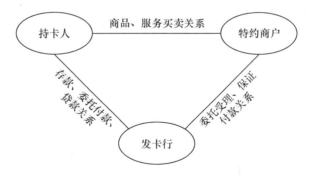

实践中,特约商户一般把签购单等收款资料交给自己的结算账户开户银行,委托后者收款,而不是直接去找发卡行。收取签购单的银行被称为"收单行"。如果发卡行与收单行不是同一家银行,二者之间必须通过信用卡组织——中国银联的网络进行信息交换。由此形成的法律关系如下图所示。

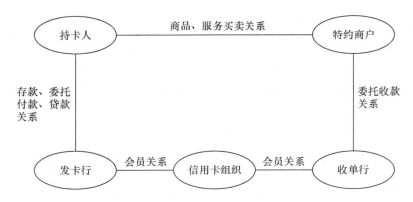

此外，我国实践中仍然存在有担保信用卡。此时，担保人和发卡银行之间存在着担保法律关系。

由于收单行与特约商户之间就是一般的银行与客户关系，收单行与发卡行通过中国银联的信息交换与银行体系的清算大体相同，因此，下面仅讨论发卡行、持卡人、特约商户、担保人之间的法律关系。

二、持卡人与特约商户之间的法律关系

（一）买卖合同或服务合同

持卡人和特约商户之间存在着购物或消费的行为，二者是商品买卖或者服务合同的关系。与现金交易的不同之处仅在于，持卡人使用的支付工具是银行卡。学理上通常认为，信用卡本身是一种塑料货币，出示信用卡并签单确认的行为，即发生债务清偿效力。如果发卡行因故暂时停止支付，特约商户只能起诉发卡银行，而不能直接向进行消费的持卡人提出清偿债务的请求。

（二）银行卡支付具有终局效力的理由

第一，从法律关系看，特约商户与发卡行之间存在特约受理协议，发卡行在持卡人签单后有付款的义务，如果违约不付款，则需要对商户承担违约责任。第二，持卡人作为普通消费者，与商户之间是即时清结的交易，不会签订合同或留下地址，商户通常无法找到持卡人。

三、持卡人和发卡银行之间的法律关系

（一）法律关系的性质

持卡人与发卡银行之间的法律关系，是银行与客户之间围绕银行卡账户而形成的一种结算关系。结算关系本质上是一种委托代理关系，持卡人指示发卡银行按照其指令（体现为签购单上的签字）向特约商户付款。此外，在借记卡法律关系中，由于银行不垫付资金，因此借记卡用户需要在银行保持一定的存款，

因此二者之间还存在存款关系。在信用卡法律关系中,当信用卡持卡人透支时,还存在发卡银行对持卡人的贷款关系。

《银行卡业务管理办法》对发卡行与持卡人各自的权利义务有具体规定。而且,关于银行卡的分类、使用方式、计息付费等内容,都属于监管规章的强制性规定,不可能由当事人协商。实践中,银行卡申请人先填一份申请表,申请获准后再与发卡银行签订一份银行卡领用合约。银行卡申请表、领用合约都是发卡银行单方拟定的契约性文件,明确发卡银行和持卡人各自的权责,持卡人在领用合约上签字即表示接受其中各项约定。

(二)发卡银行的权利与义务

发卡银行的权利主要包括:(1)审查申请人的资信状况,决定是否向申请人发卡及确定信用卡持卡人的透支额度。(2)对不遵守其章程规定的持卡人,有权取消其持卡人资格,并可授权有关单位收回其银行卡。(3)对持卡人透支有追偿权。对持卡人不在规定期限内归还透支款项的,可以扣减持卡人保证金或向保证人追索,也通过仲裁或诉讼程序进行追偿。

发卡银行的义务主要包括:(1)发卡银行应当本着权利与义务对等的原则制定银行卡申请表及信用卡领用合约,不得加入不公平损害持卡人利益的格式合同条款。(2)向银行卡申请人提供有关银行卡章程、使用说明及收费标准等资料。(3)按月向持卡人提供对账服务,但已向持卡人提供存折或者本月无新交易时除外。(4)向持卡人提供挂失服务,设立24小时挂失服务电话。(5)保密义务。(6)银行卡章程或领用合同中应特别说明密码的重要性。按照《银行卡业务管理办法》,发卡银行依据密码等电子信息为持卡人办理的存取款、转账结算等各类交易所产生的电子信息记录,均为该项交易的有效凭据。发卡银行可凭交易明细记录或清单作为记账凭证。银行卡通过联网的各类终端交易的原始单据至少保留两年备查。

(三)持卡人的权利与义务

持卡人的权利主要包括:(1)享有发卡银行所承诺的各项服务的权利,对不符服务质量可进行投诉。(2)申请人、持卡人有权知悉其选用的银行卡的功能、使用方法、收费项目、收费标准、适用利率及有关的计算公式。(3)持卡人有权在规定时间内向发卡银行索取对账单,并有权要求对不符账务内容进行查询或改正。(4)借记卡的挂失手续办妥后,持卡人不再承担相应卡账户资金变动的责任。

持卡人的义务主要包括:(1)向发卡银行提供真实的申请资料并按照发卡银行规定向其提供符合条件的担保。(2)遵守发卡银行的章程及领用合约的有关条款,不得恶意透支。(3)持卡人或保证人通讯地址、职业等发生变化,应当及时书面通知发卡银行。(4)不得以与商户发生纠纷为由拒绝偿付发卡行已经对外付出的款项。持卡人一旦在签购单上签字,就视为对发卡行作出了"付款"

指令。发卡行付款后,借记卡持卡人承担其账户金额减少的后果,贷记卡持卡人则承担偿还欠银行款的义务。持卡人与商户发生的纠纷是消费合同项下的纠纷,只能与商户协商解决。

四、发卡银行与特约商户之间的法律关系

发卡银行要想使发行的信用卡被广泛受理,就必须选择一定数量的商家成为其特约商户,并与后者签订信用卡受理协议,明确各自的权利义务。

(一)权利与义务

在这个信用卡受理协议中,发卡银行的主要义务是:对特约商户提交的合格签购单予以付款;特约商户的主要义务是:按协议约定受理银行卡,在审查签名或者相关单证时保持合理的注意义务,并按照交易数额大小向发卡银行缴纳一定比例的手续费。

《银行卡业务管理办法》规定:商业银行办理银行卡收单业务应当按下列标准向商户收取结算手续费:(1)宾馆、餐饮、娱乐、旅游等行业不得低于交易金额的2%;(2)其他行业不得低于交易金额的1%。对于跨行交易,商业银行可以按照《银行卡业务管理办法》规定的比例,在发卡行与收单行之间分配结算手续费;也可以通过协商,采取机具分摊、相互代理、互不收费的方式。

(二)法律关系性质的争议

发卡银行与特约商户之间的法律关系的性质,学理上存在诸多争议。最常见的是委托代理说,但对于谁是委托人、谁是代理人也存在分歧。有的认为特约商户受发卡行委托,受理信用卡并提交相关单据办理结算事务,发卡银行是委托人,特约商户是受托人。有的则认为,发卡银行受特约商户的委托办理转账结算事宜,发卡行向持卡人请求还款时处于特约商户的受托人地位。

从操作实务看,通常是发卡银行主动约请商户受理信用卡,并将POS机安置在特约商户处。基于这个事实,发卡银行更像委托人,应该向受托人特约商户办理银行卡受理事务支付一定的报酬。但是现实中,特约商户不仅无权向银行收取处理委托事务报酬,反而须向发卡银行支付一定比例的结算手续费,这又与受托人地位相悖。

(三)无名合同

我们认为,我国现行《合同法》下的有名合同类型无法涵盖发卡银行与特约商户之间的合同关系。这是一种以特约商户承认银行卡支付工具为核心内容的无名合同。特约商户愿意承担受理信用卡的义务,其获得的对价是来自发卡银行的保证付款的承诺,这样就扩大了潜在的消费客户群,有利于增加营业收入。目前,对于该合同下发卡银行与商户各自权利义务的具体内容尚无法律规定,主要靠特约受理协议来明确。对于其中一些关键的法律点,如特约商户在审单时的注意义

务标准,各家发卡银行的特约受理协议不完全一致,实践中容易产生纠纷。因此,有必要尽快通过立法或司法等途径对这类新型合同的主要条款给予明确。

五、担保人与发卡银行之间的法律关系

(一)信用卡担保的特点

在申请信用卡时,发卡银行有时会根据申请人的信用状况要求其提供担保,担保形式以保证居多,由第三方保证人为持卡人向发卡机构提供信用担保。

信用卡担保的特点是担保责任范围的不确定性,也就是说,担保人所担保的债务金额在签订担保合同时是不确定的,它取决于持卡人未来透支而无法偿还的金额。在一般担保合同中,标的债务是固定的,因此担保人对债权人的义务也是确定的。信用卡担保则不然。如果在信用卡的有效期内,持卡人根本没有什么透支,担保人也不会对发卡机构承担任何偿债的义务。如果持卡人的未偿透支额高达数万元,担保人就要代为偿还这数万元的债务及其有关的利息。如果信用卡丢失而没有及时挂失,则担保人的责任范围就更难以把握了。

(二)信用卡担保责任范围的确定

如何确定信用卡的担保责任范围,目前存在着一定的争议。比较主流的观点是适用最高额担保的原理,认为信用卡担保实际上是对信用卡有效期内连续发生的债权提供的担保,最高额应为信用卡领用合约规定的最大透支限额。这种观点应该说比较合理,因为最大透支限额是发卡银行设定的信用风险范围,也是担保人能够合理预期的最大责任范围,这对于双方都是公平的。

对于超过透支限额的部分,银行可以通过授权制度来制止相关交易,或者采取及时止付信用卡的方式来防止损失的进一步扩大。目前信用卡联网技术的发展已经使银行可以做到这一点。如果银行在技术上完全有能力预防和制止持卡人的恶意透支行为,却由于自己的故意或过失没有去做,发卡银行就应当对因此受到的损失自行承担经济责任,不得向担保人求偿。当然,在少数情况下,银行由于技术或其他障碍,无法及时了解和追踪信用卡持卡人的使用情况,客观上不能及时制止持卡人的恶意透支行为时,信用卡担保人应当承担持卡人使用信用卡所产生的全部债务的清偿责任。

第三节 银行卡的业务审批

一、商业银行开办银行卡业务应当具备下列条件

并不是所有商业银行都可以开办银行卡业务的,银行卡需要良好的技术、管理、人员等条件,《银行卡业务管理办法》对此作了规定。

（1）开业3年以上，具有办理零售业务的良好业务基础；

（2）符合中国人民银行颁布的资产负债比例管理监控指标，经营状况良好；

（3）已就该项业务建立了科学完善的内部控制制度，有明确的内部授权审批程序；

（4）合格的管理人员和技术人员、相应的管理机构；

（5）安全、高效的计算机处理系统；

（6）发行外币卡还须具备经营外汇业务的资格和相应的外汇业务经营管理水平；

（7）中国人民银行规定的其他条件。

2006年，中国银行业监督管理委员会颁布了《中资银行行政许可事项实施办法》，对商业银行申请银行卡应当具备的条件也作了类似的要求，但某些条件有所放松。它规定的条件有：（1）具有办理零售业务的良好业务基础；（2）经营状况良好，主要风险监管指标符合要求；（3）已就该项业务建立了完善的风险管理和内部控制制度；（4）有合格的管理人员和技术人员、相应的管理机构；（5）有安全、高效的计算机处理系统；（6）银监会规定的其他审慎性条件。商业银行发行外币卡还应当符合外汇管理的有关规定。

针对农村信用合作社开办银行卡事宜，2006年中国银行业监督管理委员会《合作金融机构行政许可事项实施办法》也对其提出了相应的要求：（1）经营状况良好，主要风险监管指标符合要求；（2）有符合要求的风险管理和内部控制制度；（3）有保障信息安全的技术能力及安全、高效的计算机处理系统；（4）有合格的技术人员、管理人员和相应的管理机构；（5）最近3年内无重大违法违规行为；（6）发行外币卡还应当符合外汇管理的有关规定；（7）银监会规定的其他审慎性条件。

二、申请材料

符合上述条件的商业银行，《银行卡业务管理办法》规定其可向中国人民银行申请开办银行卡业务，并提交下列材料：

（1）申请报告：论证必要性、可行性，进行市场预测；

（2）银行卡章程或管理办法、卡样设计草案；

（3）内部控制制度、风险防范措施；

（4）由中国人民银行科技主管部门出具的有关系统安全性和技术标准合格的测试报告；

（5）中国人民银行要求提供的其他材料。

三、银行卡章程

银行卡章程是规定有关当事人权利与义务的重要文件。发卡银行各类银行卡章程应载明下列事项：

(1) 卡的名称、种类、功能、用途；
(2) 卡的发行对象、申领条件、申领手续；
(3) 卡的使用范围(包括使用方面的限制)及使用方法；
(4) 卡的账户适用的利率，面向持卡人的收费项目及标准；
(5) 发卡银行、持卡人及其他有关当事人的权利、义务；
(6) 中国人民银行要求的其他事项。

四、银行卡的管理权限和审批程序

按照《银行卡业务管理办法》的规定，银行卡业务的审批主要有以下内容：(1) 商业银行开办各类银行卡业务，应当按照中国人民银行有关加强内部控制和授权授信管理规定，分别制定统一的章程或业务管理办法，报中国人民银行总行审批。商业银行总行不在北京的，应当先向中国人民银行当地中心支行申报，经审查同意后，由中国人民银行分行转报中国人民银行总行审批。(2) 已开办银行卡或转账卡业务的商业银行可向中国人民银行申请发行联名/认同卡、专用卡、储值卡；已开办人民币银行卡业务的商业银行可向中国人民银行申请发行外币银行卡。(3) 商业银行发行全国使用的联名卡、IC 卡、储值卡应当报中国人民银行总行审批。(4) 商业银行分支机构办理经中国人民银行总行批准的银行卡业务，应当持中国人民银行批准文件和其总行授权文件向中国人民银行当地行备案。商业银行分支机构发行区域使用的专用卡、联名卡应当持商业银行总行授权文件、联名双方的协议书报中国人民银行当地中心支行备案。(5) 商业银行变更银行卡名称、修改银行卡章程应当报中国人民银行总行审批。2007年，央行取消了对修改银行卡章程的行政审批。(6) 外资金融机构经营银行卡收单业务应当报中国人民银行总行批准。银行卡收单业务是指签约银行向商户提供的本外币资金结算服务。

《中资商业银行行政许可事项实施办法》也对银行卡业务的审批作了相关规定：(1) 国有商业银行和股份制商业银行申请发行银行卡，由银监会受理、审查并决定。银监会自受理之日起 3 个月内作出批准或不批准的书面决定。(2) 城市商业银行、城市信用社股份有限公司申请发行银行卡，由所在地银监局受理并初步审查，银监会审查并决定。银监会自收到完整申请材料之日起 3 个月内作出批准或不批准的书面决定。

对于合作金融机构的银行卡业务审批，中国银行业监督管理委员会《合作金融机构行政许可事项实施办法》在第147条和第148条规定:(1)省(市、区)辖区内的农村信用合作社及其联社和农村合作银行(农村商业银行可以自愿参加)可以省(区、市)农村信用社联合社为单位统一申办银行卡业务。(2)银监分局辖区内的县(市、区)农村信用合作社联合社、县(市、区)农村信用合作联社、地(市)农村信用合作社联合社、农村合作银行和农村商业银行申请开办借记卡业务,由银监分局受理并初步审查、银监局审查并决定。银监局自收到完整申请材料之日起3个月内作出批准或者不批准的书面决定。(3)银监局所在城市的辖区内的县(市、区)农村信用合作社联合社、县(市、区)农村信用合作联社、地(市)农村信用合作社联合社、农村合作银行、农村商业银行开办借记卡业务,由银监局受理、审查并决定。银监局自受理之日起3个月内作出批准或者不批准的书面决定。(4)省(区、市)农村信用社联合社开办借记卡业务,由银监局受理并初步审查、银监会审查并决定。银监会自收到完整申请材料之日起3个月内作出批准或者不批准的书面决定。(5)申请开办贷记卡,由银监局受理并初步审查、银监会审查并决定。银监会自收到完整申请材料之日起3个月内作出批准或者不批准的书面决定。

可以看出,银行卡业务属于金融特许业务,诸多事项都需要事先审批。但目前,央行和银监会对于银行卡业务的审批权限似乎还需要进一步的区分和明确。

第四节 计息和收费标准

一、银行卡的计息

银行卡的计息包括计收利息和计付利息,均按照《金融企业财务规则》的规定进行核算。

(一) 准贷记卡及借记卡的计息

发卡银行对准贷记卡及借记卡(不含储值卡)账户内的存款,按照中国人民银行规定的同期同档次存款利率及计息办法计付利息。

(二) 贷记卡的计息

发卡银行对贷记卡账户的存款、储值卡(含IC卡的电子钱包)内的币值不计付利息。

1. 贷记卡持卡人非现金交易享受的优惠条件

(1) 免息还款期待遇

贷记卡持卡人进行刷卡消费,减少了现金使用,可以享受免息还款期的待遇。从银行记账日至发卡银行规定的到期还款日之间为免息还款期。持卡人在到期还款日前偿还所使用全部银行款项,可享受免息还款期待遇,无需支付非现金交易的利息。《银行卡业务管理办法》规定的免息还款期最长不超过60天。实践中各发卡银行的免息还款期略有差异。以工商银行牡丹贷记卡为例,银行要求持卡人在刷卡消费交易的次月25日(含)之前归还透支的款项。也就是说,如果持卡人1月1日刷卡消费,可以最迟至2月25日免息还款,免息还款期为56天;如果1月31日消费,也是最迟至2月25日免息还款,可以享受25天的免息还款期。

(2) 最低还款额待遇

持卡人在到期还款日前偿还所使用全部银行款项有困难的,可按照发卡银行规定的最低还款额还款。首月最低还款额不得低于其当月透支余额的10%。

2. 透支利息与其他费用

对于消费者来说,使用信用卡作为支付工具有利有弊。如果持卡人自我约束比较好,在信用额度内透支并按时还款,就可以享受免息待遇,无偿使用银行资金。如果自我约束不好,超过信用额度刷卡,或者未及时偿还,则需要付出更大的代价。信用卡透支的利息比银行通常贷款的利率要高一些,同时银行在特定情形下还会收取超限费或者滞纳金。从国外的银行实践来看,信用卡业务也是银行开办的个人金融业务中盈利最好的部分。

(1) 支付透支利息的情形

贷记卡持卡人支取现金,或者在刷卡消费时选择最低还款额方式,或者超过发卡银行批准的信用额度用卡,以及准贷记卡持有人透支,上述四种情形不享受免息还款期待遇,持卡人应当支付未偿还部分自银行记账日起计算的透支利息。

(2) 透支利率

透支利率为日利率万分之五。贷记卡透支按月记收复利,准贷记卡透支按月计收单利。中国人民银行可适时调整透支利率。

(3) 滞纳金与超限费

贷记卡持卡人未偿还最低还款额的,发卡银行按最低还款额未还部分的5%收取滞纳金。贷记卡持卡人超信用额度用卡的,发卡银行按超过信用额度部分的5%收取超限费。

二、银行卡的收费标准

(一) 商业银行办理银行卡收单业务应当按下列标准向商户收取结算手续费

(1) 宾馆、餐饮、娱乐、旅游等行业不得低于交易金额的2%;

(2) 其他行业不得低于交易金额的1%。

(二) 跨行交易执行下列利润比例

(1) 未建信息交换中心的城市,从商户所得结算手续费,按发卡行90%,收单行 10% 的比例进行分配;商业银行也可以通过协商,实行机具分摊、相互代理、互不收费的方式进行跨行交易。

（2）已建信息交换中心的城市,从商户所得结算手续费,按发卡行 80%,收单行 10%,信息交换中心 10% 的比例进行分配。

（三）持卡人在 ATM 机跨行取款的费用由其本人承担,并执行如下收费标准

（1）持卡人在其领卡城市之内取款,每笔收费不得超过 2 元人民币;
（2）持卡人在其领卡城市以外取款,每笔收费不得低于 8 元人民币。

从 ATM 机跨行取款所得的手续费,按机具所有行 70%,信息交换中心 30% 的比例进行分配。

（四）收单业务

商业银行代理境外银行卡收单业务应当向商户收取结算手续费,其手续费标准不得低于交易金额的 4%。

境内银行与境外机构签订银行卡代理收单协议,其利润比率按境内银行与境外机构分别占商户所交手续费的 37.5% 和 62.5% 执行。

第五节 账户及交易管理

一、银行卡的账户管理

（一）账户的开立

（1）个人申领银行卡(储值卡除外),应当向发卡银行提供公安部门规定的本人有效身份证件,经发卡银行审查合格后,为其开立记名账户。

个人人民币卡账户的资金以其持有的现金存入或以其工资性款项、属于个人合法的劳务报酬、投资回报等收入转账存入。

个人外币卡账户的资金以其个人持有的外币现钞存入或从其外汇账户(含外钞账户)转账存入。该账户的转账及存款均按《个人外汇管理办法》办理。个人外币卡在境内提取外币现钞时应按照我国个人外汇管理制度办理。

（2）凡在中国境内金融机构开立基本存款账户的单位,应当凭中国人民银行核发的开户许可证申领单位卡;单位人民币卡账户的资金一律从其基本存款账户转账存入,不得存取现金,不得将销货收入存入单位卡账户。

单位外币卡账户的资金应从其单位的外汇账户转账存入,不得在境内存取外币现钞。其外汇账户应符合以下条件:按照中国人民银行境内外汇账户管理的有关规定开立;其外汇账户收支范围内具有相应的支付内容。

（二）销户

持卡人在还清全部交易款项、透支本息和有关费用后,可申请办理销户。销

户时,单位人民币卡账户的资金应当转入其基本存款账户,单位外币卡账户的资金应当转回相应的外汇账户,不得提取现金。

(三)信用卡挂失

信用卡遗失或被盗,持卡人应立即持本人身份证或其他有效证明就近向发卡银行或代办银行申请挂失,并按规定提供有关情况办理挂失手续。持卡人申请挂失后,找到信用卡的,可申请撤销挂失止付。

信用卡遗失后被人冒用,损失由谁承担,是实践中最常见的信用卡纠纷,法律上没有明确规定。以前的银行惯例是,挂失前及挂失后 24 小时内的损失由持卡人承担,此后的损失由银行承担。现在信息技术更发达了,银行能够及时更新止付名单,从而防范冒用风险。因此目前银行卡章程一般都取消了"挂失后 24 小时"的免责期限。

二、银行卡交易的管理

(1) 使用的管理。使用银行卡及其账户只限经发卡银行批准的持卡人本人使用,不得出租和转借。

(2) 外币卡的管理。除国家外汇管理局指定的范围和区域外,外币卡原则上不得在境内办理外币计价结算。

(3) 销户的管理。持卡人在还清全部交易款项、透支本息和有关费用后,可申请办理销户。销户时,单位人民币卡账户的资金应当转入其基本存款账户,单位外币卡账户的资金应当转回相应的外汇账户,不得提取现金。

(4) 单位人民币卡的管理。单位人民币卡可办理商品交易和劳务供应款项的结算,但不得透支;超过中国人民银行规定起点的,应当经中国人民银行当地分行办理转汇。

(5) 贷记卡的管理。发卡银行对贷记卡的取现应当每笔授权,每卡每日累计取现不得超过 2000 元人民币。

(6) ATM 机取款上限的管理。发卡银行应当对持卡人在自动柜员机(ATM)取款设定交易上限,每卡每日累计提款不得超过 5000 元人民币。2007 年,为缓解银行排队问题,中国人民银行将借记卡在 ATM 机取款上限提高到 2 万元。

(7) 储值卡的管理。储值卡的面值或卡内币值不得超过 1000 元人民币。

(8) 认同卡的管理。商业银行发行认同卡时,不得从其收入中向认同单位支付捐赠等费用。

(9) 电子信息记录的管理。发卡银行依据密码等电子信息为持卡人办理的存取款、转账结算等各类交易所产生的电子信息记录,均为该项交易的有效凭据。发卡银行可凭交易明细记录或清单作为记账凭证。

（10）原始单据的管理。银行卡通过联网的各类终端交易的原始单据至少保留两年备查。

第六节 银行卡风险管理

风险总是与机遇共存的,太多关于银行卡的案例,比如恶意透支、利用银行卡诈骗、盗用银行卡等等,都表明银行卡业务的开展首先要重视风险管理。银行卡有效运作依赖于:畅通的计算机通讯网络;相应的规章制度;银行间联营;法律手段的运用;采取多种途径分散银行卡风险损失。

发卡银行应当认真审查信用卡申请人的资信状况,根据申请人的资信状况确定有效担保及担保方式。

发卡银行应当对信用卡持卡人的资信状况进行定期复查,并应当根据资信状况的变化调整其信用额度。

一、发卡银行的银行卡内部风险管理制度

（1）发卡银行应当建立授权审批制度,明确对不同级别内部工作人员的授权权限和授权限额。

（2）发卡银行应当加强对止付名单的管理,及时接收和发送止付名单。

二、业务风险的防范制度

（1）通过借记卡办理的各项代理业务,发卡银行不得为持卡人或委托单位垫付资金。

（2）发卡银行应当遵守下列信用卡业务风险控制指标:

第一,同一持卡人单笔透支发生额个人卡不得超过2万元(含等值外币)、单位卡不得超过5万元(含等值外币)。

第二,同一账户月透支余额个人卡不得超过5万元(含等值外币),单位卡不得超过发卡银行对该单位综合授信额度的3%。无综合授信额度可参照的单位,其月透支余额不得超过10万元(含等值外币)。

第三,外币卡的透支额度不得超过持卡人保证金(含储蓄存单质押金额)的80%。

第四,准贷记卡的透支期限最长为60天。贷记卡的首月最低还款额不得低于其当月透支余额的10%。

三、追偿制度

发卡银行通过下列途径追偿透支款项和诈骗款项:

(1) 扣减持卡人保证金、依法处理抵押物和质物；
(2) 向保证人追索透支款项；
(3) 通过司法机关的诉讼程序进行追偿。

发卡银行采取了上述所列措施后仍不足以弥补的,将按照财政部《金融企业呆账准备提取管理办法》执行。

对已核销的透支款项又收回的,本金和利息作"呆账准备金"处理。

第七节 银行卡与网上支付系统

网上银行的一个重要功能是提供网上的支付服务。随着网上购物的发展,网上的支付手段也随之发展起来。目前,网上的支付手段种类较多,大体上有三种：一种是利用现有的银行卡结算系统进行的网上支付(credit-based payment system)；一种是允许客户可以通过网络转移自己账户上资金的网上支付体系(debit-based payment system),比如"电子支票"(electronic check)、"网上贷记卡"(internet debit card)等支付工具；此外,还有一种被称为"数字货币"(digital currency)或者"数字现金"(digital cash)的支付工具。这三种支付手段就层次来讲,有一个从低级到高级的顺序,越是高级的支付工具,对技术的要求越高,对安全性的要求也越高。利用现有的银行卡结算体系进行网上支付是目前比较普遍,也是比较成熟的一种。

一、如何在网上利用银行卡进行支付

利用银行卡在互联网上购物有许多方式,根据当事人在其中所起的作用,大致可以分为两种。

在第一种方式中,商户所起的作用较大,因此,也被称为"商户主导型"(merchant-initiated credit system)。在这种方式中,商户通过自己的互联网网址展示有关商品的信息(价格、型号、品牌等等),并提示可以用银行卡进行支付。消费者通过选择好需要购买的商品之后,根据计算机屏幕上的指示,将有关自己银行卡的信息(号码、密码等)通过网络传给商户。在传送信息的时候,消费者对信息一般是不加密的,或者只是简单地使用浏览器上提供"安全套接层"技术(secure sockets layer encryption)进行加密,这种简单的加密技术一般在任何浏览器上都可以找到。

商户收到这些信息之后,送给收单行的处理器进行处理,确认是否是真实的银行卡,有关信息是否正确,如果正确,商户就确认交易,然后再发货。随后的支付结算按照现行的银行卡结算体系来进行。在这种系统中,消费者把银行卡信息传给商户,信息的传送在很大程度上是不保密的,商户也可以看到银行卡的有

关信息。然后,商户再主动把信息传递出去,请求银行确认。这一过程中,商户所起的作用比较大。

在另外一种方式中,则恰恰相反,消费者所起的作用较大,因而被称为"消费者主导型"(purchaser-initiated credit system)。在这种方式中,选择商品、使用银行卡进行支付同前一种系统都是一样的。唯一不同的是,消费者在传送有关银行卡信息的时候,使用了一种特殊的软件,有人把这种软件称为"钱包"(wallet)。为什么称为钱包呢?因为这种软件将银行卡信息进行了加密,像一个钱包一样把代表金钱的信息给包起来。消费者通过互联网将经过加密的银行卡信息传送给商户,商户收到信息后,转送给银行的处理器,银行解密,再确认银行卡是否真实。银行的处理器向商户确认某一银行卡信息是真实的以后,商户再发货,最后各个当事人再通过传统的银行卡体系进行结算。

在这种方式中,消费者银行卡的信息是经过加密的,商户没有办法了解银行卡的信息,只是起到一个转送信息的作用,消费者起着主要的作用。消费者的隐私权得到一定的保护,交易更加安全。但这还不够。

为此,维萨和万事达组织在1996年联合签署了"安全电子交易"协议(secure electronic transaction protocol),以保证通过网络利用银行卡进行交易更为安全。这一协议的机制同前面介绍的"消费者主导型"支付方式大致类似,同样需要对信息进行加密,保证信息传送过程中的真实、完整。不同的是,它引进了数字签名和认证中心。通过数字签名保证信息传送的完整和真实,通过认证中心发放认证证书,对交易人的身份进行识别。这就好比在一般银行卡交易时,商户为了安全起见,不仅审查消费者的签名是否同预留签名相符,而且在必要的时候还通过有关方式对消费者的身份进行识别,比如要求查看身份证、驾驶执照,要求发卡银行授权等等;而引进了认证中心之后,则对交易当事人(消费者、商户)的身份进行识别和认证,保证交易对象的真实,从而进一步保证交易的安全可靠。

二、通过银行卡进行网上支付所产生的法律问题

银行卡是目前消费者经常使用的一种支付工具。在国外已经有了比较长的历史,在我国还处在发展的阶段。有关银行卡的法律和规则很多,涉及发卡、授权、结算、挂失等许多环节,涉及各个当事人之间的权利和义务。但其中最为核心的是未经授权使用银行卡所造成的损失如何分担,是商户承担,还是消费者承担,还是发卡银行承担?或者采取一种什么样的原则来分担损失?

以银行卡为基础的网上支付体系也必须考虑这种损失的分担问题。此外,由于通过互联网传送有关的银行卡信息,而互联网是一个开放的网络,如何保护这些信息不被非法利用也是一个新的法律问题。

第一,消费者的保护和损失的分担。从现在的有关银行卡的法律来看,各国虽然不同,但是基本都偏重于保护消费者,消费者承担的责任有限。以美国为例,调整银行卡使用人和商户、银行之间关系的法律主要是《Z 条例》(Regulation Z)。该条例在三个方面作出了对消费者保护有利的规定。

一是消费者承担的责任有限。对于未经授权而冒用的银行卡,持卡人的责任承担只限于 50 美元以内。因此,损失大部分由商户和收单行承担。它们之间的责任分担由双方之间通过协议规定,比如规定收单行在发卡行拒绝付款时,在哪些情况下可以从商户账户上扣回(charge-back)自己的垫款。总的来讲,对欺诈产生的损失,商户承担较大的风险(现在美国普遍采用保险的做法来分担风险,我国一些银行也采用这种方式)。

二是调查责任主要由发卡行承担。对于未经授权而冒用的银行卡,持卡人在发现之后一定时间内必须报告发卡行。发卡行必须在一定时间内(一般为 90 日)要么纠正有关的错误,要么向持卡人作出说明。在这个时间内,持卡人可以拒绝支付那些有争议的款项。

三是发卡行必须进行一定的信息披露,以便于持卡人及时发现未经授权的交易。比如,必须定期向发卡人出具对账单,或随时应要求出具对账单等等。

这些规定都是调整银行卡在现实世界中运作产生的法律关系,而以银行卡为基础的网上支付同这种法律关系有着很大的区别。是否需要进一步保护消费者? 现存的保护手段和措施是否足够? 商户和银行之间的责任分担是否合适都是需要进一步讨论的问题。尤其是在不同的模式中,商户所起的作用是不同的,用同一种规则来调整可能会不公平。而"安全电子交易"模式的采用,引进了认证中心和电子签名。它们的合法性在很多国家和地区已经得到了确认,但是认证中心和商户、银行之间的关系却仍然需要进一步规范。目前,美国正在进一步征求意见,希望《Z 条例》能够继续适用于通过银行卡进行的网上支付,但还需要进一步的完善和修改。

第二,信息和隐私权的保护。由于银行卡信息通过互联网传递。在"商户主导型"模式中,商户和银行都能看到消费者的银行卡信息;在"消费者主导型"模式中,只有银行才能看到消费者的银行卡信息。在"商户主导型"模式中,有的商户使用一些网络服务商作为自己的前台工作站,这些网络服务商也能够看到有关的信息。而过去几年中,已经出现了几起黑客入侵,从商户或银行处盗取银行卡信息进行欺诈的案件。

我国已经有许多银行在研究、开发和从事这方面的网上支付服务,而我国银行卡还处在发展阶段,调整银行卡的规则还不太完善。现在又面临着网上银行卡支付的问题,可以说整个法律制度还没有建立。在完善银行卡规则的同时,还需要进一步考虑网络空间中银行卡支付的不同特性,考虑制定调整数字签名、认证中心的法律,制定数据信息保护的法律,从而为银行卡网上支付提供一个法律的支持,维护网上交易的安全。

三、非金融机构支付服务的管理

随着网络信息、通信技术的快速发展和支付服务的不断分工细化,越来越多的非金融机构借助互联网、手机等信息技术广泛参与支付业务。非金融机构介入到支付服务体系,运用电子化手段为市场交易者提供前台支付或后台操作服务,往往被称作"第三方支付机构"。

2010年6月21日,中国人民银行对外发布了《非金融机构支付服务管理办法》(以下简称"《办法》"),于2010年9月1日正式实施。《办法》建立在2005年公布的《支付清算组织管理办法(征求意见稿)》基础之上,但仅针对非金融机构,对其从事支付业务进行管理,即对"第三方支付机构"进行管理。《办法》主要内容包括以下几个方面:

第一,非金融机构可以提供的支付服务种类。《办法》明确非金融机构支付服务是指非金融机构在收付款人之间作为中介机构提供的货币资金转移服务,包括网络支付、预付卡的发行与受理、银行卡收单以及中国人民银行根据支付服务市场的发展趋势等确定的其他支付业务。

第二,非金融机构支付服务实行业务许可制度。中国人民银行对非金融机构支付服务实行支付业务许可制度。未经中国人民银行批准,任何非金融机构和个人不得从事或变相从事支付业务。

第三,非金融机构提供支付服务应具备的条件。非金融机构提供支付服务应具备的条件主要包括以下几方面内容:(1)商业存在。申请人必须是在我国依法设立的有限责任公司或股份有限公司,且为非金融机构法人。(2)资本实力。申请人申请在全国范围内从事支付业务的,其注册资本至少为1亿元;申请在同一省(自治区、直辖市)范围内从事支付业务的,其注册资本至少为3000万元人民币,且均须为实缴货币资本。(3)主要出资人。申请人的主要出资人(包括拥有其实际控制权和10%以上股权的出资人)均应符合关于公司制企业法人性质、相关领域从业经验、一定盈利能力等相关资质的要求。(4)反洗钱措施。申请人应具备国家反洗钱法律法规规定的反洗钱措施,并于申请时提交相应的验收材料。(5)支付业务设施。申请人应在申请时提交必要支付业务设施的技术安全检测认证证明。(6)资信要求。申请人及其高管人员和主要出资人应具备良好的资信状况,并出具相应的无犯罪证明材料。此外,考虑支付服务的专业性和安全性要求等,申请人还应符合组织机构、内控制度、风控措施、营业场所等方面的规定。

第四,《支付业务许可证》的审批流程。《办法》规定,《支付业务许可证》的审批流程主要包括一下几个环节:(1)申请人向所在地中国人民银行分支机构提交申请资料。《办法》所称中国人民银行分支机构包括中国人民银行上海总部,各分行、营业管理部,省会(首府)城市中心支行及副省级城市中心支行。(2)申请符合要求的,中国人民银行分支机构依法予以受理,并将初审意见和申请资料报送中国人民银行总行。(3)中国人民银行总行根据各分支机构的审查意见及社会监督反馈信息等,对申请资料进行审核。准予成为支付机构的,中国人民银行总行依法颁发《支付业务许可证》,并予以公告。

第五,非金融机构提供支付服务的监督与管理。《办法》规定了支付机构在规范经营、资金安全、系统运行等方面应承担的责任与义务。规范经营主要强调支付机构应按核准范围从事支付业务、报备与披露业务收费情况、制定并披露服务协议、核对客户身份信息、保守客户商业秘密、保管业务及会计档案等资料、规范开具发票等。资金安全主要强调支付机构应在同一商业银行专户存放接受的客户备付金,且只能按照客户的要求使用。系统运行主要强调支付机构应具备必要的技术手段及灾难恢复处理能力和应急处理能力等。此外,支付机构还需配合中国人民银行的依法监督检查。

第十三章　证券发行法律制度

第一节　证券发行概述

一、证券的概念和功能

证券的定义有广义和狭义两种。从广义上看,证券是各类经济权益凭证的统称。从狭义上看,仅指适于在证券交易所交易的证券,表明持有者对证券所代表的经济利益的权利。我国《证券法》并没有对证券加以界定,但该法第2条规定:"在中华人民共和国境内,股票、公司债券和国务院依法认定的其他证券的发行和交易,适用本法;本法未规定的,适用《中华人民共和国公司法》和其他法律、行政法规的规定。政府债券、证券投资基金份额的上市交易,适用本法;其他法律、行政法规另有规定的,适用其规定。证券衍生品种发行、交易的管理办法,由国务院依照本法的原则规定。"

可见,在我国,股票和公司债券是最主要的证券形式,国务院还可以依法认定其他类型的证券。不过迄今为止,国务院尚未明确认定其他种类的证券。①

证券是伴随着社会对于大规模融资的需求而出现的。最初为社会所接受的是由政府发行的国债,特别是英国等国为了支持战争而大量发行的国债。此后,获得某种垄断特权的公司通过发行固定收益的债券获得融资,最终才发展到股权融资形式。

股票和公司债券是两种最主要的资本证券,投资者向发行股票或债券的公司投资,获得相应数额的股票或债券,等待将来定期的公司派息和分红,或在证券市场上转让。公司也因此获得了资金,得以扩大其资本规模和生产规模。

证券的功能主要有以下几方面:

(1)证券是公司筹集长期资金的重要手段。公司经营和发展需要资金,资金来源可以包括如下几种类型:自身积累资金;银行贷款;政府拨款及社会捐助;发行证券。自身积累资金速度慢而且数量有限。银行贷款期限相对较短,而且有还本的压力。争取条件优惠的贷款要求公司品质应较高,所以难度较大。政府拨款和社会捐助的机会和可能性都很少。所以,发行股票或债券就成为市场

---

① 关于中国法上证券的定义及其问题,请参见吴志攀:《〈证券法〉适用范围的反思与展望》,载《法商研究》2003年第6期;彭冰:《非法集资活动规制研究》,载《中国法学》2008年第4期。

经济国家的公司筹集中长期资金的最主要手段。

(2) 证券为居民提供了独特的投资选择。在通货膨胀和储蓄利率偏低或不灵活的情况下,证券投资可能成为居民货币保值的一种选择。有了证券投资渠道后,银行利率变动对储蓄数量的影响增强,货币对商品市场的冲击也会得到缓解。

二、证券的种类及特性

证券主要可以分为股票和债券两类,另外我国还根据国外的实践,探索了可转换公司债券的应用。

(一) 股票

股票是股份公司发给股东的入股凭证,是股东借以取得股息,行使管理权,取得清盘资产,或在证券市场上转让的有价证券。股票具有收益性、流通性、非返还性和风险性等特点。

股票按不同标准可以分为若干种。

(1) 按股东承担风险程度和享有权利的不同,股票可分为普通股和优先股。

普通股是指在公司的经营管理和盈利及财产的分配上享有普通权利的股份,它代表在公司满足所有权、债权偿付及优先股东的收益权与求偿权要求后,股东对企业盈利和剩余财产的索取权。普通股构成公司资本的基础,是股票的一种基本形式,也是发行量最大、最为重要的股票。目前在上海和深圳证券交易所上市交易的股票,都是普通股。普通股的股东按持有股份比例享有公司决策参与权、利润分配权、优先认股权和剩余资产分配权等。

优先股是公司在筹集资金时,给予投资者某些优先权的股票。这种优先权主要表现在两个方面:一是有固定的股息,不随公司业绩好坏而波动,并且可以先于普通股股东领取股息;二是当公司破产进行财产清算时,优先股股东对公司剩余财产有先于普通股股东的要求权。但优先股股东一般不参加公司的红利分配,持股人亦无表决权,不能借助表决权参加公司的经营管理。我国《公司法》中没有规定优先股类型。

(2) 按投资主体及资金来源的不同,股票可分为国有股、法人股、社会公众股。

国有股是指有关代表国家投资的部门或机构以国有资产向公司投资形成的股份,包括以公司现有国有资产折算成的股份。我国大部分股份制企业都是由原有大中型企业改制而来的,因此,国有股在上市公司股权中占有较大的比重。国有股的股权行使和转让都必须遵守国有资产管理法的规范。

法人股是指企业法人或具有法人资格并按企业经营方式运作的事业单位和社会团体,以其依法可经营的资产向公司非上市流通股权部分投资所形成的股份。根据法人股认购的对象,可将法人股进一步分为境内发起人股、外资法人股和募集法人股三个部分。目前,我国上市公司的股权结构中,法人股平均占20%左右。

社会公众股是指我国境内个人和机构,以其合法财产向公司可上市流通股权部分投资所形成的股份。我国投资者通过1.2亿个股东账户在股票市场买卖的股票都是社会公众股。

(3) 按投资对象及定价币种的不同,股票可分为人民币普通股(A股)、境内上市外资股(B股)和境外上市外资股。

人民币普通股又称为A股,是由我国境内的公司发行,供境内机构、组织或个人(不含港、澳、台投资者)以人民币认购和交易的普通股股票。

境内上市外资股又称为B股,它是以人民币标明面值,以外币认购和买卖,在境内(上海、深圳)证券交易所上市交易的股票。其投资者限于:外国的自然人、法人和其他组织,港澳台地区的自然人、法人和其他组织,定居在国外的中国公民以及中国证监会规定的其他投资者。2001年之后,也允许境内居民以合法持有的外汇开立B股账户,交易B股股票。

境外上市外资股是指股份有限公司向境外投资者发行、以人民币标明面值、以外币认购、在境外公司的证券交易场所流通转让的股票。

(二) 公司债券

公司债券是指公司依照法定程序发行的、约定在一定期限还本付息的有价证券,是企业债券的一种。和公司股票相比,公司债券的特点是:债券是债权凭证,债券持有人享有对公司的还本付息权,不参与公司的决策经营;股票是股东权凭证,股东享有参与公司的经营管理权和利润分配权。债券有偿还期限,股票没有偿还期限。债券通常有固定的利率,与公司的绩效没有直接联系,收益比较稳定,风险比股票小。此外,在公司破产时,债券持有人享有优先于股东对公司剩余资产的索取权。

公司债券按照不同的标准,可以进行不同的分类。(1) 以是否在公司债券上记载公司债权人的姓名为标准,公司债券可分为记名公司债券和无记名公司债券。记名公司债券,其支取本息要凭印鉴领取,转让时必须背书并到债券发行公司登记;不记名公司债券,其还本付息及流通转让仅以债券为凭,不需登记。(2) 以公司债券能否转换为股票为标准,公司债券可分为可转换公司债券和非转换公司债券。(3) 以是否提供还本付息的担保为标准,公司债券可分为担保公司债券和无担保公司债券。

(三) 可转换公司债券

一般意义上,可转换公司债券是指一种无担保无追索权、信用级别较低的、兼有债务性和股权性的中长期混合型融资和投资工具,即发行人依照法定程序发行、在一定期间内依据约定的条件可以转换成股份的公司债券。

可转换债券是一种附认股权的债券，兼有债务和股票的双重法律特点。

从其债务的法律性质来看，可转换公司债券是股份有限公司依发行有价证券方式与特定人或不特定人间所成立的一种金钱债的关系，与一般债不同，属于大量、可流通的债。它是公司债券的一种，具有公司债券所有的特点。例如，它同样需要定期支付利息，到期偿还本金，同样具有债券面值、期限以及付息方式等基本要素。从其股票性质来看，一旦持有人选择将可转换债券转换为股份，则这部分债务便转换为资本的构成部分，债权也转变成股东权。

可转换债券是一种混合性的金融品种，它是公司债券与买入期权的组合体。其期权属性赋予投资人可以在一定期限内，依据本身的自由意志，选择是否可以约定的条件将持有的债券转换为发行公司的股票。具体而言，投资人可以选择持有债券至债券到期，要求公司还本付息；也可选择在约定时间内换股，享受股利分配或资本增值。这是可转换债券区别于其他一般性债券的根本性特征。

三、证券监管体系

对证券的监管包括政府管理和自律管理两部分。

（一）政府的统一管理

政府的统一管理是指由政府证券监管机构依法对证券发行与交易，实施统一监督管理。我国《证券法》第7条规定："国务院证券监督管理机构依法对全国证券市场实行集中统一监督管理。……"目前国务院授权中国证券监督管理委员会（以下简称中国证监会）负责证券监督管理工作。

根据我国《证券法》第179条的规定，国务院证券监督管理机构在对证券市场实施监督管理中履行下列职责：

（1）依法制定有关证券市场监督管理的规章、规则，并依法行使审批或者核准权；

（2）依法对证券的发行、交易、登记、托管、结算，进行监督管理；

（3）依法对证券发行人、上市公司、证券公司、证券投资基金管理公司、证券服务机构、证券交易所、证券登记结算机构的证券业务活动，进行监督管理；

（4）依法制定从事证券业务人员的资格标准和行为准则，并监督实施；

（5）依法监督检查证券发行、上市和交易的信息公开情况；

（6）依法对证券业协会的活动进行指导和监督；

（7）依法对违反证券市场监督管理法律、行政法规的行为进行查处；

（8）法律、行政法规规定的其他职责。

不过，国务院对中国证监会职责的规定要宽于《证券法》的上述规定，中国证监会不仅仅负责对证券市场的监管，还要负责期货市场和对证券投资基金的

监管。根据国务院对中国证监会职能、内设机构和人员编制"三定"方案的规定,中国证监会的主要职责是:

(1) 研究和拟定证券期货市场的方针政策、发展规划;起草证券期货市场的有关法律、法规;制定证券期货市场的有关规章;

(2) 统一管理证券期货市场,按规定对证券期货监管机构实行垂直领导;

(3) 监管股票、可转换债券、证券投资基金的发行、交易、托管和清算;批准企业债券的上市;监管上市国债和企业债券的交易活动;

(4) 监管境内期货合约的上市、交易和清算;按规定监督境内机构从事境外期货业务;

(5) 监管上市公司及其有信息披露义务股东的证券市场行为;

(6) 管理证券期货交易所;按规定管理证券期货交易所的高级管理人员;归口管理证券业协会;

(7) 监管证券期货经营机构、证券投资基金管理公司、证券登记清算公司、期货清算机构、证券期货投资咨询机构;与中国人民银行共同审批基金托管机构的资格并监管其基金托管业务;制定上述机构高级管理人员任职资格的管理办法并组织实施;负责证券期货从业人员的资格管理;

(8) 监管境内企业直接或间接到境外发行股票、上市;监管境内机构到境外设立证券机构;监管境外机构到境内设立证券机构、从事证券业务;

(9) 监管证券期货信息传播活动,负责证券期货市场的统计与信息资源管理;

(10) 会同有关部门审批律师事务所、会计师事务所、资产评估机构及其成员从事证券期货中介业务的资格并监管其相关的业务活动;

(11) 依法对证券期货违法违规行为进行调查、处罚;

(12) 归口管理证券期货行业的对外交往和国际合作事务;

(13) 国务院交办的其他事项。

(二) 行业自律管理

目前,我国证券发行与交易中的自律管理,主要通过下列自律性机构来实施:

1. 中国证券业协会

中国证券业协会是1991年8月经中国人民银行批准,由中国证监会予以资格认定并经民政部核准登记的全国性自律管理组织,其会员是各类证券经营机构。会员大会是其最高权力机关,决定协会的重大事项。根据我国《证券法》第176条规定,证券业协会履行下列职责:

(1) 教育和组织会员遵守证券法律、行政法规;

(2) 依法维护会员的合法权益,向证券监督管理机构反映会员的建议和

要求;

(3) 收集整理证券信息,为会员提供服务;

(4) 制定会员应遵守的规则,组织会员单位的从业人员的业务培训,开展会员间的业务交流;

(5) 对会员之间、会员与客户之间发生的证券业务纠纷进行调解;

(6) 组织会员就证券业的发展、运作及有关内容进行研究;

(7) 监督、检查会员行为,对违反法律、行政法规或者协会章程的,按照规定给予纪律处分;

(8) 证券业协会章程规定的其他职责。

2. 证券交易所

我国目前有上海和深圳两家证券交易所。证券交易所是为证券集中交易提供场所和设施,组织和监督证券交易,实行自律管理的法人。证券交易所的设立和解散由国务院决定。[①]

证券交易所负责审核证券上市交易,还可以决定暂停或者终止证券的上市交易。[②]

证券交易所依照证券法律、行政法规制定上市规则、交易规则、会员管理规则和其他有关规则,并报国务院证券监督管理机构批准。[③]

证券交易所应当对上市公司及相关信息披露义务人披露信息进行监督,督促其依法及时、准确地披露信息。[④]

证券交易所应当为组织公平的集中交易提供保障,公布证券交易即时行情,并按交易日制作证券市场行情表,予以公布。[⑤]

证券交易所对证券交易实行实时监控,并按照国务院证券监督管理机构的要求,对异常的交易情况提出报告。[⑥]

3. 中介机构

根据中国证监会和其他国家机关发布的有关规定,注册会计师事务所、律师事务所、资产评估机构等中介机构及其从业人员,在取得证券从业资格后,依照国家有关规定,对公开发行股票的公司的财务报告、资产评估报告、招股说明书和法律意见书进行审核签证,实行监督,并承担相应的法律责任。

---

① 参见我国《证券法》第 102 条。
② 参见我国《证券法》第 48、55、56、60、61 条。
③ 参见我国《证券法》第 118 条。
④ 参见我国《证券法》第 115 条。
⑤ 参见我国《证券法》第 113 条。
⑥ 参见我国《证券法》第 115 条。

四、证券公开发行[①]

证券发行就是筹资者按照法定程序向投资者发行证券,筹资者取得要筹集的资金,而认购到证券的投资者取得证券及证券所代表的权益的过程。证券发行实质上是筹资者出售证券给投资者的交易。虽然我国《证券法》第2条规定"在中华人民共和国境内"证券的"发行和交易,适用本法",但实际上,我国《证券法》第10条只要求公开发行证券的才需要经过特定机关核准。该条第1款规定:"公开发行证券,必须符合法律、行政法规规定的条件,并依法报经国务院证券监督管理机构或者国务院授权的部门核准,未经依法核准,任何单位和个人不得公开发行证券。"

对公开发行证券才采用核准程序,是因为立法者需要在便利企业融资和保护投资者之间达成某种平衡,立法者认为只有在公开发行证券时,才涉及到对公众投资者的保护,那些非公开发行时的投资者往往能够自己保护自己,不需要证券法提供特殊的保护。

所谓证券的公开发行是指发行人通过公开出售证券向不特定的投资者募集资金的行为。如何界定公开发行?我国《证券法》第10条的第2款和第3款规定:"有下列情形之一的,为公开发行:(一)向不特定对象发行证券的;(二)向特定对象发行证券累计超过200人的;(三)法律、行政法规规定的其他发行行为。非公开发行证券,不得采用广告、公开劝诱和变相公开方式。"

可见,我国对于公开发行的界定采用了三个标准:

(1)如果是向不特定对象发行的,无论最终购买证券的投资者有多少人,都是公开发行。但什么是特定对象、什么是不特定对象,如何区分这两者,一直是一个困扰学界和实务界的问题。所谓特定或者不特定对象的说法往往使人以某一群体范围是否能够事前确定作为判断和区分的标准,容易产生误导。例如某一时刻全北京市的居民显然是一个确定的群体,但说向他们发行证券是在向特定对象发行,显然不能满足证券法界定公开发行的目的。

美国最高法院在 Ralston Purina 案中援引了 Sunbean Gold Mines 案的一段判词作为"公开要约并非一定要向全社会公开"这一结论的依据,颇为精彩:

> 就其最广泛的意义而言,"公开"意指一般大众,与共同具有某些利益或者特征的个人群体不同。不过,从实践角度来看,这种区分意义不大;很明显,向所有红头发的人、向芝加哥或者旧金山的所有居民、向通用汽车公

[①] 更为详细的讨论,请参见彭冰:《证券公开发行之研究》,载《月旦民商法》总第11辑,清华大学出版社2006年版;彭冰:《构建针对特定对象的公开发行制度》,载《法学》2006年第5期;郭雳:《美国证券私募发行法律问题研究》,北京大学出版社2004年版。

司或者美国电报电话公司的所有现存股东发出证券要约,其"公共性"——就这个词的任何现实意义来说——并不比不受限制地向全世界发出要约要少。这种要约虽然并非任何人都可以自由接受,但从性质上来说完全具有"公共性",因为用来挑选特定受要约人的方法与挑选的目的之间并无合理的关联……在任何特定情况下区分"公开"与"特定"(private),都应当考量用来建立区别的决定因素和寻求建立这种区别的目的。①

由此可见,某一发行对象的群体是否特定,并不在于该群体是否事前能够确定范围,而在于划定该范围的方法与界定公开发行的目的之间是否相关,简单说,就是将发行对象范围特定化的方法是否符合发行核准之立法目的。发行核准制度的立法目的在于为投资者提供适当的保护,因此,在界定发行对象是否特定时,也应当看该发行对象是否需要发行核准程序的保护。

某投资者是否需要证券法的保护,主要考虑该投资者是否为成熟投资者,是否有能力保护自己。各国主要从三个方面来界定特定对象:一是投资经验:主要是机构投资者,例如投资基金、保险公司和银行等;二是和发行人的特殊关系:例如发行人的董事、高级管理人员及其亲属;三是财富标准:有足够财富的投资者。机构投资者有丰富的投资经验,显然不需要证券法的保护;发行人的董事和高级管理人员基于其与发行人的关系,熟悉发行人的情况,有能力保护自己;基于财富标准的理由则在于:这些投资者即使没有足够的投资经验作出明智的投资判断,他们也有财力聘请专业机构帮助他们投资,另外,足够的财富也使得他们有能力承担投资风险。

(2)如果是向特定对象发行的,人数不能超过200人。需要注意的是,这里人数的计算是采用无限制累计的方式,即在每个时点算最终的投资者人数。例如,在股票发行中,不是算每次股票发行的投资者人数,而是算最终公司的股东人数,即使股东人数的增加是因为发行后的股票转让。例如,国务院办公厅在一份文件中规定:"向特定对象转让股票,未依法报经证监会核准的,转让后,公司股东累计不得超过200人。"②这一计算方式比较简单,排除了很多规避法律的安排,例如发行人就不能与某大股东合谋,通过向后者定向发行(非公开发行),然后由后者迅速向公众转售的方式来规避对公开发行的界定。但简单也有简单的坏处,其对证券购买人此后的证券转让行为加上了严格的人数限制。

(3)发行方式如果是采用广告、公开劝诱方式的,也构成了公开发行。因为广告、公开劝诱等发行方式其实是针对社会公众的,因此,采用这种方式的发行

---

① 346 U.S. 119(1953), p.124.
② 国务院办公厅《关于严厉打击非法发行股票和非法经营证券业务有关问题的通知》(国办发[2006]99号)。

实际上就是在面向公众发行。对于这些公开发行的方式,国务院办公厅在上述文件中具体列举了"广告、公告、广播、电话、传真、信函、推介会、说明会、网络、短信、公开劝诱等公开方式"①。

此外,"公司股东自行或委托他人以公开方式向社会公众转让股票的行为"会被认定为构成了变相公开发行股票。②

五、证券发行市场的结构

证券的发行市场也被称为"一级市场",是相对证券交易的"二级市场"而言的。证券发行市场的参与人主要是发行人和认购的投资者,在公开发行时还会有承销商、会计师和律师参与。

证券公开发行中具体涉及到的当事人主要有:

(1) 发行人。为了筹集资金而向监管机构申请发行证券,并得到监管机构核准的公司法人。其中发行股票的主体应是股份有限公司,包括已经成立的股份有限公司和经批准拟采用公开募集设立方式成立的股份有限公司。③ 发行公司债券的主体是股份有限公司和有限责任公司。可转换公司债券的发行主体应是上市公司。

(2) 保荐人。我国《证券法》规定,公开发行股票、可转换债券,以及申请股票、可转换债券上市交易,都应当聘请具有保荐资格的机构担任保荐人。目前主要是证券公司被批准为保荐人。

(3) 承销商。发行人聘请的对证券的发行予以承销的证券经营机构。这主要是指证券公司和某些经过批准的金融机构。是否具有证券承销的资格要经过监管机构的审批、批准或认可。

(4) 证券认购人。是指购买证券的法人、其他组织和具有民事行为能力的自然人。

(5) 证券监管机构。是指法定的对证券的发行、交易实施监管的国务院证券监督管理机构。目前我国证券监督管理机构是中国证券监督管理委员会。

(6) 其他中介机构。承销商是重要的中介机构。其他中介机构还包括:会计师事务所、律师事务所、资产评估事务所等。它们作为中介机构参与证券的发行,对发行人加以尽职调查,协助发行人向公众和监管机构披露信息,起到"经

---

① 国务院办公厅《关于严厉打击非法发行股票和非法经营证券业务有关问题的通知》(国办发〔2006〕99号)。

② 同上。

③ 实践中,由于中国证监会规定股份公司必须成立并持续经营3年为在中国境内公开发行A股的条件,因此,除非经过国务院特批或采用在境外公开发行的方式,国内股份公司已不能采用公开募集设立的方式成立。

济警察"的作用。

以上是证券公开发行中共同具有的当事人。不同种类的证券发行还有各自特别的当事人参加。比如公司债券发行中还会有担保人、托管人等。

第二节 证券发行条件

一、发行条件与我国证券市场结构

是不是任何一个企业都可以公开发行证券呢？显然不是这样。从保护投资者利益角度看，证券的发行人有必要满足一定的法定条件，才能进入市场中公开发行证券。因为发行证券是从投资者手中筹资的行为，证券代表着一种信用。如果对公开发行人没有条件要求，那么证券一级市场的信用水平将非常低而风险又可能极高，这对投资者利益的保护以及证券市场尤其是一个发展初期的市场的成长都是不利的。法律因此要对发行人规定一定的条件，使具有较高资质的筹资者进入市场中公开发行证券。

同时需要指出的是，由于目前中国证监会尚未制定非上市公众公司的相关规则，因此，目前公开发行股票一定和上市联系在一起，发行条件和上市条件同时成为公开发行的要求。[①] 然而根据其他市场经济国家的经验，股票的发行和上市应该相互分开而彼此独立。并非所有的发行在外的股票都要在交易所上市交易，而有可能在场外进行交易。这样，就形成了多层次的证券交易市场。

二、人民币普通股(A股)公开发行并在主板和中小企业板上市的条件[②]

在我国，公开募集设立股份有限公司的方式在实践中为中国证监会所禁止，因此，中国现实中的股票公开发行，都是由已经成立的股份有限公司增资发行，尽管这是该公司第一次公开发行股票，被称为首次公开发行(initial public offering, IPO)，但从《公司法》角度而言，不过是公司发行新股，即增资。因此，必须遵守《公司法》中关于公司增资发行新股的相关规定。在具体条件上，应当符合我国《证券法》第13条的规定，即：公司公开发行新股，应当符合下列条件：(1) 具备健全且运行良好的组织机构；(2) 具有持续盈利能力，财务状况良好；(3) 最近3年财务会计文件无虚假记载，无其他重大违法行为；(4) 经国务院批准的国务院证券监督管理机构规定的其他条件。

相比修订前的《公司法》和《证券法》中规定的条件，2005年修订的《证

[①] 参见中国证监会：《首次公开发行股票并上市管理办法》(中国证券监督管理委员会令第32号)。

[②] 关于境内上市外资股(B股)和境外上市外资股的发行条件，由于在实践中很少适用，本书不再讨论。

法》规定的条件更加抽象,因此,留下了更多的解释空间。

中国证监会在 2006 年发布的《首次公开发行股票并上市管理办法》(以下简称《首发办法》)中对首次公开发行股票并上市的具体发行条件作出了极为细致的规定,包括了主体资格、独立性、规范运行、财务与会计、募集资金运用 5 个方面。

(一) 主体资格

《首发办法》第 8 条至第 13 条对主体资格方面的规定如下:

发行人应当是依法设立且合法存续的股份有限公司。经国务院批准,有限责任公司在依法变更为股份有限公司时,可以采取募集设立方式公开发行股票。

发行人自股份有限公司成立后,持续经营时间应当在 3 年以上,但经国务院批准的除外。有限责任公司按原账面净资产值折股整体变更为股份有限公司的,持续经营时间可以从有限责任公司成立之日起计算。

发行人的注册资本已足额缴纳,发起人或者股东用作出资的资产的财产权转移手续已办理完毕,发行人的主要资产不存在重大权属纠纷。

发行人的生产经营符合法律、行政法规和公司章程的规定,符合国家产业政策。

发行人最近 3 年内主营业务和董事、高级管理人员没有发生重大变化,实际控制人没有发生变更。

发行人的股权清晰,控股股东和受控股股东、实际控制人支配的股东持有的发行人股份不存在重大权属纠纷。

发行人应当是合法设立并且存续的股份有限公司,这当然没有问题。但中国证监会要求作为发行人的股份有限公司必须设立 3 年的条件,则较为严苛。这可能是基于中国证监会的态度:新设立的公司,业绩尚不明确,风险太大,不适宜向社会公开发行股票。这使得我国《公司法》中允许的公开募集设立股份公司的方式基本上在中国境内不再可能得到适用,除非获得国务院的特批。

对于设立 3 年的要求,中国证监会也给了一个豁免:如果是从有限责任公司按照原账面净资产折股整体变更为股份有限公司的,持续经营时间可以从有限责任公司成立之日起计算。这鼓励多数公司采取从有限责任公司整体变更为股份有限公司的做法。

公司其实只是一个名义上的实体,从表面看法人可能没有任何变化,但其实质也许已经发生了重大改变,如此一来,仅仅要求 3 年存续是没有意义的,因为 3 年来发行人的控股股东和主营业务都可能发生了重大变化,因此,投资者仍然无法获得足够的信息,判断其未来盈利状况。

《首发办法》不满足于仅仅要求发行人存续 3 年,还要求发行人在最近 3 年内主管业务、董事、高级管理人员没有发生重大变化,实际控制人没有发生变更。

这个要求在实践中带来了一些困惑,中国证监会法律部专门出台了两个适用意见,解释如何理解"实际控制人没有发生变更"和"最近3年内主营业务没有发生重大变化"。

中国证监会认为:"《首发办法》要求发行人最近3年内实际控制人没有发生变更,旨在以公司控制权的稳定为标准,判断公司是否具有持续发展、持续盈利的能力,以便投资者在对公司的持续发展和盈利能力拥有较为明确预期的情况下作出投资决策。"①

在发行人存在多人共同拥有公司控制权的情况下,其中某个小股东变更,不构成公司控制权变更。但中国证监会明确此种情况下,"如果发行人最近3年内持有、实际支配公司表决权比例最高的人发生变化,且变化前后的股东不属于同一实际控制人,视为公司控制权发生变更"②。

当发行人不存在拥有公司控制权的人或者公司控制权的归属难以判断的,如果符合以下情形,可视为公司控制权没有发生变更:(1)发行人的股权及控制结构、经营管理层和主营业务在首发前3年内没有发生重大变化;(2)发行人的股权及控制结构不影响公司治理有效性;(3)发行人及其保荐人和律师能够提供证据充分证明。③

在因国有资产监督管理需要,国务院或者省级人民政府国有资产监督管理机构无偿划转直属国有控股企业的国有股权或者对该等企业进行重组导致发行人控股股东发生变更的,中国证监会也给出了例外规定。④

为了上市,发行人往往进行改制,以实现主营业务整体发行上市、降低管理成本、发挥业务协同优势、提高企业规模经济效益,此时发行人往往会对同一公司控制权下相同、类似或相关业务进行重组,这时发行人是否符合"最近3年内主营业务没有发生重大变化"的要求,颇有疑问。中国证监会解释认为:发行人报告期内存在对同一公司控制权人下相同、类似或相关业务进行重组情况的,如同时符合下列条件,视为主营业务没有发生重大变化:(1)被重组方应当自报告期期初起即与发行人受同一公司控制权人控制,如果被重组方是在报告期内新设立的,应当自成立之日即与发行人受同一公司控制权人控制;(2)被重组进入发行人的业务与发行人重组前的业务具有相关性(相同、类似行业或同一产业链的上下游)。⑤

---

① 中国证监会法律部:《证券期货法律适用意见第1号》(证监法律字[2007]15号)。
② 同上。
③ 同上。
④ 同上。
⑤ 中国证监会法律部:《证券期货法律适用意见第3号》(中国证券监督管理委员会公告2008年第22号)。

（二）独立性

《首发办法》第 14 条至第 20 条对独立性方面的规定如下：

发行人应当具有完整的业务体系和直接面向市场独立经营的能力。

发行人的资产完整。生产型企业应当具备与生产经营有关的生产系统、辅助生产系统和配套设施，合法拥有与生产经营有关的土地、厂房、机器设备以及商标、专利、非专利技术的所有权或者使用权，具有独立的原料采购和产品销售系统；非生产型企业应当具备与经营有关的业务体系及相关资产。

发行人的人员独立。发行人的总经理、副总经理、财务负责人和董事会秘书等高级理人员不得在控股股东、实际控制人及其控制的其他企业中担任除董事、监事以外的其他职务，不得在控股股东、实际控制人及其控制的其他企业领薪；发行人的财务人员不得在控股股东、实际控制人及其控制的其他企业中兼职。

发行人的财务独立。发行人应当建立独立的财务核算体系，能够独立作出财务决策，具有规范的财务会计制度和对分公司、子公司的财务管理制度；发行人不得与控股股东、实际控制人及其控制的其他企业共用银行账户。

发行人的机构独立。发行人应当建立健全内部经营管理机构，独立行使经营管理职权，与控股股东、实际控制人及其控制的其他企业间不得有机构混同的情形。

发行人的业务独立。发行人的业务应当独立于控股股东、实际控制人及其控制的其他企业，与控股股东、实际控制人及其控制的其他企业间不得有同业竞争或者显失公平的关联交易。

发行人在独立性方面不得有其他严重缺陷。

关于独立性方面的要求来自中国证券市场实践中产生的经验教训。在中国证券市场发展初期，大多数上市公司由国有企业部分改制而来。原国有企业以部分盈利性较好的资产发起设立为股份有限公司，由该公司公开发行股票并上市，成为上市公司。但该上市公司在很大程度上仍然依赖于作为控股股东的原国有企业提供辅助生产条件，形成了大量的关联交易；另一方面，由于原国有企业将其优质资产拿出去构成了上市公司，遗留下的是劣质资产，这为作为控股股东的原国有企业通过关联交易或者其他手段侵占上市公司的利益留下了借口。

此后，为了预防此类侵占上市公司行为的发生，中国证监会一方面鼓励整体上市，另一方面，也提出了要求发行人具有独立性的发行条件。《首发办法》总结中国证监会的历年实践经验，从资产独立、人员独立、财务独立、机构独立、业务独立这几个方面提出了一些具体的要求。

对于律师来说，验证发行人的资产独立需要确定发行人重要资产的产权归属，这些资产包括土地、厂房、机器设备、专利、商标以及非专利技术等。一般来说，与发行人盈利能力密切相关的这些资产，其产权都应当属于上市公司。

验证人员独立相对比较简单，《首发办法》提出了具体要求：即发行人的总经理、副总经理、财务负责人和董事会秘书等高级管理人员不得在控股股东、实际控制人及其控制的其他企业中担任除董事、监事以外的其他职务，不得在控股股东、实际控制人及其控制的其他企业领薪；发行人的财务人员不得在控股股东、实际控制人及其控制的其他企业中兼职。

财务独立方面，验证发行人是否与控股股东、实际控制人及其控制的其他企业共用银行账户比较容易，但验证发行人是否具有独立的财务核算体系、是否能够独立作出财务决策，则比较困难。

机构独立方面，验证发行人是否有健全的内部管理体制，在很大程度上只能依赖于发行人提供的各种内部规范文件。

业务独立方面对律师可能提出了较多要求，因为律师必须了解发行人的主营业务和控股股东、实际控制人及其所控制其他企业的主营业务，以及它们之间的关系。不过，《首发办法》在这方面也提出了一些具体要求，主要表现在同业竞争和关联交易两个方面。

同业竞争。《首发办法》明确要求发行人与控股股东、实际控制人及其控制的其他企业之间不得有同业竞争。这是超出我国《公司法》之外的规定，因为我国《公司法》中并未对控股股东和实际控制人的同业竞争作出限制，其第149条仅仅禁止董事、高级管理人员未经股东大会批准，自营或者为他人经营与所任职公司同类的业务。

不过，什么构成同业竞争中的"同业"，永远只是一个解释问题。在审核中发现公司与竞争方存在相同、相似的业务，公司应作出解释。如有充分依据说明与竞争方从事的业务有不同的客户对象、不同的市场区域等，存在明显细分市场差别，而且该市场细分是客观的、切实可行的，不会产生实质性同业竞争的，则要求公司充分披露其与竞争方存在经营相同、相似业务及市场差别情况。

对于客观存在同业竞争的，应视为违反规定，要求公司提出解决同业竞争的措施，包括(但不限于)：(1)针对现实存在的同业竞争，要通过切实可行方式（例如发行上市后的收购、委托经营等）将相竞争的业务集中到公司或竞争方经营。(2)竞争方将业务转让给无关联关系的第三方。(3)竞争方单方面书面承诺作出避免竞争和利益冲突的具体可行措施。如果公司提出的解决措施不力以致不能有效避免同业竞争，应明确提出进一步解决的要求，并向发审会汇报。

关联交易。《首发办法》并没有禁止发行人与控股股东、实际控制人及其控制的其他企业之间存在关联交易，但要求不得存在"显失公平的关联交易"。这当然是因为在很多情况下，关联交易不可避免，也可能因为关联交易并非一定会对发行人不利。因此，发行人应当具有合理的关联交易决策程序，以保证关联交易的公允性，其核心应当是合理界定关联方和关联交易，并采取关联方回避表决的决策程序,还可能包括独立董事和监事会成员可以单独发表意见,依据重大关联交易应当及时披露等内容。

目前中国证监会发布的《上市公司章程指引》中对关联交易的决策程序有明确规定,一般发行人的公司章程中应当遵守。例如,《上市公司章程指引》第79条规定:"股东大会审议有关关联交易事项时,关联股东不应当参与投票表决,其所代表的有表决权的股份数不计入有效表决总数;股东大会决议的公告应当充分披露非关联股东的表决情况。"

关于关联方、关联交易等内容,证券交易所的《股票上市规则》中有明确界定,拟在该证券交易所上市的发行人也必须遵守。

(三) 规范运行

《首发办法》第21条至第27条对规范运行方面的规定如下:

发行人已经依法建立健全股东大会、董事会、监事会、独立董事、董事会秘书制度,相关机构和人员能够依法履行职责。

发行人的董事、监事和高级管理人员已经了解与股票发行上市有关的法律法规,知悉上市公司及其董事、监事和高级管理人员的法定义务和责任。

发行人的董事、监事和高级管理人员符合法律、行政法规和规章规定的任职资格,且不得有下列情形:(1) 被中国证监会采取证券市场禁入措施尚在禁入期的;(2) 最近36个月内受到中国证监会行政处罚,或者最近12个月内受到证券交易所公开谴责;(3) 因涉嫌犯罪被司法机关立案侦查或者涉嫌违法违规被中国证监会立案调查,尚未有明确结论意见。

发行人的内部控制制度健全且被有效执行,能够合理保证财务报告的可靠性、生产经营的合法性、营运的效率与效果。

发行人不得有下列情形:(1) 最近36个月内未经法定机关核准,擅自公开或者变相公开发行过证券;或者有关违法行为虽然发生在36个月前,但目前仍处于持续状态;(2) 最近36个月内违反工商、税收、土地、环保、海关以及其他法律、行政法规,受到行政处罚,且情节严重;(3) 最近36个月内曾向中国证监会提出发行申请,但报送的发行申请文件有虚假记载、误导性陈述或重大遗漏;或者不符合发行条件以欺骗手段骗取发行核准;或者以不正当手段干扰中国证监会及其发行审核委员会审核工作;或者伪造、变造发行人或其董事、监事、高级管理人员的签字、盖章;(4) 本次报送的发行申请文件有虚假记载、误导性陈述或者重大遗漏;(5) 涉嫌犯罪被司法机关立案侦查,尚未有明确结论意见;(6) 严重损害投资者合法权益和社会公共利益的其他情形。

发行人的公司章程中已明确对外担保的审批权限和审议程序,不存在为控股股东、实际控制人及其控制的其他企业进行违规担保的情形。

发行人有严格的资金管理制度,不得有资金被控股股东、实际控制人及其控制的其他企业以借款、代偿债务、代垫款项或者其他方式占用的情形。

本部分的要求大部分来自我国《证券法》第13条对于"具备健全且运行良好的组织机构"和"无其他重大违法行为"的规定。然而"运行良好"显然是一个主观判断问题。中国证监会在《首发办法》中只能具体列出一些事项作为判断标准,特别是在第23条和第25条列出了发行人董事、监事、高级管理人员以及发行人自身不得具有的情形,构成发行的消极条件,不过需要注意的是,此类消极条件中的违法行为一般都是"重大违法行为"。

上市公司违规担保和资金被占用,是中国证券市场这些年持续存在的重大问题,因此,《首发办法》也作出了具体规定:首先要求发行人必须具有明确的相关规范制度,例如对外担保的审批权限和审批程序、资金管理制度等;然后还要求在发行前不得存在违规担保或者资金被占用的情况。

(四)财务与会计

《首发办法》第28条至第37条对财务与会计方面的规定如下:

发行人资产质量良好,资产负债结构合理,盈利能力较强,现金流量正常。

发行人的内部控制在所有重大方面是有效的,并由注册会计师出具了无保留结论的内部控制鉴证报告。

发行人会计基础工作规范,财务报表的编制符合企业会计准则和相关会计制度的规定,在所有重大方面公允地反映了发行人的财务状况、经营成果和现金流量,并由注册会计师出具了无保留意见的审计报告。

发行人编制财务报表应以实际发生的交易或者事项为依据;在进行会计确认、计量和报告时应当保持应有的谨慎;对相同或者相似的经济业务,应选用一致的会计政策,不得随意变更。

发行人应完整披露关联方关系并按重要性原则恰当披露关联交易。关联交易价格公允,不存在通过关联交易操纵利润的情形。

发行人应当符合下列条件:

(1)最近3个会计年度净利润均为正数且累计超过人民币3000万元,净利润以扣除非经常性损益前后较低者为计算依据;

(2)最近3个会计年度经营活动产生的现金流量净额累计超过人民币5000万元;或者最近3个会计年度营业收入累计超过人民币3亿元;

(3)发行前股本总额不少于人民币3000万元;

(4)最近一期末无形资产(扣除土地使用权、水面养殖权和采矿权等后)占净资产的比例不高于20%;

(5)最近一期末不存在未弥补亏损。

发行人依法纳税,各项税收优惠符合相关法律法规的规定。发行人的经营成果对税收优惠不存在严重依赖。

发行人不存在重大偿债风险，不存在影响持续经营的担保、诉讼以及仲裁等重大或有事项。

发行人申报文件中不得有下列情形：

（1）故意遗漏或虚构交易、事项或者其他重要信息；

（2）滥用会计政策或者会计估计；

（3）操纵、伪造或篡改编制财务报表所依据的会计记录或者相关凭证。

发行人不得有下列影响持续盈利能力的情形：

（1）发行人的经营模式、产品或服务的品种结构已经或者将发生重大变化，并对发行人的持续盈利能力构成重大不利影响；

（2）发行人的行业地位或发行人所处行业的经营环境已经或者将发生重大变化，并对发行人的持续盈利能力构成重大不利影响；

（3）发行人最近1个会计年度的营业收入或净利润对关联方或者存在重大不确定性的客户存在重大依赖；

（4）发行人最近1个会计年度的净利润主要来自合并财务报表范围以外的投资收益；

（5）发行人在用的商标、专利、专有技术以及特许经营权等重要资产或技术的取得或者使用存在重大不利变化的风险；

（6）其他可能对发行人持续盈利能力构成重大不利影响的情形。

本部分的要求主要是落实我国《证券法》第13条对于"具有持续盈利能力、财务状况良好"的规定。尽管律师在出具法律意见书时也需要就此部分内容发表意见，但显然这里的主要内容不在律师的专业范围之内，律师只能依赖其他专业人士的专业意见，例如经过审计的财务报表。律师在引用其他专业人士的意见时，也应当履行普通人一般的注意义务。

（五）募集资金运用

《首发办法》第38条至第43条对募集资金运用方面的规定如下：

募集资金应当有明确的使用方向，原则上应当用于主营业务。除金融类企业外，募集资金使用项目不得为持有交易性金融资产和可供出售的金融资产、借予他人、委托理财等财务性投资，不得直接或者间接投资于以买卖有价证券为主要业务的公司。

募集资金数额和投资项目应当与发行人现有生产经营规模、财务状况、技术水平和管理能力等相适应。

募集资金投资项目应当符合国家产业政策、投资管理、环境保护、土地管理以及其他法律、法规和规章的规定。

发行人董事会应当对募集资金投资项目的可行性进行认真分析，确信投资项目具有较好的市场前景和盈利能力，有效防范投资风险，提高募集资金使用效益。

募集资金投资项目实施后,不会产生同业竞争或者对发行人的独立性产生不利影响。

发行人应当建立募集资金专项存储制度,募集资金应当存放于董事会决定的专项账户。

本部分是对募集资金运用的要求。发行人此时只是在申请获得公开发行股票核准,因此,此处讨论的募集资金运用均只是发行人在招股说明书中列出的募集资金使用计划。就发行人的募集资金投资项目是否符合国家产业政策和投资管理的规定,中国证监会在初审阶段还将征求国家发展和改革委员会的意见。[①]至于是否符合环境保护、土地管理等其他法律、法规和规章的规定,就需要律师出具法律意见了。

除了禁止使用募集资金进行金融类财务投资外,我国《证券法》第15条要求公司改变招股说明书所列募集资金用途,必须经过股东大会决议。中国证监会在2007年发布了《关于进一步规范上市公司募集资金使用的通知》[②],要求闲置募集资金在暂时补充流动资金时,仅限于与主营业务相关的生产经营使用,不得通过直接或间接的安排用于新股配售、申购,或用于股票及其衍生品种、可转换公司债券等的交易。超过本次募集金额10%以上的闲置募集资金补充流动资金时,须经股东大会审议批准,并提供网络投票表决方式。独立董事、保荐人须单独发表意见并披露。

三、人民币普通股(A股)公开发行并在创业板上市的条件

2009年3月,中国证监会发布了《首次公开发行并在创业板上市管理暂行规定》(中国证券监督管理委员会令第61号),其第10条至第28条对在首次公开发行股票并在创业板上市的条件进行了规定。由于设立创业板的目的是为中小高新技术的创业企业提供直接融资渠道,因此,相比主板市场和中小企业板市场,创业板市场的发行和上市条件有所放松。不过,由于创业板市场属于交易所市场,在创业板上市仍然属于证券上市,因此,其仍然符合我国《证券法》第50条对于证券上市的一般条件的规定。其中对于公司股本总额不少于3000万元人民币和公司3年内无重大违法行为的要求仍然不可缺少,后者隐含要求公司必须成立3年以上。[③]

发行人申请首次公开发行股票并拟在创业板上市应当符合下列条件:

[①] 参见《首发办法》第49条。
[②] 证监公司字[2007]25号。
[③] 参见我国《证券法》第50条。我国《证券法》第52条关于向交易所报送申请材料的规定中,更明确地要求必须提交"依法经会计师事务所审计的公司最近3年的财务会计报告"。

（1）发行人是依法设立且持续经营3年以上的股份有限公司。

有限责任公司按原账面净资产值折股整体变更为股份有限公司的，持续经营时间可以从有限责任公司成立之日起计算。

（2）最近两年连续盈利，最近两年净利润累计不少于1000万元，且持续增长；或者最近1年盈利，且净利润不少于500万元，最近1年营业收入不少于5000万元，最近两年营业收入增长率均不低于30%。净利润以扣除非经常性损益前后孰低者为计算依据。

（3）最近一期末净资产不少于2000万元，且不存在未弥补亏损。

（4）发行后股本总额不少于3000万元。

发行人的注册资本已足额缴纳，发起人或者股东用作出资的资产的财产权转移手续已办理完毕。发行人的主要资产不存在重大权属纠纷。

发行人应当主要经营一种业务，其生产经营活动符合法律、行政法规和公司章程的规定，符合国家产业政策及环境保护政策。

发行人最近两年内主营业务和董事、高级管理人员均没有发生重大变化，实际控制人没有发生变更。

发行人应当具有持续盈利能力，不存在下列情形：

（1）发行人的经营模式、产品或服务的品种结构已经或者将发生重大变化，并对发行人的持续盈利能力构成重大不利影响；

（2）发行人的行业地位或发行人所处行业的经营环境已经或者将发生重大变化，并对发行人的持续盈利能力构成重大不利影响；

（3）发行人在用的商标、专利、专有技术、特许经营权等重要资产或者技术的取得或者使用存在重大不利变化的风险；

（4）发行人最近一年的营业收入或净利润对关联方或者有重大不确定性的客户存在重大依赖；

（5）发行人最近一年的净利润主要来自合并财务报表范围以外的投资收益；

（6）其他可能对发行人持续盈利能力构成重大不利影响的情形。

发行人依法纳税，享受的各项税收优惠符合相关法律法规的规定。发行人的经营成果对税收优惠不存在严重依赖。

发行人不存在重大偿债风险，不存在影响持续经营的担保、诉讼以及仲裁等重大或有事项。

发行人的股权清晰，控股股东和受控股股东、实际控制人支配的股东所持发行人的股份不存在重大权属纠纷。

发行人资产完整，业务及人员、财务、机构独立，具有完整的业务体系和直接面向市场独立经营的能力。与控股股东、实际控制人及其控制的其他企业间不存在同业竞争,以及严重影响公司独立性或者显失公允的关联交易。

发行人具有完善的公司治理结构,依法建立健全股东大会、董事会、监事会以及独立董事、董事会秘书、审计委员会制度,相关机构和人员能够依法履行职责。

发行人会计基础工作规范,财务报表的编制符合企业会计准则和相关会计制度的规定,在所有重大方面公允地反映了发行人的财务状况、经营成果和现金流量,并由注册会计师出具无保留意见的审计报告。

发行人内部控制制度健全且被有效执行,能够合理保证公司财务报告的可靠性、生产经营的合法性、营运的效率与效果,并由注册会计师出具无保留结论的内部控制鉴证报告。

发行人具有严格的资金管理制度,不存在资金被控股股东、实际控制人及其控制的其他企业以借款、代偿债务、代垫款项或者其他方式占用的情形。

发行人的公司章程已明确对外担保的审批权限和审议程序,不存在为控股股东、实际控制人及其控制的其他企业进行违规担保的情形。

发行人的董事、监事和高级管理人员了解股票发行上市相关法律法规,知悉上市公司及其董事、监事和高级管理人员的法定义务和责任。

发行人的董事、监事和高级管理人员应当忠实、勤勉,具备法律、行政法规和规章规定的资格,且不存在下列情形:

(1) 被中国证监会采取证券市场禁入措施尚在禁入期的;

(2) 最近3年内受到中国证监会行政处罚,或者最近1年内受到证券交易所公开谴责的;

(3) 因涉嫌犯罪被司法机关立案侦查或者涉嫌违法违规被中国证监会立案调查,尚未有明确结论意见的。

发行人及其控股股东、实际控制人最近3年内不存在损害投资者合法权益和社会公共利益的重大违法行为。发行人及其控股股东、实际控制人最近3年内不存在未经法定机关核准,擅自公开或者变相公开发行证券,或者有关违法行为虽然发生在3年前,但目前仍处于持续状态的情形。

发行人募集资金应当用于主营业务,并有明确的用途。募集资金数额和投资项目应当与发行人现有生产经营规模、财务状况、技术水平和管理能力等相适应。

发行人应当建立募集资金专项存储制度,募集资金应当存放于董事会决定的专项账户。

四、公司债券发行的条件

我国《证券法》第16条规定了公开发行公司债券的积极条件,即公开发行

公司债券,应当符合下列条件:

(1) 股份有限公司的净资产不低于人民币 3000 万元,有限责任公司的净资产不低于人民币 6000 万元;

(2) 累计债券余额不超过公司净资产的 40%;

(3) 最近 3 年平均可分配利润足以支付公司债券 1 年的利息;

(4) 筹集的资金投向符合国家产业政策;

(5) 债券的利率不超过国务院限定的利率水平;

(6) 国务院规定的其他条件。

公开发行公司债券筹集的资金,必须用于核准的用途,不得用于弥补亏损和非生产性支出。

上市公司发行可转换为股票的公司债券,除应当符合我国《证券法》第 17 条第 1 款规定的条件外,还应当符合《证券法》关于公开发行股票的条件,并报国务院证券监督管理机构核准。

我国《证券法》第 18 条规定了公开发行公司债券的消极条件,即:

有下列情形之一的,不得再次公开发行公司债券:

(1) 前一次公开发行的公司债券尚未募足;

(2) 对已公开发行的公司债券或者其他债务有违约或者延迟支付本息的事实,仍处于继续状态;

(3) 违反本法规定,改变公开发行公司债券所募资金的用途。

中国证监会另外发布了《公司债券发行试点办法》,规定在试点期间,试点公司只限于沪深证券交易所上市的公司及发行境外上市外资股的境内股份有限公司。[①] 该办法对于试点期间公司债券的发行条件则另有规定。

《公司债券发行试点办法》第 7 条也规定了发行公司债券的积极条件,即发行公司债券,应当符合下列规定:

(1) 公司的生产经营符合法律、行政法规和公司章程的规定,符合国家产业政策;

(2) 公司内部控制制度健全,内部控制制度的完整性、合理性、有效性不存在重大缺陷;

(3) 经资信评级机构评级,债券信用级别良好;

(4) 公司最近一期未经审计的净资产额应符合法律、行政法规和中国证监会的有关规定;

(5) 最近 3 个会计年度实现的年均可分配利润不少于公司债券 1 年的利息;

---

① 中国证监会:《关于实施〈公司债券发行试点办法〉有关事项的通知》(证监发[2007]112 号)。

（6）本次发行后累计公司债券余额不超过最近一期末净资产额的40%；金融类公司的累计公司债券余额按金融企业的有关规定计算。

《公司债券发行试点办法》第8条规定了发行公司债券的消极条件，即：

存在下列情形之一的，不得发行公司债券：

（1）最近36个月内公司财务会计文件存在虚假记载，或公司存在其他重大违法行为；

（2）本次发行申请文件存在虚假记载、误导性陈述或者重大遗漏；

（3）对已发行的公司债券或者其他债务有违约或者迟延支付本息的事实，仍处于继续状态；

（4）严重损害投资者合法权益和社会公共利益的其他情形。

第三节 承 销

一、承销概述

在一次大规模的、成功的证券发行中，承销商的参与是必不可少的。因为有经验的大承销商常常拥有庞大而高效的销售体系，它甚至可以把证券卖给远在外国的投资者手中。知名承销商还具有很好的市场信誉和影响力，其对某一证券的推介将对该证券的成功发行起到非常积极的作用。承销商的参与将对发行人进行尽职调查，同时完成法定的信息披露行为，并对其所披露的信息的真实性、准确性、完整性向投资者承担法律责任。所以聘请承销商承销证券的发行不仅具有商务上的必要性，而且也是法律的要求。我国《公司法》和《证券法》都规定，证券承销应该由证券经营机构来进行，签订承销协议，载明承销方式。

以承销商是否承担发行风险区分，承销包括包销和代销两种。[①]

包销是指承销商对证券的全部或部分负有购买义务的承销。包销又区分为全额包销和余额包销两类。全额包销是指承销商按照承销协议全部购入证券，然后再向投资者发售。而余额包销是指承销商只负责对售后剩余的证券自行购入的承销方式。采用包销方式的承销商要承担全部或部分的发行风险。而代销中的承销商则不承担发行风险。代销是指承销商代理发售证券，在发行结束后，将未能出售的证券全部退还给发行人的承销方式。

证券的代销、包销期限最长不得超过90日。[②]

股票发行采用代销方式，代销期限届满，向投资者出售的股票数量未达到拟

[①] 参见我国《证券法》第28条。
[②] 参见我国《证券法》第33条。

公开发行股票数量70%的,为发行失败。发行人应当按照发行价并加算银行同期存款利息返还股票认购人。[①]

一般的证券承销仅聘请一位承销商即可完成。如果发行总额达到一定规模,按照法律规定应当组成承销团完成承销。股票的发行面额超过5000万元的,应当由承销团承销,承销团应当由主承销和参与承销的证券公司组成。[②]

承销中要涉及一些协议。根据我国《证券法》第30条的规定,证券公司承销证券,应当同发行人签订代销或者包销协议。如果由承销团承销的,承销团之间还会签订承销团协议。它们都是承销活动中最重要的法律文书。下文着重介绍这些法律文书的内容情况。

二、承销商的资格及监管指标

根据法律法规,设立证券公司开展承销业务要符合一定的条件。这包括了开展证券承销业务的资格条件、承销业务中的风险监管要求等。

证券公司经营证券承销与保荐业务的,其注册资本最低限额为人民币1亿元。如经营证券承销和保荐、证券自营、证券资产管理、其他证券业务等业务中两项以上的,其注册资本最低限额为人民币5亿元。该注册资本必须是实缴资本。[③]

如证券公司经营证券承销与保荐、证券自营、证券资产管理、其他证券业务等业务之一的,其净资本不得低于人民币5000万元。如证券公司经营证券经纪业务,同时经营证券承销与保荐、证券自营、证券资产管理、其他证券业务等业务之一的,其净资本不得低于人民币1亿元。如证券公司经营证券承销与保荐、证券自营、证券资产管理、其他证券业务中两项及两项以上的,其净资本不得低于人民币2亿元。[④]

三、股票承销中涉及的协议及内容

(一)承销协议

承销协议是发行人和主承销商之间签订的明确股票承销过程中相互间权利义务关系的书面合同。根据我国《证券法》第30条的规定和股票承销业务的实践,承销协议一般包括以下内容:

(1)当事人的名称、住所、法定代表人的姓名。

(2)协议的基础。简要陈述发行人发行股票的法律基础,包括依法成立、获

---

① 参见我国《证券法》第35条。
② 参见我国《证券法》第32条。
③ 参见我国《证券法》第127条。
④ 中国证监会:《证券公司风险控制指标管理办法》(中国证券监督管理委员会令第34号)第18条。

得中国证监会的批准等。

（3）承销方式。双方协商同意,本次股票发行采用××的承销方式,即是采用包销还是代销方式。

（4）承销股票的种类、数量、金额及发行价格。规定本次主承销商承销的股票种类为人民币普通股（A股）或境内上市外资股（B股）,公开发行量为××万股,每股面值为人民币××元,每股发行价格为人民币××元,发行总金额为人民币××万元。

（5）发行方式。双方协商同意,本次社会公众股的发行方式为上网定价发行方式或者其他方式。

（6）承销费用及支付方法。本次股票发行,主承销商按发行实收总金额的××%收取承销费,承销费由主承销商从发行人所发行股票的股款中直接扣除。

（7）承销期及起止日期。本次股票发行承销期为××天,自××年××月××日起,至××年××月××日止。

（8）承销付款的日期及方式。在申购结束、股款到达主承销商账户后第××个工作日（扣除法定例假日）,主承销商应将本次认购的全部股款扣除应收的承销费用后,一次划入发行人指定的银行账号。若承销期满后,尚未全部售出股票,则包销余额资金主承销商应在××个工作日内划入发行人指定的银行账号。如主承销商迟划本次认购的款项,逾期一天须向发行人交纳万分之××的滞纳金。

（9）双方须承担的义务：

第一,发行人保证已获得有关政府部门对其本次股票发行的所有有关批准手续,并使本次股票发行已不存在任何法律上的障碍。

第二,双方从本协议签署日起至承销结束日止,在事先未与对方协商并取得对方书面同意的情况下,将不以新闻发布、散发文件或其他形式,向公众披露可能影响本次股票发行成功的信息。否则,须承担违约责任及相应的法律责任。

第三,发行人应向主承销商依法、及时提供本次股票发行所需的全部文件,并保证这些文件的真实、准确、合法、完整且无虚假、误导成分或重大遗漏。否则,因此而使股票发行受阻或失败,主承销商有权终止协议,并由发行人承担违约责任。

第四,主承销商应按国家有关规定,负责协助制作发行人本次发行股票所需的申报文件材料;并按规定在中国证监会指定的报刊上公告招股说明书概要及双方约定的发行方法;依法组织股票发行的承销团,具体负责股票的发售工作。主承销商在完成股票发行工作后15个工作日内向中国证监会提供书面报告。

第五,在本协议有效期内,发行人保证将不与其他证券经营机构达成或签署与本协议相似的或类似的协议、合同、约定。

（10）违约责任及争议解决。双方应认真履行协议规定的义务，违约方按募股金额的万分之××支付违约金，造成损失的，应负赔偿责任。双方在协议存续期间如发生争议应协商解决，协商不成，双方应将争议提交中国证监会批准设立或指定的调解仲裁机构调解、仲裁。

（11）不可抗力条款。在承销结束日前的任何时间，如发生政治、经济、法律、自然灾害或其他方面不可抗力的重大变故，而这种重大变故已经或可能会对发行人的业务状况、财务状况、发展前景及本次股票发行产生实质性不利影响，则双方应协商终止本协议。如遇此类事件造成本协议无法履行时，主承销商不承担由此引起的一切责任。

（12）协议文本和协议效力。本协议正本一式三份，协议双方各执一份，上报一份。本协议经双方法定代表人或其授权的代表签字并加盖公章后生效。

（二）承销团协议

根据我国《证券法》第32条的规定，向不特定对象发行的证券票面总值超过人民币5000万元的，应当由2个以上承销机构组成的承销团承销。

在主承销商和发行人签订股票承销协议后，主承销商要和分销商签订承销团协议。根据法律、法规和股票承销实践，承销团协议一般包括以下内容：

（1）协议各方的名称、地址、法定代表人。

（2）鉴于条款。指承销团协议签订的法律基础，一般规定发行人已获准发行股票、主承销商已经代表自己并作为承销团的代理人和发行人签订了股票承销协议、由承销团包销发行人发行的全部股票等，因此主承销商才和分销商签订本承销团协议。

（3）定义。对协议中涉及的有关概念、专有名词，如包销、承销首日、截止日等作出界定。

（4）承销。规定承销团成员同意按××份额各自包销本次发行的股票。

（5）发行方式及股款认缴。规定本次股票发行将采用在××证券交易所上网定价发行(或者××发行方式)，××证券交易所于截止日将募集股款汇至承销团指定账户，主承销商作为其他承销商的代理人于截止日××日内将募集股款扣除费用后汇至公司指定账户。

（6）承销费用及支付方法。

第一，费用分配。

本次股票发行，发行人按本次发行实收总金额的××%支付承销费，该承销费分配如下：本次发行实收总金额的××%为主承销商费用；本次发行实收总金额的××%作为本次承销团费用。在扣除本次发行应支付的费用，如上网费、刊登招股说明书概要费用、差旅费等有关费用后，剩余部分按各承销团成员所承销的比例分别由各承销团成员所得。各承销团成员的承销比例及承销费用具体分配为××。

第二,支付方法。

各承销团成员应得之费用将于全部股款收缴日后××个营业日内,由主承销商支付至各承销团成员指定的人民币账户。

(7) 承销期及起止日期。本次股票发行承销期为××天,自××年××月××日起,至××年××月××日止。

(8) 包销付款的日期及方式。若承销期满后,尚未全部售出股票,则承销团成员须按规定的包销额度比例各自包销未售出的股票,并在承销期满后第××个工作日划入主承销商指定的银行账号。

(9) 各方义务:

第一,承销团成员及其董事、雇员和代理人均无权就本次公司股票发行作出除已公布的招股说明书中的内容以外的其他声明。否则,该承销团成员独立承担由此产生的一切法律责任。

第二,承销团成员中任何一方如违反本协议或承销协议中的任何条款,承销团因此产生任何损失或费用应由该承销团成员向其他承销团成员作出全额补偿,并根据承销协议中的规定承担违约责任。

第三,承销团成员依本协议所规定的份额比例余额包销股票。如果该承销团成员余额包销的股份未能募足,则其有义务自己认购不足股份。

第四,主承销商将及时把有关本次发行的资料发送给承销团成员,并将其所知的可能影响本次发行的任何信息及时告知承销团成员。

第五,若发生违反本协议及承销协议条款的事由时,该违约方应及时通知承销团其他成员,并应遵照承销团其他成员的合理要求立即采取措施予以补救,并且,其应负的赔偿责任不受股票发行完毕和本协议失效的影响。

第六,若因承销协议中规定的不可抗力之因素导致本协议终止,协议各方承诺各自负担就本次发行已经发生的开支和费用。

(10) 承销团内部关系:

第一,本协议、承销协议或承销团成员之间与股票发行有关的其他协议的任何规定,均不得视为构成本协议当事人之间,或本协议当事人与其他任何人之间的联营关系;

第二,除非本协议另有特别规定,本协议任何一方均不得以任何方式制约其他当事人,并且,除非本协议另有规定,任一承销团成员均无权要求其他任何承销团成员分担费用;

第三,除非经协议他方书面有效同意,承销团成员不得转让其在本协议项下的权利与义务。

(11) 争议解决。双方在协议存续期间,如发生争议应协商解决,协商不成,双方应将争议提交中国证监会批准设立或指定的调解仲裁机构调解、仲裁。如果承销的是 B 股,可以约定在其他仲裁机构仲裁,但应当规定适用中国的法律。

（12）协议文本和协议效力。规定本协议正本××份,各承销团成员各执一份,上报一份。本协议经各方法定代表人或其授权的代表签字并加盖公章后生效。

第四节　核　准　程　序

证券公开发行需要经过中国证监会的核准,不过并非任何人都可以向中国证监会直接申请公开发行股票。中国证监会只接受具有资格的保荐人向中国证监会保荐。尽管证券的公开发行包括股票的公开发行和公司债券的公开发行,其中股票的发行又可以区分为人民币普通股（A 股）、境内上市外资股（B 股）、境外上市外资股等多种,但中国证监会对人民币普通股的核准程序最为典型,因此,本书以人民币普通股的发行核准为例详细说明核准程序。①

一、保荐和申报

中国证监会在《首发办法》中明确规定：发行人向中国证监会申请核准,其申请文件必须由保荐人保荐并向中国证监会申报。②

我国《证券法》第 12 条和第 14 条大致规定了发行人向中国证监会申请获得公开发行核准必须报送的材料。其中比较重要的是第 14 条的规定："公司公开发行新股,应当向国务院证券监督管理机构报送募股申请和下列文件：（一）公司营业执照；（二）公司章程；（三）股东大会决议；（四）招股说明书；（五）财务会计报告；（六）代收股款银行的名称及地址；（七）承销机构名称及有关的协议。依照本法规定聘请保荐人的,还应当报送保荐人出具的发行保荐书。"

实际上,中国证监会对于申请文件有更为具体的要求,细致到包括文件的格式、字体等内容。

二、证监会受理申请、初审和预披露

中国证监会收到申请文件后在 5 个工作日内作出是否受理的决定。未按规定要求制作申请文件的,不予受理。同意受理的,根据国家有关规定收取审核费

---

① A 股的发行也可区分为首次公开发行（即第一次公开发行股票,initial public offering,IPO）和再次发行（即上市公司的发行）,为简化起见,本书只讨论首次公开发行的核准程序。
② 参见《首发办法》第 46 条。

人民币20万元。

中国证监会受理申请文件后,由相关职能部门对发行人申请文件进行初审。该初审从理论上来说,只是对发行申请文件合规性的初步审核。

初审工作由中国证监会的发行监管部完成。发行监管部中设有发行审核一处和发行审核二处专门负责初审工作,其中一处负责对发行人公开募集文件、法律意见书等法律文件的审核;二处负责对发行人申报材料中有关财务会计等专业性文件的审核。

在初审过程中,针对信息披露不完善和不清楚的地方,初审人员可以提出意见,并发给发行人及其保荐人和主承销商。主承销商应自收到初审意见之日起10日内将补充完善的申请文件报至中国证监会。

中国证监会在初审过程中,将征求发行人注册地省级人民政府是否同意发行人发行股票的意见,并就发行人的募集资金投资项目是否符合国家产业政策和投资管理的规定征求国家发展和改革委员会的意见。

实践中,在经过初审人员的审查之后,发行人是否通过初审,还需要经过发行监管部的部委会讨论。如果部委会讨论中提出意见的,仍然反馈给主承销商,对相关问题进行解释和修改。如果通过的,就可以提交发行审核委员会(发审委)审核了,一般称作"上会"。

按照我国《证券法》第21条的规定:"发行人申请首次公开发行股票的,在提交申请文件后,应当按照国务院证券监督管理机构的规定预先披露有关申请文件。"这即所谓的"预披露"制度。预先披露的目的,是发动群众力量,以发现申请材料中的虚假。这是从中国实践中总结出来的经验:中国多数虚假陈述的发现得益于群众举报。预披露制度就是鼓励和便利举报的发生。实践中,中国证监会一般在申请人"上会"前在网上公布该申请人提交的招股意向书。

三、发审委审核

中国证监会对按初审意见补充完善的申请文件进一步审核通过后,将初审报告和申请文件提交发行审核委员会审核。

发行审核委员会按照国务院批准的工作程序开展审核工作。委员会进行充分讨论后,以投票方式对股票发行申请进行表决,提出审核意见。

四、核准

中国证监会在受理证券发行申请之日起3个月内,依照法定条件和法定程序作出予以核准或不予核准的决定。予以核准的,出具核准公开发行的文件。不予核准的,出具书面意见,说明不予核准的理由。

五、期限和复议

我国《证券法》第 24 条规定:"国务院证券监督管理机构或者国务院授权的部门应当自受理证券发行申请文件之日起 3 个月内,依照法定条件和法定程序作出予以核准或者不予核准的决定,发行人根据要求补充、修改发行申请文件的时间不计算在内;不予核准的,应当说明理由。"该规定明确界定了中国证监会核准的时间期限只能有 3 个月。

但在实践中,审查公开发行申请文件,特别是首次发行文件,极为复杂,往往很难在 3 个月内完成。初审人员可能多次对发行人的申报材料提出回馈意见,而主承销商必须组织相关人员予以答复。从提出回馈意见到答复之间的时间,往往会被扣除在计算期限之外。即使如此,很可能初审期限仍然会超过 3 个月。这时中国证监会往往会退回申报材料给主承销商,要求主承销商出具一个重新申报的文件,表明因为超过期限,主承销商自愿撤回申报材料,现在重新申报,所以 3 个月时间重新开始计算。

发行申请未被核准的企业,接到中国证监会书面决定之日起 60 日内,可提出复议申请。中国证监会收到复议申请后 60 日内,对复议申请作出决定。

六、发 行

发行人应在获得中国证监会核准发行之日起 6 个月内发行股票,超过 6 个月未发行的,核准文件失效,须重新经中国证监会核准后方可发行。[①]

在发行申请核准后、股票发行结束前,发行人发生重大事项的,应当暂缓或者暂停发行,并及时报告中国证监会,同时履行信息披露义务。影响发行条件的,应当重新履行核准程序。[②]

按照我国《证券法》第 25 条的规定,证券发行申请经核准,发行人应当依照法律、行政法规的规定,在证券公开发行前,公告公开发行募集文件,并将该文件置备于指定场所供公众查阅。发行证券的信息依法公开前,任何知情人不得公开或者泄露该信息。发行人不得在公告公开发行募集文件前发行证券。

发行人往往在接到中国证监会的核准之后,立刻公布发行公告,并公开发行募集文件。按照规定,发行人应当在发行开始前 2 至 5 个工作日期间公布招股说明书,目前的做法是:发行人在被指定为信息披露媒体的报纸上刊登招股说明书的摘要和发行公告,同时在指定为信息披露媒体的网站上刊登招股说明书及其附录的全文。[③]

---

① 参见《首发办法》第 50 条。
② 参见《首发办法》第 51 条。
③ 在采取询价制发行股票之后,招股说明书被分为招股意向书和发行价格公告两部分分别公告。

第五节 证券发行中的信息披露

一、信息披露的原则

证券市场是直接融资市场。与之相对的是所谓间接融资市场。间接融资的典型模式是银行把大众手中的"余钱"吸收并聚集起来,再融资给资本需求者。银行的经济本质是信用的创造者,大众有理由相信银行会妥善地"使用他们的钱",这包括银行会严格而谨慎地审查它的借款人,对资金的使用情况加以监督等等。一方面是因为法律会对银行监管,政府信用在推动银行信用的确立和维持,另一方面是因为在储蓄和贷款的利差之间维系着银行的经济利益——信用确立的利益动力。

那么直接融资市场又是怎样建立起来的呢?一个谨慎的理性投资者在携款走进证交所之时很有可能怀着深深的疑问:谁能保证拿走我的钱的人不是骗子?显然在直接融资市场中同样要解决经济学中的所谓"信息偏在"的问题。尤其是当投资者为普通大众,股权以证券的形式充分地分散化的时候,问题就更加突显。

因此,法律要在证券市场中营造一个充分透明的环境,阳光是最好的消毒剂。各国法律几乎均对发行证券或上市的公司加以信息披露的义务,保护投资者的知情权。保证投资者在没有虚假信息干扰的情况下作出投资决定。证券发行中的信息披露主要有三个原则:真实性、准确性和完整性。

(1)真实性。指披露的信息应当真实,不能有虚假不实。禁止不合理的或夸张的陈述。对于预测性的信息披露,法律要求发行人要在合理的依据上作出。所谓"合理的依据"包括两个方面:一是作为预测条件的事实具有真实性;二是条件与预测之间有逻辑关联。法律还规定了发行人对预测的说明义务,一是对预测的合理性的说明,二是对重大差异的说明。

(2)完整性。如果信息披露义务人在公开信息时有"重大遗漏",则构成对完整性的违反。法律要求所有可能影响一个一般的理性投资者的投资决定的信息都应给予披露。这些信息可能被认定为是"重大信息"。另外,对单个信息的部分隐瞒、遗漏同样构成不完整披露。

(3)准确性。指信息披露的语言不能使人误解,否则将构成对准确性的违反。同时,法律要求披露的信息应具有"易解性",使用复杂的过于专业的词汇时,应作必要的解释。

二、招股说明书

招股说明书是发行股票时需要披露的最重要文件。我国《证券法》第25

条要求:"发行人应当依照法律、行政法规的规定,在证券公开发行前,公告公开发行募集文件,并将该文件置备于指定场所供公众查阅"。我国《证券法》第64条进一步明确规定:"经国务院证券监督管理机构核准依法公开发行股票,或者经国务院授权的部门核准依法公开发行公司债券,应当公告招股说明书、公司债券募集办法。依法公开发行新股或者公司债券的,还应当公告财务会计报告。"

我国《证券法》只要求发行人公告招股说明书,并不需要向认购者提供书面文件。因此,实践中,发行人一般在发行前2至5个工作日内将招股说明书概要(1万字左右,对开报纸一整版)刊登在至少一种由中国证监会指定的报刊上,同时将招股说明书全文刊登在中国证监会指定的网站,并将招股说明书全文文本及备查文件置备于发行人住所、拟上市证券交易所、主承销商和其他承销商的住所,以备查阅。

中国证监会颁布有《公开发行证券的公司信息披露内容与格式准则第1号——招股说明书》(证监发行字[2006]5号),对招股说明书和招股说明书摘要的内容和格式都有详细规定。不过该准则规定:"凡对投资者作出投资决策有重大影响的信息,均应披露"[①]。

发行人董事会及全体董事应保证招股说明书及其摘要内容的真实性、准确性和完整性,承诺其中不存在虚假记载、误导性陈述或重大遗漏,并就其保证承担个别和连带的法律责任。

主承销商受发行人委托配合发行人编制招股说明书,并对招股说明书的内容进行核查,确认招股说明书及其摘要不存在虚假记载、误导性陈述或重大遗漏,并承担相应的责任。

发行人律师、注册会计师、注册评估师、验资人员及其所在的中介机构等应书面同意发行人在招股说明书及其摘要中引用由其出具的专家报告或者意见的内容,并确认招股说明书不致因引用上述内容而出现虚假记载、误导性陈述及重大遗漏,并对其真实性、准确性和完整性承担相应的法律责任。

我国《证券法》第21条规定:"发行人申请首次公开发行股票的,在提交申请文件后,应当按照国务院证券监督管理机构的规定预先披露有关申请文件。"

《首次公开发行股票并上市管理办法》对预先披露作出了明确规定。

在中国证监会受理申请文件后、发行审核委员会审核前,发行人应当将招股说明书(申报稿)在中国证监会网站(www.csrc.gov.cn)预先披露。[②]

预先披露的招股说明书(申报稿)不是发行人发行股票的正式文件,不能含

---

① 参见《公开发行证券的公司信息披露内容与格式准则第1号——招股说明书》第3条。
② 参见《首次公开发行股票并上市管理办法》第58条。

有价格信息,发行人不得据此发行股票。

发行人应当在预先披露的招股说明书(申报稿)的显要位置声明:"本公司的发行申请尚未得到中国证监会核准。本招股说明书(申报稿)不具有据以发行股票的法律效力,仅供预先披露之用。投资者应当以正式公告的招股说明书全文作为作出投资决定的依据。"[①]

招股说明书的有效期是6个月,自中国证监会下发核准通知书前招股说明书最后一次签署之日起计算。发行人在招股说明书有效期内未能发行股票的,应重新修订招股说明书。在特别情况下,发行人可以申请适当延长招股说明书的有效期限,但至多不能超过1个月。同时,招股说明书中所引用的经审计的最近一期财会会计资料在财务报告截至日后6个月内有效,特别情况下发行人可以申请延长,但是至多也不能超过1个月。

目前,在发行定价机制改革的情况下,股票溢价发行不再需要中国证监会审批,发行人可以通过询价确定发行价格。因此,在上报中国证监会的申请文件中,只能采用不完全的招股说明书,缺乏发行价格;在向社会公开发行股票之前,发行人需要通过向机构投资者询价确定发行价格,也只能向机构投资者提供缺乏发行价格的不完整的招股说明书,为了保证社会公众投资者和机构投资者公平获得信息,中国证监会目前要求发行人在向机构投资者提供不完整招股说明书的同时,也应当向社会公告。这种不完整的招股说明书,中国证监会称之为招股意向书。招股意向书除不含发行价格、筹资金额以外,其内容与格式应与招股说明书一致,并与招股说明书具有同等法律效力。

按照中国证监会对招股说明书的内容和格式要求,招股说明书应当包括的主要内容有:

(1) 本次发行概况;

(2) 风险因素:指可能对发行人业绩和持续经营产生不利影响的所有因素,包括市场风险、业务经营风险、财务风险、管理风险、技术风险、募股资金投向风险、政策性风险等;

(3) 发行人的基本情况;

(4) 业务和技术;

(5) 同业竞争与关联交易;

(6) 董事、监事、高级管理人员与核心技术人员;

(7) 公司治理结构;

(8) 财务会计信息;

(9) 业务发展目标;

---

① 参见《首次公开发行股票并上市管理办法》第60条。

（10）募股资金运用；
（11）其他重要事项。

三、公司债券发行中的信息披露

与招股说明书相同，公司债券募集说明书是公开发行公司债券时最重要的披露文件。我国《证券法》第64条规定："经国务院证券监督管理机构核准依法公开发行股票，或者经国务院授权的部门核准依法公开发行公司债券，应当公告招股说明书、公司债券募集办法。依法公开发行新股或者公司债券的，还应当公告财务会计报告。"

中国证监会发布有《公开发行证券的公司信息披露内容与格式准则第23号——公开发行公司债券募集说明书》（证监发行字[2007]224号）对公司债券募集说明书的内容和格式作出了规定。

上述准则的规定是对募集说明书信息披露的最低要求。不论该准则是否有明确规定，凡对投资者作出投资决策有重大影响的信息，均应披露。

按照中国证监会上述准则的规定，公司债券募集说明书应当包括以下主要内容：

（1）发行概况；
（2）风险因素；
（3）发行人的资信状况；
（4）担保事项（如有）；
（5）偿债计划及其他保障措施；
（6）债券持有人会议；
（7）债券受托管理人；
（8）发行人基本情况；
（9）财务会计信息；
（10）募集资金运用；
（11）其他重要事项。

第六节 股票发行方式及发行定价

一、我国股票发行及发行定价概述

中国证监会于1996年12月26日发布《关于股票发行与认购方式的暂行规定》，确定股票发行可采用"上网定价"方式、"全额预缴款"方式以及"与储蓄存款挂钩"等方式，同次发行的股票只能采取一种发行方式。长期以来其中上网定价方式应用最为普遍。

中国证监会 2004 年 12 月发布《关于首次公开发行股票试行询价制度若干问题的通知》(已失效),规定从 2005 年 1 月 1 日起,在中国境内首次公开发行的 A 股公司必须通过向询价对象询价的方式确定股票发行价格。经过一段时间的运行,询价制度得到了市场的确认,中国证监会 2006 年正式发布的《证券发行与承销管理办法》(以下简称《发行办法》)①正式规定了以询价作为股票公开发行的主动定价方式。因此,本节先介绍目前在发行定价中采用的询价制度,然后再介绍上网定价的发行方式。

二、询价制度

《发行办法》第 5 条规定:"首次公开发行股票,应当通过向特定机构投资者(以下称询价对象)询价的方式确定股票发行价格"。第 22 条规定:"上市公司发行证券,可以通过询价的方式确定发行价格,也可以与主承销商协商确定发行价格"。可见,首次公开发行股票的必须通过询价确定发行价格,上市公司发行证券的则既可以通过询价定价,也可以直接和主承销商协商定价。

(一) 询价对象

目前《发行办法》规定的询价对象,主要是包括符合规定条件的证券投资基金管理公司、证券公司、信托投资公司、财务公司、保险机构投资者、合格境外机构投资者(QFII),以及其他经中国证监会认可的其他机构投资者。

《发行办法》对于询价对象的条件作出了具体规定。

(二) 询价程序

询价分为初步询价和累计投标询价两个阶段。发行人及其主承销商应通过初步询价确定发行价格区间,在发行价格区间内通过累计投标询价确定发行价格。②

主承销商应在初步询价时向询价对象提供投资价值研究报告

1. 初步询价

询价对象可以自主决定是否参与初步询价,询价对象申请参与初步询价的,主承销商无正当理由不得拒绝。未参与初步询价或者参与初步询价但未有效报价的询价对象,不得参与累计投标询价和网下配售。

初步询价结束后,公开发行股票数量在 4 亿股以下,提供有效报价的询价对象不足 20 家的,或者公开发行股票数量在 4 亿股以上,提供有效报价的询价对

---

① 中国证券监督管理委员会令第 37 号。
② 首次发行的股票在中小企业板上市的,可以根据初步询价结果确定发行价格,不再进行累计投标询价。

象不足50家的,发行人及其主承销商不得确定发行价格,并应当中止发行。

发行人及其主承销商中止发行后重新启动发行工作的,应当及时向中国证监会报告。

2. 累计投标询价

发行价格区间确定后,发行人及其保荐机构应在发行价格区间内向询价对象进行累计投标询价,并应根据累计投标询价结果确定发行价格。所有询价对象均可参与累计投标询价。

所谓累计投标询价,是指在发行中,根据不同价格下投资者认购意愿确定发行价格的一种方法。通常,证券公司将发行价格确定在一定的区间内,投资者在此区间内按照不同的发行价格申报认购数量,证券公司将所有投资者在同一价格之上的申购量累计计算,得出一系列在不同价格之上的总申购量;最后,按照总申购量超过发行量的一定倍数(即超额认购倍数),确定发行价格。①

发行价格区间、发行价格及相应的发行市盈率确定后,发行人及其保荐机构应将其分别报中国证监会备案并公告;发行价格确定依据应同时备案及公告。

3. 配售股票

发行人及其主承销商应当向参与网下配售的询价对象配售股票。公开发行股票数量少于4亿股的,配售数量不超过本次发行总量的20%;公开发行股票数量在4亿股以上的,配售数量不超过向战略投资者配售后剩余发行数量的50%。询价对象应当承诺获得本次网下配售的股票持有期限不少于3个月,持有期自本次公开发行的股票上市之日起计算。

股票配售对象参与累计投标询价和网下配售应当全额缴付申购资金,单一指定证券账户的累计申购数量不得超过本次向询价对象配售的股票总量。

发行人及其主承销商通过累计投标询价确定发行价格的,当发行价格以上的有效申购总量大于网下配售数量时,应当对发行价格以上的全部有效申购进行同比例配售。

(三)询价过程中的信息披露要求

1. 招股意向书和发行价格公告

如何在招股说明书中体现价格一直是一个难题。一方面,价格是招股说明书的重要内容,缺乏股票发行价格的招股说明书显然是不完整的;另一方面,股票发行的价格必须为市场接受,而市场瞬息万变,过早确定的发行价格显然不能适应市场的需求。因此,要么报送审查的只能是不完整的招股说明书;要么只能事先确定固定的价格,不管市场的变化。在2005年之前,中国一直采用的是后一种做法:在向中国证监会报送的招股说明书中,就已经规定了股票发行价格,

---

① 参见《上市公司向社会公开募集股份操作指引(试行)》(证监公司字【2000】45号)。

不管在今后发行时的市场状况如何。但是,2004年中国修改了《公司法》和《证券法》,取消了股票溢价发行需要经过中国证监会批准的条款。因此,从2005年1月1日起,中国证监会采用的询价制度中,使用了新的对招股说明书的要求。

按照询价制度的要求,招股说明书被区分为招股意向书和发行价格公告两部分。招股意向书应当在中国证监会核准股票发行申请后公告——由此来看,发行申请人向中国证监会保送的申请文件也将是招股意向书而非正式的招股说明书。招股意向书除不含发行价格、筹资金额以外,内容与格式应与招股说明书一致,并与招股说明书具有同等法律效力。发行人及其保荐机构应对招股意向书的真实性、准确性及完整性承担相应的法律责任。

发行人利用招股意向书进行推介和询价,再通过初步询价确定发行价格区间、通过累计投标询价确定股票发行价格。

在实践中,为了提高发行效率,累计投票询价、网下配售股票和网上发行往往同时进行。这就带来一个问题:在网上发行时,发行价格尚未确定,只有一个发行价格区间。因此,社会公众投资者无论是从招股意向书还是从发行公告中,都不能获得一个发行的关键信息:价格。这可能会在一定程度上妨碍投资者作出有效的投资决策。

《发行办法》第31条规定:"……网上发行时发行价格尚未确定的,参与网上发行的投资者应当按价格区间上限申购,如最终确定的发行价格低于价格区间上限,差价部分应当退还给投资者。……"

2. 投资价值研究报告

为了便于询价对象对于发行人的投资价值进行分析,《询价通知》要求主承销商制作投资价值研究报告,在询价时提供给询价对象。《发行办法》要求发行人、主承销商和询价对象不得以任何形式公开披露投资价值研究报告的内容。

《发行办法》要求投资价值研究报告应当由承销商的研究人员独立撰写并署名,撰写此报告应当遵循独立、审慎、客观的要求。《发行办法》要求投资价值研究报告应对影响发行人投资价值的因素进行全面分析,至少包括下列内容:(1)发行人的行业分类、行业政策、发行人与主要竞争对手的比较及其在行业中的地位;(2)发行人经营状况和发展前景分析;(3)发行人盈利能力和财务状况分析;(4)发行人募集资金投资项目分析;(5)发行人与同行业可比上市公司的投资价值比较;(6)宏观经济走势、股票市场走势以及其他对发行人投资价值有重要影响的因素。

虽然投资价值研究报告不是由发行人提供的信息披露,只是由主承销商的研究人员独立撰写,但众所周知,主承销商基于其与发行人的关系,可能获得相对较多的信息,由其撰写的投资价值研究报告只向询价对象提供,不向社会公众投资者提供,并且社会公众投资者在作出是否认购新发行股票时,发行价格尚未确定,此时,是否符合我国《证券法》关于信息披露的基本原则:公平性,颇值怀疑。

三、上网定价发行方式

(一)定义

上网定价发行方式是指主承销商利用证券交易所的交易系统,由主承销商作为股票的唯一"卖方",投资者在指定的时间内,按现行委托买入股票的方式进行股票申购。

(二)投资者申购

投资者应在申购委托前把申购款全额存入与办理该次发行的证券交易所联网的证券营业部指定的账户。上网申购期内,投资者按委托买入股票的方式,以发行价格,填写委托单。每一账户申购委托不少于1000股,超过1000股的必须是1000股的整数倍,每一股票账户申购股票数量上限为当次社会公众股发行数量的1‰。

(三)具体处理原则

(1)当有效申购总量等于该次股票发行量时,投资者按其有效申购量认购股票。

(2)当有效申购总量小于该次股票发行量时,投资者按其有效申购量认购股票后,余额部分按承销协议办理。

(3)当有效申购总量大于该次股票发行量时,由证券交易所交易主机自动按每1000股确定为一个申报号,连序排号,然后通过摇号抽签,每一中签号认购1000股。

(四)上网申购程序

(1)申购当日(T+0),投资者申购,并由证券交易所反馈受理情况。

(2)申购日后的第一天(T+1),由证券交易所的登记结算公司将申购资金冻结在申购专户中。

(3)申购日后的第二天(T+2),证券交易所的登记结算公司应配合主承销商和会计师事务所对申购资金进行验资,并由会计师事务所出具验资报告,以实际到位资金作为有效申购进行连续配号,证券交易所将配号传送至各证券营业部,并通过卫星网络公布中签率。

(4)申购日后的第三天(T+3),由主承销商负责组织摇号抽签,并于当日公布中签结果。证券交易所根据抽签结果进行清算交割和股东登记。

(5)申购日后的第四天(T+4),对未中签部分的申购款予以解冻。

第十四章 证券交易法律制度

第一节 证券交易法律制度概述

证券是信用经济高度发达的产物,但证券是虚拟的凭证。证券本身没有价值,它的价格反映的是投资者对其未来收益的期待。所以说证券,尤其是股权证券,所代表的是一种远期收益。这种收益的远期性决定了证券价格的变动性。这既是证券市场的魅力所在,也是证券市场充满风险的原因。为保护投资者的利益,促进市场稳健发展,降低制度性风险,规范证券市场交易活动的证券法律制度就产生了。

证券市场之所以产生,是为了解决融资活动所固有的矛盾:筹资者期望获得长期资金,而出资者期望出借短期资金。这一矛盾是信用经济下的信息非对称性所决定的。随着世界经济一体化的发展,这一矛盾运行得愈加激烈,从而出现了资产证券化的融资发展潮流,证券市场为此也就在全世界范围内发展起来了,并进而解决了资金出借者与筹资者之间的矛盾。

证券市场之所以能够解决上述矛盾,是因为证券市场有三大功能:提供流动性、价格发现、外部监控机制。

所谓提供流动性,是指资产、证券与现金之间的转换可以迅速、轻易地完成而不受损失。如果投资者需要等待很长时间,方能将持有的证券转让,或者立即转让的前提是使投资者承担一定的损失,则证券市场就没有很好地提供流动性。我国境内上市外资股证券市场就因缺乏流动性而长期低迷。

所谓价格发现,是指为交易证券确定一个公平的价格。证券是支付或远期支付的允诺,其价值取决于支付量的预期,以及对证券涉及风险的评估。该种预期完全取决于投资者基于可获得的全部信息所作出的判断。

一个公平的卖价是所有获得全部信息者愿意出售证券的最低价格,而一个公平的买价则是所有获得全部信息者愿意支付的最高价格。在一个理想的证券市场中,所有的交易全以公平价格进行。价格能对所有的最新信息迅速作出反应,以至于没有人比公平价格更高的价格购买证券或比公平价格更低的价格出卖证券。这一点正是现实证券市场的目标与基点。因此20世纪80年代以来,证券市场成了世界经济的主要晴雨表。

为了发挥证券市场的价格发现功能,规范证券市场最重要的手段之一,就是强化信息披露。因此整个证券交易法的核心内容就在于促使上市公司及其大股东与管理层依法披露信息,这也是证券市场得以建立与发展的基础。

外部监控机制是附属于证券市场的价格发现这一功能的。上市公司如果经营不良,投资者必然会抛售其持有的该公司证券,从而导致其证券价格下跌。这时,战略投资者、竞争性管理者很容易会以较低的价格收购该上市公司,重组公司资产、公司业务,并变更公司的董事会,从而淘汰原有上市公司的经营管理人员。北京大学方正集团收购"延中实业",并将该公司名称变更为"方正科技"就是一个很好的例子。该种机制的存在促使筹资者必须不断改善经营,勤勉尽责,为投资者创造财富。

证券市场的本质在于交易。费用越低,交易越容易;交易容易,证券市场就将会更好地发挥提供流动性、价格发现,以及外部监控机制的功能。因此证券市场需要努力降低交易成本。为发挥这一功能,证券市场就需要通过用不同的方法来降低交易成本。这些方法主要包括准入限制与行为准则。

就准入限制来说,上市交易证券必须符合一定的条件;就行为准则来说,发行人、董事、大股东、投资者、证券经营机构,以及其他中介机构必须遵循市场的行为规范。违背者要招致一定制裁。通过这些规范的实施,在有组织的证券市场中,投资者从事交易时可以获得交易对方的信赖,从而大大地降低了交易成本。

整个证券交易法律制度就旨在促使证券市场发挥上述功能,从而保护投资者利益,并使社会资源达到最优配置。本章以后几节将分别介绍规范证券市场发挥上述功能的准入限制、行为准则等法律、法规。

第二节 证券交易市场的结构

我国《公司法》第139条规定:"股东转让其股份,应当在依法设立的证券交易场所进行或者按照国务院规定的其他方式进行。"我国《证券法》第39条规定:"依法公开发行的股票、公司债券及其他证券,应当在依法设立的证券交易所上市交易或者在国务院批准的其他交易场所转让。"后者的规定与《公司法》第139条不同,仅仅限定于公开发行的股票。公开发行涉及社会公众投资者,因此,限定这些股票必须在证券交易所或者国务院批准的其他交易场所交易,似乎是保护公众投资者的合理之举。由于国务院并未批准其他交易场所,因此,对于该条的一种解释认为:公开发行的股票必须在证券交易所上市交易,不得在场外交易。

一、股票交易的限制

股票自由转让尽管是股份公司的基本特征之一,但是对于某些特殊股东持有的股票,基于某种特殊考虑,法律也有限制其转让的要求。

我国《公司法》第 142 条规定:"发起人持有的本公司股份,自公司成立之日起 1 年内不得转让。公司公开发行股份前已发行的股份,自公司股票在证券交易所上市交易之日起 1 年内不得转让。公司董事、监事、高级管理人员应当向公司申报所持有的本公司的股份及其变动情况,在任职期间每年转让的股份不得超过其所持有本公司股份总数的 25%;所持本公司股份自公司股票上市交易之日起 1 年内不得转让。上述人员离职后半年内,不得转让其所持有的本公司股份。公司章程可以对公司董事、监事、高级管理人员转让其所持有的本公司股份作出其他限制性规定。"

该条限制发起人在成立之日起 1 年内不得转让股份,其目的在于保证发起人的责任承担。发起人在设立公司时负有相当大的责任,为了防治发起人利用设立公司进行投机活动和逃避发起人责任,对其转让股份期限进行一定限制是必要的。①

该条同时还限制那些在公开发行前已发行股份的转让:自公司股票在证券交易所上市交易之日起 1 年内不得转让。需要注意:该条的立法目的主要在于保证上市公司的股权结构稳定,防止公司一上市,就发生重大的股权结构变更,使得社会公众投资者的投资目的落空。实践中,中国两个证券交易所都在上市规则中要求拟上市公司的控股股东在上市协议中承诺:"自发行人股票上市之日起 36 个月内,不转让或者委托他人管理其直接或者间接持有的发行人首次公开发行前已发行股份,也不由发行人回购该部分股份。……"②

该条还是对董事、监事、高级管理人员持有的本公司股份的转让限制。这些限制主要包括三类:(1)在任职期间,每年转让的股份不得超过其所持有本公司股份总数的 25%;(2)所持本公司股份自公司股票上市交易之日起 1 年内不得转让;(3)在离职后半年内,不得转让其所持有的本公司股份。除此之外,该条还允许公司章程对其作出其他限制性规定。

中国证监会在 2007 年发布《上市公司董事、监事和高级管理人员所持本公司股份及其变动管理规则》,对此作出了更为详尽的规定。

我国《证券法》第 38 条规定:"依法发行的股票、公司债券及其他证券,法律对其转让期限有限制性规定的,在限定的期限内不得买卖。"该条禁止的是在上述限定期间不得对股票进行买卖,这里的买卖是狭义概念,应当仅指主动进行的买卖。对于司法强制执行、继承等导致的股票转让,则不在本条限制之列。

---

① 参见赵旭东(主编):《公司法学》(第二版),高等教育出版社 2006 年版,第 350 页。
② 参见《上海证券交易所股票上市规则(2008 年)》第 5.1.5 条。

最高人民法院执行工作办公室在 2000 年发布的一份复函中认为[①]:"《公司法》……中关于发起人股份在 3 年内不得转让的规定[②],是对公司创办者自主转让其股权的限制,其目的是为防止发起人借设立公司投机牟利,损害其他股东的利益。人民法院强制执行不存在这一问题。被执行人持有发起人股份的有关公司和部门应当协助人民法院办理转让股份的变更登记手续。为保护债权人的利益,该股份转让的时间应从人民法院向有关单位送达转让股份的裁定书和协助执行通知书之日起算。该股份受让人应当继受发起人的地位,承担发起人的责任。"

中国证监会在《上市公司董事、监事和高级管理人员所持本公司股份及其变动管理规则》中也明确规定:对上述人等的股权转让限制不适用于因司法强制执行、继承、遗赠、依法分割财产等原因导致股份被动减持的情况。

除了公司的某些特殊股东外,其他一些主体由于在股票市场上的特殊地位,可能具有某种天然的优势,因此,法律上或者禁止这些主体买卖股票,或者限制其在一定期限内不得买卖股票。这也是出于预防内幕交易的目的。

我国《证券法》第 43 条规定:"证券交易所、证券公司和证券登记结算机构的从业人员、证券监督管理机构的工作人员以及法律、行政法规禁止参与股票交易的其他人员,在任期或者法定期限内,不得直接或者以化名、借他人名义持有、买卖股票,也不得收受他人赠送的股票。任何人在成为前款所列人员时,其原已持有的股票,必须依法转让。"《证券法》第 45 条规定:"为股票发行出具审计报告、资产评估报告或者法律意见书等文件的证券服务机构和人员,在该股票承销期内和期满后 6 个月内,不得买卖该种股票。除前款规定外,为上市公司出具审计报告、资产评估报告或者法律意见书等文件的证券服务机构和人员,自接受上市公司委托之日起至上述文件公开后 5 日内,不得买卖该种股票。"

这两条分别禁止证券交易所、证券公司和证券登记结算机构的从业人员买卖股票,以及限制证券服务机构的人员在一定期限内不得买卖相关股票。

二、证券交易市场结构概述

证券发行市场一般被称为一级市场,而证券交易市场也就相应被称为二级市场。证券交易市场可以按照不同标准,再区分为不同的市场。场内交易市场与场外交易市场是一种传统的区分方式。所谓场内交易市场,即是我们所谓的交易所市场。场外交易市场则是泛指在交易所外进行的交易。严格来说,两个

---

① 最高人民法院执行工作办公室:《关于执行股份有限公司发起人股份问题的复函》([2000]执他字第 1 号)。

② 这是我国原《公司法》的规定,2005 年修订的《公司法》中的对应条款为第 142 条,发起人的转让限制减少为 1 年。

市场的不同主要在于交易方式不同。场内市场的交易方式是集中交易的方式，多个买者和卖者之间进行价格磋商，体现价格发现机制；而场外交易市场则多采取一对一的交易磋商机制。因此，在每一时刻，场内交易市场往往只有一个最佳的价格，而场外交易市场则存在多个价格。

不过随着技术的进步，场内市场和场外市场的区分已经越来越不明显。

中国实践中存在一些场外交易，主要包括两类：一类是通过产权交易所的非上市公司股份的转让；另一类是证券商的代办股份转让业务。

2006年，国务院办公厅发布《关于严厉打击非法发行股票和非法经营证券业务有关问题的通知》，宣布："非公开发行股票及其股权转让，不得采用广告、公告、广播、电话、传真、信函、推介会、说明会、网络、短信、公开劝诱等公开方式或变相公开方式向社会公众发行。严禁任何公司股东自行或委托他人以公开方式向社会公众转让股票。"① 中国证监会进一步解释认为：未依法报经证监会核准，公司股东自行或委托他人以公开方式向社会公众转让股票的行为，构成了变相公开发行股票。② 因此，在中国发展场外市场受到了严格的法律限制。

三、交易所市场

目前中国的交易所市场，即场内市场，主要由两个交易所（上海证券交易所和深圳证券交易所）、三个板块（主板市场、中小企业板、创业板）构成，在交易模式上又区分为集中竞价的交易模式和大宗交易模式。

（一）主板市场

上海证券交易所基本上全部为主板市场，深圳证券交易所的部分板块为主板市场。主板市场类似于精品店，主要为那些资质较高的企业股票提供交易服务，因此上市门槛较高。目前，虽然两个交易所股票上市规则中规定的上市条件都与《证券法》中规定的上市条件基本相同，但实际上，一般只有发行规模较大的企业才会在主板上市。在主板市场上，交易也可以区分为集中竞价的交易模式和大宗交易模式。③

1. 集中竞价的交易市场

我国证券交易所采用了国际上较为先进的技术，基本上实现了交易的自动化，因此，目前两个证券交易所的主要交易大多通过计算机系统报单、配对成交，不再需要有形的交易大厅和场内报单的交易代理人。

由于交易所只接受会员的申报，因此，投资者必须委托作为交易所会员的证

---

① 国办发[2006]99号。
② 《证监会负责人就〈国务院办公厅关于严厉打击非法发行股票和非法经营证券业务有关问题的通知〉有关问题答中国政府网问》，参见中国证监会网站：www.csrc.gov.cn。
③ 中小企业板、创业板也区分为这两种交易模式。

券经纪商下达买卖股票的指令,经纪商按照接受客户委托的先后顺序向交易主机申报。

我国目前的证券集中竞价交易一般采用电脑集合竞价和连续竞价两种交易方式。集合竞价是指对一段时间内接受的买卖申报一次性集中撮合的竞价方式;连续竞价是指对买卖申报连续撮合的竞价方式。在连续交易市场,交易是在交易日的各个时点连续不断地进行的,只要根据订单匹配规则,存在两个相匹配的订单,交易就会发生。而集合竞价市场则是一个间断性的市场,即投资者作出买卖委托后,不能立即按照有关规则执行并成交,而是在某一规定的时间,由有关机构将在不同时点收到的订单集中起来,按照同一价格进行匹配成交。①

证券交易按价格优先、时间优先的原则竞价撮合成交。成交时价格优先的原则为:较高价格买进申报优先于较低价格买进申报,较低价格卖出申报优先于较高价格卖出申报。成交时时间优先的原则为:买卖方向、价格相同的,先申报者优先于后申报者。先后顺序按交易主机接受申报的时间确定。

集合竞价时,成交价格的确定原则为:(1)成交量最大的价位;(2)高于成交价格的买进申报与低于成交价格的卖出申报全部成交;(3)与成交价格相同的买方或卖方至少有一方全部成交;(4)两个以上价位符合上述条件的,上交所取其中间价为成交价,深交所取距前收盘价最近的价位为成交价。

集合竞价的所有交易以同一价格成交。

连续竞价时,成交价格的确定原则为:(1)最高买入申报与最低卖出申报价格相同,以该价格为成交价;(2)买入申报价格高于即时揭示的最低卖出申报价格时,以即时揭示的最低卖出申报价格为成交价;(3)卖出申报价格低于即时揭示的最高买入申报价格时,以即时揭示的最高买入申报价格为成交价。

在我国证券交易市场中,集合竞价被用来产生每个交易日的开盘价格。上海证券市场开盘集合竞价过程为:从9:15开始接收集合竞价订单,到9:25结束,随即给出集合竞价的成交价格,也就是当天的开盘价。9:25到9:30期间不接收任何订单。9:30开始重新接收订单,并开始连续竞价交易阶段。连续交易阶段上午从9:30至11:30,下午从13:00—15:00。每周一至周五为交易日。

2. 大宗交易系统

集中竞价交易能够有效地发挥价格发现功能。不过,集中竞价也受制于某一时刻的股票的供求关系影响,当单笔交易规模很大时,股票的卖方或者买方就会发现集中竞价也有不好的地方,市场上的供求平衡会被这个大订单打破,大订单本身会影响到市场的价格,从而提高交易者的成本,导致交易目的无法实现。

---

① 刘逊、攀登:《沪市集合竞价交易行为实证研究》,载《上证研究》2002年,第1页,见上海证券交易所网站。

为了改善对机构投资者的服务,提高对机构投资者的吸引力,解决大宗交易遇到的流动性问题,提高大宗交易的撮合效率,降低大宗交易的成本,减小大宗交易对市场稳定性的冲击,证券交易市场一般都建立了专门的大宗交易制度:以正常规模交易的交易制度为基础,对大宗交易的撮合方式、价格确定和信息披露等方面采取特殊的处理方式。

我国上海和深圳两个证券交易所也从 2002 年开始建立大宗交易制度。2002 年两个交易所联合发布的《交易规则》中确立了大宗交易的方式,此后两个交易所都颁布了《大宗交易实施细则》,对于大宗交易的具体规则作出了规定。我们以《上海证券交易所大宗交易实施细则》为基础,介绍股票大宗交易的具体程序。

(1) 大宗交易的界定

上海证券交易所规定,证券单笔买卖达到如下最低限额的,可以采用大宗交易方式:A 股交易数量在 50 万股(含)以上,或交易金额在 300 万元(含)人民币以上;B 股交易数量在 50 万股(含)以上,或交易金额在 30 万美元(含)以上。

(2) 大宗交易的申报与成交

投资者进行大宗交易,应委托其办理指定交易的交易所会员办理。

大宗交易的交易时间为本所交易日的 15:00—15:30,本所在上述时间内受理大宗交易申报。

大宗交易的申报包括意向申报和成交申报。

意向申报中是否明确交易价格和交易数量,由申报方决定。意向申报应当真实有效。

买方和卖方根据大宗交易的意向申报信息,就大宗交易的价格和数量等要素进行议价协商。当意向申报被其他参与者接受(包括其他参与者报出比意向申报更优的价格)时,申报方应当至少与一个接受意向申报的参与者进行成交申报。大宗交易的成交价格,由买方和卖方在当日最高和最低成交价格之间确定。该证券当日无成交的,以前收盘价为成交价。

买方和卖方就大宗交易达成一致后,代表买方和卖方的会员分别通过各自席位进行成交申报。大宗交易的成交申报须经交易所确认。确认后,买方和卖方不得撤销或变更成交申报,并必须承认交易结果、履行相关的清算交收义务。

大宗交易的交易经手费按集中竞价交易方式下同品种证券的交易经手费率标准下浮。其中,股票、基金下浮 30%。

大宗交易收盘后,交易所在指定媒体上公布每笔大宗交易的成交量、成交价以及买卖双方所在会员营业部的名称。大宗交易不纳入指数计算,其成交价不作为该证券当日的收盘价,成交量在收盘后计入该证券的成交总量。

（二）中小企业板块

2004年5月,深圳证券交易所发布《设立中小企业板块实施方案》(以下简称"实施方案"),宣布在停止接受新上市公司3年后,深圳证券交易所转型为面向中小企业的证券发行和上市的专门板块。

中小企业板块并非是在原有交易所市场之外的独立市场。按照深圳交易所的"实施方案",中小企业板块的总体设计,可以概括为"两个不变"和"四个独立"。

"两个不变",是指中小企业板块运行所遵循的法律、法规和部门规章,与主板市场相同;中小企业板块的上市公司符合主板市场的发行上市条件和信息披露要求。

"四个独立",是指中小企业板块是主板市场的组成部分,同时实行运行独立、监察独立、代码独立、指数独立。运行独立是指中小企业板块的交易由独立于主板市场交易系统的第二交易系统承担。监察独立是指深圳交易所将建立独立的监察系统实施对中小企业板块的实时监控,该系统将针对中小企业板块的交易特点和风险特征设置独立的监控指标和报警阈值。代码独立是指将中小企业板块股票作为一个整体,使用与主板市场不同的股票编码。指数独立是指中小企业板块将在上市股票达到一定数量后,发布该板块独立的指数。

中小企业板块主要安排主板市场拟发行上市企业中流通股本规模相对较小的公司在该板块上市,并根据市场需求,确定适当的发行规模和发行方式。目前深圳证券交易所要求的中小企业主要是主业突出、具有较好成长性和较高科技含量的中小企业。截至2010年6月30日,深圳证券交易所的中小企业板块已经有上市公司437家,总股本1131.6亿股,其中流通股本(即可上市交易股本)537.4亿股;上市公司总市值20884亿元;流通市值约8540.7亿元。①

（三）创业板

与中小企业板不同,创业板是不同于主板的一个交易所市场,俗称"二板市场"。由于交易所的主板市场上市条件比较高,不利于中小企业特别是高新技术企业上市融资,因此,为使中小企业,特别是高新技术企业能够顺利获得资金,有必要特别开设专门的股票交易市场,即二板市场。

虽然中国在2000年就决定设立创业板市场,但正式启动则是在2009年。2009年4月,中国证监会发布《首次公开发行股票并在创业板上市暂行管理办法》(中国证券监督管理委员会令第61号),自该年5月1日实施。2009年9月21日,第一批创业板公司公开发行,同年10月30日,第一批28家公司的股票在创业板上市交易。截至2010年6月30日,创业板已有上市公司90家,总发

---

① 参见深圳证券交易所网站公布的数据,http://www.szse.cn/main/sme/xqsj/jbzb/。

行股本 107 亿元,总流通股本 24.6 亿元,公司市价总值 3510 亿元,流通市值 798.8 亿元。①

创业板采用了与主板市场和中小企业板有所不同的上市标准,主要表现为在具体盈利要求等方面有所放松。但由于创业板市场仍然属于交易所市场,在创业板挂牌交易仍然属于证券上市,因此,其仍然必须符合我国《证券法》第 50 条对于上市条件的一般规定。②

四、非交易所市场

非交易所市场是一个不准确的说法,其实两个正式的市场,即证券公司代办股份转让市场(俗称"老三板")和中关村科技园区非上市股份有限公司股份报价转让(俗称"新三板")都是由深圳证券交易所提供技术服务平台。但这些交易市场都与前述的交易所市场有较为明显的区别,在这些交易市场上挂牌交易股票的公司,也不被视为上市公司。

(一)代办股份转让

为妥善解决原 STAQ、NET 系统挂牌公司流通股的转让问题,2001 年 6 月 12 日经中国证监会批准,中国证券业协会发布《证券公司代办股份转让服务业务试点办法》(以下简称"代办股份转让办法"),代办股份转让工作正式启动,当年 7 月 16 日第一家股份转让公司挂牌。为解决退市公司股份转让问题,2002 年 8 月 29 日起退市公司纳入代办股份转让试点范围。由此形成了证券公司代办股份转让市场,被人们习惯上称为"老三板市场"。

截至 2010 年 6 月 30 日,在老三板市场挂牌上市的有 50 家公司、56 只交易股票(其中水仙、中浩、金田、石化、大洋和深本实同时拥有 A、B 股),市价总值 170 亿元,流通市值 73 亿元。③

目前可以在代办股份转让市场挂牌交易股票的公司主要有两类:一类是在原 STAQ、NET 系统挂牌的公司;一类是退市公司。主要是后者。

2004 年中国证监会发布《关于做好股份有限公司终止上市后续工作的指导意见》(证监公司字【2004】6 号),强制要求所有退市公司都必须进入代办股份转让市场挂牌交易。该《指导意见》要求:(1)证券交易所应要求股份有限公司在上市协议中承诺,其依法退出证券交易所市场时,应当进入"代办系统",为社会公众提供代办转让服务。(2)股份有限公司在终止上市前,应当按照证监会的有关规定,根据"代办股份转让办法"确定一家代办机构,为公司提供终止上

---

① 参见深圳证券交易所网站公布的数据,http://www.szse.cn/main/chinext/scsj/jbzb/。
② 参见本书第十三章对于首次公开发行股票并在创业板上市的发行条件的讨论。
③ 参见代办股份转让信息披露平台,http://www.gfzr.com.cn/index2.htm。

市后股份转让代办服务。(3) 如果股份有限公司在证券交易所作出股票终止上市决定时,未依法确定代办机构的,由证券交易所指定临时代办机构。(4) 对于《指导意见》施行前已退市的公司,在《指导意见》施行后15个工作日内未确定代办机构的,由证券交易所指定临时代办机构。临时代办机构应自被指定之日起45个工作日,开始为退市公司向社会公众发行的股份的转让提供代办服务。(5) 退市公司要终止股份转让代办服务的,应当由股东依照《公司法》和公司章程规定的程序作出决定。

可以提供代办股份转让服务业务的证券公司由中国证券业协会批准,报中国证监会备案。

代办股份转让系统根据股份转让公司质量,实行区别对待,股份分类转让。同时满足以下条件的股份转让公司,股份每周转让五次:(1) 规范履行信息披露义务;(2) 股东权益为正值或净利润为正值;(3) 最近年度财务报告未被注册会计师出具否定意见或拒绝发表意见。

股东权益和净利润均为负值,或最近年度财务报告被注册会计师出具否定意见或拒绝发表意见的公司,其股份每周一、三、五转让三次。

未与主办券商签订委托代办股份转让协议,或不履行基本信息披露义务的公司,其股份实行每周星期五集合竞价转让一次的方式。

为了方便投资者识别股份转让的次数,每周转让五次的股票,股票简称最后的一个字符为阿拉伯数字"5";每周转让三次的股票,股票简称最后的一个字符为阿拉伯数字"3";每周转让一次的股票,股票简称最后的一个字符为阿拉伯数字"1"。

代办股份转让是独立于证券交易所之外的一个系统,投资者在进行股份委托转让前,需要专门在代办股份转让服务业务的证券商处开立非上市股份有限公司股份转让账户,用于非上市公司股份的交易。

交易报价采取集中竞价的方式,转让日申报时间内接受的所有转让申报采用一次性集中竞价方式配对成交。股份转让价格实行5%的涨跌幅限制。

由于每日的交易只竞价成交一次,为了方便投资者出价,代办股份转让系统试行可能成交价格预揭示制度,即在现行集合竞价规则的基础上,分别于转让日的10:30、11:30、14:00揭示一次可能的成交价格,最后一个小时即14:00后每10分钟揭示一次可能的成交价格,最后10分钟即14:50后每分钟揭示一次可能的成交价格。

中国证券业协会发布了《股份转让公司信息披露实施细则》(2001年11月28日),对在该转让系统挂牌交易股票的公司的信息披露义务作出了严格规定。

(二) 中关村科技园区非上市股份有限公司股份报价转让

在证券代办股份转让系统的基础上,2006年开始,中国证券业协会还开展了中关村科技园区非上市股份有限公司股份报价转让服务。

中关村科技园区是我国高新技术企业相对比较集中的科技园区,中国证监会、北京市政府和科技部等有关部门为落实《国家中长期科学和技术发展规划纲要(2006—2020)》关于推动高新技术企业股份转让的要求,经过两年多精心准备推出了中关村科技园区非上市股份有限公司股份报价转让试点。

试点的推出可为中关村科技园区非上市股份公司提供有序的转让股份服务平台,为科技含量较高、自主创新能力较强的园区中小企业利用资本市场创造条件,有利于创业资本退出机制的完善,满足多元化的投融资需求,增强园区企业科技自主创新能力,促进高新技术企业发展。[1]

截至2010年6月30日,共有71家非上市股份公司的股票在此系统进行报价转让,挂牌公司也不再限于中关村高科技园区,而是扩展到了其他高科技园区。不过,由于严格限制挂牌公司的股东人数不能超过200人,目前该市场的成交并不活跃。

股份报价转让是指投资者委托证券公司,为其转让中关村科技园区非上市股份有限公司股份进行代理报价、成交确认和股份过户的股份转让方式。其基本制度主要根据《证券公司代办股份转让系统中关村科技园区非上市股份有限公司股份报价转让试点办法》设计,具有以下特点[2]:

(1) 代办股份转让系统只向投资者发布股份转让的信息及报价,不撮合成交。双方协商达成转让意向的,委托证券公司办理系统成交确认。经系统成交确认的,发送到证券登记结算机构和资金结算银行逐笔办理股份过户和资金交收。证券登记结算机构不担保交收,交易双方自行承担交收风险,一旦发生纠纷将由双方通过法律途径解决。

(2) 针对非上市股份转让的特点,提高最低报价数量。股份报价转让每笔委托的股份数量不低于3万股,大大高于目前代办股份转让系统和交易所市场每手100股的最小交易单位。

(3) 中关村科技园区非上市股份公司股份挂牌报价转让实行备案制。公司申请到代办股份转让系统挂牌,须先向北京市政府取得股份报价转让试点资格,然后由证券公司对其进行尽职调查并出具推荐报告,报中国证券业协会备案。备案程序完成后,园区公司即可在代办系统挂牌。公司挂牌后,北京市政府相关部门负责园区公司的持续监管,中国证券业协会对代理报价的证券公司及相关股份转让行为进行自律性监管,证券公司负责对其推荐挂牌的公司信息披露的督导。

---

[1] 《中国证券业协会有关负责人就中关村园区非上市公司进入代办股份转让系统答记者问》(2006年1月16日)。

[2] 同上。

（4）试点公司股份的转让须全部通过代办股份转让系统报价转让。为保持公司股东结构和经营的稳定性，公司股东挂牌前所持股份分三批进入代办系统挂牌报价转让，每批进入的数量均为三分之一。进入的时间分别为挂牌之日、挂牌期满一年和两年。

（5）指定结算银行负责投资者结算资金的存管和交收。投资者须在指定结算银行开立股份报价转让专用结算账户，由结算银行负责投资者结算资金的存管，并按照证券登记结算机构的指令完成资金交收。

（三）产权交易所

产权交易所是伴随着企业兼并活动在中国的增多而产生的。1988年5月，武汉市成立了我国第一家企业产权转让市场，并制定相应的交易规则。在1997年到1998年，国务院对产权交易市场进行清理整顿，将所有未经国务院批准擅自设立的产权交易所（中心）、证券交易中心和证券交易自动报价系统等机构，所从事的非上市公司股票、股权证等股权类证券的交易活动都列为场外非法股票交易，予以取缔。而中国共产党的"十五大"特别是十五届四中全会作出的《中共中央关于国有企业改革和发展的若干重大问题的决定》（1999年9月22日），提出推进国有企业的改革和发展的战略目标，为产权交易所的全面发展又提供了条件。我国目前有产权交易所一百多家，分布全国各地。

产权交易所交易的并不仅仅限于股权，其产权的概念包括：（1）非公司制企业的全部或者部分产权；（2）有限责任公司、非上市股份有限公司、股份合作制企业的股权；（3）知识产权；（4）依法能够进行交易的其他产权。交易采取的方式包括：（1）拍卖；（2）招投标；（3）协议转让；（4）法律、法规、规章规定的其他交易方式。

下面以北京产权交易所的交易规则说明目前我国产权交易所的交易规则①：

产权交易应当按照申请登记、信息披露、征集受让方、成交签约、结算交割、变更登记的程序进行。

北京市产权交易所（以下简称"北交所"）的产权交易实行会员经纪制度，从事产权交易的转让方和受让方应当委托具有北交所会员资格的产权经纪机构（以下简称"经纪机构"）代理进行产权交易。因此，产权交易的转让方应当首先确定经纪机构（北交所也可以推荐适当的经纪机构），并与经纪机构签订《产权交易委托合同》。

经纪商接收转让方委托，向北交所申请产权转让的挂牌上市，按照北交所的要求提交申请文件；北交所对申请文件进行形式审查，在5个工作日内就是否同

---

① 参见《北京产权交易所交易暂行规则》，http://www.cbex.com.cn/activenotice/rule0102.shtml，2004年12月31日访问。

意有关产权挂牌上市作出决定。

挂牌上市交易的产权,转让方应当进行信息披露,披露的内容包括:(1) 转让标的的基本情况;(2) 转让标的企业的产权构成情况;(3) 产权转让行为的内部决策及批准情况;(4) 转让标的企业近期经审计的主要财务指标数据;(5) 转让标的企业资产评估核准或者备案情况;(6) 受让方应当具备的基本条件;(7) 其他需披露的事项。

挂牌交易期限不少于 20 个工作日,除转让方申请挂牌延期并得到北交所批准外,挂牌交易期限不超过 180 日,自挂牌之日起计算。在产权交易成交前,转让方可通过其经纪机构向北交所申请对披露的产权交易信息进行补充和修改。

产权交易挂牌期间,转让方及其经纪机构接受受让方的查询洽谈。凡对挂牌产权有受让意向者,应在挂牌有效期限内委托经纪机构向北交所提出受让申请。

经公开征集产生两个以上受让方时,转让方及其经纪机构应当与北交所协商,根据转让产权的具体情况采取拍卖或者招投标方式组织实施产权交易。经公开征集只产生一个受让方或者按照有关规定经国有资产监督管理机构批准的,可以采取协议转让的方式。

在产权交易的转让方和受让方成交后,转让方与受让方以及双方委托的经纪机构应当在北交所的主持下,按有关法律法规的规定签订《产权交易合同》。受让方应按照《产权交易合同》的约定向转让方支付转让价款。《产权交易合同》生效后,北交所向相关各方出具产权交易凭证,转让方和受让方以及双方委托的经纪机构凭产权交易凭证,按照国家有关规定及时办理相关产权变更登记手续。北交所为成交项目的变更登记工作提供必要的支持与协助。

为了方便产权交易,北京产权交易所还提供股权的登记和托管服务。公司可以将其置备股东名册的法定义务委托北交所履行,由北交所通过电子化股权簿记系统置备股东名册,记载并确认股东对股权的所有权及其相关权益的产生、变更、消失。公司股东也可以委托北交所,通过电子化股权簿记系统为股东注册股权账户,对股东所持的在北交所办理股权登记公司股权进行集中登记管理。[①]

2004 年,国资委颁布《企业国有股权转让管理暂行办法》,明确规定企业的国有股权转让(主要指非上市公司和非金融类企业的国有股权)必须在依法设立的产权交易机构中公开进行,不受地区、行业、出资或者隶属关系的限制(第 4 条)。[②] 此后,产权交易所成为非上市公司国有股权交易的主要场所。2008 年,

---

[①] 参见北交所的网站,http://www.cbex.com.cn/changetrust/trust.shtml,2004 年 12 月 31 日访问。

[②] 国资委目前暂定上海联合产权交易所、北京产权交易所和天津产权交易所为试点,负责发布中央企业的国有产权转让信息。参见国资委:《关于做好贯彻落实〈企业国有产权转让管理暂行办法〉有关工作的通知》(国资发产权【2004】195 号)。

第十一届全国人大常委会第五次会议通过《企业国有资产法》(2009年5月1日起实施),其中第54条中规定:"除按照国家规定可以直接协议转让的以外,国有资产转让应当在依法设立的产权交易场所公开进行。"产权交易所交易非上市公司股权进一步得到了法律的正式承认。

除了产权交易所之外,非公开发行股票公司的股权交易其实广泛存在,毕竟在中国现实中存在大量的未上市股份有限公司。除了部分地方自发或者有组织地形成了市场外(即所谓"股票地下黑市"),多数此类交易零星地由转让双方通过协商自发达成,交易成本相对较高。

第三节 证券上市制度

一、证券上市的意义

证券上市是指发行人发行的证券依照法定的条件和程序,在证券交易所公开挂牌交易的行为。证券交易所是指依法设立的集中竞价的交易场所,比如纽约证券交易所、上海与深圳证券交易所。

证券上市既是证券发行市场与交易市场之间的桥梁,也是证券交易市场的开始。证券要实现自发行市场到交易市场的飞跃,必须借助上市行为。证券上市不论是对发行人,还是对投资者来说,都意义重大:

第一,证券上市使证券流通成为可能,是证券市场发挥应有功能的基本前提。证券只有上市流通,才能使投资者转移风险成为可能。投资者也可以借此买卖该证券,获得资本升值的套利机会。因此,证券只有上市流通才能吸引投资者,从而为公司拓宽筹资渠道,为公司进一步筹资提供了可能性。

第二,证券上市具有广告功能。通过上市活动,增强了对有关上市公司信息的传播,提高了上市公司知名度,扩大了上市公司的社会影响,有利于促进上市公司产品与服务的销售,从而为上市公司带来更多的盈利机会。这是发行人与投资者都乐于看到的。

第三,证券上市,尤其是股票上市,可扩大上市公司的股东数量,使上市公司的股权进一步分散,从而实现所有权与经营权的分离,为上市公司经营管理者独立自主地实施经营发展战略提供了可能性。

第四,各个国家与地区的法律或者交易所的上市规则对公司证券上市都规定有一定的条件。上市公司尤其必须满足有关财务制度、公司治理制度的要求。因此,证券上市可以促使上市公司的财务制度、公司治理结构科学化、规范化与标准化。

综上所述,证券上市无论是对上市公司,还是对投资者都意义重大。可以说,没有证券上市,就没有今日的微软(Microsoft)与英特尔(Intel),更不会有巴菲特与杨百万们。

二、证券上市的条件

由上所述,证券上市是一种可贵的资源。因此,为优化配置该种资源,各个国家与地区对证券上市,尤其在证券交易所上市,都规定了一定的条件,以准入规则保护投资者的利益,促进证券市场稳健发展。

各个国家与地区的公司证券法大多从公司资本总额、经营历史与业绩、公司股权分散情况等方面对公司证券上市作出要求。

根据我国《证券法》第50条的规定,股份有限公司申请股票上市,应当符合下列条件:

(1) 股票经国务院证券监督管理机构核准已公开发行;

(2) 公司股本总额不少于人民币3000万元;

(3) 公开发行的股份达到公司股份总数的25%以上;公司股本总额超过人民币4亿元的,公开发行股份的比例为10%以上;

(4) 公司最近3年无重大违法行为,财务会计报告无虚假记载。

证券交易所可以规定高于前款规定的上市条件,并报国务院证券监督管理机构批准。

根据我国《证券法》第57条的规定,公司申请其公司债券上市交易,应当符合下列条件:

(1) 公司债券的期限为1年以上;

(2) 公司债券实际发行额不少于人民币5000万元;

(3) 公司申请其债券上市时仍符合法定的公司债券发行条件。

三、申请证券上市交易的程序

根据我国《证券法》的规定,申请证券上市交易,应当向证券交易所提出申请,由证券交易所依法审核同意,并由双方签订上市协议。[①]

不过,证券交易所并不直接接受发行人的申请。按照我国《证券法》第49条的规定,申请证券上市,首先应当聘请具有保荐资格的机构担任保荐人,由其负责向拟申请上市的证券交易所保荐该证券。然后证券交易所才会接受申请进行审核。

向证券交易所提出股票上市交易申请时,应当报送下列文件:

(1) 上市公告书;

---

① 参见我国《证券法》第48条。

(2) 申请股票上市的股东大会决议;
(3) 公司章程;
(4) 公司营业执照;
(5) 依法经会计师事务所审计的公司最近 3 年的财务会计报告;
(6) 法律意见书和上市保荐书;
(7) 最近一次的招股说明书;
(8) 证券交易所上市规则规定的其他文件。①

股票上市交易申请经证券交易所审核同意后,签订上市协议的公司应当在规定的期限内公告股票上市的有关文件,并将给文件置备于指定场所供公众审阅。

向证券交易所提出公司债券上市交易申请时,应当报送下列文件:
(1) 上市报告书;
(2) 申请公司债券上市的董事会决议;
(3) 公司章程;
(4) 公司营业执照;
(5) 公司债券募集办法;
(6) 公司债券的实际发行数额;
(7) 证券交易所上市规则规定的其他文件。

申请可转换为股票的公司债券上市交易,还应当报送保荐人出具的上市保荐书。②

公司债券上市交易申请经证券交易所审核同意后,签订上市协议的公司应当在规定的期限内公告公司债券上市文件及有关文件,并将其申请文件置备于指定场所供公众审阅。

尽管我国《证券法》将证券公开发行的核准权和证券上市交易的审核权分别授权给中国证监会和证券交易所,但由于公开发行和上市两者密切相关,实践中这两者往往采用联动的方式,中国证监会在核准公开发行时往往就已经考虑了发行人是否符合上市条件。③ 也正因如此,在实践中尚未发生过发行人在获得中国证监会的公开发行核准后,其上市申请没有通过证券交易所审核的例子。截至 2009 年 8 月,实践中已经发生的三起公开发行后没有上市的案例,包括通海高科、立立电子和苏州恒久,都是由于在申请公开发行时信息披露存在瑕疵而被中国证监会撤销了公开发行核准。从实践来说,在中国,证券交易所的上市审

---

① 参见我国《证券法》第 52 条。
② 参见我国《证券法》第 58 条。
③ 参见本书第十三章关于发行条件的讨论。

核权只具有形式上的意义。

四、上市证券的信息披露制度

（一）上市公告书

我国《证券法》第53条、第54条规定："股票上市交易申请经证券交易所审核同意后，签订上市协议的公司应当在规定的期限内公告股票上市的有关文件，并将该文件置备于指定场所供公众查阅。""签订上市协议的公司除公告前条规定的文件外，还应当公告下列事项：（一）股票获准在证券交易所交易的日期；（二）持有公司股份最多的前10名股东的名单和持股数额；（三）公司的实际控制人；（四）董事、监事、高级管理人员的姓名及其持有本公司股票和债券的情况。"

《上海证券交易所股票上市规则》规定："发行人应当于其股票上市前五个交易日内，在指定媒体上披露下列文件和事项：（一）上市公告书；（二）公司章程；（三）申请股票上市的股东大会决议；（四）上市保荐书；（五）法律意见书；（六）本所要求的其他文件和事项。"

可见，上市报告书为股票上市应当公告的重要文件。

证券交易所并发布有《股票上市公告书内容与格式指引》，具体规定了上市公告书的内容与格式。上市公告书的主要内容包括：

（1）重要声明与提示；

（2）股票上市情况；

（3）发行人、股东和实际控制人情况；

（4）股票发行情况；

（5）其他重要事项；

（6）上市保荐人及其意见。

由于上市公告书披露的时间接近招股说明书，因此对于相关信息，只需要简要披露甚至不披露。上市公告书中应当提醒广大投资者注意，凡上市公告书未涉及的有关内容，请投资者参阅招股说明书全文。

（二）证券上市后的持续信息披露制度

证券上市后，上市公司应履行持续信息披露义务。上市后的信息披露是指按法律、法规和证券交易所的要求，公布定期报告和临时报告，定期报告包括年度报告和中期报告，临时报告包括董事会、监事会、股东大会的召开及决议、公司收购、出售资产、应当即时披露的关联交易和其他应当及时披露的重大事件。

信息披露的文件必须真实、准确、完整，不得有虚假记载、误导性陈述或者重大遗漏。

1. 年度报告的信息披露

我国《证券法》第 66 条规定:"上市公司和公司债券上市交易的公司,应当在每一个会计年度结束之日起 4 个月内,向国务院证券监督管理机构和证券交易所报送记载以下内容的年度报告,并予公告:(一) 公司概况;(二) 公司财务会计报告和经营情况;(三) 董事、监事、经理及有关高级管理人员简介及其持股情况;(四) 已发行的股票、公司债券情况,包括持有公司股份最多的前 10 名股东名单和持股数额;(五) 公司的实际控制人;(六) 国务院证券监督管理机构规定的其他事项。"

为了规范年度报告的信息披露,中国证监会根据我国《证券法》发布了《公开发行股票公司信息披露的内容与格式准则第 2 号(年度报告的内容与格式)》,上市公司应当按照该准则的规定编制年度报告。

2. 中期报告的信息披露

我国《证券法》第 65 条规定:"上市公司和公司债券上市交易的公司,应当在每一个会计年度的上半年结束之日起 2 个月内,向国务院证券监督管理机构和证券交易所报送记载以下内容的中期报告,并予公告:(一) 公司财务会计报告和经营情况;(二) 涉及公司的重大诉讼事项;(三) 已发行的股票、公司债券变动情况;(四) 提交股东大会审议的重要事项;(五) 国务院证券监督管理机构规定的其他事项。"

为了规范中期报告的信息披露,中国证监会于 1998 年 6 月 18 日印发了修改后的《公开发行股票公司信息披露的内容与格式准则第 3 号(中期报告的内容与格式)》。

3. 季度报告

对于定期报告,我国《证券法》只规定了年度报告和半年度报告(中期报告)。但从 2002 年第一季度开始,中国证监会要求所有的上市公司都必须披露季度报告。对季度报告格式和内容的要求,是中国证监会对有关中期报告内容与格式准则所作的要求予以简化与修改而来。目前适用的季度报告规则是中国证监会发布的《关于公开发行证券的公司信息披露编报规则第 13 号——季度报告内容与格式特别规定》(2007 年修订)。

按照该规则,上市公司应在会计年度前 3 个月、9 个月结束后的 1 个月内编制季度报告,并将季度报告正文刊载于至少 1 种中国证监会指定的报纸上,将季度报告全文(包括正文及附录)刊载于中国证监会指定的互联网网站上。季度报告的报告期间是指季度初至季度末的 3 个月时间。第一季度季度报告的披露时间不得早于上一年度年度报告。

季度报告中的财务资料无须审计,但中国证监会或证券交易所另有规定的除外。

虽然季度报告的内容较为简单,但是公司的董事会及其董事还是应当保证报告中所载资料的真实性、准确性和完整性,并对此承担法律责任。

季度报告的主要内容包括公司的基本情况、主要会计数据和财务指标等重要事项。

4. 临时报告

我国《证券法》第67条规定:"发生可能对上市公司股票交易价格产生较大影响的重大事件,投资者尚未得知时,上市公司应当立即将有关该重大事件的情况向国务院证券监督管理机构和证券交易所报送临时报告,并予公告,说明事件的起因、目前的状态和可能产生的法律后果。下列情况为前款所称重大事件:(一)公司的经营方针和经营范围的重大变化;(二)公司的重大投资行为和重大的购置财产的决定;(三)公司订立重要合同,可能对公司的资产、负债、权益和经营成果产生重要影响;(四)公司发生重大债务和未能清偿到期重大债务的违约情况;(五)公司发生重大亏损或者重大损失;(六)公司生产经营的外部条件发生的重大变化;(七)公司的董事、三分之一以上监事或者经理发生变动;(八)持有公司5%以上股份的股东或者实际控制人,其持有股份或者控制公司的情况发生较大变化;(九)公司减资、合并、分立、解散及申请破产的决定;(十)涉及公司的重大诉讼,股东大会、董事会决议被依法撤销或者宣告无效;(十一)公司涉嫌犯罪被司法机关立案调查,公司董事、监事、高级管理人员涉嫌犯罪被司法机关采取强制措施;(十二)国务院证券监督管理机构规定的其他事项。"

实践中,很多重大事项的发生有一个过程,在哪一个时点发行人负有了信息披露义务,必须及时进行披露?目前证券交易所在上市规则中对此有明确要求。以上海证券交易所为例,其《股票上市规则》要求:

上市公司应当在以下任一时点最先发生时,及时披露相关重大事项:

(1)董事会或者监事会就该重大事项形成决议时;

(2)有关各方就该重大事项签署意向书或者协议(无论是否附加条件或者期限)时;

(3)任何董事、监事或者高级管理人员知道或者应当知道该重大事项时。[①]

重大事项尚处于筹划阶段,但在前条所述时点发生之前出现下列情形之一的,上市公司应当及时披露相关筹划情况和既有事实:

(1)该重大事项难以保密;

(2)该重大事项已经泄漏或者市场出现传闻;

[①] 参见《上海证券交易所股票上市规则》(2008年)第7.3条。

(3) 公司股票或者其衍生品种的交易发生异常波动。①

对于定期报告,公司的董事、监事和高级管理人员都负有相应的责任。我国《证券法》第 68 条规定:"上市公司董事、高级管理人员应当对公司定期报告签署书面确认意见。上市公司监事会应当对董事会编制的公司定期报告进行审核并提出书面审核意见。上市公司董事、监事、高级管理人员应当保证上市公司所披露的信息真实、准确、完整。"

信息披露并非可以随意进行,对于依法必须披露的信息,应当在国务院证券监督管理机构指定的媒体发布,同时将其置备于公司住所、证券交易所,供社会公众查阅。② 违反指定方式披露信息,构成了违规披露信息,需要承担相应的法律责任。

国务院证券监督管理机构对上市公司年度报告、中期报告、临时报告以及公告的情况进行监督,对上市公司分派或者配售新股的情况进行监督,对上市公司控股股东和信息披露义务人的行为进行监督。证券监督管理机构、证券交易所、保荐人、承销的证券公司及有关人员,对公司依照法律、行政法规规定必须作出的公告,在公告前不得泄露其内容。③

五、证券暂停上市和终止上市

实践中,除了主动退市的上市公司外,退市公司大多都是由于违反了我国《证券法》第 55 条和第 56 条的规定,被暂停上市和终止上市,其中比较突出的是连续 3 年公司亏损,并在其后一个年度未能恢复盈利。目前适用的是中国证监会 2001 年 11 月发布的《亏损上市公司暂停上市和终止上市实施办法(修订)》(证监发【2001】147 号,以下简称《暂停上市和终止上市办法》)。不过由于证券交易所已经直接被法律授权决定暂停上市和终止上市,因此,其作出此类决定不再需要得到中国证监会的事先批准。

(一) 特别处理制度

为了警示投资者上市公司可能存在暂停和终止上市的风险,交易所采取了特别处理制度。当上市公司出现财务状况异常或者其他异常情况,导致其股票存在被终止上市的风险,或者投资者难以判断公司前景,投资权益可能受到损害的,证券交易所将对该公司股票交易实行特别处理。特别处理包括警示存在终止上市风险的特别处理(退市风险警示)和其他特别处理措施。

特别处理措施的内容包括:(1) 对于退市风险警示,在公司股票简称前冠以

---

① 参见《上海证券交易所股票上市规则》(2008 年)第 7.4 条。
② 参见我国《证券法》第 70 条。
③ 参见我国《证券法》第 71 条。

"＊ST"字样(其他特别处理的措施是冠以"ST"字样),以区别于其他股票;(2)股票报价的日涨跌幅限制为5%。

(二) 暂停上市

我国《证券法》第55条规定了暂停上市的条件:"上市公司有下列情形之一的,由证券交易所决定暂停其股票上市交易:(一)公司股本总额、股权分布等发生变化不再具备上市条件;(二)公司不按照规定公开其财务状况,或者对财务会计报告作虚假记载,可能误导投资者;(三)公司有重大违法行为;(四)公司最近3年连续亏损;(五)证券交易所上市规则规定的其他情形。"

公司在接到暂停上市决定后及时披露《股票暂停上市公告》。

在股票暂停上市期间,公司应当继续履行上市公司的有关义务,并应当至少每月披露一次为恢复上市所采取的具体措施,如公司未采取任何重大措施,也应予以披露并说明原因。

公司在其股票暂停上市期间,应当依法继续履行信息披露义务。

(三) 恢复上市

公司股票暂停上市后,如果在法定期限内披露了最近一期年度报告,且经审计的年度财务报告显示公司盈利的,可以在最近一期年度报告披露后5个交易日内,以书面形式向证券交易所提出恢复其股票上市的申请。

上市公司应当聘请代办机构担任其恢复上市的保荐机构。保荐机构应当对公司恢复上市申请材料的真实性、准确性和完整性进行核查,在确信公司具备恢复上市条件后出具恢复上市推荐书,并保证承担连带责任。

交易所的上市委员会对上市公司恢复上市申请进行审议,作出独立的专业判断并形成审核意见。交易所根据上市委员会的审核意见,作出是否同意公司股票恢复上市的决定。

公司在接到证券交易所核准其股票恢复上市的决定后,应当及时披露《股票恢复上市公告》。在公司登载《股票恢复上市公告》5个交易日后,其股票恢复上市交易。

(四) 终止上市

我国《证券法》第56条规定了终止上市的条件:"上市公司有下列情形之一的,由证券交易所决定终止其股票上市交易:(一)公司股本总额、股权分布等发生变化不再具备上市条件,在证券交易所规定的期限内仍不能达到上市条件;(二)公司不按照规定公开其财务状况,或者对财务会计报告作虚假记载,且拒绝纠正;(三)公司最近3年连续亏损,在其后一个年度内未能恢复盈利;(四)公司解散或者被宣告破产;(五)证券交易所上市规则规定的其他情形。"

深圳证券交易所对于所谓"公司股本总额、股权分布等发生变化不再具备上市条件",解释为:"若社会公众持有的股份低于公司股份总数的 25%,或股本总额超过人民币 4 亿元的公司社会公众持股的比例低于 10%,则上市公司股权分布不再具备上市条件"。什么是社会公众投资者?《关于〈深圳证券交易所股票上市规则〉有关上市公司股权分布问题的补充通知》中进一步规定:"社会公众不包括:(1) 持有上市公司 10% 以上股份的股东及其一致行动人;(2) 上市公司的董事、监事、高级管理人员及其关联人"。对于"规定的期限",上述《补充通知》中规定:"上市公司股权分布发生变化,连续 20 个交易日不具备上市条件的,由本所决定暂停其股票上市交易。在本所决定暂停其股票上市交易之日起 12 个月内仍不能达到上市条件的,本所终止其股票上市交易。为达到上市条件,公司可以在上述期间提出改正计划并报本所同意后恢复上市交易。"

六、证券交易所关于上市的审核权

我国《证券法》明确将证券上市的审核权交给了证券交易所。证券交易所设立上市委员会,对上市申请进行审议,作出独立的专业判断并形成审核意见。证券交易所再依据该上市委员会的审核意见,作出最终决定。

对于证券交易所作出的不予上市、暂停上市、终止上市决定不服的,可以向证券交易所设立的复核机构申请复核。尽管两个证券交易所都在其《股票上市规则》中规定:本所根据复核委员会的审核意见作出是否维持不予上市、暂停上市、终止上市的决定,并宣布该决定为终局决定。[①] 但显然,证券交易所的上述决定涉及公共权力的行使,不能逃脱司法审查的命运。最高人民法院在一个司法解释中认为:与证券交易所监管职能相关的诉讼案件包括证券交易所……对……证券上市和交易活动作出处理决定引发的诉讼[②],可见证券交易所关于证券上市的相关处理决定仍然在可诉讼的范围内。不过,该司法解释同时规定:"投资者对证券交易所履行监管职责过程中对……证券上市和交易活动作出的不直接涉及投资者利益的行为提起的诉讼,人民法院不予受理"[③],换句话说,投资者不能就证券交易所作出的不予上市、暂停上市和终止上市的决定提起诉讼。

---

① 参见《上海证券交易所股票上市规则》(2008 年)第 15.5 条。
② 参见最高人民法院《关于对与证券交易所监管职能相关的诉讼案件管辖与受理问题的规定》(法释[2005]1 号)。
③ 参见同上。

第四节 证券上市交易的规则

正如前文所述,证券上市是证券发行市场与交易市场之间的桥梁,是证券交易市场的开始。因此,证券上市的真正目的是为了交易,从而最终实现证券市场应有的功能。我国《公司法》规定,股东与债券持有人可以依法转让其持有的股份与债券;转让该类证券,必须在依法设立的证券交易场所进行。① 我国《证券法》规定,证券交易活动必须实行公开、公平、公正的原则。② 为此,为了充分保护投资者的利益,我国法律、法规,以及证券交易所的业务规则,对于投资者的投资规定了比较完善的投资规则与保护程序。

一、证券交易程序

根据我国《证券法》的规定,证券交易所是提供证券集中交易场所和设施,组织和监督证券交易,实行自律管理的法人。③ 进入证券交易所参与集中交易的,必须是证券交易所的会员。④ 为此,投资者如欲参与证券市场交易,必须到证券登记公司开立证券账户,然后凭此证券账户与证券公司签订证券交易委托协议,并在证券公司开立证券交易账户,以书面、电话以及其他方式,委托该证券公司代其买卖证券。⑤

我国上海与深圳两家证券交易所的交易时间为每周一至周五开市,每日分前、后两市,上午 9:30 至 11:30 为前市,下午 1:00 至 3:00 为后市。法定假日不开市。交易市场开市后,如遇偶发事故,可宣布暂停交易。在宣布之前已成交的买卖仍然有效。

就投资者委托买卖股票而言,一般要经历以下程序:

(一) 名册登记和开户

投资者办理名册登记分为个人名册登记和法人名册登记。个人名册登记应载明登记日期和委托人的姓名、性别、身份证号码、家庭地址、职业、联系电话,并留存印鉴或签名样卡。法人名册登记应提供法人注册登记证明,并载明法定代表人及授权证券交易执行人的姓名、性别、留存法定代表人授权证券交易执行人的书面授权书。

每个委托人可开立一个股票账户,限本人使用。投资者委托买卖股票,须事

---

① 参见我国《公司法》第 138 条和第 160 条。
② 参见我国《证券法》第 3 条。
③ 参见我国《证券法》第 102 条。
④ 参见我国《证券法》第 110 条。
⑤ 参见我国《证券法》第 111 条。

先在证券商或证券交易所指定的银行开立资金专户,投资者存入资金专户中的资金利息,由开户证券商或银行转入专户。证券交易所和证券商对投资者的名册登记和开户事项负有保密的责任,未经委托人许可不得披露。

下列人员不得办理名册登记和开户:

(1) 国家法律、法规规定不得参与股票交易的自然人和法人;

(2) 未成年人未经法定监护人的代理或允许者;

(3) 因违反证券法规,经有权机关决定停止其证券交易而期限未满者。

(二) 委托的办理

投资者办理名册登记后,可向证券商办理委托股票买卖。在办理时,应详细说明下列内容:股票名称和交易的种类、买进或卖出及其数量、出价的方式及价格的幅度、委托的有效期限、纠纷处理方式的选择。投资者办理委托买入股票时,须将委托买入所需的款项全额交付给证券商,除非其委托的证券公司就其买卖的股票提供融资融券服务。

委托买卖股票可按下列形式办理:当面委托、电话委托、网络终端委托、电报委托、传真委托、信函委托。无论何种方式,证券商都必须通过某种方式能够确证该委托指令由其客户或其授权的人发出。

委托买卖股票分市价委托和限价委托。市价委托为投资者要求证券商按交易市场当时的价格买进或卖出股票,证券商有义务以最有利的价格为投资者成交。限价委托为投资者要求证券商按限定的价格买进或卖出股票,证券商在执行时,必须按限价或低于限价买进股票,按限价或高于限价卖出股票。投资者的委托有效期一般为当日有效,即从委托之时起,到当日上海证券交易所营业终了的时间内有效。

(三) 委托的受理执行

证券商受理委托买卖证券,限于其公司本部营业机构和分支营业机构,以及经证券交易所批准的证券交易业务的代理机构。证券公司接受证券买卖的委托,应当根据委托书载明的证券名称、买卖数量、出价方式、价格幅度等,按照交易规则代理买卖证券,如实进行交易记录;买卖成交后,应当按照规定制作买卖成交报告单交付客户。证券交易中确认交易行为及其交易结果的对账单必须真实,并由交易经办人员以外的审核人员逐笔审核,保证账面证券余额与实际持有的证券相一致。[①]

交易市场的交易按价格优先、时间优先的原则竞价成交。

投资者的委托如未能全部成交,证券商在委托有效期内可继续执行,直至有效期结束。在委托未成交之前,投资者有权变更和撤销委托。投资者变更

---

① 参见我国《证券法》第141条。

委托,视同重新办理委托。对投资者变更或撤销委托,证券商业务员须即刻通过驻场交易员,在经驻场交易员确认后,当即将执行结果告知投资者。对投资者撤销和失效的委托,证券商须根据投资者的要求,及时退还其交保的资金和证券。

证券公司应当妥善保存客户开户资料、委托记录、交易记录和与内部管理、业务经营有关的各项资料,任何人不得隐匿、伪造、篡改或者毁损。上述资料的保存期限不得少于 20 年。[①]

随着电子技术的发展,目前投资者委托证券公司投资证券的方式,大多已经变更为电子委托方式。投资者凭借开立交易账户获得的证券交易卡,可直接在证券公司营业部的交易电脑上通过刷卡,向证券公司发出委托指令。该证券公司的交易电脑与证券交易所的主机直接相连,因此电子交易方式的运用,进一步降低了交易成本,缩短了交易时间,为投资者提供了便利。

网络打破了时间与地域的限制,使全球 24 小时交易成为可能。我国目前有多家证券公司利用了网络技术,为投资者投资证券市场提供便利。投资者只要利用证券公司开发的网络技术,使自己的电脑与该证券公司的网络系统连接,投资者足不出户,即可向自己开立交易户头的证券公司下达委托指令。与电话委托相比,该种委托方式避免了电话线路繁忙无法成交的缺点。同时,网络系统可以为投资者提供全面的信息服务,有助于投资者把握投资机会。

但高科技使投资在顷刻之间成为可能的同时,也进一步增加了证券市场的整体风险。如何使证券法律制度适应高科技的发展,是我们立法者、司法机构,以及证券业界必须进一步研究的问题。

(四) 资金的清算交割

我国证券交易所实行资金的二级清算。我国《证券法》第 112 条规定:"证券公司根据投资者的委托,按照证券交易规则提出交易申报,参与证券交易所场内的集中交易,并根据成交结果承担相应的清算交收责任;证券登记结算机构根据成交结果,按照清算交收规则,与证券公司进行证券和资金的清算交收,并为证券公司客户办理证券的登记过户手续。"但实际上目前只实现了资金的二级清算。证券由于直接由投资者登记在证券登记结算公司,因此,由证券登记结算公司直接为所有交易的投资者办理股票的过户手续。

证券交易所按"净额交收"的原则清算交割资金。每一证券商在一个清算期中,对价款的清算,计其应收应付相抵后的净额。每日交易市场闭市后,证券交易所按席位编制当日"清算交割表"和"资金结算览表",分发送证券商清算交割人员;证券商核对"清算交割表"和"资金结算一览表"无误后,须在约定的交

---

① 参见我国《证券法》第 147 条。

割期和证券交易所的清算交割时间内履行交割手续。

各证券商须按"清算交割表"中所载事项足额办理交割。办理价款交割时,由证券交易所委托指定的银行通过账面划转直接进行。办理好与证券交易所的清算后,证券商再按类似方式办理和委托人的清算。

(五) 股票保管和过户

证券持有人持有的证券,在上市交易时,应当全部存管在证券登记结算机构。[①] 证券登记结算采取全国集中统一的运营方式,目前在中国主要为中国证券登记结算公司,下属上海和深圳两个分公司。

上市股票,统一由证券登记结算公司办理过户事项。实践中均由中国证券登记结算公司的计算机自动、统一完成过户事项,委托人毋需另办理过户手续。

证券登记结算机构应当妥善保存登记、存管和结算的原始凭证及有关文件和资料。其保存期限不得少于20年。[②]

二、停牌、复牌、停市

停牌是指由于发生法律规定的事件,上市公司的股票暂停交易。复牌是指停牌的上市公司股票恢复交易。上市公司股票的停复牌,原则上由上市公司向证券交易所申请,并说明理由、计划停牌时间和复牌时间,对于不能决定是否申请停牌的情况,应及时报告证券交易所。证券交易所可根据实际情况或根据中国证监会的要求,决定股票及其衍生品种的停复牌。

此外,因突发性事件而影响证券交易的正常进行时,证券交易所也可以采取技术性停牌的措施。因不可抗力的突发性事件或者为维护证券交易的正常秩序,证券交易所可以决定临时停市。证券交易所采取技术性停牌或者决定临时停市,必须及时报告国务院证券监督管理机构。[③]

第五节 证券欺诈

法律规定了证券市场中禁止的交易行为,主要包括:虚假陈述、内幕交易、操纵市场、欺诈客户等。法律之所以禁止这些行为,主要是因为这些行为违背交易的公平性,损害市场的信心。

---

① 参见我国《证券法》第 160 条。
② 参见我国《证券法》第 162 条。
③ 参见我国《证券法》第 114 条。

一、禁止虚假陈述

禁止虚假陈述是《证券法》首要打击的欺诈活动。因为证券法以强制性信息披露作为监管的主要手段,如果缺乏对虚假陈述的禁止,不能保证信息披露的真实、准确和完整,则强制性信息披露的监管毫无意义。

在证券发行和交易过程中只要涉及到信息披露,都可能发生虚假陈述行为。我国《证券法》第 63 条规定:"发行人、上市公司依法披露的信息,必须真实、准确、完整,不得有虚假记载、误导性陈述或者重大遗漏。"

(一) 虚假陈述的界定

虚假陈述是指对证券发行、交易及其相关活动的事实、性质、前景、法律等事项作出不实、严重误导或者含有重大遗漏的、任何形式的虚假陈述或者诱导、致使投资者在不了解事实真相的情况下作出证券投资决定的行为以及未按照规定披露信息的行为。包括:

(1) 发行人、上市公司和其他信息披露义务人在招股说明书、公司债券募集办法、上市公告书、公司定期报告、临时报告及其他文件中作出虚假陈述;

(2) 律师事务所、会计师事务所、资产评估机构等专业性证券服务机构在其出具的法律意见书、审计报告、资产评估报告及参与制作的其他文件中作出虚假陈述;

(3) 上述人等在向证券监管部门提交的各种文件、报告和说明中作出虚假陈述;

(4) 发行人、上市公司和其他信息披露义务人未按照规定披露信息,包括未按照规定的方式进行披露和未及时披露等;

(5) 在证券发行、交易及其相关活动中的其他虚假陈述。

(二) 虚假陈述的法律责任

1. 行政责任

我国《证券法》第 193 条规定:"发行人、上市公司或者其他信息披露义务人未按照规定披露信息,或者所披露的信息有虚假记载、误导性陈述或者重大遗漏的,责令改正,给予警告,并处以 30 万元以上 60 万元以下的罚款。对直接负责的主管人员和其他直接责任人员给予警告,并处以 3 万元以上 30 万元以下的罚款。发行人、上市公司或者其他信息披露义务人未按照规定报送有关报告,或者报送的报告有虚假记载、误导性陈述或者重大遗漏的,责令改正,给予警告,并处以 30 万元以上 60 万元以下的罚款。对直接负责的主管人员和其他直接责任人员给予警告,并处以 3 万元以上 30 万元以下的罚款。发行人、上市公司或者其他信息披露义务人的控股股东、实际控制人指使从事前两款违法行为的,依照前两款的规定处罚。"

可见,对于发行人或者上市公司的虚假陈述行为,发行人、上市公司及其相关人员都可能承担责任。其中所谓"直接负责的主管人员"一般是指发行人或者上市公司的实际负责人,一般是董事长或者总经理;"其他直接负责人员"一般是指涉及虚假陈述行为的公司董事和相关高级管理人员。

对于虚假陈述行为,如果律师、会计师和资产评估师等证券服务机构也有涉及的,也应当承担行政责任。我国《证券法》第 223 条规定:"证券服务机构未勤勉尽责,所制作、出具的文件有虚假记载、误导性陈述或者重大遗漏的,责令改正,没收业务收入,暂停或者撤销证券服务业务许可,并处以业务收入 1 倍以上 5 倍以下的罚款。对直接负责的主管人员和其他直接责任人员给予警告,撤销证券从业资格,并处 3 万元以上 10 万元以下的罚款。"

2. 刑事责任

我国《刑法》分别针对发行时虚假陈述行为和上市公司的虚假陈述行为,规定了两种不同的罪名,欺诈发行股票、债券罪和违规披露、不披露重要信息罪。

我国《刑法》第 160 条规定:"在招股说明书、认股书、公司、企业债券募集办法中隐瞒重要事实或者编造重大虚假内容,发行股票或者公司、企业债券,数额巨大、后果严重或者有其他严重情节的,处 5 年以下有期徒刑或者拘役,并处或者单处非法募集资金金额 1% 以上 5% 以下罚金。单位犯前款罪的,对单位判处罚金,并对其直接负责的主管人员和其他直接责任人员,处 5 年以下有期徒刑或者拘役。"

我国《刑法》第 161 条规定:"依法负有信息披露义务的公司、企业向股东和社会公众提供虚假的或者隐瞒重要事实的财务会计报告,或者对依法应当披露的其他重要信息不按照规定披露,严重损害股东或者其他人利益,或者有其他严重情节的,对其直接负责的主管人员和其他直接责任人员,处 3 年以下有期徒刑或者拘役,并处或者单处 2 万元以上 20 万元以下罚金。"

3. 民事责任

虚假陈述行为导致发行人或者上市公司的信息披露虚假,投资者可能据此作出了错误的投资决策,造成了投资损失。追究虚假陈述的民事责任,不仅仅是对受害投资者的补偿,还是对虚假陈述行为人责任追究的一种方式,可以起到威慑违法行为的作用。实际上,美国就把民事诉讼对责任的追究视为是一种"私人的检察官"。

我国《证券法》第 69 条和第 173 条规定了虚假陈述的民事责任。

我国《证券法》第 69 条针对发行人、上市公司、保荐人、承销的证券公司以及发行人和上市公司的相关人员:"发行人、上市公司公告的招股说明书、公司债券募集办法、财务会计报告、上市报告文件、年度报告、中期报告、临时报告以及其他信息披露资料,有虚假记载、误导性陈述或者重大遗漏,致使投资者在证券交易中遭受损失的,发行人、上市公司应当承担赔偿责任;发行人、上市公司的董事、监事、高级管理人员和其他直接责任人员以及保荐人、承销的证券公司,应当与发行人、上市公司承担连带赔偿责任,但是能够证明自己没有过错的除外;发行人、上市公司的控股股东、实际控制人有过错的,应当与发行人、上市公司承担连带赔偿责任。"

我国《证券法》第173条主要针对证券服务机构:"证券服务机构为证券的发行、上市、交易等证券业务活动制作、出具审计报告、资产评估报告、财务顾问报告、资信评级报告或者法律意见书等文件,应当勤勉尽责,对所制作、出具的文件内容的真实性、准确性、完整性进行核查和验证。其制作、出具的文件有虚假记载、误导性陈述或者重大遗漏,给他人造成损失的,应当与发行人、上市公司承担连带赔偿责任,但是能够证明自己没有过错的除外。"

不过,在实践中,对发行人或者上市公司虚假陈述民事责任的追究面临两个难题,一个是因果关系的确定。投资者要想实现民事责任的追究,必须证明在虚假陈述行为和其投资损失之间存在因果关联。由于虚假陈述表现为一种信息的虚假,投资者要证明上述因果关系非常困难——他首先必须证明自己信赖了该虚假信息,其后还必须证明自己的损失和该虚假信息之间存在因果关系。对于许多投资者来说,完成这种举证责任基本上是不可能的。

另一个难题是在诉讼方式上。发行人或者上市公司的虚假陈述可能影响到该发行人或者上市公司的所有股东,其人数众多、分布广泛,每个股东也许受到的损失并不严重。因此,要让这些受害人单独提起诉讼,成本太高,诉讼的动力不强。

最高人民法院2003年发布的《关于审理证券市场因虚假陈述引发的民事赔偿案件的若干规定》(法释[2003]2号,以下简称《审理证券民事案件规定》)中对于证券市场中因虚假陈述引发的民事赔偿诉讼作出了特别规定。

《审理证券民事案件规定》的最大突破在于对于证券虚假陈述的民事诉讼中的因果关系采取了推定的方式,极大了减少了受害投资者在这方面的举证责任。

《审理证券民事案件规定》中采取了"推定信赖"的方式,确定因果关系的存在。因果关系的推定和两个时间点的确定有关系,见下图。

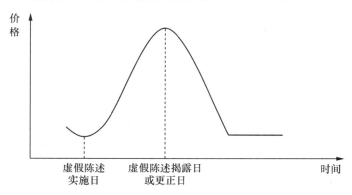

与虚假陈述直接关联的证券

虚假陈述必须与具体的上市公司的证券直接相关联,那种关于行业、政策的宏观性虚假陈述,投资者不能主张民事赔偿。①

买入的时段

《审理证券民事案件规定》的因果关系推定,表现为对时间段的认可,即只要"投资者在虚假陈述实施日及以后,至揭露日或者更正日之前买入该证券",即可以推定信赖关系的存在:假定在这个时段内的股票价格已经受到了虚假陈述的影响,而投资者的购买行为,即是基于对市场价格的依赖,从而间接受到了虚假陈述的影响。

损失产生的时段

《审理证券民事案件规定》中对于投资者损失产生的时段也有限定:"投资人在虚假陈述揭露日或者更正日及以后,因卖出该证券发生亏损,或者因持续持有该证券而产生亏损。"这其实是扩大了欺诈市场理论的适用范围,使得其也适用于对损失因果关系的推定。即既然虚假陈述影响了市场价格,那么投资者因为价格变动的损失当然也推定与虚假陈述之间有因果关系。

两个时间点的确定

虚假陈述实施日:对于虚假记载、误导性陈述等积极虚假陈述行为,虚假陈述实施日比较容易确定,即信息披露的公布日。按照中国证监会的规定,信息披露应当在指定媒体首先披露,因此,在指定信息披露媒体发布虚假陈述文件的日期,即可以确定为虚假陈述实施日。对于隐瞒和不履行信息披露义务的,则应以法定期限的最后一个期日为虚假陈述实施日。②

虚假陈述揭露日或者更正日:揭露日或者更正日在实践中也许往往很模糊,较难确定,因此,必须把握立法上所以规定揭露日的意义。"虚假陈述被揭示的意义在于其对证券市场发出了一个警示信号,提醒投资者重新判断股票价值,进而对市场价格产生影响"。不同的揭示或者更正,对市场的警示效果不同,因此需要法院在实践中予以认定。最高人民法院的有关人员在解释中认为,(1)监管机关有关立案稽查的消息,可以作为揭露日的标志;(2)"媒体揭露行为是否可以作为虚假陈述揭示日,可与相关股票是否停牌挂钩,其引起价格急剧波动导致其停牌的,则可以认定其揭露行为的时日为虚假陈述揭露日"③。

---

① 李国光主编:《最高人民法院关于审理证券市场虚假陈述案件司法解释的理解与适用》,人民法院出版社2003年版,第259页。
② 同上书,第263页。
③ 同上书,第264—265页。

二、禁止内幕交易

内幕交易实质上是不公平地利用信息优势,先市场而动的证券交易行为。如某上市公司的董事得悉该公司的重大"利好"信息,于是在该信息没有正式公布之前入市买进本公司的股票,待利好消息公布股价上升而抛出获利。

(一) 内幕交易的界定

内幕交易是指内幕人员以获取利益或者减少损失为目的,利用内幕信息进行证券发行、交易的活动。内幕交易包括下列行为:

(1) 内幕人员利用内幕信息买卖证券或者根据内幕信息建议他人买卖证券;

(2) 内幕人员向他人泄露内幕信息,使他人利用该信息进行内幕交易;

(3) 非内幕人员通过不正当的手段或者其他途径获得内幕信息,并根据该信息买卖证券或者建议他人买卖证券;

(4) 其他内幕交易行为。

(二) 内幕信息的界定

我国《证券法》第75条规定:"证券交易活动中,涉及公司的经营、财务或者对该公司证券的市场价格有重大影响的尚未公开的信息,为内幕信息。下列信息皆属内幕信息:(一) 本法第67条第2款所列重大事件;(二) 公司分配股利或者增资的计划;(三) 公司股权结构的重大变化;(四) 公司债务担保的重大变更;(五) 公司营业用主要资产的抵押、出售或者报废一次超过该资产的30%;(六) 公司的董事、监事、高级管理人员的行为可能依法承担重大损害赔偿责任;(七) 上市公司收购的有关方案;(八) 国务院证券监督管理机构认定的对证券交易价格有显著影响的其他重要信息。"

我国《证券法》第67条第2款所规定的重大事件包括:(1) 公司的经营方针和经营范围的重大变化;(2) 公司的重大投资行为和重大的购置财产的决定;(3) 公司订立重要合同,可能对公司的资产、负债、权益和经营成果产生重要影响;(4) 公司发生重大债务和未能清偿到期重大债务的违约情况;(5) 公司发生重大亏损或者重大损失;(6) 公司生产经营的外部条件发生的重大变化;(7) 公司的董事、1/3以上监事或者经理发生变动;(8) 持有公司5%以上股份的股东或者实际控制人,其持有股份或者控制公司的情况发生较大变化;(9) 公司减资、合并、分立、解散及申请破产的决定;(10) 涉及公司的重大诉讼,股东大会、董事会决议被依法撤销或者宣告无效;(11) 公司涉嫌犯罪被司法机关立案调查,公司董事、监事、高级管理人员涉嫌犯罪被司法机关采取强制措施;(12) 国务院证券监督管理机构规定的其他事项。

一般认为,内幕信息不包括运用公开的信息和资料,对证券市场作出的预测和分析。

(三) 内幕人员的界定

内幕人员是指由于持有发行人的证券,或者在发行人或者与发行人有密切联系的公司中担任董事、监事、高级管理人员,或者由于其会员地位、管理地位、监督地位和职业地位,或者作为雇员、专业顾问履行职务,能够接触或者获得内幕信息的人员。

根据我国《证券法》第 74 条的规定,证券交易内幕信息的知情人包括:(1) 发行人的董事、监事、高级管理人员;(2) 持有公司 5% 以上股份的股东及其董事、监事、高级管理人员,公司的实际控制人及其董事、监事、高级管理人员;(3) 发行人控股的公司及其董事、监事、高级管理人员;(4) 由于所任公司职务可以获取公司有关内幕信息的人员;(5) 证券监督管理机构工作人员以及由于法定职责对证券的发行、交易进行管理的其他人员;(6) 保荐人、承销的证券公司、证券交易所、证券登记结算机构、证券服务机构的有关人员;(7) 国务院证券监督管理机构规定的其他人。

(四) 内幕交易的法律责任

尽管我国《证券法》第 76 条第 3 款:"内幕交易行为给投资者造成损失的,行为人应当依法承担赔偿责任",规定了内幕交易的民事责任。但由于最高人民法院只规定了关于虚假陈述的民事责任制度,关于内幕交易和操纵市场的民事赔偿案件如何审理尚无具体规定,因此,在中国目前的实践中还很难追究内幕交易和操纵市场的民事责任。对这两类违法行为还只能追究行政责任和刑事责任。

1. 行政责任

我国《证券法》第 202 条规定:"证券交易内幕信息的知情人或者非法获取内幕信息的人,在涉及证券的发行、交易或者其他对证券的价格有重大影响的信息公开前,买卖该证券,或者泄露该信息,或者建议他人买卖该证券的,责令依法处理非法持有的证券,没收违法所得,并处以违法所得 1 倍以上 5 倍以下的罚款;没有违法所得或者违法所得不足 3 万元的,处以 3 万元以上 60 万元以下的罚款。单位从事内幕交易的,还应当对直接负责的主管人员和其他直接责任人员给予警告,并处以 3 万元以上 30 万元以下的罚款。证券监督管理机构工作人员进行内幕交易的;从重处罚。"

2. 刑事责任

我国《刑法》第 180 条规定:"证券、期货交易内幕信息的知情人员或者非法获取证券、期货交易内幕信息的人员,在涉及证券的发行,证券、期货交易或者其他对证券、期货交易价格有重大影响的信息尚未公开前,买入或者卖出该证券,或者从事与该内幕信息有关的期货交易,或者泄露该信息,或者明示、暗示他人从事上述交易活动,情节严重的,处5年以下有期徒刑或者拘役,并处或者单处违法所得1倍以上5倍以下罚金;情节特别严重的,处5年以上10年以下有期徒刑,并处违法所得1倍以上5倍以下罚金。单位犯前款罪的,对单位判处罚金,并对其直接负责的主管人员和其他直接责任人员,处5年以下有期徒刑或者拘役。内幕信息、知情人员的范围,依照法律、行政法规的规定确定。……"

（五）短线交易

我国《证券法》第47条规定:"上市公司董事、监事、高级管理人员、持有上市公司股份5%以上的股东,将其持有的该公司的股票在买入后6个月内卖出,或者在卖出后6个月内又买入,由此所得收益归该公司所有,公司董事会应当收回其所得收益。但是,证券公司因包销购入售后剩余股票而持有5%以上股份的,卖出该股票不受6个月时间限制。公司董事会不按照前款规定执行的,其他股东有权要求董事会在30日内执行。公司董事会未在上述期限内执行的,股东有权为了公司的利益以自己的名义直接向人民法院提起诉讼。公司董事会不按照第1款的规定执行,负有责任的董事依法承担连带责任。"

该条主要目的是限制公司的董事、监事、高级管理人员和大股东从事短线交易,不论其是否知悉内幕信息、也不论其是否利用了内幕信息,一概将其在6个月内交易的收益收归公司所有。这被称为:短线交易归入权。该条运用简洁的方法没收上述人员的短线交易利润,主要是因为发现内幕交易的成本太高。

中国证监会发布的《上市公司董事、监事和高级管理人员所持本公司股份及其变动规则》中对时间的计算作出了更为详细的规定:上述"买入后6个月内卖出"是指最后一笔买入时点起算6个月内卖出的;"卖出后6个月内又买入"是指最后一笔卖出时点起算6个月内又买入的。

例如,上述人员在2月1日、10日分别买入了本公司5万股和10万股股票,在8月2日全部卖出,则以2月10日最后一次买入的10万股作为起算时点,按照10万股来计算短线交易的利润。卖出也一样。

三、禁止操纵市场

操纵市场的实质是通过虚假交易或者真实交易,人为影响证券市场价格或者证券交易量,诱使投资者作出错误的投资判断,从而买卖证券的行为。

如经法院审理认定:在1998年11月至2001年1月期间,吕新建与朱焕良合谋操纵深圳康达尔(集团)股份有限公司(后更名为深圳市中科创业投资(集团)股份有限公司)的流通股(股票名称为中科创业,股票代码0048)。在吕新建的指使下,被告人丁福根、庞博、董沛霖、何宁一、李芸、边军勇等人,在北京、上海、浙江等20余个省、自治区、直辖市,以单位或个人名义,先后在申银万国证券股份有限公司上海陆家浜营业部、中兴信托投资有限责任公司北京亚运村营业部等120余家证券营业部开设股东账户1500余个;并通过相关证券公司的营业部等机构,以委托理财、国债回购、借款等方式,向出资单位或个人融资人民币50余亿元,用于操纵该公司股票。其间,吕新建利用一些壳公司,大量收购中科创业的法人股,并控制了该公司董事会,然后通过发布开发高科技产品、企业重组等"利好"消息的方式影响其股票的交易价格。

法院还认定:在操纵该股票的过程中,丁福根、庞博等人根据吕新建的指令,利用开设的多个证券交易账户和股东账户,集中资金优势、持股优势,联合、连续对中科创业的股票进行不转移所有权的自买自卖等操纵活动。吕新建一方最高持有或控制中科创业的股票达5600余万股,占该股票流通股总量的55.36%,严重影响了该股票交易价格和交易量。此外,丁福根等人还接受吕新建指令,通过对中西药业、马钢股份、莱钢股份、岁宝热电等股票的交易,获取利润,用于维持中科创业股票价格的稳定和偿还巨额融资款。①

(一)操纵证券市场的界定

操纵市场是任何单位或者个人背离市场自由竞争和供求关系原则,人为地操纵证券价格,以诱使他人参与证券交易,为自己牟取私利、扰乱证券市场秩序的行为。包括:(1)单独或者通过合谋,集中资金优势、持股优势或者利用信息优势联合或者连续买卖,操纵证券交易价格或者证券交易量;(2)与他人串通,以事先约定的时间、价格和方式相互进行证券交易,影响证券交易价格或者证券交易量;(3)在自己实际控制的账户之间进行证券交易,影响证券交易价格或者证券交易量;(4)以其他手段操纵证券市场。②

其中,第2项和第3项都是以虚假交易影响证券交易价格或者证券交易量,其操纵意图比较容易认定。但需要注意,该认定是推定性的,如果当事人能够证明自己虽然发生了第2项和第3项交易,但是由于其他原因,并没有操纵意图,仍然不会被认定为操纵市场。

比较困难的是认定第1项行为。该项行为由于通过真实交易作为影响证券交易价格或者证券交易量的手段,因此,辨别其中的操纵意图就比较困难,否则就很难将投资者的正常投资行为,例如通过交易所的连续购买行为大量持有某上市公司的股票,与操纵行为相区别。在中国目前的实践中,操纵者往往综合使用第1项和第2项、第3项操纵手段,还比较容易认定。③ 如果只有第1项行为,则必须从主观意图与客观行为去综合认定。在主观方面需要看行为人的交易动

---

① 参见《北京市人民检察院第二分院诉上海华亚公司和丁福根等人操纵证券交易价格案》,载《中华人民共和国最高人民法院公报》2003年第4期。
② 参见我国《证券法》第77条。
③ 例如上述的中科创业股票操纵案中,操纵者就综合使用了这三种手段。

机、交易前后的状况、交易形态、交易占有率以及是否违反投资效率等因素,在客观行为方面,则要从行为人是否为市场价格的主导者、行为人是否为某种证券的市场支配者,以及行为人若停止买卖是否导致某种证券之价格暴跌等因素去考量行为的不法性。[①]

操纵手段千变万化,很难通过立法将其全部囊括。因此,立法上规定了一个概括性的条款。目前对于该其他手段,已经有一些行政和司法上的认定。例如,在赵喆操纵证券交易价格案中,法院认定被告人"利用修改计算机信息系统存储数据的方法",人为操纵股票价格,构成了"以其他手段操纵证券市场"。[②] 中国证监会也在一系列行政处罚中认定,某些投资者通过在短时间内对某只股票频繁以高价申报买入,在成交前又撤单的行为操纵股票价格获利,也构成了"以其他手段操纵证券市场"。[③] 中国证监会还认定,某些证券投资咨询机构和个人,利用其从事证券投资咨询业务的地位和优势,在咨询报告发布前,买入该咨询报告推荐的证券,并在咨询报告向社会公众发布后卖出该种证券的行为,构成了"以其他手段操纵证券市场"。[④]

(二)操纵市场的法律责任

1. 行政责任

我国《证券法》第 203 条规定:"违反本法规定,操纵证券市场的,责令依法处理其非法持有的证券,没收违法所得,并处以违法所得 1 倍以上 5 倍以下的罚款;没有违法所得或者违法所得不足 30 万元的,处以 30 万元以上 300 万元以下的罚款。单位操纵证券市场的,还应当对直接负责的主管人员和其他直接责任人员给予警告,并处以 10 万元以上 60 万元以下的罚款。"

2. 刑事责任

我国《刑法》第 182 条规定:"有下列情形之一,操纵证券、期货市场,情节严重的,处 5 年以下有期徒刑或者拘役,并处或者单处罚金;情节特别严重的,处 5 年以上 10 年以下有期徒刑,并处罚金:(一)单独或者合谋,集中资金优势、持股或者持仓优势或者利用信息优势联合或者连续买卖,操纵证券、期货交易价格或者证券、期货交易量的;(二)与他人串通,以事先约定的时间、价格和方式相互进行证券、期货交易,影响证券、期货交易价格或者证券、期货交易量的;(三)在自己实际控制的账户之间进行证券交易,或者以自己为交易对象,自买自卖期货

---

① 参见王志诚:《连续交易之认定基准及实务争议》,载《月旦民商法》总第 19 辑,清华大学出版社 2009 年版。

② 引自《中华人民共和国最高人民法院公报》2000 年第 2 期,第 64—66 页。

③ 参见《中国证监会行政处罚决定书(卢道军)》([2009]37 号)、《中国证监会行政处罚决定书(莫建军)》([2009]43 号)等。

④ 参见《中国证监会行政处罚决定书(汪建中)》([2008]42 号)。

合约,影响证券、期货交易价格或者证券、期货交易量的;(四)以其他方法操纵证券、期货市场的。单位犯前款罪的,对单位判处罚金,并对其直接负责的主管人员和其他直接责任人员,依照前款的规定处罚。"

四、禁止欺诈客户

欺诈客户的行为种类很多,本质上是损害了客户利益的行为。

(一) 欺诈客户的界定

欺诈客户是指证券经营机构、证券登记、清算机构及证券发行人或者发行代理人等在证券发行、交易及相关活动中诱使投资者买卖证券以及其他违背客户真实意愿、损害客户利益的行为。包括:(1) 违背客户的委托为其买卖证券;(2) 不在规定时间内向客户提供交易的书面确认文件;(3) 挪用客户所委托买卖的证券或者客户账户上的资金;(4) 未经客户的委托,擅自为客户买卖证券,或者假借客户的名义买卖证券;(5) 为牟取佣金收入,诱使客户进行不必要的证券买卖;(6) 利用传播媒介或者通过其他方式提供、传播虚假或者误导投资者的信息;(7) 其他违背客户真实意思表示,损害客户利益的行为。[①]

(二) 欺诈客户的法律责任

(1) 证券公司违背客户的委托买卖证券、办理交易事项,或者违背客户真实意思表示,办理交易以外的其他事项的,责令改正,处以1万元以上10万元以下的罚款。给客户造成损失的,依法承担赔偿责任。[②]

(2) 证券公司、证券登记结算机构挪用客户的资金或者证券,或者未经客户的委托,擅自为客户买卖证券的,责令改正,没收违法所得,并处以违法所得1倍以上5倍以下的罚款;没有违法所得或者违法所得不足10万元的,处以10万元以上60万元以下的罚款;情节严重的,责令关闭或者撤销相关业务许可。对直接负责的主管人员和其他直接责任人员给予警告,撤销任职资格或者证券从业资格,并处以3万元以上30万元以下的罚款。[③]

(3) 实施欺诈客户行为,给投资者造成损失的,应当依法承担赔偿责任。[④]

---

① 参见我国《证券法》第79条。
② 参见我国《证券法》第210条。
③ 参见我国《证券法》第211条。
④ 参见我国《证券法》第79条。

第十五章　上市公司收购法律监管

第一节　上市公司收购概述

上市公司收购的实际意涵是"收购上市公司",涵盖的是以上市公司为收购目标的股权收购行为,并不包括对非上市公司的收购。因此,上市公司作为收购人时,只有其对其他上市公司的收购行为才受到《证券法》相关内容的规范,上市公司对非上市公司的收购不受《证券法》管辖。①

我国《证券法》仅仅将对上市公司的收购纳入规范对象,主要是考虑到上市公司股权的特点——股东人数众多,股权分散。在对上市公司收购时,中小股东很难独立判断收购人的意图,无法在充分信息的基础上作出是否出售手中股权的判断。因此,必须通过立法向股东们提供充分的信息,并且规范上市公司控制股东的出售行为和收购人的收购活动。

上市公司收购,是收购人通过取得股份的方式成为一个上市公司的控股股东,或者通过投资关系、协议、其他安排的途径成为一个上市公司的实际控制人,或者同时采取上述方式和途径取得上市公司控制权。收购人包括投资者及与其一致行动的他人。②

一般而言,上市公司收购的法律关系发生在收购人和上市公司股东之间:收购人从上市公司股东手中获得股权,以获得对上市公司的控制权。上市公司本身虽然不是上市公司收购法律关系中的一方主体,但是,为了使得股东可以获得充分的信息,立法上对于上市公司也规定了在收购活动的信息披露义务,对于上市公司的董事也增加了一些额外的责任。

不过也可能存在上市公司为交易一方的情况,即上市公司专门向收购人定向增发股票,导致收购人成为该上市公司的控股股东。此时,上市公司必须履行新股增发的一般程序,严格履行信息披露义务和经过股东大会批准。

一、公司收购的理论争议和立法取向

公司收购是否创造价值,是立法采取限制还是鼓励公司收购活动政策的关键。但是,公司收购是否创造了价值,一直是理论界争议的话题,至今没有定论。

---

① 不过,上市公司的重大资产购买行为会受到中国证监会的相应监管。
② 《上市公司收购管理办法》第5条。

有人认为,收购公司可能创造价值,因为收购使得收购人低价买入目标公司的股票,通过两个公司之间的协作,提高资源使用效率和规模经济,从而提高整个社会的收益。还有人认为,在上市公司股东冷漠主义的情况下,管理层往往控制公司而无人监督。那些恶意收购人通过收购股价被低估的上市公司,能够起到监督上市公司管理层的作用。① 而反对者认为,在有效市场中,股价已经反映了公司的全部价值,收购活动的发生只是因为收购公司的管理层希望控制更多资源的野心或者是为了自身的利益而损害股东利益。从各种关于收购的实证研究来看,目前对于收购无法作出是否创造价值的结论。②

从立法思路来看,美国对于上市公司收购的立法采取了中立的态度,既不鼓励也不限制收购活动的发生,只是要求充分的信息披露。中国在法律和法规层面,对于上市公司收购的规定较为模糊,很难操作;但中国证监会则采取了积极鼓励上市公司收购活动发生的态度。这是因为,规章的起草者认为:中国目前的证券市场处于一个转轨时期,需要并购重组以解决大量历史遗留问题,"至少在一定程度上,并购重组可以稳定社会,活跃市场,提高上市公司的质量。"③最近这一态度也得到了中央政府的认可。2010年8月,国务院发布《关于促进企业兼并重组的意见》(国发〔2010〕27号),提出要"通过促进企业兼并重组,深化体制机制改革,完善以公有制为主体,多种所有制经济共同发展的基本经济制度",强调"必须切实推进企业兼并重组,深化企业改革,促进企业结构优化升级,加快转变发展方式,提高发展质量和效益,增强抵御国际市场风险能力,实现可持续发展",因此,国务院要求"充分发挥资本市场推动企业重组的作用"。

不过中国证监会对于收购人的身份仍然保留一定的警惕,因为现实中已经发生多起收购人收购后掠夺上市公司的案例,因此,在鼓励收购活动发生的同时,中国证监会在制度上也给予了自己"异议"和"审批"的权力,以便可以控制上市公司的收购活动。

在《上市公司收购管理办法》第6条第2款中,中国证监会甚至进一步界定了收购人的消极资格:"有下列情形之一的,不得收购上市公司:(一)收购人负有数额较大债务,到期未清偿,且处于持续状态;(二)收购人最近3年有重大违法行为或者涉嫌有重大违法行为;(三)收购人最近3年有严重的证券市场失信行为;(四)收购人为自然人的,存在《公司法》第147条规定情形;(五)法律、行政法规规定以及中国证监会认定的不得收购上市公司的其他情形。"

---

① 参见汤欣:《公司治理与上市公司收购》,中国人民大学出版社2001年版,第171—185页。
② 参见张新:《并购重组是否创造价值:中国证券市场的理论与实证研究》,载《上证研究》2003年第1辑,复旦大学出版社2003年版,第61—125页。
③ 参见同上书,第105页。

二、中国上市公司收购的特殊环境

中国上市公司收购事件虽然已经发生了很多起,但是由于中国上市公司的特殊股权结构,使得在中国发生的上市公司收购具有一定的特殊性。

中国上市公司的股权结构比较集中,绝大多数上市公司都存在一个或少数几个绝对或相对控股的股东。这使得收购人和控股股东合作,从控股股东手中购买股权,才能获得对上市公司的控制权。因此,收购只能是善意收购,获得控股股东支持下才能获得成功。恶意收购和自愿要约收购很少发生。

第二节　上市公司收购的监管要求

一、权益披露要求

（一）大股东披露和股权增减披露

我国《证券法》第86条规定:"通过证券交易所的证券交易,投资者持有或者通过协议、其他安排与他人共同持有一个上市公司已发行的股份达到5%时,应当在该事实发生之日起3日内,向国务院证券监督管理机构、证券交易所作出书面报告,通知该上市公司,并予公告;在上述期限内,不得再行买卖该上市公司的股票。投资者持有或者通过协议、其他安排与他人共同持有一个上市公司已发行的股份达到5%后,其所持该上市公司已发行的股份比例每增加或者减少5%,应当依照前款规定进行报告和公告。在报告期限内和作出报告、公告后2日内,不得再行买卖该上市公司的股票。"

该条规定的主要目的是预警:提醒市场注意,有大股东出现,这些人可能成为潜在的收购人。并且通过对该股东以后增减股份的持续披露,来让市场监控其行为。

如果仅从条文来看,权益披露的内容很简单,适用起来也应当很容易。对于通过证券交易所的证券交易,投资者获得上市公司的股权只要达到5%这个点,投资者就必须停下来履行权益披露义务:即应在该事实发生之日起3日内编制权益变动报告书,向中国证监会、证券交易所提交书面报告,抄报该上市公司所在地的中国证监会派出机构,通知该上市公司,并予公告;在上述期限内,不得再行买卖该上市公司的股票。

此后,如果还是通过证券交易所交易,则投资者拥有权益的股份每增加或者减少5%的,都应当按照前述要求进行报告和公告。在报告期限内和作出报告、公告后2日内,投资者不得再行买卖该上市公司的股票。①

换句话说,如果完全是通过证券交易所交易的方式获得上市公司的股权,则披露时点应当分别为5%、10%、15%、20%、25%和30%。

但如果是通过协议转让的方式获得上市公司的股权,投资者则无法控制协议购买的股权数量,不能恰好在5%的时点上停下来进行报告和公告。例如,甲持有某上市公司7%的股权,假如投资者试图从甲手中协议购买这些股权的话,则很可能达成的协议是7%股权的转让协议,不大可能投资者先协议转让5%,停下来进行披露,然后再协议购买余下的2%,这样做不但增加了交易成本,甲很可能也不愿意。因此,《上市公司收购管理办法》对协议转让股权的权益披露时点有所放松:投资者通过协议转让方式,在一个上市公司中拥有权益的股份拟达到或者超过一个上市公司已发行股份5%时,履行权益披露义务。此后,其拥有权益的股份占该上市公司已发行股份的比例每增加或者减少达到或者超过5%的,也应当履行报告、公告义务。②

也就是说,在协议转让股权的情况下,如果协议中拟转让的股权达到或者超过5%,投资者就应当在协议达成之日起3日内履行权益报告义务。例如,在上述假设案例中,投资者拟协议受让甲股东持有的7%上市公司股权的,就应当在该协议达成之日起3日内履行权益披露义务,不必将该笔协议拆分为5%和2%。此后,该投资者的股份发生增减变化,如果该变化使得投资者持股比例达到或者超过5%的整数倍的,也应当履行权益披露义务。仍举上例,则披露时点应当分别为7%、10%、15%、20%、25%。

如果投资者是通过行政划转或者变更、执行法院裁定、继承、赠与等方式拥有权益的股份变动达到上述规定比例的,也当同样履行权益披露义务。③

（二）权益披露的内容

我国《证券法》第87条明确规定了权益披露必须具备的内容:"（一）持股人的名称、住所;（二）持有的股票的名称、数额;（三）持股达到法定比例或者持股增减变化达到法定比例的日期。"

该条对披露内容要求比较简单,只是一些最基本的情况。但是,如此简单的披露要求并不能满足实践的需要,因此,中国证监会对权益披露作出了更为详细的要求。

《上市公司收购管理办法》第16条规定:如果投资者不是上市公司的第一大股东或者实际控制人的,如果其拥有权益的股东达到或者超过该公司已发行

---

① 参见《上市公司收购管理办法》第13条。
② 参见《上市公司收购管理办法》第14条。
③ 参见《上市公司收购管理办法》第15条。

股份的5%，但未达到20%的，则应当编制简式权益变动报告书。

简式权益变动报告书的内容应当包括①：

（1）投资者及其一致行动人的姓名、住所；投资者及其一致行动人为法人的，其名称、注册地及法定代表人；

（2）持股目的，是否有意在未来12个月内继续增加其在上市公司中拥有的权益；

（3）上市公司的名称、股票的种类、数量、比例；

（4）在上市公司中拥有权益的股份达到或者超过上市公司已发行股份的5%或者拥有权益的股份增减变化达到5%的时间及方式；

（5）权益变动事实发生之日前6个月内通过证券交易所的证券交易买卖该公司股票的简要情况；

（6）中国证监会、证券交易所要求披露的其他内容。

如果投资者拥有权益的股份达到或者超过一个上市公司已发行股份的5%，但未达到20%，同时，该投资者为该上市公司第一大股东或者实际控制人的，以及投资者拥有的股份达到或者超过20%但未超过30%的，投资者应当编制详式权益变动报告书。②

详式权益变动报告书除了披露简式权益变动报告书所具有的内容外，还应当披露以下内容③：

（1）投资者及其一致行动人的控股股东、实际控制人及其股权控制关系结构图；

（2）取得相关股份的价格、所需资金额、资金来源，或者其他支付安排；

（3）投资者、一致行动人及其控股股东、实际控制人所从事的业务与上市公司的业务是否存在同业竞争或者潜在的同业竞争，是否存在持续关联交易；存在同业竞争或者持续关联交易的，是否已作出相应的安排，确保投资者、一致行动人及其关联方与上市公司之间避免同业竞争以及保持上市公司的独立性；

（4）未来12个月内对上市公司资产、业务、人员、组织结构、公司章程等进行调整的后续计划；

（5）前24个月内投资者及其一致行动人与上市公司之间的重大交易；

（6）不存在《上市公司收购管理办法》第6条规定的情形；

（7）能够按照《上市公司收购管理办法》第50条的规定提供相关文件。

---

① 参见《上市公司收购管理办法》第16条，更为详尽的要求可以参见《公开发行证券的公司信息披露内容与格式准则第15号——权益变动报告书》。

② 参见《上市公司收购管理办法》第16条和第17条。

③ 参见《上市公司收购管理办法》第17条，更为详尽的要求可以参见《公开发行证券的公司信息披露内容与格式准则第15号——权益变动报告书》。

已披露权益变动报告书的投资者及其一致行动人在披露之日起6个月内,因拥有权益的股份变动需要再次报告、公告权益变动报告书的,可以仅就与前次报告书不同的部分作出报告、公告;自前次披露之日起超过6个月的,投资者及其一致行动人应当按照本章的规定编制权益变动报告书,履行报告、公告义务。①

二、要约收购程序

对于何谓要约收购,我国《证券法》和《上市公司收购管理办法》都无界定。《上市公司收购管理办法》第46条规定:"除要约方式外,投资者不得在证券交易所外公开求购上市公司的股份",算是对要约收购的反向间接界定。

从理论上讲,要约收购是收购人在证券交易所的集中竞价系统之外,直接向股东发出要购买其手中持有股票的一种收购方式。相对于通过交易所集中竞价系统购买的方式,要约收购在时间和成本上都有所控制。因此,在收购实践中也得到广泛采用。我国《证券法》也允许收购人自愿采用要约方式进行收购。② 不过,《上市公司收购管理办法》要求无论是自愿要约还是强制要约,只要采要约方式收购一个上市公司的股份的,其预定收购的股份比例不得低于该上市公司已发行股份的5%。③

要约收购很可能对目标公司的中小股东造成压迫。例如,收购人往往给要约一个很短的有效时间,而且规定先接受要约的先卖,达到预定比例就停止购买。这往往迫使被收购公司的股东在压力下不经过充分考虑就卖出股票。为了减少要约收购对目标公司中小股东的压迫性,各国《证券法》往往都对要约收购的程序有严格的规定,保证收购要约能够同等适用于所有股东。

我国《证券法》和《上市公司收购管理办法》规定的要约收购程序如下:

(一)中国证监会的审查

《上市公司收购管理办法》规定,以要约方式收购上市公司股份的,收购人应当编制要约收购报告书,聘请财务顾问向中国证监会、证券交易所提交书面报告,并对要约报告书摘要作出提示性公告。

在收购人报送符合要求的要约收购报告书和其他相关文件15日内,中国证监会对要约收购报告书无异议的,收购人可以公告要约收购报告书。④ 换句话说,只有中国证监会在出具无异议函的情况下,收购人才可以发出正式的收购要约。

---

① 参见《上市公司收购管理办法》第18条。
② 参见我国《证券法》第85条。
③ 参见《上市公司收购管理办法》第25条。
④ 参见《上市公司收购管理办法》第28条。

（二）要约有效期和竞争要约

收购要约约定的收购期限不得少于30日,并不得超过60日。但出现竞争要约的除外。

收购人在公告要约收购报告书之前可以自行取消收购计划,不过应当向中国证监会提出取消收购计划的申请及原因说明,并予公告;自公告之日起12个月内,该收购人不得再次对同一上市公司进行收购。[①]

在收购要约确定的承诺期内,收购人不得撤销其收购要约。

在收购要约确定的承诺期内,收购人需要变更收购要约的,必须事先向中国证监会提出书面报告,经中国证监会批准后,予以公告。在收购要约期限届满前15日内,收购人不得变更收购要约,但出现竞争要约的除外。

出现竞争要约时,发出初始要约的收购人变更收购要约距初始要约收购期限届满不足15日的,应当延长收购期限,延长后的要约期应当不少于15日,不得超过最后一个竞争要约的期满日,并按规定比例追加履约保证金;以证券支付收购价款的,应当追加相应数量的证券,交由证券登记结算机构保管。

发出竞争要约的收购人最迟不得晚于初始要约收购期限届满前15日发出要约收购的提示性公告,并应当根据规定履行报告、公告义务。

（三）要约对象和条件

收购人对同一种类股票的要约价格不得低于要约收购提示性公告日前6个月内收购人取得该种股票所支付的最高价格。要约价格低于提示性公告前30个交易日该种股票的每日加权平均价格的算术平均值的,收购人聘请的财务顾问应当就该种股票前6个月的交易情况进行分析,说明是否存在股价被操纵、要约价格是否合理等情况。

收购要约提出的各项收购条件,应当适用于被收购公司的所有股东。

（四）禁止收购人通过其他方式获得股票

采取要约收购方式的,收购人在收购期限内,不得卖出被收购公司的股票,也不得采取要约规定以外的形式和超出要约的条件买入被收购公司的股票。

（五）被收购公司董事会的义务

被收购公司董事会应当对收购人的主体资格、资信情况及收购意图进行调查,对要约条件进行分析,对股东是否接受要约提出建议,并聘请独立财务顾问提出专业意见。

在收购人作出提示性公告后至要约收购完成前,被收购公司除继续从事正常的经营活动或者执行股东大会已经作出的决议外,未经股东大会批准,被收购公司董事会不得通过处置公司资产、对外投资、调整公司主要业务、担保、贷款等

[①] 参见《上市公司收购管理办法》第31条。

方式,对公司的资产、负债、权益或者经营成果造成重大影响。

在要约收购期间,被收购公司董事不得辞职。

(六) 预受要约

同意接受收购要约的股东,在收购期内此种同意并不被视为承诺,而是被视为预受。预受要约的股票将被证券登记结算公司临时报告,在要约收购期间,如果该股东未撤回预受,则不得转让。

《上市公司收购管理办法》解释说,预受,是指被收购公司股东同意接受要约的初步意思表示,在要约收购期限内不可撤回之前不构成承诺。在要约收购期限届满3个交易日前,预受股东可以委托证券公司办理撤回预受要约的手续,证券登记结算机构根据预受要约股东的撤回申请解除对预受要约股票的临时保管。在要约收购期限届满前3个交易日内,预受股东不得撤回其对要约的接受。在要约收购期限内,收购人应当每日在证券交易所网站上公告已预受收购要约的股份数量。

预受股东撤回预受,既可能是因为其不满意要约条件,也可能是有更优厚的要约价格出现,例如出现了竞争要约。预受的定性其实是给予了股东在一定期限内后悔的权利。

(七) 要约期满

收购期限届满,发出部分要约的收购人应当按照收购要约约定的条件购买被收购公司股东预受的股份,预受要约股份的数量超过预定收购数量时,收购人应当按照同等比例收购预受要约的股份;以终止被收购公司上市地位为目的的,收购人应当按照收购要约约定的条件购买被收购公司股东预受的全部股份;未取得中国证监会豁免而发出全面要约的收购人应当购买被收购公司股东预受的全部股份。

收购期限届满后3个交易日内,接受委托的证券公司应当向证券登记结算机构申请办理股份转让结算、过户登记手续,解除对超过预定收购比例的股票的临时保管;收购人应当公告本次要约收购的结果。

收购期限届满后15日内,收购人应当向中国证监会报送关于收购情况的书面报告,同时抄报派出机构,抄送证券交易所,通知被收购公司。

三、强制要约制度

有些国家通过立法强制要求在某种条件下必须适用要约收购程序,来提供对目标公司中小股东的保护。我国也采用了这一制度。我国《证券法》第88条规定:"通过证券交易所的证券交易,投资者持有或者通过协议、其他安排与他人共同持有一个上市公司已发行的股份达到30%时,继续进行收购的,应当依法向该上市公司所有股东发出收购上市公司全部或者部分股份的要约。……"

该条规定修改了原《证券法》规定的强制全面要约收购制度,改为较为和缓的强制要约制度,表明我国上市公司收购制度正在从原来的英国模式向美国模式转化。

在英国收购制度的设计中,人们认为,中小股东应当分享控制权溢价,并且在公司控制权发生转移时,应当给中小股东选择退出的机会,因此,采取了强制全面要约的制度,核心是要求收购人在获得对上市公司控制权的同时,应当向所有股东发出收购全部股份的要约。我国现行《证券法》将强制全面要约制度改为强制要约制度,不再要求所有收购人都必须发出全面要约,使得这一制度的理论基础发生动摇。

目前对于触发强制要约义务的收购行为,实践中有三种处理方式。(1) 对于协议收购超过 30% 股权的行为,首先收购人应当考虑是否可以申请豁免,如果符合《上市公司收购管理办法》规定的豁免条件,则中国证监会可以豁免其以要约方式增持股份或者豁免其向目标公司所有股东发出收购要约。① (2) 在上述情况下,如果收购人不申请豁免或者申请但不符合豁免条件,则其必须向目标公司除协议转让股份的股东之外的所有剩余股东发出收购其手上全部股份的要约。② (3) 如收购人恰好在持股 30% 的点上停下来,则不触发强制要约义务,其继续增持股份的,则必须采取要约方式,但允许其采取部分要约的方式,即只向其余股东发出收购公司一定比例而非全部股份的要约。③ 例如,在法国 SEB 公司收购苏泊尔的案例中,SEB 公司通过协议转让和定向增发获得了苏泊尔 30% 的股份,然后再向所有剩余股东发出一个部分要约,收购不高于 49122948 股,占苏泊尔总股本的 22.74%。④

由于在中国实践中,绝大多数上市公司股权都相对比较集中,都存在控股股东或者实际控制人,因此,发生在中国资本市场的上市公司收购多必须在控股股东或者实际控制人的配合下进行,收购人必须和控股股东或者实际控制人达成协议,受让他们手中持有的目标公司控股股权,才能顺利实现对上市公司的控制。在这种情况下,收购人和目标公司控股股东、实际控制人之间的协议转让就能实现上市公司控制权的转移,收购人不需要采取要约收购的方式来获得上市公司控制权,因此,中国上市公司收购的实践中,主动要约的案例特别稀少。而协议收购获得公司控制权的情况又多会触发强制要约义务。因此,收购人能否获得中国证监会的豁免,就显得尤为重要。

《上市公司收购管理办法》规定,投资者如果符合一定条件的,就可以向中

---

① 参见《上市公司收购管理办法》第六章"豁免申请"。
② 参见《上市公司收购管理办法》第 47 条第 3 款的规定。
③ 参见《上市公司收购管理办法》第 47 条第 2 款的规定。
④ 参见《浙江苏泊尔股份有限公司要约收购报告书》(2007 年 11 月 20 日)。

国证监会申请:(1)免于以要约收购方式增持股份;(2)存在主体资格、股份种类限制或者法律、行政法规、中国证监会规定的特殊情形的,可以申请免于向被收购公司的所有股东发出收购要约。①

对于未取得豁免的,《上市公司收购管理办法》还给了一条出路:投资者可以在接到中国证监会不予豁免通知之日起 30 日内将其或者其控制的股东所持有的目标公司股份减持到 30% 或者 30% 以下,也可以避免触发强制要约义务。②

《上市公司收购管理办法》规定了两类豁免,程序有所不同。

《上市公司收购管理办法》第 62 条规定:"有下列情形之一的,收购人可以向中国证监会提出免于以要约方式增持股份的申请:(一)收购人与出让人能够证明本次转让未导致上市公司的实际控制人发生变化;(二)上市公司面临严重财务困难,收购人提出的挽救公司的重组方案取得该公司股东大会批准,且收购人承诺 3 年内不转让其在该公司中所拥有的权益;(三)经上市公司股东大会非关联股东批准,收购人取得上市公司向其发行的新股,导致其在该公司拥有权益的股份超过该公司已发行股份的 30%,收购人承诺 3 年内不转让其拥有权益的股份,且公司股东大会同意收购人免于发出要约;(四)中国证监会为适应证券市场发展变化和保护投资者合法权益的需要而认定的其他情形。收购人报送的豁免申请文件符合规定,并且已经按照本办法的规定履行报告、公告义务的,中国证监会予以受理;不符合规定或者未履行报告、公告义务的,中国证监会不予受理。中国证监会在受理豁免申请后 20 个工作日内,就收购人所申请的具体事项作出是否予以豁免的决定;取得豁免的,收购人可以继续增持股份。"

《上市公司收购管理办法》第 63 条规定:"有下列情形之一的,当事人可以向中国证监会申请以简易程序免除发出要约:(一)经政府或者国有资产管理部门批准进行国有资产无偿划转、变更、合并,导致投资者在一个上市公司中拥有权益的股份占该公司已发行股份的比例超过 30%;(二)在一个上市公司中拥有权益的股份达到或者超过该公司已发行股份的 30% 的,自上述事实发生之日起 1 年后,每 12 个月内增加其在该公司中拥有权益的股份不超过该公司已发行股份的 2%;(三)在一个上市公司中拥有权益的股份达到或者超过该公司已发行股份的 50% 的,继续增加其在该公司拥有的权益不影响该公司的上市地位;(四)因上市公司按照股东大会批准的确定价格向特定股东回购股份而减少股本,导致当事人在该公司中拥有权益的股份超过该公司已发行股份的 30%;(五)证券公司、银行等金融机构在其经营范围内依法从事承销、贷款等业务导

---

① 《上市公司收购管理办法》第 61 条。
② 同上。

致其持有一个上市公司已发行股份超过30%,没有实际控制该公司的行为或者意图,并且提出在合理期限内向非关联方转让相关股份的解决方案;(六)因继承导致在一个上市公司中拥有权益的股份超过该公司已发行股份的30%;(七)中国证监会为适应证券市场发展变化和保护投资者合法权益的需要而认定的其他情形。……"

四、收购中的信息披露要求

在收购过程中,收购人需要披露大量的信息,以让目标公司的中小股东判断是否接受收购要约或者对公司未来的前景作出判断。由于中小股东可能并不参与上市公司的经营,对公司股票的价值也许并无准确的判断,因此,目标公司(被收购公司)的董事会也有一定的信息披露义务。

（一）要约收购报告书

当收购人主动采用要约收购方式或者未能获得豁免,被强制采用要约收购方式时,其必须编制要约收购报告书。要约收购报告书必须载明下列事项:

（1）收购人的姓名、住所;收购人为法人的,其名称、注册地及法定代表人,与其控股股东、实际控制人之间的股权控制关系结构图;

（2）收购人关于收购的决定及收购目的,是否拟在未来12个月内继续增持;

（3）上市公司的名称、收购股份的种类;

（4）预定收购股份的数量和比例;

（5）收购价格;

（6）收购所需资金额、资金来源及资金保证,或者其他支付安排;

（7）收购要约约定的条件;

（8）收购期限;

（9）报送收购报告书时持有被收购公司的股份数量、比例;

（10）本次收购对上市公司的影响分析,包括收购人及其关联方所从事的业务与上市公司的业务是否存在同业竞争或者潜在的同业竞争,是否存在持续关联交易;存在同业竞争或者持续关联交易的,收购人是否已作出相应的安排,确保收购人及其关联方与上市公司之间避免同业竞争以及保持上市公司的独立性;

（11）未来12个月内对上市公司资产、业务、人员、组织结构、公司章程等进行调整的后续计划;

（12）前24个月内收购人及其关联方与上市公司之间的重大交易;

（13）前6个月内通过证券交易所的证券交易买卖被收购公司股票的情况;

（14）中国证监会要求披露的其他内容。

收购人发出全面要约的,应当在要约收购报告书中充分披露终止上市的风险、终止上市后收购行为完成的时间及仍持有上市公司股份的剩余股东出售其股票的其他后续安排;收购人发出以终止公司上市地位为目的的全面要约,无须披露前款第(10)项规定的内容。

(二) 收购报告书

当收购人拟申请豁免强制要约收购义务的,其应编制上市公司收购报告书以及其他规定文件,委托财务顾问向中国证监会、证券交易所提出书面报告,并公告上市公司收购报告书摘要。收购人在取得中国证监会豁免之日起3日内公告收购报告书、财务顾问专业意见和律师出具的法律意见书。

收购报告书的内容应当包括要约收购报告书第1项至第6项和第9项至第14项规定的内容及收购协议的生效条件和付款安排。

(三) 被收购公司董事会报告

由于被收购公司董事会在目标公司中的地位,其是判断要约收购条件是否合适的最恰当人选。因此,尽管在要约收购中,被收购公司的董事会并非收购要约针对的对象,但基于其对股东承担的信义责任,法律还是要求被收购公司董事会应当对要约条件进行分析,就股东是否接受要约提出建议。

《上市公司收购管理办法》第32条规定:"被收购公司董事会应当对收购人的主体资格、资信情况及收购意图进行调查,对要约条件进行分析,对股东是否接受要约提出建议,并聘请独立财务顾问提出专业意见。在收购人公告要约收购报告书后20日内,被收购公司董事会应当将被收购公司董事会报告书与独立财务顾问的专业意见报送中国证监会,同时抄报派出机构,抄送证券交易所,并予公告。收购人对收购要约条件作出重大变更的,被收购公司董事会应当在3个工作日内提交董事会及独立财务顾问就要约条件的变更情况所出具的补充意见,并予以报告、公告。"

五、收购中的法律责任

在上市公司收购中,多方主体都可能承担相应的法定义务。违反这些义务,当然应当承担相应的法律责任。

这些义务大致可以包括几类:(1)权益披露的义务;(2)强制要约收购的义务;(3)遵守要约收购程序的义务;(4)被收购公司的相关义务;(5)证券服务机构的相关义务。

对于这些义务的违反,我国《证券法》上规定的相关法律责任并不完全。

我国《证券法》第213条规定了收购人的上述责任:"收购人未按照本法规定履行上市公司收购的公告、发出收购要约、报送上市公司收购报告书等义务或者擅自变更收购要约的,责令改正,给予警告,并处以10万元以上30万元以下的罚款;在改正前,其持有或者通过协议、其他安排与他人共同持有被收购公司股份超过30%的部分不得行使表决权。对直接负责的主管人员和其他直接责任人员给予警告,并处以3万元以上30万元以下的罚款。"

我国《证券法》第214条规定:"收购人或者收购人的控股股东利用上市公司收购损害被收购公司及其股东的合法权益的,责令改正,给予警告;情节严重的,并处以10万元以上60万元以下的罚款。给被收购公司及其股东造成损失的,依法承担赔偿责任。对直接负责的主管人员和其他直接责任人员给予警告,并处以3万元以上30万元以下的罚款。"

可见,我国《证券法》仅仅规定了收购人未按照规定履行相关信息披露义务、违反强制要约义务、擅自变更收购要约和利用收购损害被收购公司及其股东合法权益的法律责任。对于投资者持股超比例未披露或者收购人虚假披露的行为并未明确规定法律责任,目前这些主体往往被认定为构成了我国《证券法》第193条规定的"其他信息披露义务人",从而适用第193条的规定追究法律责任。例如,在中国证监会对北京华天地等机构的行政处罚案中,北京华天地科贸有限公司等4家关联公司持有上市公司旭飞投资5.06%的股份,但没有履行权益披露义务,中国证监会认为其违反了《证券法》第86条关于权益披露的要求,依据《证券法》第193条对其进行了处罚。①

此外,对于收购人未履行收购程序要求的违法行为,以及其他被收购公司未履行相关义务等行为,我国《证券法》尚缺乏明确规定,也找不到相关条款可以类推适用。

《上市公司收购管理办法》明确了多种违规行为的法律责任,但由于行政规章不能创设行政处罚,因此,《上市公司收购管理办法》采用了监管措施的表述。对于这些违规行为,规定中国证监会可以采用"责令改正,采取监管谈话、出具警示函、责令暂停或者停止收购等监管措施",并规定,在改正前,相关主体"不得对其持有或者实际支配的股份行使表决权"。

第三节 特殊的收购方式

收购的目的是获得上市公司的股权,进而取得公司控制权。取得股权有多种方式,包括购买股权和通过投资关系、协议和其他安排等途径。我国《证券法》明确界定为:"通过证券交易所的证券交易、投资者持有或者通过协议、其他安排与他人共同持有"。具体而言,收购上市公司可以采取的方式包括:

(1)集中竞价收购。是指收购人通过在交易所参与集中竞价交易,购买上

---

① 参见《中国证监会行政处罚决定书(北京华天地等4家机构、杜丽贤、卓彬彬)》([2009]50号)。

市公司股权,获得对上市公司控制权的收购方式。这种方式必须依赖于市场上出售股票的数量,而且按照相关规则,收购人必须在持股达到一定比例要求时不断作信息披露。对于收购人来说,往往在时间和成本上都很难控制。

(2) 协议收购。是指收购人与被收购公司的股东谈判,通过协商确定购买协议,获得上市公司股权的收购方式。协议收购的标的可能是未上市流通的股票,也可能是已经在交易所挂牌交易的股票。

(3) 要约收购。是指收购人通过向被收购公司股东公开发出收购要约的收购方式。对于一般的上市公司来说,股权分布比较分散,协议收购需要与很多股东分别谈判,成本很高,集中竞价也往往很难控制时间和成本。因此,一些收购人往往直接公开地向被收购公司的所有股东发出要约,表明愿意以某价格购买被收购公司一定比例的股权,并同时限定该要约的有效时间。采用这种方式,收购人可以在确定的时间内得知收购是否成功,并且,以固定的价格发出要约,也控制了收购成本。

(4) 间接收购。收购人虽然不是上市公司的股东,但通过投资关系、协议、其他安排拥有上市公司股份权益的,构成了间接收购,也应当纳入上市公司收购监管范围内。但是,如何界定间接收购,是一个复杂的问题。

上述多种方式中,协议收购和间接收购比较复杂,需要单独讨论。另外,对于我国《证券法》所规定的通过各种安排"与他人共同持有",《上市公司收购管理办法》通过界定"一致行动人"的概念予以了概括。

一、协议收购

协议收购是由收购人和被收购公司的控股股东之间通过协议转让股权的方式完成控制权转移。由于协议收购涉及的股权转让往往是整笔股权,不像在交易所集中竞价购买和要约收购可以精确控制拟购买股份的数量或比例,因此,在计算权益披露的时点和强制要约收购义务时,都有所不同,已如上文所述。除此之外,协议收购还有一些特点:

(一) 过渡期安排

以协议方式进行上市公司收购的,自签订收购协议起至相关股份完成过户的期间为上市公司收购过渡期。《上市公司收购管理办法》要求:在过渡期内,收购人不得通过控股股东提议改选上市公司董事会,确有充分理由改选董事会的,来自收购人的董事不得超过董事会成员的1/3;被收购公司不得为收购人及其关联方提供担保;被收购公司不得公开发行股份募集资金,不得进行重大购买、出售资产及重大投资行为或者与收购人及其关联方进行其他关联交易,但收购人为挽救陷入危机或者面临严重财务困难的上市公司的情形除外。

（二）出让股份之控股股东的义务

被收购公司控股股东向收购人协议转让其所持有的上市公司股份的,应当对收购人的主体资格、诚信情况及收购意图进行调查,并在其权益变动报告书中披露有关调查情况。

控股股东及其关联方未清偿其对公司的负债,未解除公司为其负债提供的担保,或者存在损害公司利益的其他情形的,被收购公司董事会应当对前述情形及时予以披露,并采取有效措施维护公司利益。

（三）股权过户

为了保证交易安全和协议各方的履约诚意,《上市公司收购管理办法》要求,协议收购的相关当事人应当向证券登记结算机构申请办理拟转让股份的临时保管手续,并可以将用于支付的现金存放于证券登记结算机构指定的银行。

收购报告书公告后,相关当事人应当按照证券交易所和证券登记结算机构的业务规则,在证券交易所就本次股份转让予以确认后,凭全部转让款项存放于双方认可的银行账户的证明,向证券登记结算机构申请解除拟协议转让股票的临时保管,并办理过户登记手续。

收购人未按规定履行报告、公告义务,或者未按规定提出申请的,证券交易所和证券登记结算机构不予办理股份转让和过户登记手续。

收购人在收购报告书公告后30日内仍未完成相关股份过户手续的,应当立即作出公告,说明理由;在未完成相关股份过户期间,应当每隔30日公告相关股份过户办理进展情况。

（四）管理层收购（management buyout，MBO）

管理层收购本公司的股权,以控制本公司,可能是符合股权激励安排、减少监督成本的好事,但也存在管理层利用其在公司的特殊地位,损害公司股东的可能,并且基于管理层对公司股东的信义义务,管理层从股东手中购买本公司股权,存在利益冲突。

《上市公司收购管理办法》对管理层收购作出了特别规定。即:上市公司董事、监事、高级管理人员、员工或者其所控制或者委托的法人或者其他组织,拟对本公司进行收购或者通过本办法第五章规定的方式（间接收购）取得本公司控制权（以下简称管理层收购）的,该上市公司应当具备健全且运行良好的组织机构以及有效的内部控制制度,公司董事会成员中独立董事的比例应当达到或者超过1/2。公司应当聘请具有证券、期货从业资格的资产评估机构提供公司资产评估报告,本次收购应当经董事会非关联董事作出决议,且取得2/3以上的独立董事同意后,提交公司股东大会审议,经出席股东大会的非关联股东所持表决权过半数通过。独立董事发表意见前,应当聘请独立财务顾问就本次收购出具专业意见,独立董事及独立财务顾问的意见应当一并予以公告。上市公司董事、监事、高级管理人员存在《公司法》第 149 条规定情形，或者最近 3 年有证券市场不良诚信记录的，不得收购本公司。

二、间接收购

除了直接购买上市公司的股权以获得对其的控制权之外，现实中还可能存在多种安排可以达到类似的效果。我国《证券法》将其表表述为"通过协议、其他安排"。例如，收购人可能通过获得上市公司母公司的控制权，从而间接控制了上市公司。

《上市公司收购管理办法》统一将这些其他安排称之为间接收购。《上市公司收购管理办法》没有对间接收购作出明确界定，但规定："收购人虽不是上市公司的股东，但通过投资关系、协议、其他安排导致其拥有权益的股份达到或者超过一个上市公司已发行股份的 5%，未超过 30% 的"，应当按照规定做权益披露。

"收购人拥有权益的股份超过该公司已发行股份的 30% 的，应当向该公司所有股东发出全面要约；收购人预计无法在事实发生之日起 30 日内发出全面要约的，应当在前述 30 日内促使其控制的股东将所持有的上市公司股份减持至 30% 或者 30% 以下。"

间接收购中收购人并未直接成为被收购公司的控股股东，往往是实际控制人。但是如何衡量自己成为了实际控制人？例如，甲购买了某家非上市公司的控制权，但该非上市公司还持有某上市公司 10% 的股权，此时，甲是否应当履行权益披露义务？对此目前《上市公司收购管理办法》的界定并不清楚。其仅仅在第 57 条规定：投资者虽不是上市公司的股东，但通过投资关系取得对上市公司股东的控制权，而受其支配的上市公司股东所持股份达到规定比例，且对该股东的资产和利润构成重大影响的，应当按照规定履行报告、公告义务。换句话说，如果上市公司股权对于投资者投资公司的资产和利润不构成重大影响的，则不会构成间接收购。例如在上例中，虽然非上市公司持有某上市公司 10% 的股权，但如果该部分股份在非上市公司的资产和利润中所占比重不足 30%，则在此情形下，投资者收购非该上市公司的主要目的并不是取得对上市公司 10% 的股份的支配权，因此，投资者可以免于履行权益报告义务。

在间接收购中，由于收购人只是上市公司的实际控制人，很多相关信息上市公司不能获得，因此，上市公司实际控制人及受其支配的股东，负有配合上市公司真实、准确、完整披露有关实际控制人发生变化的信息的义务。[①]

---

① 参见《上市公司收购管理办法》第 58 条。

如果上市公司实际控制人及受其支配的股东未履行报告、公告义务的,上市公司应当自知悉之日起立即作出报告和公告。上市公司就实际控制人发生变化的情况予以公告后,实际控制人仍未披露的,上市公司董事会应当向实际控制人和受其支配的股东查询,必要时可以聘请财务顾问进行查询,并将查询情况向中国证监会、派出机构和证券交易所报告;中国证监会依法对拒不履行报告、公告义务的实际控制人进行查处。

上市公司知悉实际控制人发生较大变化而未能将有关实际控制人的变化情况及时予以报告和公告的,中国证监会责令改正,情节严重的,认定上市公司负有责任的董事为不适当人选。①

上市公司实际控制人及受其支配的股东未履行报告、公告义务,拒不履行上述配合义务,或者实际控制人存在不得收购上市公司情形的,上市公司董事会应当拒绝接受受实际控制人支配的股东向董事会提交的提案或者临时议案,并向中国证监会、派出机构和证券交易所报告。中国证监会责令实际控制人改正,可以认定实际控制人通过受其支配的股东所提名的董事为不适当人选;改正前,受实际控制人支配的股东不得行使其持有股份的表决权。上市公司董事会未拒绝接受实际控制人及受其支配的股东所提出的提案的,中国证监会可以认定负有责任的董事为不适当人选。②

三、一致行动人

如果只计算投资者持有的股份数量,就存在太多规避权益披露和强制要约收购义务的可能。例如,投资者通过亲戚朋友代为持有股权等。因此,我国《证券法》在计算股权时,表述为"通过协议、其他安排与他人共同持有",这被《上市公司收购管理办法》界定为"一致行动人"。

《上市公司收购管理办法》规定:一致行动人是指投资者通过协议、其他安排,与其他投资者共同扩大其所能支配的一个上市公司股份表决权数量的行为或者事实。③

一致行动是多个主体之间通过多种方式安排的结果,这些安排可能非常隐蔽,往往很难察觉。因此,在界定一致行动人时,《上市公司收购管理办法》采用了列举推定的方法④:"在上市公司的收购及相关股份权益变动活动中有一致行动情形的投资者,互为一致行动人。如无相反证据,投资者有下列情形之一的,为一致行动人:(一)投资者之间有股权控制关系;(二)投资者受同一主体控

---

① 参见《上市公司收购管理办法》第59条。
② 参见《上市公司收购管理办法》第60条。
③ 参见《上市公司收购管理办法》第83条。
④ 同上。

制;(三)投资者的董事、监事或者高级管理人员中的主要成员,同时在另一个投资者担任董事、监事或者高级管理人员;(四)投资者参股另一投资者,可以对参股公司的重大决策产生重大影响;(五)银行以外的其他法人、其他组织和自然人为投资者取得相关股份提供融资安排;(六)投资者之间存在合伙、合作、联营等其他经济利益关系;(七)持有投资者30%以上股份的自然人,与投资者持有同一上市公司股份;(八)在投资者任职的董事、监事及高级管理人员,与投资者持有同一上市公司股份;(九)持有投资者30%以上股份的自然人和在投资者任职的董事、监事及高级管理人员,其父母、配偶、子女及其配偶、配偶的父母、兄弟姐妹及其配偶、配偶的兄弟姐妹及其配偶等亲属,与投资者持有同一上市公司股份;(十)在上市公司任职的董事、监事、高级管理人员及其前项所述亲属同时持有本公司股份的,或者与其自己或者其前项所述亲属直接或者间接控制的企业同时持有本公司股份;(十一)上市公司董事、监事、高级管理人员和员工与其所控制或者委托的法人或者其他组织持有本公司股份;(十二)投资者之间具有其他关联关系。一致行动人应当合并计算其所持有的股份。投资者计算其所持有的股份,应当包括登记在其名下的股份,也包括登记在其一致行动人名下的股份。投资者认为其与他人不应被视为一致行动人的,可以向中国证监会提供相反证据。"

第四节 特殊的上市公司收购

一、私有化交易

上市公司必须履行强制信息披露义务,以及其他各类义务。当控股股东觉得此类义务增加了公司成本,并且其持续看好公司盈利前景,不愿意其他股东与其分享上市公司的收益时,控股股东可能选择从其他股东手中买回所有股票,将上市公司变成其独资拥有的公司。这种交易一般被称为"私有化交易"(going private)。2006年以来,中石化和中石油各自对其下属的四家国内上市公司进行了私有化,通过要约收购和吸收合并的方式,将这八家上市公司退市,并将其他股东买出,最终将这八家上市公司变成了集团下属的独资公司或者干脆取消了其独立法人人格,变成了分公司。

在私有化交易中,中小股东的保护显得尤为重要。但中国目前证券法对于私有化交易未作任何规定。这使得实践中发生的私有化交易一方面无法可依,步履维艰;另一方面对于在这一交易中中小股东的权益是否得到足够保护,又无从判断。

从中国实践中发生的私有化交易来看,主要涉及两个步骤。

第一个步骤是上市公司主动退市。我国《证券法》第 56 条规定的终止上市条件应当只是被动退市的条件，上市公司能否主动提出自愿退市，在目前并无定论。实践中，往往采用发出全面收购要约的方式使得上市公司的股权分布不符合上市条件，从而符合第 56 条的要求退市。一般理解，这需要使得目标公司中，社会公众持有的股份低于公司股份总数的 25%，公司股本总额超过人民币 4 亿元的，社会公众持股的比例低于 10%。目前，两个交易所在《股票上市规则》及其补充解释中，都对"社会公众"作了反向界定："社会公众不包括：（1）持有上市公司 10% 以上股份的股东及其一致行动人；（2）上市公司的董事、监事、高级管理人员及其关联人。"[①]

《上市公司收购管理办法》要求：收购人为终止上市公司的上市地位而发出全面要约的，应当以现金支付收购价款。[②]

我国《证券法》第 97 条规定："收购期限届满，被收购公司股权分布不符合上市条件的，该上市公司的股票应当由证券交易所依法终止上市交易；其余仍持有被收购公司股票的股东，有权向收购人以收购要约的同等条件出售其股票，收购人应当收购"。这一规定保护了中小股东，但由于没有期限限制，这一保护又可能显得过度。

《上市公司收购管理办法》加上了期限限制："在收购行为完成前，其余仍持有被收购公司股票的股东，有权在收购报告书规定的合理期限内向收购人以收购要约的同等条件出售其股票，收购人应当收购。"[③]

第二个步骤是对于退市后的公司整合，目前采用较多的手段是通过吸收合并的方式，将退市公司合并进入一个收购人全资拥有的公司，退市公司注销。这其中将退市公司中的剩余股东买出公司是关键，这在美国法上被称为"挤出"(freeze out)。买出其余股东，除了直接协商谈判外，在吸收合并中主要采用的手段就是在合并中同时使用股份和现金作为合并对价。收购人在退市公司中持有的股权更换为存续公司的股权，其余股东持有的退市公司股权则在合并中被支付了现金。于是合并的结果就只有收购人持有存续公司的股权，退市公司的剩余股东都拿现金走人。

这一在实践中已被采用的做法，在中国法上存在一定障碍。我国《公司法》虽然规定了吸收合并的方式，但以何种支付手段作为合并对价，并无明确规定。而我国《证券法》第 99 条明确规定："收购行为完成后，收购人与被收购公司合并，并将该公司解散的，被解散公司的原有股票由收购人依法更换。"看起来，是

---

① 参见《关于〈深圳证券交易所股票上市规则〉有关上市公司股权分布问题的补充通知》。
② 参见《上市公司收购管理办法》第 27 条。
③ 参见《上市公司收购管理办法》第 44 条。

明确要求只能换股。因此,能否使用现金作为合并对价支付给注销公司的股东,仍然值得进一步讨论。

二、上市公司回购本公司股份

在我国《公司法》规定的法定资本制度下,公司一般不得回购本公司的股票。我国《公司法》规定了四种例外情况,允许公司回购本公司股份:减资、与持有本公司股份的其他公司合并、将股份奖励给职工、异议股东要求公司回购其股份。①

上市公司在这四种情况下都可以回购本公司的股份。例如,中国证监会发布的《上市公司股权激励管理办法(试行)》就规定了为了奖励职工,可以回购本公司股份。② 对于上市公司为了减少注册资本而回购社会公众股份的行为,中国证监会也颁布了《上市公司回购社会公众股份管理办法(试行)》(以下简称《回购办法》)予以规范。③

《回购办法》规定,上市公司回购股份应当符合以下条件④:(1)公司股票上市已满1年;(2)公司最近1年无重大违法行为;(3)回购股份后,上市公司具备持续经营能力;(4)回购股份后,上市公司的股权分布原则上应当符合上市条件;公司拟通过回购股份终止其股票上市交易的,应当符合相关规定并取得证券交易所的批准;(5)中国证监会规定的其他条件。

上市公司回购股份,必须经过股东大会批准。中国证监会要求上市公司在召开股东大会前公布股份回购预案,并且聘请独立财务顾问出具独立财务顾问报告。股东大会在作出回购决议后,上市公司还需要向中国证监会报送回购股份备案材料,其中比较重要的是编制上市公司回购报告书和聘请律师出具法律意见书。只有在中国证监会受理材料10个工作日内未提出异议的,上市公司才可以实施回购方案。

上市公司回购股份可以通过交易所集中竞价交易方式,也可以采用要约方式,以及中国证监会允许的其他方式。

通过集中竞价方式回购股份的,上市公司应在回购股份期间每个月的前3个交易日内,公告截止到上月末的回购进展情况。上市公司通过集中竞价交易方式回购股份占上市公司总股本的比例每增加1%的,应当自该事实发生之日起两个交易日内予以公告。⑤

---

① 参见我国《公司法》第143条。
② 证监公司字[2005]151号。
③ 证监发[2005]51号。
④ 参见《回购办法》第8条。
⑤ 参见《回购办法》第28条。

通过要约方式回购股份的,要约价格不得低于回购报告书公告前30个交易日该种股票每日加权平均价的算术平均值。[①]

上市公司以要约方式回购股份,股东预受要约的股份数量超出预定回购的股份数量的,上市公司应当按照相同比例回购股东预受的股份;股东预受要约的股份数量不足预定回购的股份数量的,上市公司应当全部回购股东预受的股份。[②]

---

① 参见《回购办法》第30条。
② 参见《回购办法》第32条。

第十六章 证券投资基金管理法律制度

第一节 证券投资基金概述

一、证券投资基金的概念

(一) 证券投资基金的概念

证券投资基金,是指一种借助专业性投资管理服务的集合证券投资方式,即通过发行基金份额,集中投资者的资金,由专业的管理者负责管理资金,主要投资于股票、债券等金融工具的集合投资方式。

在日常经济生活中,许多人虽然有闲散资金,也愿意投资获益,但或者缺乏专业的投资能力,也没有足够的时间和精力获取此方面的专业能力,或者闲散资金不多,尚不足以庞大到可以雇用专人为自己单独提供投资服务。这样,证券投资基金通过集合广大中小投资者的闲散资金,就有足够的财力雇佣专业的投资管理服务,具有规模化、专业化和组合投资的优势。因此,证券投资基金为社会公众投资者提供了一种方便的投资方式,在很多经济发达国家,证券投资基金成为社会公众投资者的一种主要投资方式,证券投资基金本身也因为积聚了大量资金,而成为该国资本市场的主要机构投资者之一。

1997年国务院证券委员会发布《证券投资基金管理暂行办法》,中国开始发展证券投资基金。2003年10月28日,第十届全国人大常委会第五次会议通过了《中华人民共和国证券投资基金法》(以下简称《证券投资基金法》),中国证券投资基金的发展开始步上法制的轨道。

(二) 证券投资基金的结构与特点

1. 证券投资基金的结构

与一般投资于股票或者债券不同,投资者通过购买基金份额的方式投资于证券投资基金,实际上是一种间接投资方式。因为投资者只对购买的基金份额享有权益,对基金所投资的上市公司则无任何直接权益。

不过,与其他间接融资模式不同(例如商业银行就承担了贷款的风险,存款人从商业银行收取固定的存款利息),证券投资基金本身并不承担任何投资风险,所有的投资风险都由该基金的所有投资者按照持有的基金份额比例共同承担,基金的管理人除非自己持有基金份额,否则其也不承担基金的投资风险,而是收取固定的管理费用。

在这种结构下,投资者提供资金,交由基金管理人管理投资,投资的风险全部由投资者承担,管理人收取固定的管理费。因此,管理人的诚信非常重要,投资者必须对管理人有足够的信赖,才会愿意把资金交给其管理。在很多国家,对管理人此种信赖关系的建立很难在市场上自发形成,即使形成也可能很脆弱,必须通过法律对管理人的监督来建立和维持此种信赖关系。

各国在证券投资基金结构中往往还设计有基金托管人的角色,负责托管基金财产,并对基金管理人进行一定的监控。在这种安排下,基金管理人虽然负责基金财产的投资运用,但无权直接控制基金财产,也就避免了直接挪用基金财产的可能。而基金托管人则扮演了出纳的角色,直接控制基金财产,但无权自己运用,只能按照基金管理人的指令运用基金财产,并且还有职责对基金管理人的投资指令是否合法进行监控。

因此,实践中,证券投资基金往往涉及基金份额持有人、基金管理人和基金托管人三方。其中,基金份额持有人是资金提供方,提供资金的目的是获得基金管理人提供的资产管理服务,基金管理人的职责是投资决策,为基金份额持有人获取最大投资收益,而基金托管人则负责保管基金财产安全,并监控基金管理人的投资行为是否合法合约。

2. 证券投资基金的特点

第一,证券投资基金是由专家运作、管理的基金。

证券投资基金是社会分工进一步细化的产物。由于多数公众投资者并不具有专业的投资能力,也没有足够的时间和精力去学习或者培养此种能力,一些具有投资天赋的人,或者一些通过专门学习、训练获得此种投资能力的人就能够通过为其他人提供投资服务,获取收益,而这些投资者也可以享受到专业的投资管理服务,增加其投资收益。

这种专业分工带来几个方面的好处:首先是规模化的效应,具有投资能力的人通过为更多的投资者提供投资服务,可以更大规模地使用其投资能力,在收集和分析投资信息上整个社会花费的成本会大幅度降低。其次,由于积聚了大量投资者的资金,投资可以采取组合化的投资方式,避免了"鸡蛋放在一个篮子"里的命运,分散了风险,增加了投资收益。

第二,证券投资基金投资于证券市场。

提供专业化投资管理服务的基金可能会有很多种类型,实践中经常讨论的所谓创业投资基金(venture capital fund, VC fund)、私人股权投资基金(private equity fund, PE fund)都采取了与证券投资基金基本类似的结构。但后者与前两者的主要区别体现在投资对象的不同上,创业投资基金主要投资成立不久的所谓创业企业,私人股权投资基金主要投资尚未上市公司的股权,证券投资基金则主要投资已经上市交易的证券,包括股票和债券等。前两者的投资对象缺乏公开的交易市场,因此缺乏流动性,多采取封闭性运作,基金投资者不具有流动性。而上市证券具有流动性很强的交易市场,可以轻易变现,市场价格也很透明,因此,证券投资基金可以采取开放式,允许投资者随时赎回基金份额,取回自己的投资;如果证券投资基金采取封闭式的,则基金份额可以上市交易。证券投资基金投资者的流动性很强。

第三,证券投资基金是公募基金。

创业投资基金和私人股权投资基金由于投资对象不具有流动性,其基金透明度很差,往往只有等到基金退出其投资的公司时才能知道投资的盈亏,风险很大,不适合公众投资者投资。因此,在各国,创业投资基金和私人股权投资基金都往往采用私募的方式筹集资金,不针对公众投资者。

证券投资基金则由于投资对象有公开交易的市场而具有很强的透明度,投资者每天都可以看到证券投资基金的投资盈亏,并通过赎回或在交易所转让基金份额而对管理人"用脚投票",加以监控。因此,相对于前两种投资基金,证券投资基金的风险较低,适合于公众投资者,因此,很多国家的法律都允许其采用公募方式募集资金,为公众投资者提供专业的投资服务。①

我国《证券投资基金法》只将公募型的证券投资基金纳入了该法的适用范围,其他私募基金都未纳入该法管辖。

二、证券投资基金的种类

根据不同的标准可将证券投资基金划分为不同的种类,这里主要介绍两种分类:

(一)根据基金是否可以增加或赎回,证券投资基金可分为开放式基金和封闭式基金

开放式基金,是指基金份额总额不固定,基金份额可以在基金合同约定的时间和场所申购或者赎回的基金。

封闭式基金,是指经核准的基金份额总额在基金合同期限内固定不变,基金份额可以在依法设立的证券交易场所交易,但基金份额持有人不得申请赎回的基金。

开放式基金和封闭式基金的主要区别如下:

(1)基金规模的可变性不同。封闭式基金均有明确的存续期限,在此期限内已发行的基金单位不能被赎回。虽然特殊情况下此类基金可进行扩募,但扩

---

① 当然也存在管理人通过私募方式筹集资金用于投资证券市场的投资基金,比较典型的是美国的对冲基金(hedge fund),这种基金往往采用比较激进的投资策略,以承担更多风险的方式获取更高的收益。

募应具备法定条件。因此,在正常情况下,基金规模是固定不变的。开放式基金所发行的基金单位是可赎回的,而且投资者在基金的存续期间内也可随意申购基金单位,导致基金的资金总额每日均不断地变化。换言之,它始终处于"开放"状态。这是封闭式基金与开放式基金的根本差别。

(2)基金单位的买卖方式不同。封闭式基金发起设立时,投资者可以向基金管理公司或销售机构认购;当封闭式基金上市交易时,投资者又可委托证券商在证券交易所按市价买卖。而投资者投资于开放式基金时,他们可以随时向基金管理公司或销售机构申购或赎回。

(3)基金单位的买卖价格形成方式不同。封闭式基金因在交易所上市,其买卖价格受市场供求关系影响较大。当市场供小于求时,基金单位买卖价格可能高于每份基金单位资产净值,这时投资者拥有的基金资产就会增加;当市场供大于求时,基金价格则可能低于每份基金单位资产净值。而开放式基金的买卖价格是以基金单位的资产净值为基础计算的,可直接反映基金单位资产净值的高低。在基金的买卖费用方面,投资者在买卖封闭式基金时与买卖上市股票一样,也要在价格之外付出一定比例的证券交易税和手续费;而开放式基金的投资者需缴纳的相关费用(如首次认购费、赎回费)则包含于基金价格之中。一般而言,买卖封闭式基金的费用要高于开放式基金。

基金资产总值,包括基金购买的各类证券价值、银行存款本息以及其他投资所形成的价值总和。基金资产净值,是指基金资产总值减去按照国家有关规定可以在基金资产中扣除的费用后的价值。每一单位基金资产净值,是指计算日基金资产净值除以计算日基金单位总数后的价值。

(4)基金单位的投资策略不同。由于封闭式基金不能随时被赎回,其募集得到的资金可全部用于投资,这样基金管理公司便可据以制定长期的投资策略,取得长期经营绩效。而开放式基金则必须保留一部分现金,以便投资者随时赎回,而不能尽数地用于长期投资,一般投资于变现能力强的资产。

(二)根据组织形态的不同,证券投资基金可分为契约型投资基金和公司型投资基金

契约型投资基金也称信托型投资基金,是根据一定的信托契约原理,由基金发起人和基金管理人、基金托管人订立基金契约而组建的投资基金。我国目前《证券投资基金法》所规定的便是契约型基金。基金管理公司依据法律、法规和基金契约负责基金的经营和管理操作;基金托管人负责保管基金资产,执行管理人的有关指令,办理基金名下的资金往来;投资者通过购买基金单位,享有基金投资收益。

在国外,契约型投资基金依据其具体经营方式又可划分为两种类型:

(1)单位型。它的设定是以某一特定资本总额为限筹集资金组成单独的基

金,酬资额满,不再筹集资金。它往往有一固定期限,到期停止,信托契约也就解除,退回本金与收益。信托契约期限未满,不得解约或退回本金,也不得追加投资。

（2）基金型。这类基金的规模和期限都不固定。这类基金在期限上是无限期的；在资本规模上,可以有资本总额限制,也可以没有这种限制。基金单位价格由单位基金资产净值、管理费及手续费等构成,原投资者可以以买价把受益凭证卖给代理投资机构,以解除信托契约抽回资金；也可以以卖价从代理投资机构那里买入基金单位进行投资,建立信托契约。日本的开放型投资信托或追加型投资信托属于基金型投资信托。

公司型投资基金,是具有共同投资目标的投资者,依据公司法组成以营利为目的、投资于特定对象(如各种有价证券、货币)的股份制投资公司。这种基金通过发行股份的方式筹集资金,是具有法人资格的经济实体。基金持有人既是基金投资者又是公司股东,按照公司章程的规定,享受权利、履行义务。公司型投资基金成立后,通常委托特定的基金管理公司运用基金资产进行投资并管理基金资产。基金资产的保管则委托另一金融机构,该机构的主要职责是保管基金资产并执行基金管理人指令,二者权责分明。基金资产独立于基金管理人和托管人的资产之外,即使受托的金融保管机构破产,受托保管的基金资产也不在清算之列。美国多为公司型投资基金。

契约型投资基金与公司型投资基金的主要区别有以下几点：

（1）法律依据不同。契约型投资基金是依照基金契约组建的,在缺乏证券投资基金的特别法时,信托法便是契约型投资基金设立的依据。我国《证券投资基金法》第2条就明确规定：本法未规定的,适用信托法、证券法和其他法律法规的规定。公司型投资基金则仿照公司组建,在特别法没有规定时①,适用公司法的相关规定。

（2）法人资格不同。契约型投资基金不具有法人资格,而公司型投资基金本身就是具有法人资格的股份有限公司。

（3）投资者的地位不同。契约型投资基金的投资者作为信托契约中规定的受益人,对基金的重要投资决策通常不具有发言权；公司型投资基金的投资者作为公司的股东有权对公司的重大决策进行审批,发表自己的意见。

（4）融资渠道不同。公司型投资基金由于具有法人资格,在资金运用状况良好、业务开展顺利、又需要扩大公司规模、增加资产时,可以向银行借款；契约型投资基金因不具有法人资格,一般不向银行借款。

（5）经营财产的依据不同。契约型投资基金凭借基金契约经营基金财产；

---

① 如采公司型投资基金的美国就有专门的《投资公司法》(1940年)。

公司型投资基金则依据公司章程来经营。

（6）基金经营不同。公司型投资基金像一般的股份公司一样，除非依据公司法到了破产、清算阶段，否则公司一般都具有永久性；契约型投资基金则依据基金契约建立、运作，契约期满，基金经营也就终止。

第二节　证券投资基金的法律关系

按照组织形态的不同，证券投资基金的法律关系也会有所不同。公司型投资基金以公司的形态组织基金，投资者通过认购公司股票的形式作为股东加入公司，公司再以独立主体的地位委托基金管理人对公司资产进行投资，公司资产并交给另一金融机构托管。因此，基金的投资者与基金管理人、基金托管人之间都没有直接的合同关系，必须通过投资公司的董事会对他们进行监控。

在契约型投资基金下，投资者直接按照基金合同组织起来，投资者与基金管理人、基金托管人之间的关系、各自的权利义务，均由基金合同约定。不过基金合同具有信托合同的性质，当《证券投资基金法》没有规定时，应当适用《信托法》的相关规定。[①] 我国目前《证券投资基金法》只规定了契约型投资基金。

本节首先讨论基金合同的基本内容，然后再讨论基金财产的独立性，最后讨论基金份额持有人的权利和保护；在下一节再专门讨论基金管理人和基金托管人的职责。

一、基金合同

由于我国证券投资基金全部按照契约来组织，因此基金合同是证券投资基金法律关系的基本文件。基金管理人、基金托管人和基金份额持有人的权利、义务，都依照《证券投资基金法》在基金合同中约定。

基金合同应当包括下列内容[②]：

（1）募集基金的目的和基金名称；

（2）基金管理人、基金托管人的名称和住所；

（3）基金运作方式；

（4）封闭式基金的基金份额总额和基金合同期限，或者开放式基金的最低募集份额总额；

（5）确定基金份额发售日期、价格和费用的原则；

（6）基金份额持有人、基金管理人和基金托管人的权利、义务；

---

① 参见我国《证券投资基金法》第2条。
② 参见我国《证券投资基金法》第37条。

（7）基金份额持有人大会召集、议事及表决的程序和规则；

（8）基金份额发售、交易、申购、赎回的程序、时间、地点、费用计算方式，以及给付赎回款项的时间和方式；

（9）基金收益分配原则、执行方式；

（10）作为基金管理人、基金托管人报酬的管理费、托管费的提取、支付方式与比例；

（11）与基金财产管理、运用有关的其他费用的提取、支付方式；

（12）基金财产的投资方向和投资限制；

（13）基金资产净值的计算方法和公告方式；

（14）基金募集未达到法定要求的处理方式；

（15）基金合同解除和终止的事由、程序以及基金财产清算方式；

（16）争议解决方式；

（17）当事人约定的其他事项。

实际上，当事人很少对于这些具体事项有自由讨论的余地。基金合同是最典型的格式合同，由基金管理人在向公众发售基金份额时提供，投资者基本上只有接受或者不接受的选择，而不能个别谈判具体条款。因此，我国《证券投资基金法》中对于上述一些事项有明确的强制性规定，基金合同必须遵守。中国证监会也发布了对基金合同的内容和格式准则（以下简称《基金合同准则》）[①]，要求在中华人民共和国境内申请募集证券投资基金的，都必须适用该准则。只有在该准则规定内容之外的事项，当事人可以在不违反《证券投资基金法》和该准则及中国证监会其他规定的前提下，当事人根据实际情况自行约定。如果该准则确实有些具体要求对当事人不适用的，必须经过中国证监会同意后，当事人才可对相应内容作出合理调整和变动。[②]

为了保护投资者，我国《证券投资基金法》除设置了相当多的强制性条款外，还对基金合同的成立和生效作出了特别规定。与一般买卖合同的缔结过程不同，基金合同并非诺成性合同，只有在投资人缴纳认购的基金份额的款项时，基金合同才告成立。[③]

基金合同也并非成立时生效。根据我国《合同法》规定，依法成立的合同，自成立时生效，除非法律、行政法规规定应当办理批准、登记等手续的，或者当事人约定合同附生效条件的。为保护投资者的利益，我国《证券投资基金法》规定，即使某些投资者缴纳了认购的基金份额款项时，基金合同也只是成立，而非

[①] 参见《证券投资基金信息披露内容与格式准则第6号——基金合同的内容与格式》（证监基金字[2004]139号）。

[②] 同上注，第5条。

[③] 参见我国《证券投资基金法》第46条。

生效。因为一个基金要想有效运作,必须达到一定规模,才有经济价值。因此,基金募集结束,必须达到一定的标准①,才能在中国证监会办理备案手续。只有在中国证监会书面确认备案之日,基金合同才能生效。②

尽管实际上可能很少基金投资者会认真阅读基金合同,但基金投资者是依据基金合同取得基金份额的,其持有基金份额的行为本身即表明其对基金合同的承认和接受。

二、基金财产

由于证券投资基金是按照基金合同组建的,因此,基金本身并不具有法人主体资格。但由于证券投资基金的核心是集合众多基金份额持有人的资金,用于投资获益,出于安全、便利计算损益等多方面原因,基金财产具有相当的独立性。特别是在中国,证券投资基金被认为是信托关系,基金财产也被视同为信托财产。

基金财产的独立性表现为三个方面:

首先,基金财产独立于基金管理人、基金托管人的固有财产。基金管理人、基金托管人不得将基金财产归入其固有财产。基金管理人、基金托管人因基金财产的管理、运用或者其他情形而取得的财产和收益,归入基金财产。基金管理人、基金托管人因依法解散、被依法撤销或者被依法宣告破产等原因进行清算的,基金财产不属于其清算财产。基金管理人、基金托管人的债权人不得对基金财产强制执行。基金财产的债权,不得与基金管理人、基金托管人固有财产的债务相抵销。

其次,同一基金管理人管理下的不同基金,相互之间也是各自独立的。不同基金财产的债权债务,不得相互抵销。

最后,基金财产实际上也相对独立于基金份额持有人的财产。在封闭式基金中,尽管基金份额持有人按照其持有的基金份额享有基金的收益和风险,但基金份额持有人的债权人只能对基金份额进行强制执行,而不得直接要求对基金财产进行强制执行。基金份额持有人只有在基金终止清算时,才能取回剩余财产,平时也只能转让基金份额。在开放式基金中,基金份额持有人可以申请赎回基金份额,但只能按照基金合同约定的方式赎回。

基金财产只承担因自身运作所带来的债务,我国《证券投资基金法》第 8 条明确规定:"非因基金财产本身承担的债务,不得对基金财产强制执行。"

尽管法律上并不承认证券投资基金的法人主体地位,但由于基金投资于上

---

① 具体标准参见下文第四节证券投资基金的销售中"募集"那部分。
② 参见我国《证券投资基金法》第 44 条和第 46 条、《证券投资基金运作管理办法》第 13 条。

市公司的股票,其往往以某某基金管理公司管理的基金名义,登记在股东名册上,成为该公司的股东,并享有股东的各项权益。

三、基金份额持有人的权利

基金份额持有人是资金的提供者,是证券投资基金能够设立的基础。从本质上而言,证券投资基金的结构是为了让那些持有闲散资金的人能够通过集合资金,而享有专业的投资管理服务,基金管理人因此是证券投资基金能够发挥其功能效益的关键环节。但由于证券投资基金的结构安排是赋予基金管理人在投资管理方面极大的自由裁量权,如果基金份额持有人的权利不能得到足够的保障,投资者就不会信赖募集资金的基金管理人,证券投资基金也就根本不可能成功设立。因此,我国《证券投资基金法》专用一章规定了"基金份额持有人的权利及其行使"。

我国《证券投资基金法》第70条规定:"基金份额持有人享有下列权利:(一)分享基金财产收益;(二)参与分配清算后的剩余基金财产;(三)依法转让或者申请赎回其持有的基金份额;(四)按照规定要求召开基金份额持有人大会;(五)对基金份额持有人大会审议事项行使表决权;(六)查阅或者复制公开披露的基金信息资料;(七)对基金管理人、基金托管人、基金份额发售机构损害其合法权益的行为依法提起诉讼;(八)基金合同约定的其他权利。"

从信托关系来看,证券投资基金为一种自益信托,基金份额持有人实际上同时为委托人和基金财产的受益人。基金份额持有人作为投资者,投资的目的就在于分享基金财产的投资收益,因此,其收益权、剩余财产分配权,以及相关的知情权、监督权都必不可少。转让或者赎回基金份额的权利则为基金份额持有人提供了流动性,有利于最大规模地动员社会上的闲散资金。

目前,在中国证监会颁布的《基金合同准则》中并没有特别约定基金份额持有人的其他权利。将该准则第23条对于基金份额持有人权利的规定与上述条款对比,可以发现只多了"监督基金管理人的投资运作"的权利,而该权利实际上隐含在上述各种权利之中。

需要注意的是:尽管上述《证券投资基金法》和《基金合同准则》都将起诉权列为基金份额持有人的一种权利,但实际上该权利能否行使受制于基金份额持有人在基金合同中对争议解决方式的约定。实践中,基金合同中往往对争议解决方式订有仲裁条款,此时基金份额持有人就只能向仲裁机构申请仲裁。只有在基金合同当事人没有在基金合同中订立仲裁条款,事后又没有达成书面仲裁协议的,才可以向人民法院起诉。

另外,我国《证券投资基金法》中没有明确规定基金份额持有人的义务。《基金合同准则》第25条则对此作出了明确规定:"根据《基金法》、《运作办法》

及其他有关规定列明基金份额持有人的义务,包括但不限于:(一)遵守基金合同;(二)交纳基金认购、申购款项及规定的费用;(三)在持有的基金份额范围内,承担基金亏损或者基金合同终止的有限责任;(四)不从事任何有损基金及基金份额持有人合法权益的活动;(五)其他义务。"

四、基金份额持有人大会

(一)基金份额持有人大会的职权范围

尽管我国《证券投资基金法》明确规定了基金份额持有人的权利,但由于基金份额持有人人数众多,每人持有的份额又可能不多,因此,存在集体行动的困难。这种困难可能对于基金份额持有人的权利保护以及对于基金管理人的运作都存在不利的方面。

就基金份额持有人的权利保护来说,由于人数众多,每人持有的份额又不多,因此,在发生侵害基金份额持有人的情况时,可能每个人都不愿意主动行动,都希望能够"搭其他人的便车",结果就造成监控和权利保护的真空。

就基金管理人来说,基金份额持有人人数众多也造成了基金运作方面的困难。因为在契约型的证券投资基金结构下,每个基金份额持有人都与基金管理人、基金托管人订立了基金合同,因此,合同中任何条款的变化都需要征求每一个基金份额持有人的同意。在基金份额持有人人数众多的情况下,这是一个基本上不可能完成的任务。如果没有特别的安排,这将使基金的运作极为僵化,不能达成设立证券投资基金的经济功能。

因此,我国《证券投资基金法》明确规定了基金份额持有人大会制度,在一些重大事项上,基金份额持有人通过多数决的方式形成集体决议而约束全体。该制度的设计和股东大会的设计理念相同,尽管两者的法理基础完全不同,前者是法律对于合同权利的限制,后者则是公司股权为社员权的必然结果。

我国《证券投资基金法》第71条规定:"下列事项应当通过召开基金份额持有人大会审议决定:(一)提前终止基金合同;(二)基金扩募或者延长基金合同期限;(三)转换基金运作方式;(四)提高基金管理人、基金托管人的报酬标准;(五)更换基金管理人、基金托管人;(六)基金合同约定的其他事项。"

《基金合同准则》第26条则增加了几项对基金份额持有人权利产生影响必须召开基金份额持有人大会的情况,包括:(1)变更基金类别;(2)变更基金投资目标、范围或策略;(3)变更基金份额持有人大会程序。

(二)基金份额持有人大会的召集和决议程序

基金份额持有人大会由基金管理人召集;在基金管理人未按规定召集或者

不能召集时,由基金托管人召集。①

基金托管人认为有必要召开基金份额持有人大会的,应当向基金管理人提出书面提议。基金管理人应当自收到书面提议之日起 10 日内决定是否召集,并书面告知基金托管人。基金管理人决定召集的,应当自出具书面决定之日起 60 日内召开;基金管理人决定不召集,基金托管人仍认为有必要召开的,应当自行召集。

代表基金份额 10% 以上的基金份额持有人认为有必要召开基金份额持有人大会的,应当向基金管理人提出书面提议。基金管理人应当自收到书面提议之日起 10 日内决定是否召集,并书面告知提出提议的基金份额持有人代表和基金托管人。

基金管理人决定召集的,应当自出具书面决定之日起 60 日内召开;基金管理人决定不召集,代表基金份额 10% 以上的基金份额持有人仍认为有必要召开的,应当向基金托管人提出书面提议。基金托管人应当自收到书面提议之日起 10 日内决定是否召集,并书面告知提出提议的基金份额持有人代表和基金管理人;基金托管人决定召集的,应当自出具书面决定之日起 60 日内召开。

基金管理人和基金托管人都不召集基金份额持有人大会的,该基金份额持有人可以按照规定自行召集基金份额持有人大会。基金份额持有人自行召集基金份额持有人大会的,应当至少提前 30 日向中国证监会备案。基金份额持有人依法自行召集基金份额持有人大会的,基金管理人、基金托管人应当配合,不得阻碍、干扰。②

召开基金份额持有人大会,召集人应当至少提前 30 日公告基金份额持有人大会的召开时间、会议形式、审议事项、议事程序和表决方式等事项。基金份额持有人大会不得就未经公告的事项进行表决。③

基金份额持有人大会可以采取现场方式召开,也可以采取通讯等方式召开。每一基金份额具有一票表决权,基金份额持有人可以委托代理人出席基金份额持有人大会并行使表决权。④

基金份额持有人大会应当有代表 50% 以上基金份额的持有人参加,方可召开;大会就审议事项作出决定,应当经参加大会的基金份额持有人所持表决权的 50% 以上通过;但是,转换基金运作方式、更换基金管理人或者基金托管人、提前终止基金合同,应当经参加大会的基金份额持有人所持表决权的 2/3 以上

---

① 参见我国《证券投资基金法》第 72 条。
② 参见我国《证券投资基金法》第 72 条和《证券投资基金运作管理办法》第 38—41 条。
③ 参见我国《证券投资基金法》第 73 条。
④ 参见我国《证券投资基金法》第 74 条。

通过。①

基金份额持有人大会决定的事项,召集人应当自通过之日起 5 日内报中国证监会核准或者备案。基金份额持有人大会决定的事项自中国证监会依法核准或者出具无异议意见之日起生效。②

基金管理人、基金托管人和基金份额持有人应当执行生效的基金份额持有人大会的决定。

第三节 基金管理人和基金托管人

一、基金管理人

基金管理人在证券投资基金的运作中处于核心地位。管理人实际掌控基金份额持有人的出资,根据自己的专业知识和获得的信息,基于自己的判断,以基金的名义进行投资活动。管理人的经营后果,无论获利与亏损都按照基金合同的约定在全体持有人之间分配。虽然持有人按照我国《证券投资基金法》的规定和基金合同的约定可以享有对管理人的监督权,但仅能就管理人是否违法违规监督,而不可能针对某项投资行为是否合理进行干预。实务中,大多数情况下持有人只能用脚投票,即转让自己手中的基金份额或者申请赎回。管理人作为信托关系中的受托人与作为委托人和受益人的持有人相比较,无论在信息占有、专业知识上都处于绝对优势地位。

因此,我国的基金法和世界上大多数国家一样,都规定管理人应当具有较高的设立门槛,从自有资金数额、组织管理水平、从业人员资格等方面都作了明确要求,尽可能保护基金持有人利益。

(一)基金管理人的设立

按照我国《证券投资基金法》的规定,基金管理人只能由经中国证监会审核批准的基金管理公司担任。③ 设立基金管理公司,应当具备下列条件,并经中国证监会批准④:

(1)有符合本法和《中华人民共和国公司法》规定的章程;

(2)注册资本不低于 1 亿元人民币,且必须为实缴货币资本;

(3)主要股东具有从事证券经营、证券投资咨询、信托资产管理或者其他金融资产管理的较好的经营业绩和良好的社会信誉,最近 3 年没有违法记录,注册

---

① 参见我国《证券投资基金法》第 75 条。
② 参见我国《证券投资基金运作管理办法》第 42 条。
③ 参见我国《证券投资基金法》第 12 条。
④ 参见我国《证券投资基金法》第 13 条。

资本不低于 3 亿元人民币;

(4) 取得基金从业资格的人员达到法定人数;

(5) 有符合要求的营业场所、安全防范设施和与基金管理业务有关的其他设施;

(6) 有完善的内部稽核监控制度和风险控制制度;

(7) 法律、行政法规规定的和经国务院批准的国务院证券监督管理机构规定的其他条件。

除此之外,中国证监会还在 2004 年《证券投资基金管理公司管理办法》(以下简称《基金公司办法》)中规定了另外一些条件,包括:(1) 有符合法律、行政法规和中国证监会规定的拟任高级管理人员以及从事研究、投资、估值、营销等业务的人员,拟任高级管理人员、业务人员不少于 15 人,并应当取得基金从业资格;(2) 设置了分工合理、职责清晰的组织机构和工作岗位。①

对于基金管理公司的主要股东,中国证监会要求其具备下列条件:

(1) 从事证券经营、证券投资咨询、信托资产管理或者其他金融资产管理;

(2) 注册资本不低于 3 亿元人民币;

(3) 具有较好的经营业绩,资产质量良好;

(4) 持续经营 3 个以上完整的会计年度,公司治理健全,内部监控制度完善;

(5) 最近 3 年没有因违法违规行为受到行政处罚或者刑事处罚;

(6) 没有挪用客户资产等损害客户利益的行为;

(7) 没有因违法违规行为正在被监管机构调查,或者正处于整改期间;

(8) 具有良好的社会信誉,最近 3 年在税务、工商等行政机关,以及金融监管、自律管理、商业银行等机构无不良记录。②

中国证监会解释认为:基金管理公司的主要股东是指出资额占基金管理公司注册资本的比例(以下简称出资比例)最高,且不低于 25% 的股东。③

对于非主要股东,中国证监会则要求:

(1) 注册资本、净资产不低于 1 亿元人民币,资产质量良好;

(2) 持续经营 3 个以上完整的会计年度,公司治理结构健全,内部监控制度完善;

(3) 最近 3 年没有因违法违规行为受到行政处罚或者刑事处罚;

(4) 没有挪用客户资产等损害客户利益的行为;

---

① 参见《证券投资基金管理公司管理办法》第 6 条。
② 参见《证券投资基金管理公司管理办法》第 7 条。
③ 同上。

(5) 没有因违法违规行为正在被监管机构调查,或者正处于整改期间;

(6) 具有良好的社会信誉,最近3年在税务、工商等行政机关以及金融监管、自律管理、商业银行等机构无不良记录。①

基金管理公司的股东不得持有其他股东的股份或者拥有其他股东的权益;不得与其他股东同属一个实际控制人或者有其他关联关系。②

一家机构或者受同一实际控制人控制的多家机构参股基金管理公司的数量不得超过两家,其中控股基金管理公司的数量不得超过一家。③

基金管理公司要担任基金管理人,仍然需要经过中国证监会的核准。中国证监会要求,基金管理人的经理和其他高级管理人员,应当熟悉证券投资方面的法律、行政法规,具有基金从业资格和3年以上与其所任职务相关的工作经历,并且其选任或者改任,应当报经证监会审核通过。

(二) 基金管理人职责

按照我国《证券投资基金法》第19条的规定,基金管理人的职责包括:

(1) 依法募集基金,办理或者委托经国务院证券监督管理机构认定的其他机构代为办理基金份额的发售、申购、赎回和登记事宜;

(2) 办理基金备案手续;

(3) 对所管理的不同基金财产分别管理、分别记账,进行证券投资;

(4) 按照基金合同的约定确定基金收益分配方案,及时向基金份额持有人分配收益;

(5) 进行基金会计核算并编制基金财务会计报告;

(6) 编制中期和年度基金报告;

(7) 计算并公告基金资产净值,确定基金份额申购、赎回价格;

(8) 办理与基金财产管理业务活动有关的信息披露事项;

(9) 召集基金份额持有人大会;

(10) 保存基金财产管理业务活动的记录、账册、报表和其他相关资料;

(11) 以基金管理人名义,代表基金份额持有人利益行使诉讼权利或者实施其他法律行为;

(12) 国务院证券监督管理机构规定的其他职责。

中国证监会在《基金合同准则》中还规定了基金管理人的其他义务,要求必须列入基金合同中去,包括:

(1) 自基金合同生效之日起,以诚实信用、勤勉尽责的原则管理和运用基金

---

① 参见国务院《关于证券投资基金管理公司有关问题的批复》(国函[2004]66号)。
② 参见《证券投资基金管理公司管理办法》第10条。
③ 参见《证券投资基金管理公司管理办法》第11条。

财产;

(2) 配备足够的具有专业资格的人员进行基金投资分析、决策,以专业化的经营方式管理和运作基金财产;

(3) 建立健全内部风险控制、监察与稽核、财务管理及人事管理等制度,保证所管理的基金财产和管理人的财产相互独立,对所管理的不同基金分别管理,分别记账,进行证券投资;

(4) 除依据《基金法》、基金合同及其他有关规定外,不得为自己及任何第三人谋取利益,不得委托第三人运作基金财产;

(5) 依法接受基金托管人的监督;

(6) 采取适当合理的措施使计算开放式基金份额认购、申购、赎回和注销价格的方法符合基金合同等法律文件的规定;

(7) 严格按照《基金法》、基金合同及其他有关规定,履行信息披露及报告义务;

(8) 保守基金商业秘密,不得泄露基金投资计划、投资意向等。除《基金法》、基金合同及其他有关规定另有规定外,在基金信息公开披露前应予保密,不得向他人泄露;

(9) 按规定受理申购和赎回申请,及时、足额支付赎回款项;

(10) 依据《基金法》、基金合同及其他有关规定召集基金份额持有人大会或配合基金托管人、基金份额持有人依法召集基金份额持有人大会;

(11) 组织并参加基金财产清算小组,参与基金财产的保管、清理、估价、变现和分配;

(12) 因违反基金合同导致基金财产的损失或损害基金份额持有人合法权益,应当承担赔偿责任,其赔偿责任不因其退任而免除;

(13) 基金托管人违反基金合同造成基金财产损失时,应为基金份额持有人利益向基金托管人追偿;

(14) 其他义务。[1]

除了义务之外,《基金合同准则》还明确列出了基金管理人的权利,包括:

(1) 运用基金财产;

(2) 获得管理人报酬;

(3) 依照有关规定行使因基金财产投资于证券所产生的权利;

(4) 其他权利。[2]

---

[1] 参见《基金合同准则》第20条。
[2] 参见《基金合同准则》第19条。

（三）基金管理人禁止从事的行为

从证券投资基金的结构来看,基金管理人处于核心位置,全权控制基金份额持有人出资的财产。因此,基金管理人必须避免利益冲突,获得基金份额持有人的信任。我国《证券投资基金法》第 9 条规定基金管理人和基金托管人在管理和运用基金财产时,应当恪尽职守,履行诚实信用、谨慎勤勉的义务。对于诚实信用、谨慎勤勉义务的标准,目前法律并无明确规定。一般认为其可拆解为忠实义务和注意义务。

忠实义务针对的是管理人的道德风险,具体到基金操作中,管理人应以基金持有人的利益为唯一目的,不得使自身利益与持有人利益冲突。注意义务则要求管理人在处理基金事务中保持高度谨慎的态度。我国《证券投资基金法》第 18 条规定,基金管理人的董事、监事、经理和其他从业人员,不得担任基金托管人或者其他基金管理人的任何职务,不得从事损害基金财产和基金份额持有人利益的证券交易及其他活动。

基金管理人与基金托管人不得为同一人,不得相互出资或者持有股份。[1]

我国《证券投资基金法》第 20 条规定:"基金管理人不得有下列行为:(一)将其固有财产或者他人财产混同于基金财产从事证券投资;(二)不公平地对待其管理的不同基金财产;(三)利用基金财产为基金份额持有人以外的第三人牟取利益;(四)向基金份额持有人违规承诺收益或者承担损失;(五)依照法律、行政法规有关规定,由国务院证券监督管理机构规定禁止的其他行为。"

（四）基金管理人职责的终止

基金管理人职责终止的情形包括:
(1) 被依法取消基金管理资格;
(2) 被基金份额持有人大会解任;
(3) 依法解散、被依法撤销或者被依法宣告破产;
(4) 基金合同约定的其他情形。[2]

基金管理人职责终止的,基金份额持有人大会应当在 6 个月内选任新基金管理人;新基金管理人产生前,由国务院证券监督管理机构指定临时基金管理人。基金管理人职责终止的,应当妥善保管基金管理业务资料,及时办理基金管理业务的移交手续,新基金管理人或者临时基金管理人应当及时接收。[3]

二、基金托管人

为了确保基金资产的安全运营以维护基金持有人的利益,世界各国对基金

---

[1] 参见我国《证券投资基金法》第 28 条。
[2] 参见《证券投资基金管理公司管理办法》第 22 条。
[3] 参见《证券投资基金管理公司管理办法》第 23 条。

经营都采用基金运用和基金保管相分离、决策形成和决策执行相分离的原则。管理人负责基金资产的投资决策,并向托管人发出具体的投资指示。托管人负责持有、保管基金资产,根据管理人的投资指示处分基金财产。

这样,在管理人和托管人之间形成既相互合作,又相互监督、相互制衡的关系。托管人对持有人负有受托和保管义务,其在基金运作中的职责包括基金保管、指示执行和针对管理人的操作监督两大部分。

(一)基金托管人的设立条件

按照我国《证券投资基金法》的规定,基金托管人只能由依法设立并取得基金托管资格的商业银行担任。

申请基金托管资格的商业银行(以下简称申请人),应当具备下列条件[①]:

(1)最近3个会计年度的年末净资产均不低于20亿元人民币,资本充足率符合监管部门的有关规定;

(2)设有专门的基金托管部门,并与其他业务部门保持独立;

(3)基金托管部门拟任高级管理人员符合法定条件,拟从事基金清算、核算、投资监督、信息披露、内部稽核监控等业务的执业人员不少于5人,并具有基金从业资格;

(4)有安全保管基金财产的条件;

(5)有安全高效的清算、交割系统;

(6)基金托管部门有满足营业需要的固定场所、配备独立的安全监控系统;

(7)基金托管部门配备独立的托管业务技术系统,包括网络系统、应用系统、安全防护系统、数据备份系统;

(8)有完善的内部稽核监控制度和风险控制制度;

(9)最近3年无重大违法违规记录;

(10)法律、行政法规规定的和经国务院批准的中国证监会、中国银监会规定的其他条件。

申请人应当具备安全保管基金财产的下列条件和能力[②]:

(1)有从事基金托管业务的设备与设施;

(2)为每只基金单独建账,保持基金资产的完整与独立;

(3)将所托管的基金资产与自有资产严格分开保管;

(4)依法监督基金管理人的投资运作;

(5)依法执行基金管理人的指令,处分、分配基金资产;

(6)依法复核、审查基金管理人计算的基金资产净值、基金份额净值和申

[①] 参见《证券投资基金托管资格管理办法》第3条。
[②] 参见《证券投资基金托管资格管理办法》第4条。

购、赎回价格；

（7）妥善保管基金托管业务活动的记录、账册、报表等相关资料；

（8）有健全的托管业务制度。

申请人还应当具有健全的清算、交割业务制度，清算、交割系统应当符合下列规定[①]：

（1）系统内证券交易结算资金在两小时内汇划到账；

（2）从交易所安全接受交易数据；

（3）与基金管理人、基金注册登记机构、证券登记结算机构等相关业务机构的系统安全对接；

（4）依法执行基金管理人的投资指令，及时办理清算、交割事宜。

申请人的基金托管营业场所、安全防范设施、与基金托管业务有关的其他设施和相关制度，应当符合下列规定[②]：

（1）基金托管部门的营业场所相对独立，配备门禁系统；

（2）接触到基金交易数据的业务岗位有单独的办公房间，无关人员不能随意进入；

（3）有完善的基金交易数据保密制度；

（4）有安全的基金托管业务数据备份系统；

（5）有基金托管业务的应急处理方案，具备应急处理能力。

担任托管人的商业银行的基金托管部门工作人员应当熟悉证券投资方面的法律、行政法规，具有基金从业资格和3年以上与其所任职务相关的工作经历，其选任或者改任应当报经证监会审核通过。

为了维护持有人利益，我国《证券投资基金法》规定托管人与管理人不得为同一人，不得相互出资或者持有股份。

（二）基金托管人的职责

根据我国《证券投资基金法》第29条和第30条的规定，基金托管人应当履行下列职责：

（1）安全保管基金财产；

（2）按照规定开设基金财产的资金账户和证券账户；

（3）对所托管的不同基金财产分别设置账户，确保基金财产的完整与独立；

（4）保存基金托管业务活动的记录、账册、报表和其他相关资料；

（5）按照基金合同的约定，根据基金管理人的投资指令，及时办理清算、交割事宜；

[①] 参见《证券投资基金托管资格管理办法》第5条。
[②] 参见《证券投资基金托管资格管理办法》第6条。

（6）办理与基金托管业务活动有关的信息披露事项；

（7）对基金财务会计报告、中期和年度基金报告出具意见；

（8）复核、审查基金管理人计算的基金资产净值和基金份额申购、赎回价格；

（9）按照规定召集基金份额持有人大会；

（10）按照规定监督基金管理人的投资运作。托管人发现管理人的投资指令违反法律、行政法规和其他有关规定，或者违反基金合同约定的，应当拒绝执行，立即通知管理人，并及时向国务院证券监督管理机构报告。基金托管人发现基金管理人依据交易程序已经生效的投资指令违反法律、行政法规和其他有关规定，或者违反基金合同约定的，应当立即通知基金管理人，并及时向国务院证券监督管理机构报告。

（11）证监会规定的其他职责。

中国证监会在《基金合同准则》中则对基金托管人的义务，还有额外的规定，包括：

（1）设立专门的基金托管部，具有符合要求的营业场所，配备足够的、合格的熟悉基金托管业务的专职人员，负责基金财产托管事宜。

（2）除依据《基金法》、基金合同及其他有关规定外，不得为自己及任何第三人谋取利益，不得委托第三人托管基金财产。

（3）保管由基金管理人代表基金签订的与基金有关的重大合同及有关凭证。

（4）按规定开设基金财产的资金账户和证券账户。

（5）保守基金商业秘密。除《基金法》、基金合同及其他有关规定另有规定外，在基金信息公开披露前应予保密，不得向他人泄露。

（6）对基金财务会计报告、中期和年度基金报告出具意见，说明基金管理人在各重要方面的运作是否严格按照基金合同的规定进行；如果基金管理人有未执行基金合同规定的行为，还应当说明基金托管人是否采取了适当的措施。

（7）建立并保存基金份额持有人名册。

（8）按规定制作相关账册并与基金管理人核对。

（9）依据基金管理人的指令或有关规定向基金份额持有人支付基金收益和赎回款项。

（10）按照规定召集基金份额持有人大会或配合基金份额持有人依法自行召集基金份额持有人大会。

（11）因违反基金合同导致基金财产损失，应承担赔偿责任，其赔偿责任不因其退任而免除。

（12）基金管理人因违反基金合同造成基金财产损失时，应为基金向基金管理人追偿。

(13) 其他义务。①

此外,《基金合同准则》还明确规定了基金托管人的权利,包括:

(1) 获得基金托管费;

(2) 监督基金管理人对本基金的投资运作;

(3) 其他权利。②

(三) 基金托管人禁止从事的行为

我国《证券投资基金法》第 20 条所规定的基金管理人不得从事的行为,同样适用于基金托管人。

(四) 基金托管人职责的终止

基金托管人职责终止的情形包括:

(1) 被依法取消基金托管资格;

(2) 被基金份额持有人大会解任;

(3) 依法解散、被依法撤销或者被依法宣告破产;

(4) 基金合同约定的其他情形。③

基金托管人职责终止的,基金份额持有人大会应当在 6 个月内选任新基金托管人;新基金托管人产生前,由国务院证券监督管理机构指定临时基金托管人。基金托管人职责终止的,应当妥善保管基金财产和基金托管业务资料,及时办理基金财产和基金托管业务的移交手续,新基金托管人或者临时基金托管人应当及时接收。④

第四节 证券投资基金的销售

一、证券投资基金销售概述

证券投资基金销售,包括了基金管理人或者基金管理人委托的其他机构(即证券投资基金代销机构)宣传推介基金,发售基金份额,办理基金份额申购、赎回等活动。由于证券投资基金面向社会公众销售,社会公众往往无力保护自己,需要法律的特别保护。因此,中国证监会专门发布《证券投资基金销售管理办法》(中国证券监督管理委员会令第 20 号,以下简称《基金销售办法》),对证券投资基金销售过程进行监管,着重在于为社会公众提供类似消费者权益那样

---

① 参见《基金合同准则》第 22 条。
② 参见《基金合同准则》第 21 条。
③ 参见我国《证券投资基金法》第 33 条。
④ 参见我国《证券投资基金法》第 34 条。

的保护。

基金管理人、代销机构从事基金销售活动,应当遵守基金合同、基金代销协议的约定,遵循公开、公平、公正的原则,诚实守信,勤勉尽责,恪守职业道德和行为规范。

(一)宣传推介材料

证券投资基金销售既然是一种销售活动,就离不开广告宣传。中国证监会除了对证券投资基金的强制信息披露义务作出详细规定外,还对证券投资基金在销售过程中的广告宣传材料也作出了具体规定,称之为基金宣传推介材料。

基金宣传推介材料,是指为推介基金向公众分发或者公布,使公众可以普遍获得的书面、电子或其他介质的信息,包括:

(1)公开出版资料;
(2)宣传单、手册、信函等面向公众的宣传资料;
(3)海报、户外广告;
(4)电视、电影、广播、互联网资料及其他音像、通讯资料;
(5)中国证监会规定的其他材料。①

宣传推介材料必须真实、准确,与基金合同、基金招募说明书相符,不得有下列情形:

(1)虚假记载、误导性陈述或者重大遗漏;
(2)预测该基金的证券投资业绩;
(3)违规承诺收益或者承担损失;
(4)诋毁其他基金管理人、基金托管人或基金代销机构,或者其他基金管理人募集或管理的基金;
(5)夸大或者片面宣传基金,违规使用安全、保证、承诺、保险、避险、有保障、高收益、无风险等可能使投资人认为没有风险的词语;
(6)登载单位或者个人的推荐性文字;
(7)中国证监会规定禁止的其他情形。②

不过宣传推介材料既然相当于广告,不免有"王婆卖瓜,自卖自夸"之词,虽然可能还不构成虚假陈述,但片面突出自己某些方面的优势,例如对过往业绩的宣传,或者对不同基金业绩采取对自己有利的比较方式等,仍然可能对公众投资者造成误导。因此,中国证监会对基金宣传推介材料采取备案审查制度。基金宣传推介材料应当报中国证监会备案。中国证监会自收到备案材料之日起20

---

① 参见《证券投资基金销售管理办法》第17条。
② 参见《证券投资基金销售管理办法》第19条。

个工作日内,出具是否有异议的书面意见。①

基金宣传推介材料可以登载该基金、基金管理人管理的其他基金的过往业绩,但基金合同生效不足 6 个月的除外。基金宣传推介材料登载过往业绩,基金合同生效 6 个月以上但不满 1 年的,应当登载从合同生效之日起计算的业绩;基金合同生效 1 年以上但不满 10 年的,应当登载自合同生效当年开始所有完整会计年度的业绩,宣传推介材料公布日在下半年的,还应登载当年上半年度的业绩;基金合同生效 10 年以上的,应当登载最近 10 个完整会计年度的业绩。②

基金宣传推介材料登载该基金、基金管理人管理的其他基金的过往业绩,应当遵守下列规定:

(1) 按照有关法律、行政法规的规定或者行业公认的准则计算基金的业绩表现数据;

(2) 引用的统计数据和资料应当真实、准确,并注明出处,不得引用未经核实、尚未发生或者模拟的数据;

(3) 真实、准确、合理地表述基金业绩和基金管理人的管理水平。③

基金宣传推介材料登载该基金、基金管理人管理的其他基金的过往业绩,基金管理人应当特别声明,基金的过往业绩并不预示其未来表现,基金管理人管理的其他基金的业绩并不构成新基金业绩表现的保证。④

基金宣传推介材料对不同基金的业绩进行比较,应当使用可比的数据来源、统计方法和比较期间,并且有关数据来源、统计方法应当公平、准确,具有关联性。⑤

基金募集申请获得中国证监会核准前,基金管理人、代销机构不得办理基金销售业务,不得向公众分发、公布基金宣传推介材料或者发售基金份额。

基金管理人应当对基金宣传推介材料的内容负责,确保向公众分发、公布的材料与备案的材料一致。

(二) 销售费用

基金管理人在证券投资基金销售过程应当收取赎回费,还可以收取其他销售费用,包括基金募集时收取认购费、申购时收取申购费等。不过,中国证监会要求⑥:

---

① 参见《证券投资基金销售管理办法》第 18 条。
② 参见《证券投资基金销售管理办法》第 20 条。
③ 参见《证券投资基金销售管理办法》第 21 条。
④ 参见《证券投资基金销售管理办法》第 22 条。
⑤ 参见《证券投资基金销售管理办法》第 23 条。
⑥ 参见《证券投资基金销售管理办法》第 27—32 条。

(1) 基金管理人应当在基金合同、招募说明书中载明收取销售费用的项目、条件和方式,在招募说明书中载明费率标准。

(2) 认购费、申购费、赎回费的费率都不得超过相关金额的 5%。基金管理人可以根据投资人的认购金额、申购金额的数量、持有基金份额的期限适用不同的认购、申购费和赎回费率标准。

基金管理人、代销机构应当按照基金合同的约定和招募说明书的规定向投资人收取销售费用,并如实核算、记账;基金管理人、代销机构未经基金合同约定,不得向投资人收取额外费用;未经招募说明书载明并公告,不得对不同投资人适用不同费率。

(三) 销售业务规范

基金管理人、代销机构应当建立健全并有效执行基金销售业务制度,包括对销售人员的持续培训制度、基金份额持有人账户和资金账户管理制度、资金存取程序和授权审批制度、档案管理制度等。①

基金管理人、代销机构应当依法为投资人保守秘密,不得泄漏投资人买卖、持有基金份额的信息或者其他信息。②

基金管理人、代销机构从事基金销售活动,不得有下列情形:

(1) 以排挤竞争对手为目的,压低基金的收费水平;

(2) 采取抽奖、回扣或者送实物、保险、基金份额等方式销售基金;

(3) 以低于成本的销售费率销售基金;

(4) 募集期间对认购费打折;

(5) 承诺利用基金资产进行利益输送;

(6) 挪用基金份额持有人的认购、申购、赎回资金;

(7) 本办法第 19 条规定的情形;

(8) 中国证监会规定禁止的其他情形。③

二、证券投资基金的募集

(一) 核准

证券投资基金为公募基金,其基金财产来源于向社会公众出售基金份额,才能积聚社会的闲散资金。按照我国《证券投资基金法》的规定,只有基金管理人才可以依法发售基金份额,募集资金,并且任何基金的公开募集,都必须获得中国证监会的核准。④

---

① 参见《证券投资基金销售管理办法》第 35—37 条。
② 参见《证券投资基金销售管理办法》第 46 条。
③ 参见《证券投资基金销售管理办法》第 47 条。
④ 参见我国《证券投资基金法》第 36 条。

因此，要想设立证券投资基金，必须先成为基金管理人，另外还应当有合格的基金托管人。中国证监会规定，申请募集基金，拟任基金管理人、基金托管人应当具备下列条件[①]：

（1）拟任基金管理人为依法设立的基金管理公司，拟任基金托管人为具有基金托管资格的商业银行；

（2）有符合中国证监会规定的、与管理和托管拟募集基金相适应的基金经理等业务人员；

（3）基金的投资管理、销售、登记和估值等业务环节制度健全，行为规范，不存在影响基金正常运作、损害或者可能损害基金份额持有人合法权益的情形；

（4）最近一年内没有因违法违规行为受到行政处罚或者刑事处罚；

（5）没有因违法违规行为正在被监管机构调查，或者正处于整改期间；

（6）不存在对基金运作已经造成或可能造成不良影响的重大变更事项，或者诉讼、仲裁等其他重大事项；

（7）不存在公司治理不健全、经营管理混乱、内部控制和风险管理制度无法得到有效执行、财务状况恶化等重大经营风险；

（8）拟任基金管理人前只获准募集的基金，基金合同已经生效，或者募集期限届满，不能满足本办法第12条规定的条件，自返还全部投资人已缴纳的款项及其利息之日起已满6个月；

（9）中国证监会根据审慎监管原则规定的其他条件。

对于拟募集的基金，中国证监会也规定了一些条件，包括[②]：

（1）有明确、合法的投资方向；

（2）有明确的基金运作方式；

（3）符合中国证监会关于基金品种的规定；

（4）不与拟任基金管理人已管理的基金雷同；

（5）基金合同、招募说明书等法律文件草案符合法律、行政法规和中国证监会的规定；

（6）基金名称表明基金的类别和投资特征，不存在损害国家利益、社会公共利益，欺诈、误导投资人，或者其他侵犯他人合法权益的内容；

（7）中国证监会根据审慎监管原则规定的其他条件。

基金管理人拟申请发售基金份额时，应当向中国证监会提交下列文件[③]：

（1）申请报告；

[①] 参见《证券投资基金运作管理办法》第6条。
[②] 参见《证券投资基金运作管理办法》第7条。
[③] 参见我国《证券投资基金法》第36条。

（2）基金合同草案；

（3）基金托管协议草案；

（4）招募说明书草案；

（5）基金管理人和基金托管人的资格证明文件；

（6）经会计师事务所审计的基金管理人和基金托管人最近3年或者成立以来的财务会计报告；

（7）律师事务所出具的法律意见书；

（8）国务院证券监督管理机构规定提交的其他文件。

中国证监会应当自受理基金募集申请之日起6个月内依照法律、行政法规及国务院证券监督管理机构的规定和审慎监管原则进行审查，作出核准或者不予核准的决定，并通知申请人；不予核准的，应当说明理由。①

基金募集申请经核准后，方可发售基金份额。②

（二）募集

证券投资基金的募集其实是基金管理人经过核准后，向社会公众发售基金份额的过程，因此本质上类似买卖合同的缔结和履行过程，这在我国《证券投资基金法》中被称为"基金合同"。不过与一般买卖合同不同的是，基金合同的缔结和履行必须经过中国证监会的核准，在中国证监会监督管理下，依法进行。基金份额的发售，也涉及到对投资者的消费者保护问题，因此，中国证监会对基金份额的销售行为也进行了严格监管。

基金管理人应当在基金份额发售的3日前公布招募说明书、基金合同及其他有关文件。对基金募集所进行的宣传推介活动，应当符合法律、法规的规定。③

基金份额的发售，由基金管理事人负责办理，基金管理人也可以委托经中国证监会认定的其他机构代为办理。④ 这被称为基金代销业务资格的认定。目前，商业银行、证券公司、证券投资咨询机构、专业基金销售机构，以及中国证监会规定的其他机构都可以向中国证监会申请基金代销业务资格。

基金管理人应当在收到核准文件之日起6个月内进行基金募集，超过6个月开始募集的，原核准的事项未发生实质性变化的，应当报中国证监会备案；发生实质性变化的，应当向中国证监会重新提交申请。⑤

基金募集不得超过中国证监会核准的基金募集期限，该期限自基金份额发

---

① 参见我国《证券投资基金法》第39条。
② 参见我国《证券投资基金法》第40条。
③ 参见我国《证券投资基金法》第42条。
④ 参见我国《证券投资基金法》第41条。
⑤ 参见我国《证券投资基金法》第43条。

售之日起计算①,不得超过 3 个月。②

在投资人缴纳认购的基金份额的款项时,基金合同成立。但成立不等于生效,基金募集必须达到一定的标准,中国证监会才能允许该基金设立,此时基金合同才生效。目前该标准为:在募集期限届满后,基金份额的持有人人数不少于 200 人,封闭式基金募集的基金份额总额达到核准规模的 80% 以上,开放式基金募集的基金份额总额超过核准的最低募集份额总额,并且不少于两亿份,募集资金不少于两亿元人民币。③

基金募集期限届满,不能满足上述条件的,则该基金不能设立,投资人已经缴纳的款项,基金管理人必须在基金募集期限届满后 30 日内返还给投资者,并加计银行同期存款利息。为此,我国《证券投资基金法》特别规定:基金募集期间募集的资金应当存入专门账户,在基金募集行为结束前,任何人不得动用。对于基金募集行为而产生的债务和费用,由基金管理人以其固有财产承担。④

如果基金募集期满,符合上述标准的,基金管理人应当自募集期限届满之日起 10 日内聘请法定验资机构验资,自收到验资报告之日起 10 日内,向国务院证券监督管理机构提交验资报告,办理基金备案手续,并予以公告。中国证监会自收到基金管理人验资报告和基金备案材料之日起 3 个工作日内予以书面确认;自中国证监会书面确认之日起,基金备案手续办理完毕,基金合同才能生效。⑤

三、申购和赎回

开放式基金允许投资者可在约定期间申购和赎回基金份额,这为投资者提供了很大的流动性支持,不过,也给开放式基金的运作带来了一些障碍。

开放式基金的基金份额的申购、赎回和登记,由基金管理人负责办理;基金管理人也可以委托经中国证监会认定的其他机构代为办理。

(一)申购、赎回的时间和程序⑥

办理基金份额申购、赎回业务的日期,应当在基金合同中约定,并在招募说明书中载明。开放式基金的基金合同可以约定基金管理人自基金合同生效之日起一定期限内不办理赎回;但约定的期限不得超过 3 个月。

基金管理人不得在基金合同约定之外的日期或者时间办理基金份额的申购、赎回或者转换。投资人在基金合同约定之外的日期和时间提出申购、赎回或

---

① 参见我国《证券投资基金法》第 43 条。
② 参见我国《证券投资基金运作管理办法》第 11 条。
③ 参见我国《证券投资基金法》第 44 条和《证券投资基金运作管理办法》第 12 条。
④ 参见我国《证券投资基金法》第 45 条和第 46 条。
⑤ 参见我国《证券投资基金法》第 44 条和第 46 条、《证券投资基金运作管理办法》第 13 条。
⑥ 参见我国《证券投资基金运作管理办法》第 15、16、18、20 条。

者转换申请的,其基金份额申购、赎回价格为下次办理基金份额申购、赎回时间所在开放日的价格。

基金管理人应当在每个工作日办理基金份额的申购、赎回业务;基金合同另有约定的,按照其约定。

基金管理人应当自收到投资人申购、赎回申请之日起3个工作日内,对该申购、赎回的有效性进行确认。基金管理人应当自接受投资人有效赎回申请之日起7个工作日内支付赎回款项。基金管理人应当按时支付赎回款项,但是下列情形除外:

(1)因不可抗力导致基金管理人不能支付赎回款项;

(2)证券交易场所依法决定临时停市,导致基金管理人无法计算当日基金资产净值;

(3)基金合同约定的其他特殊情形。①

发生上述情形之一的,基金管理人应当在当日报中国证监会备案。在上述规定的情形消失后,基金管理人应当及时支付赎回款项。

(二)对申购和赎回的限制②

开放式基金的基金合同可以约定基金达到一定的规模后,基金管理人不再接受认购、申购申请,但应当在招募说明书中载明。

开放式基金的基金合同可以对单个基金份额持有人持有基金份额的比例或者数量设置限制,但应当在招募说明书中载明。

开放式基金单个开放日净赎回申请超过基金总份额的10%的,为巨额赎回。开放式基金发生巨额赎回的,基金管理人当日办理的赎回份额不得低于基金总份额的10%,对其余赎回申请可以延期办理。

开放式基金发生巨额赎回的,基金管理人对单个基金份额持有人的赎回申请,应当按照其申请赎回份额占当日申请赎回总份额的比例,确定该单个基金份额持有人当日办理的赎回份额。

开放式基金发生巨额赎回并延期办理的,基金管理人应当通过邮寄、传真或者招募说明书规定的其他方式,在3个交易日内通知基金份额持有人,说明有关处理方法,同时在指定报刊及其他相关媒体上予以公告。

开放式基金连续发生巨额赎回,基金管理人可按基金合同的约定和招募说明书的规定,暂停接受赎回申请;已经接受的赎回申请可以延缓支付赎回款项,但延缓期限不得超过20个工作日,并应当在指定报刊及其他相关媒体上予以公告。

---

① 参见我国《证券投资基金法》第53条。
② 参见我国《证券投资基金运作管理办法》第21—28条。

开放式基金的基金合同可以约定,单个基金份额持有人在单个开放日申请赎回基金份额超过基金总份额一定比例的,基金管理人可以按照上述关于巨额赎回的规定暂停接受赎回申请或者延缓支付。

(三) 申购和赎回的价格

开放式基金份额的申购、赎回价格,依据申购、赎回日基金份额净值加、减有关费用计算。① 开放式基金份额的申购、赎回价格具体计算方法应当在基金合同和招募说明书中载明。开放式基金份额净值,应当按照每个开放日闭市后,基金资产净值除以当日基金份额的余额数量计算。具体计算方法应当在基金合同和招募说明书中载明。

基金份额净值计价出现错误时,基金管理人应当立即纠正,并采取合理的措施防止损失进一步扩大。计价错误达到基金份额净值 0.5% 时,基金管理人应当公告,并报国务院证券监督管理机构备案。因基金份额净值计价错误造成基金份额持有人损失的,基金份额持有人有权要求基金管理人、基金托管人予以赔偿。②

(四) 开放式基金的现金储备

开放式基金应当保持足够的现金或者政府债券,以备支付基金份额持有人的赎回款项。中国证监会规定,为应付赎回,开放式基金应当保持不低于基金资产净值 5% 的现金或者到期日在 1 年以内的政府债券。③

四、上市交易

封闭式基金不允许投资者随时申购和赎回基金单位,为了给投资者提供流动性,经基金管理人申请,中国证监会核准,封闭式基金的基金份额可以在证券交易所上市交易。

基金份额上市交易,应当符合下列条件:

(1) 基金的募集符合我国《证券投资基金法》的有关规定;

(2) 基金合同期限为 5 年以上;

(3) 基金募集金额不低于 2 亿元人民币;

(4) 基金份额持有人不少于 1000 人;

(5) 基金份额上市交易规则规定的其他条件。④

基金份额上市交易后,有下列情形之一的,由证券交易所终止其上市交易,并报国务院证券监督管理机构备案:

---

① 参见我国《证券投资基金法》第 54 条。
② 参见我国《证券投资基金法》第 56 条。
③ 参见我国《证券投资基金运作管理办法》第 28 条。
④ 参见我国《证券投资基金法》第 48 条。

(1) 不再具备我国《证券投资基金法》第 48 条规定的上市交易条件;

(2) 基金合同期限届满;

(3) 基金份额持有人大会决定提前终止上市交易;

(4) 基金合同约定的或者基金份额上市交易规则规定的终止上市交易的其他情形。①

第五节 证券投资基金的信息披露

一、必须公开披露的基金信息

基金必须公开披露的信息包括:(1) 基金招募说明书;(2) 基金合同;(3) 基金托管协议;(4) 基金份额发售公告;(5) 基金募集情况;(6) 基金合同生效公告;(7) 基金份额上市交易公告书;(8) 基金资产净值、基金份额净值;(9) 基金份额申购、赎回价格;(10) 基金定期报告,包括基金年度报告、基金半年度报告和基金季度报告;(11) 临时报告;(12) 基金份额持有人大会决议;(13) 基金管理人、基金托管人的基金托管部门的重大人事变动;(14) 涉及基金管理人、基金财产、基金托管业务的诉讼;(15) 澄清公告;(16) 中国证监会规定的其他信息。②

二、公开披露基金信息的要求

公开披露基金信息,不得有下列行为:

(1) 虚假记载、误导性陈述或者重大遗漏;

(2) 对证券投资业绩进行预测;

(3) 违规承诺收益或者承担损失;

(4) 诋毁其他基金管理人、基金托管人或者基金份额发售机构;

(5) 登载任何自然人、法人或者其他组织的祝贺性、恭维性或推荐性的文字;

(6) 中国证监会禁止的其他行为。③

基金信息披露义务人应当在中国证监会规定时间内,将应予披露的基金信息通过中国证监会指定的全国性报刊和基金管理人、基金托管人的互联网网站等媒介披露,并保证投资人能够按照基金合同约定的时间和方式查阅或者复制

---

① 参见我国《证券投资基金法》第 50 条。
② 参见我国《证券投资基金信息披露管理办法》第 5 条。
③ 参见我国《证券投资基金信息披露管理办法》第 6 条。

公开披露的信息资料。① 基金管理人、基金托管人还可以根据需要在其他公共媒体披露信息,但是其他公共媒体不得早于指定报刊和网站披露信息,并且在不同媒介上披露同一信息的内容应当一致。

基金信息披露义务人公开披露基金信息,应当符合中国证监会相关基金信息披露内容与格式准则的规定。

基金托管人应当按照相关法律、行政法规、中国证监会的规定和基金合同的约定,对基金管理人编制的基金资产净值、基金份额净值、基金份额申购赎回价格、基金定期报告和定期更新的招募说明书等公开披露的相关基金信息进行复核、审查,并向基金管理人出具书面文件或者盖章确认。②

三、基金信息披露的具体要求

(一) 基金募集的信息披露③

基金募集申请经中国证监会核准后,基金管理人应当在基金份额发售的3日前,将基金招募说明书、基金合同摘要、基金份额发售公告登载在指定报刊和网站上;基金管理人、基金托管人应当同时将基金合同、基金托管协议登载在网站上。

基金管理人应当在基金合同生效的次日在指定报刊和网站上登载基金合同生效公告。

开放式基金的基金合同生效后,基金管理人应当在每6个月结束之日起45日内,更新招募说明书并登载在网站上,将更新后的招募说明书摘要登载在指定报刊上。

(二) 基金运作的信息披露④

封闭式基金的基金份额获准在证券交易所上市交易的,基金管理人应当在基金份额上市交易的3个工作日前,将基金份额上市交易公告书登载在指定报刊和网站上。

基金管理人应当至少每周公告一次封闭式基金的资产净值和份额净值。

开放式基金的基金合同生效后,基金管理人应当在每个开放日的次日,通过网站、基金份额发售网点以及其他媒介,披露开放日的基金份额净值和基金份额累计净值。

基金管理人应当公告半年度和年度最后一个市场交易日基金资产净值和基金份额净值。

---

① 参见我国《证券投资基金信息披露管理办法》第3条。
② 参见我国《证券投资基金信息披露管理办法》第28条。
③ 参见我国《证券投资基金信息披露管理办法》第9—12条。
④ 参见我国《证券投资基金信息披露管理办法》第13—20条。

基金管理人应当在每年结束之日起 90 日内,编制完成基金年度报告,并将年度报告正文登载于网站上,将年度报告摘要登载在指定报刊上。基金年度报告的财务会计报告应当经过审计。

基金管理人应当在上半年结束之日起 60 日内,编制完成基金半年度报告,并将半年度报告正文登载在网站上,将半年度报告摘要登载在指定报刊上。

基金管理人应当在每个季度结束之日起 15 个工作日内,编制完成基金季度报告,并将季度报告登载在指定报刊和网站上。

(三)基金临时信息披露

基金发生重大事件,有关信息披露义务人应当在两日内编制临时报告书,予以公告,并在公开披露日分别报中国证监会和基金管理人主要办公场所所在地中国证监会派出机构备案。

中国证监会规定,所谓重大事件,是指可能对基金份额持有人权益或者基金份额的价格产生重大影响的下列事件:

(1)基金份额持有人大会的召开;

(2)提前终止基金合同;

(3)基金扩募;

(4)延长基金合同期限;

(5)转换基金运作方式;

(6)更换基金管理人、基金托管人;

(7)基金管理人、基金托管人的法定名称、住所发生变更;

(8)基金管理人股东及其出资比例发生变更;

(9)基金募集期延长;

(10)基金管理人的董事长、总经理及其他高级管理人员、基金经理和基金托管人基金托管部门负责人发生变动;

(11)基金管理人的董事在 1 年内变更超过 50%;

(12)基金管理人、基金托管人基金托管部门的主要业务人员在 1 年内变动超过 30%;

(13)涉及基金管理人、基金财产、基金托管业务的诉讼;

(14)基金管理人、基金托管人受到监管部门的调查;

(15)基金管理人及其董事、总经理及其他高级管理人员、基金经理受到严重行政处罚,基金托管人及其基金托管部门负责人受到严重行政处罚;

(16)重大关联交易事项;

(17)基金收益分配事项;

(18)管理费、托管费等费用计提标准、计提方式和费率发生变更;

(19)基金份额净值计价错误达基金份额净值 0.5%;

（20）基金改聘会计师事务所；
（21）变更基金份额发售机构；
（22）基金更换注册登记机构；
（23）开放式基金开始办理申购、赎回；
（24）开放式基金申购、赎回费率及其收费方式发生变更；
（25）开放式基金发生巨额赎回并延期支付；
（26）开放式基金连续发生巨额赎回并暂停接受赎回申请；
（27）开放式基金暂停接受申购、赎回申请后重新接受申购、赎回；
（28）中国证监会规定的其他事项。①

在基金合同期限内，任何公共媒体中出现的或者在市场上流传的消息可能对基金份额价格产生误导性影响或者引起较大波动的，相关信息披露义务人知悉后应当立即对该消息进行公开澄清，并将有关情况立即报告中国证监会、基金上市交易的证券交易所。②

第六节 证券投资基金的投资运作

证券投资基金的运作模式是基金份额持有人将资金交给基金管理人投资运作，并承担该投资运作的所有风险，基金管理人负有全权投资运作基金财产的权力。管理人的投资行为追求的是为持有人创造投资利润，也为自己创造基金合同约定的管理收益。但任何一只证券投资基金都涉及人数众多的投资人的切身利益，管理人的个人投资判断力都是有限的，而证券市场行情瞬息万变，风险不可预知，所以，为了分散投资风险，减少投资失败的可能性，在基金管理运作中应将首先保障持有人的资金安全放在追求收益之前。我国《证券投资基金法》和《证券投资基金运作管理办法》对基金投资领域、比例、数量等方面都有具体的要求，是对其投资的稳健性的保障。

一、证券投资基金的投资方式和范围

基金管理人运用基金财产进行证券投资，应当采用资产组合的方式。资产组合的具体方式和投资比例，依照我国《证券投资基金法》和中国证监会的规定在基金合同中约定。

基金财产应当用于下列投资：（1）上市交易的股票、债券；（2）中国证监会规定的其他证券品种。目前中国证监会允许证券投资基金投资的其他证券品种

---

① 参见《证券投资基金信息披露管理办法》第23条。
② 参见《证券投资基金信息披露管理办法》第25条。

包括股票、国债、企业债、金融债、可转债、货币市场工具、权证、资产支持证券等。

基金财产不得用于下列投资或者活动：

（1）承销证券；

（2）向他人贷款或者提供担保；

（3）从事承担无限责任的投资；

（4）买卖其他基金份额，但是国务院另有规定的除外；

（5）向其基金管理人、基金托管人出资或者买卖其基金管理人、基金托管人发行的股票或者债券；

（6）买卖与其基金管理人、基金托管人有控股关系的股东或者与其基金管理人、基金托管人有其他重大利害关系的公司发行的证券或者承销期内承销的证券；

（7）从事内幕交易、操纵证券交易价格及其他不正当的证券交易活动；

（8）依照法律、行政法规有关规定，由国务院证券监督管理机构规定禁止的其他活动。①

二、证券投资基金投资的风险控制

为分散风险考虑，基金管理人运用基金财产进行证券投资不得过于集中于某一只或某几只股票，以免因被投资公司经营突然恶化而导致基金财产的重大损失。我国现行监管规章对于基金投资的风险控制有如下一些限制性规则：

（1）一只基金持有一家上市公司的股票的市值不得超过基金资产净值的 10%；

（2）同一基金管理人管理的全部基金持有一家公司发行的证券不得超过该证券的 10%；

（3）基金财产参与股票发行申购，单只基金所申报的金额不得超过该基金的总资产，单只基金所申报的股票数量不得超过拟发行股票公司本次发行股票的总量；

（4）不得违反基金合同关于投资范围、投资策略和投资比例等约定；

（5）中国证监会规定禁止的其他情形。②

基金管理人应当自基金合同生效之日起 6 个月内使基金的投资组合比例符合基金合同的有关约定。因证券市场波动、上市公司合并、基金规模变动等基金管理人之外的因素致使基金投资不符合以上第（1）项、第（2）项规定的比例或者

---

① 参见我国《证券投资基金法》第 59 条。
② 参见我国《证券投资基金运作管理办法》第 31 条。

基金合同约定的投资比例的,基金管理人应当在 10 个交易日内进行调整。[①]

三、证券投资基金投资收益的分配

投资者购买基金份额的主要目的是要分享投资收益。中国证监会对于基金收益分配行为也作出了规定。

封闭式基金的收益分配,每年不得少于一次,封闭式基金年度收益分配比例不得低于基金年度已实现收益的 90%。开放式基金的基金合同应当约定每年基金收益分配的最多次数和基金收益分配的最低比例。[②]

基金收益分配应当采用现金方式。开放式基金的基金份额持有人可以事先选择将所获分配的现金收益,按照基金合同有关基金份额申购的约定转为基金份额;基金份额持有人事先未作出选择的,基金管理人应当支付现金。[③]

[①] 参见我国《证券投资基金运作管理办法》第 32、33 条。
[②] 参见我国《证券投资基金运作管理办法》第 35 条。
[③] 参见我国《证券投资基金运作管理办法》第 36 条。

第十七章 期货市场法律制度

第一节 期货交易的概念与功能

一、期货交易的概念

期货是商品经济发展的产物。市场的发展需要分散和转移风险的机制,因此,成熟的市场经济常以期货市场和现货市场相伴相生为标志。

从通俗意义上讲,期货与现货相对应:现货是可以随时在市场上买卖用于消费的产品,期货则是一定时期之后才能提供到市场上来的产品。从法律角度看,基于买卖合同订立与履行的时间间隔,我们可以把买卖活动分为现货交易、远期交易与期货交易几种不同的交易方式。现货交易是合同订立后随即交付标的物或者在短期内交付标的物的买卖方式。而远期交易则是当前订立合同,确定在未来某个时日、以固定的价格交付特定标的物的买卖方式。通过这种方式,供应商就可以锁定未来所提供的商品的销售价格,从而避免未来价格下跌造成损失;而采购商则可以提前锁定未来的采购成本。当远期交易的合约被标准化,且该合约本身能够在集中的场所方便地进行转让时,我们就把这种交易方式称为期货交易。因此,期货交易是指在固定场所内集中买卖某种期货合约的交易活动,即交易双方在期货交易所通过买卖期货合约,并根据合约规定的条款,在未来某一特定时间和地点,以某一特定价格买卖某一特定数量和质量的商品的交易行为。期货交易的最终目的并不是商品所有权的转移,而是通过买卖期货合约,回避现货价格风险。

在期货交易中,合约的价格与标的物的现货价格之间有密切的联系,随后者而波动。从这个意义上看,期货交易属于一种衍生交易。

二、期货交易的发展

(一)国外期货交易的发展

从历史上看,期货交易是现货由远期交易发展而来的。早在公元前,希腊、罗马等地就出现了最原始的先买卖后交割的远期贸易。收获时节之前,城里的商人向农民预购农产品;等到收获之后,农民才将产品交付。在13世纪比利时的安特卫普、16世纪英国的伦敦以及17世纪荷兰的阿姆斯特丹,都已经出现了有组织的远期交易市场。在亚洲,日本大阪在1697年即开始进行谷物的期货交易,交易规则、结算公司等现代期货交易的一些要素已开始萌芽。

一般认为,现代有组织的期货交易产生于美国芝加哥。在铁路系统未发展前,芝加哥是美国中西部农民谷物贸易的集散地。1848年,芝加哥期货交易所(CBOT)开始从事农产品的远期买卖。为了避免农产品价格剧烈波动的风险,农场主和农产品贸易商、加工商一开始就采用了现货远期合约的方式来进行商品交换,以期稳定货源和销路,减少价格波动的风险。随着交易规模的扩大,现货远期合约的交易逐渐暴露出一些弊端:一是由于现货远期合约没有统一规定内容,属于非规范化合约,每次交易都需双方重新签订合约,增加了交易成本,降低了交易效率;二是由于远期合约的内容条款各式各样,某一具体的合约不能被广泛认可,使合约难以顺利转让,降低了合约的流动性;三是远期合约的履行以交易双方的信用为基础,容易发生违约行为;四是远期合约的价格不具有广泛的代表性,形不成市场认可的、比较合理的预期价格,使商品交易受到很大制约,市场发展受到限制。为了减少交易纠纷,简化交易手续,增强合约流动性,提高市场效率,1865年,芝加哥期货交易所推出标准化的期货合约交易,取代了原有的现货远期合约交易,后又推出履约保证金制度和统一结算制度。至此,现代期货交易开始发展起来。

(二)中国期货交易的发展和立法情况

20世纪80年代后期,随着计划经济逐步向社会主义市场经济过渡,价格调控出现滞后,为满足供求双方在组织生产和销售时对远期价格信息的需要,有关机构和专家开始从理论上对我国开展期货交易进行研究。1988年,国务院《政府工作报告》提出,要"加快商业体制改革,积极发展各类批发贸易市场,探索期货交易"。1990年,以建立期货市场为目标的郑州粮食批发市场成立。之后,各地纷纷组建了带有期货交易性质的市场。1991年,深圳有色金属交易所最早以期货交易所形式进行期货交易,并推出了中国第一个商品期货标准合约——特级铝期货合约。同期设立的苏州物资交易所在引入期货交易机制的同时,采取了会员制的组织形式。1992年,上海金属交易所成立,率先采用计算机自动撮合系统,实行公开竞价买卖。

在我国期货市场发展初期,由于没有明确行政主管部门,有关部门间缺乏协调、各自为政,配套法律、法规严重滞后,使得期货市场从一开始就出现了盲目发展的势头,表现为交易所数量过多、品种重复、法律滞后、期货公司遍地开花、管理运作不规范、盲目开展境外期货和地下期货以及期货诈骗严重等。1993年11月,国务院发布了《关于坚决制止期货市场盲目发展的通知》,国家工商行政管理局颁布了《期货经纪公司登记管理暂行办法》,国家外汇管理局发布了《外汇期货业务管理试行办法》。然而,期货市场盲目发展的势头却愈演愈烈。为控制这种势头,1994年,国务院办公厅转发了国务院证券委《关于坚决制止期货市场盲目发展若干意见请示的通知》，中国证监会、国家外汇管理局、国家工商行政管理局、公安部联合发出了《关于严厉查处非法外汇期货和外汇按金交易活动的通知》，中国证监会发布了《期货经营机构暂行办法》。尽管如此，期货市场监管不力的局面依然没有得到有效改观。1995年2月23日，就在中国证监会、财政部联合发布《国债期货交易管理暂行办法》的同一天，上海证券交易所爆发了"327国债期货事件"。市场参与者对327国债进行豪赌，内幕交易、恶意透支、超限量砸盘达到疯狂的地步，市场一度完全失控。上海证券交易所以"会员蓄意违规"宣布尾市8分钟的成交无效。

1995年5月，国务院决定暂停国债期货交易试点，我国期货市场进入了持续数年的清理整顿期。到1997年底，期货交易所由最初60多家减少到14家，期货经纪公司由近千家压缩到294家，取消了境外期货交易和外汇按金交易，禁止了以中远期合同为名的变相期货交易；停止了金融机构从事期货业务的资格，对期货经纪机构实行许可证制度，禁止国有企事业单位从事期货投机交易；停止国债、钢材等20个期货品种的交易。上述措施有效遏制了期货市场盲目发展的势头，打击了过度投机行为，控制了混乱无序的局面。

随后，监管部门进一步展开规范市场、立法建制的工作。1998年12月，国务院发布了《关于进一步整顿和规范期货市场的通知》，对现有期货交易所进行整顿和撤并，只在上海、郑州和大连保留3家期货交易所，对保留的期货交易所划归中国证监会直接管理；取消部分商品期货交易品种，提高部分商品品种的期货交易保证金；取缔非法期货经纪活动，清理整顿期货经纪机构；严格控制境外期货交易。与此同时，管理层加快了法规制度建设，进一步加强对期货市场的监管。1999年6月，国务院颁布了《期货交易管理暂行条例》，中国证监会制定了《期货交易所管理办法》、《期货经纪公司管理办法》、《期货业从业人员资格管理办法》以及《期货经纪公司高级管理人员任职资格管理办法》，这些法规规章为我国的期货市场的健康发展建立起了一个较为完整的法律框架。

进入21世纪后，我国期货市场进入规范发展期。2006年9月8日，中国金融期货交易所在上海成立。2007年3月，国务院通过了《期货交易管理条例》。中国证监会也随之颁布了新的《期货交易所管理办法》、《期货公司管理办法》、《期货从业人员管理办法》、《期货公司董事、监事和高级管理人员任职资格管理办法》。这些条例和规章既对现行的期货交易进行了规范，也为市场需求日益强烈的新品种（如金融期货、期权合约）的出台留下了余地，标志着我国的期货交易和期货市场发展到了一个新的阶段。然而，相对于金融法的其他领域，我国期货市场尚欠缺类似《商业银行法》、《证券法》、《证券投资基金法》、《保险法》的基本立法——《期货交易法》，因此未来还需要进一步加强期货市场法律制度的建设。

三、期货交易的主要特征

与现货交易相比,期货交易有以下主要特征:

第一,期货交易是在期货交易所内进行的买进或者卖出标准化的期货合约的活动,一般不涉及到实货的让渡,只是转嫁与该种实货有关的商品价格的波动风险。期货合约的了结,并不一定必须履行实际交货的义务,买卖期货合约者在规定的交割日期前任何时候都可以通过数量相同、方向相反的交易将持有的合约相互抵消,无需再履行实际交货的义务。因此,期货交易中实物交割量占交易量的比重很小,一般小于5%。

第二,期货合约是由交易所制订的、在期货交易所内进行交易的合约,是一种标准化的合约。合约中的各项条款,如商品数量、商品质量、保证金比率、交割地点、交割方式以及交易方式等都是标准化的,合约中只有价格一项是通过市场竞价交易形成的自由价格。

第三,期货交易所为交易双方提供结算交割服务和履约担保,实行严格的结算交割制度,违约的风险很小。期货交易通过交易所内设的结算部门或者独立的但与交易所有密切联系的结算所(统称结算机构)进行结算。结算机构保证合约的履行,因此,交易参与人根本不必调查了解交易对方的信用状况。

第四,期货交易实行保证金制度。交易者不需付出与合约金额相等的全额货款,只需付3%—15%的履约保证金。期货交易者在交易前必须交纳保证金,由结算机构按日结算。如果有交易盈利则可随时领取,如有损失则清算抵赔。

期货交易的上述特征意味着其交易的杠杆性很强,具有高风险性。实践中,有些商品现货批发市场也采取了期货交易的上述机制,如合约标准化、保证金交易等,在缺乏监管的情况下逐步演变成社会公众参与的具有金融产品性质的市场。这些交易所集中了大量客户保证金,资金被挪用的情形时有发生,甚至出现交易所负责人携款潜逃的恶性犯罪行为,如2008年轰动一时的"华夏商品现货交易所事件"。为了维护市场秩序,保护公众利益,我国现行立法禁止未经批准的场外期货交易以及变相期货交易。如《期货管理条例》第89条规定:"任何机构或者市场,未经国务院期货监督管理机构批准,采用集中交易方式进行标准化合约交易,同时采用以下交易机制或者具备以下交易机制特征之一的,为变相期货交易:(一) 为参与集中交易的所有买方和卖方提供履约担保的;(二)实行当日无负债结算制度和保证金制度,同时保证金收取比例低于合约(或者合同)标的额20%的。"在《期货管理条例》施行前采用期货交易机制或者具备期货交易机制特征的机构或者市场,应当在国务院商务主管部门规定的期限内进行整改,回复到单纯的商品现货市场的状态。

四、期货市场的功能

(一) 发现价格功能

自期货交易产生以来,发现价格功能逐渐成为期货市场的重要经济功能。所谓发现价格功能,是指在一个公开、公平、高效、竞争的期货市场中,通过期货交易形成的期货价格,具有真实性、预期性、连续性和权威性的特点,能够比较真实地反映出未来商品价格变动的趋势。

期货市场之所以具有发现价格功能,主要是因为期货价格的形成有以下特点:

第一,期货交易的透明度高。期货市场遵循公开、公平、公正"三公"原则。交易指令在高度组织化的期货交易所内撮合成交,所以期货合约的买卖都必须在期货交易所内公开竞价进行,不允许进行场外交易。交易所内自由报价,公开竞争,避免了一对一的现货交易中容易产生的欺诈和垄断。

第二,供求集中,市场流动性强。期货交易的参与者众多,如商品生产商、销售商、加工商、进出口商以及数量众多的投机者等。这些套期保值者和投机者通过经纪人聚集在一起竞争,期货合约的市场流动性大大增强,这就克服了现货交易缺乏市场流动性的局限,有助于价格的形成。

第三,信息质量高。期货价格的形成过程是收集信息、输入信息、产生价格的连续过程,信息的质量决定了期货价格的真实性。由于期货交易参与者大都熟悉某种商品行情,有丰富的经营知识和广泛的信息渠道及一套科学的分析、预测方法,他们把各自的信息、经验和方法带到市场上来,结合自己的生产成本和预期利润,对商品供需和价格走势进行判断、分析、预测,报出自己的理想价格,与众多对手竞争。这样形成的期货价格实际上反映了大多数人的预测,具有权威性,能够比较真实地代表供求变动趋势。

第四,价格报告具有公开性。期货交易所的价格报告制度规定,所有在交易所达成的每一笔新交易的价格,都要向会员及其场内经纪人及时报告并公之于众。通过发达的传播媒介,交易者能够及时了解期货市场的交易情况和价格变化,及时对价格的走势作出判断,并进一步调整自己的交易行为。这种价格预期的不断调整,最后反映到期货价格中,进一步提高了期货价格的真实性。

第五,期货价格具有预期性。期货合约是不断地反映供求关系及其变化趋势的一种价格信号。期货合约的买卖转手相当频繁,这样连续形成的价格能够连续不断地反映市场的供求情况及变化。

由于期货价格的形成具有上述特点,因此期货价格能比较准确、全面地反映真实的供给和需求的情况及其变化趋势,对生产经营者有较强的指导作用。世界上很多生产经营者虽未涉足期货交易,也没有和期货市场发生直接关系,但他们都在利用期货交易所发现的价格和所传播的市场信息来制定各自的生产经营决策。例如,生产商根据期货价格的变化来决定商品的生产规模;在贸易谈判中,大宗商品的成交价格往往是以期货价为依据来确定的。

(二)套期保值功能

套期保值是指以回避现货价格风险为目的的期货交易行为。套期保值的基本形式有两种,即买入保值和卖出保值。两者是以保值者在期货市场上买卖方向来区分的。

(1)买入保值。指交易者先在期货市场买入期货,以便将来在现货市场买进现货时不致因价格上涨而给自己造成经济损失的一种套期保值方式。这种用期货市场的盈利对冲现货市场亏损的做法,可以将远期价格固定在预计的水平上。买入套期保值,是需要现货商品而又担心价格上涨的客户常用的保值方法。

(2)卖出保值。指交易者先在期货市场上卖出期货,当现货价格下跌时以期货市场的盈利来弥补现货市场的损失,从而达到保值目的的一种套期保值方式。卖出保值主要适用于拥有商品的生产商或贸易商,他们担心商品价格下跌使自己遭受损失。

套期保值交易之所以能有助于回避价格风险,达到保值的目的,是因为期货市场上存在一些可遵循的经济规律。这些经济规律是:

第一,同种商品的期货价格走势与现货价格走势基本一致。现货市场与期货市场虽然是两个各自独立的市场,但由于某一特定商品的期货价格和现货价格在同一时空内,会受相同的经济因素的影响和制约,因而一般情况下两个市场的价格变动趋势相同。套期保值就是利用这两个市场上的价格关系,分别在期货市场和现货市场做方向相反的买卖,取得在一个市场上出现亏损的同时,在另一个市场上盈利的结果,以达到锁定成本的目的。

第二,现货市场与期货市场价格随期货合约到期日的临近,存在两者合二为一的趋势。期货交易的交割制度,保证了现货市场价格与期货市场价格随期货合约到期日的临近而逐渐接近,最终合二为一。期货交易规定合约到期时,必须进行实物交割或差价结算。到交割时,如果期货价格与现货价格不同,例如期货价格高于现货价格,就会有套利者买入低价现货,卖出高价期货,或以低价买入的现货在期货市场上高价抛出,在无风险的情况下实现盈利。这种套利交易最终使期货价格与现货价格趋于相同。

正是上述经济原理的作用,使得套期保值能够起到为商品生产经营者最大限度地降低价格风险的作用,保障生产经营活动的稳定进行。

第二节 期货交易的种类、合约与交易流程

根据交易品种,期货交易可分为两大类:商品期货和金融期货。以实物商品,如玉米、小麦、铜、铝等作为期货品种的属商品期货;以金融产品,如汇率、利率、股票指数等作为期货品种的属于金融期货。二者在交割方式、合约条款上都有一些差异。

一、商品期货

商品期货是指标的物为实物商品的期货合约,期货合约交易的标的物就是一般说的期货上市品种,如合约所代表的玉米、铜、石油等。商品期货历史悠久,种类繁多,主要包括农副产品、金融产品、能源产品等几大类,但并不是所有的商品都适于做期货交易,在众多的实物商品中,一般而言只有具备下列属性的商品才能作为期货合约的上市品种:

一是价格波动大。只有商品的价格波动较大,意图回避价格风险的交易者才需要利用远期价格先把价格确定下来。如果商品价格基本不变,比如,商品实行的是垄断价格或计划价格,商品经营者就没有必要利用期货交易固定价格或锁定成本。

二是供需量大。期货市场功能的发挥是以商品供需双方广泛参加交易为前提的,只有现货供需量大的商品才能在大范围进行充分竞争,形成权威价格。

三是易于分级和标准化。期货合约事先规定了交割商品的质量标准,因此,期货品种必须是质量稳定的商品,否则,就难以进行标准化。

四是易于储存、运输。商品期货一般都是远期交割的商品,这就要求这些商品易于储存、不易变质、便于运输,保证期货实物交割的顺利进行。

我国对上市商品期货品种经历了一个反复筛选的过程。在上个世纪90年代的清理整顿中,商品期货从数十种锐减到12种,仅存铜、铝、大豆、小麦、豆粕、天然橡胶、绿豆、胶合板、籼米、啤酒大麦、红小豆、花生仁等品种。近年来,随着中国企业参与国际竞争的日益普遍化,套期保值需求增长很快,因此,我国现有的三家商品期货交易所都根据市场需求增加、调整了上市品种。目前,上海期货交易所的上市品种包括铜、铝、锌、黄金、螺纹钢、线材、燃料油、天然橡胶;大连商品交易所的交易品种则为玉米、大豆、豆粕、豆油、棕榈油、聚乙烯、聚氯乙烯;郑州商品交易所的期货品种则包括小麦、棉花、绿豆、早籼稻、白砂糖、菜子油、精对苯二甲酸(PTA)。

二、金融期货

金融期货是指以金融工具为标的物的期货合约。金融期货作为期货交易的一种,具有期货交易的一般特点,但与商品期货相比较,其合约标的物不是实物商品,而是传统的金融商品,如证券、货币、汇率、利率等。

金融期货交易产生于20世纪70年代的美国市场。1972年,美国芝加哥商业交易所的国际货币市场分部开始国际货币的期货交易,1975年芝加哥商业交易所开展房地产抵押券的期货交易,标志着金融期货交易的开始。现在,芝加哥商业交易所、纽约期货交易所和纽约商品交易所等都进行各种金融工具的期货交易,货币、利率、股票指数等都作为期货交易的对象。目前金融期货交易在许多方面已经走在商品期货交易的前面,占整个期货市场交易量的80%以上,成为西方金融创新成功的例证。

与金融相关联的期货合约品种很多。目前已经开发出来的品种主要有三大类:

(1) 利率期货,指以利率为标的物的期货合约。世界上最先推出的利率期货是于1975年由美国芝加哥商业交易所推出的美国国民抵押协会的抵押证期货。利率期货主要包括以长期国债为标的物的长期利率期货和以3个月短期存款利率为标的物的短期利率期货。

(2) 货币期货,指以汇率为标的物的期货合约。货币期货是适应各国从事对外贸易和金融业务的需要而产生的,目的是借此规避汇率风险。1972年美国芝加哥商业交易所的国际货币市场推出第一张货币期货合约并获得成功。其后,英国、澳大利亚等国相继建立货币期货的交易市场,货币期货交易成为一种世界性的交易品种。目前国际上货币期货合约所涉及的货币主要有英镑、美元、欧元、日元、瑞士法郎等。

(3) 股票指数期货,指以股票指数为标的物的期货合约。股票指数期货是目前金融期货市场最热门和发展最快的期货交易。股票指数期货不涉及股票本身的交割,其价格根据股票指数计算,合约以现金清算形式进行交割。

我国金融期货的最早尝试是1992年12月28日上海证券交易所引入的国债期货交易,这也是利率期货的雏形。此外,1993年3月10日海南证券交易中心推出了深圳股份综合指数期货。由于监管方面的原因,海南股指期货市场在运行了极短时间后即被关闭。国债期货交易因对国债的顺利发行有刺激作用,得到管理层的认可,全国有14家交易所挂牌交易国债期货。然而,"327国债事件"导致国债期货交易试点暂停,自此我国金融期货的发展也陷入停顿状态。随着我国资本市场的发展,金融期货作为风险管理工具的重要性日益突出。为了给股票市场提供做空机制,改变单边市的状况,2010年4月16日,首批4个沪深300股票指数期货合约在中国金融期货交易所上市,标志着我国金融期货交易正式开闸。

三、期货合约

期货交易所买卖的标的主要是标准化的期货合约,即由期货交易所统一制订的、规定在将来某一特定的时间和地点交割一定数量和质量实物商品或金融商品的标准化合约。我国《期货管理条例》也允许标准化的期权合约在期货交易所挂牌交易。

以商品期货合约为例,合约的标准化条款一般包括:

(1)交易数量和单位条款。每种商品的期货合约规定了统一的、标准化的数量和数量单位,统称"交易单位"。例如,美国芝加哥期货交易所规定小麦期货合约的交易单位为5000蒲式耳,每张小麦期货合约都是如此。如果交易者在该交易所买进一张(也称一手)小麦期货合约,就意味着在合约到期日需买进5000蒲式耳小麦。

(2)质量和等级条款。商品期货合约规定了统一的、标准化的质量等级,一般采用被国际上普遍认可的商品质量等级标准。

(3)交割地点条款。期货合约为期货交易的实物交割指定了标准化的、统一的实物商品的交割仓库,以保证实物交割的正常进行。

(4)交割期条款。商品期货合约对进行实物交割的月份做了规定,一般规定几个交割月份,由交易者自行选择。

(5)最小变动价位条款。指期货交易时买卖双方报价所允许的最小变动幅度,每次报价时价格的变动必须是这个最小变动价位的整数倍。

(6)每日价格最大波动幅度限制条款。指交易日期货合约的成交价格不能高于或低于该合约上一交易日结算价的一定幅度,达到该幅度则暂停该合约的交易。

(7)最后交易日条款。指期货合约停止买卖的最后截止日期。每种期货合约都有一定的月份限制,到了合约月份的一定日期,就要停止合约的买卖,准备进行实物交割。

除此之外,期货合约还包括交割方式、违约及违约处罚等条款。

与商品期货合约相比,金融期货合约均以现金结算,不存在实物交割的内容,也没有质量条款。另一方面,金融期货合约中增加了"合约乘数"这一特殊条款,以确定合约价值与基础资产的价位之间的对应关系。以中国金融期货交易所的沪深300股指期货合约为例。其标的是沪深300指数,合约乘数确定为300,即对应于指数的每一个点,合约价值为300元。因此,当沪深300指数在1000点时,一张合约(称为"一手")的价值就是30万元;指数在3000点时,一手合约价值为90万元。当指数变动一个点时,合约的价值就上涨或下跌300元。

四、期货价格

期货价格是指期货市场上通过公开竞价方式形成的期货合约标的物的价格。期货市场的公开竞价方式主要有两种:一种是电脑自动撮合成交方式,另一种是公开喊价方式。在我国的期货交易所中,交易全部采用电脑自动撮合成交方式。在这种方式下,期货价格的形成必须遵循价格优先、时间优先的原则。

所谓价格优先原则,是指交易指令在进入交易所主机后,最优价格最先成交,即最高的买价与最低的卖价报单首先成交。时间优先原则,是指在价格一致的情况下,先进入交易系统的交易指令先成交。交易所主机按上面两个原则对进入主机的指令进行自动配对,找出买卖双方都可接受的价格,最后达成交易,反馈给成交的会员。

期货价格的频繁波动,是受多种因素影响而成的。例如,在大豆期货交易中,天气的好坏、种植面积的增减、进出口数量的变化都将在很大程度上影响价格的波动。在股票指数期货交易中,人们对市场利率升降、公司业绩好坏的预期,都会影响指数期货价格的变化。由于期货价格是由众多的交易者在交易所内通过集中竞价形成的,市场参与者的报价充分体现了他们对今后一段时间内,该商品在供需方面可能产生变化的预期,在这种价格预期下形成的期货价格,能够较为全面、真实地反映整个市场的价格预期,具有预期性和权威性。

期货价格中有开盘价、收盘价、最高价、最低价、结算价等概念。开盘价是指交易开始后的第一个成交价;收盘价是指交易收市时的最后一个成交价;最高价和最低价分别指当日交易中最高的成交价和最低的成交价。结算价的确定方式在不同期货交易所中略有差异。例如,我国上海期货交易所的结算价是合约全日成交价格按照成交量的加权平均价,而中国金融期货交易所的结算价是全日交易最后一个小时的加权平均价。

五、期货交易的流程

期货交易的流程可以概括为建仓、持仓、平仓或实物交割。

(一)建仓

建仓也叫开仓,是指交易者新买入或新卖出一定数量的期货合约。在期货市场上,买入或卖出一份期货合约相当于签署了一份远期交割合同。如果交易者将这份期货合约保留到最后交易日结束,他就必须通过实物交割或现金清算来了结这笔期货交易。

(二)持仓

持仓是指交易者建仓之后尚没有卖出的合约,也叫未平仓合约或者未平仓头寸。其中,买入期货合约后所持有的头寸叫多头头寸,简称多头。卖出期货合约后持有的头寸叫空头头寸,简称空头。不论是多头还是空头,交易者最终都需要选择下列两种方式之一来了结仓位:要么择机平仓,要么持仓至最后交易日并最终进行实物交割或现金结算。

(三) 平仓

平仓是指交易者买回已卖出合约,或卖出已买入合约,从而冲销掉原仓位的行为。实践中,大多数期货市场参与者的主要目的是为了投资获利或者套期保值。因此,最终进行实物交割的是少数,大部分投机者和套期保值者都在最后交易日结束之前择机将买入的期货合约卖出,或将卖出的期货合约买回,即通过一笔数量相等、方向相反的期货交易来冲销原有的期货合约,以此了结期货交易,解除到期进行实物交割的义务。

(四) 交割

期货合约到期后,尚未平仓的合约就需要按照交易所指定的规则和程序进行交割,即合约双方实际履行期货合约项下的买卖行为,买方支付交割时的合约最终结算价,卖方则提交合约项下的标的物。其中,商品期货合约涉及实物交割,由交易所指定的交割仓库协助完成;金融期货合约采用现金交割,用交易所公布的交割结算价计算出未平仓合约的盈亏,亏损一方将差价支付给盈利一方。从法律角度看,期货交易中的建仓可视为合同的订立,而交割则构成了合同的履行。交割完毕,则期货交易了结。

第三节 期货交易所

一、期货交易所的功能

期货交易所是专门进行期货合约买卖的场所。传统上,期货交易所一般实行会员制,即由会员共同出资联合组建,每个会员享有同等的权利承担同等的义务。交易所会员有权利在交易所内直接参加交易,同时必须遵守交易所的规则,交纳会费,履行应尽的义务。上个世纪80年代以后,国际上兴起了一股非互助化潮流,会员制交易所纷纷改制为公司制交易所,甚至变成上市公司。尽管组织形式发生变化,但期货交易所的功能并没有改变。

期货交易所对于期货交易的正常开展,具有十分重要的作用:

第一,统一制订期货合约,将期货合约的条款统一化和标准化,使期货市场具有高度流动性,提高了市场效率。

第二,为期货交易制定规章制度和交易规则,并保证和监督这些制度、规则的实施,最大限度地规范交易行为。

第三,监督、管理交易所内进行的交易活动,调解交易纠纷,包括交易者之间的纠纷、客户同经纪人或经纪公司之间的纠纷等,并提供仲裁程序和仲裁机构(仲裁委员会)。

第四,通过内设的结算机构或者联系独立的结算所为交易双方提供履约及财务方面的担保。期货交易中的买方和卖方都是以期货交易所为对手的,不必考虑真正的成交对手是谁。这是由于期货交易机制要求结算机构作为"买方的卖方"和"卖方的买方",承担最终履约责任,从而大大降低了期货交易中的信用风险。

第五,提供信息服务,及时把场内所形成的期货价格公布于众,增加了市场的透明度和公开性。

第六,为期货交易组织或提供结算、交割服务,如向会员追缴和清退保证金、收取交割货款和提货单(仓单)等。

第七,为期货交易提供一个专门的、有组织的场所和各种方便多样的设施,如先进的通讯设备等。

总之,期货交易所的宗旨就是为期货交易提供设施和服务,交易所本身不拥有所交易的任何商品,不买卖期货合约,也不参与期货价格的形成。

二、我国期货交易所的组织结构和职能

根据我国《期货交易管理条例》和《期货交易所管理办法》的规定,期货交易所指依相关法规规定的条件设立的,不以营利为目的,履行法定职能并按照其章程和交易规则实行自律性管理的法人。

我国期货交易所经中国证监会批准,可以采取会员制或者公司制的组织形式。目前,上海、大连、郑州三家商品期货交易所都实行会员制,交易所的注册资本划分为均等份额,由会员出资认缴。而中国金融期货交易所采取的是股份有限责任公司的组织形式,由上述三家商品期货交易所以及上海、深圳两家证券交易所作为股东出资组成。不论是会员制还是公司制期货交易所,它们都是一种不以营利为目的的经济组织,主要靠收取交易手续费维持交易设施以及员工等方面的开支,费用节余只能用于与交易直接有关的开支,不得进行其他投资或利润分配。

中国证监会依法对期货交易所实行集中统一管理,与对证券交易所的管理体制基本相同。会员制期货交易所设理事会,理事长、副理事长由中国证监会提名,理事会选举产生。公司制期货交易所的董事长、副董事长的任免由中国证监会提名,董事会通过。两类期货交易所的法定代表人均为总经理,由中国证监会任免。

依照相关的法规,我国期货交易所应当履行下列职能:(1)提供期货交易的

场所、设施及相关服务;(2)制定并实施期货交易所的业务规则,包括交易规则和实施细则;(3)设计合约、安排合约上市;(4)组织、监督交易、结算和交割;(5)制定并实施风险管理制度,控制市场风险;(6)保证期货合约的履行;(7)发布市场信息;(8)按照章程和交易规则监管会员期货业务;(9)监管会员的客户、指定交割仓库、期货保证金存管银行以及期货市场其他参与者的期货业务;(10)查处违规行为。

可以看出,期货交易所不但提供交易场所,还要承担相当的法律职责,对期货交易有监管职能和权力。同时,期货交易所不得从事信托投资、股票交易、非自用不动产投资等与其职能无关的业务,禁止直接或者间接参与期货交易,这些规定主要是为了防止期货交易所在履行职能中的利益冲突,保证交易的公正。当期货交易中发生操纵市场并严重扭曲价格形成的行为或者不可抗力导致的突发事件等异常情况时,交易所可以按照其章程规定的权限和程序,决定采取紧急措施,并应立即报告中国证监会。

我国法律对于期货交易所的工作人员也有严格的职业守则要求,在基本资格方面与《证券法》的规定相同。期货交易所工作人员应当恪尽职守,不得以任何方式为自己从事期货交易,不得泄露内幕信息或者利用内幕信息获得非法利益,遇有与本人或者其亲属有利害关系的情形时,应当回避。

三、期货交易所的会员

期货交易所的"会员"有两重含义:一是指会员制期货交易所的会员,它们是交易所出资人和所有人,类似于公司的股东;二是指经交易所批准,有权在交易所从事交易或者结算业务的人。传统上,期货交易所都采取会员制的组织形式,因此,两种"会员"身份是统一的,既是交易所的出资人,同时又是交易的参与人。如今,大多数期货交易所采取公司制的组织方式,在这种交易所中,"会员"专指入场交易的资格。这里我们主要介绍后一种会员的权利义务。

期货交易所是一个集中交易的场所,只有具有会员身份的人才能入场交易,非会员只能委托会员进行交易。按照我国现行法规,期货交易所会员应当是在中华人民共和国境内登记注册的企业法人或其他经济组织,包括期货公司会员以及非期货公司会员。非期货公司会员大多为期货自营商,其参与交易的目的通常是为本企业的经营活动进行套期保值,也有出于套利或投机的目的。取得会员资格需要经期货交易所批准,然后报告中国证监会并予以公布。各期货交易所都制定了会员管理办法,规定了会员资格的取得与终止的条件、程序以及对会员的监管等内容。

一般来说,取得会员资格的法人有权在交易所内从事规定的交易、结算和交割等业务,使用交易所提供的交易设施,获得有关期货交易的信息和服务,在发生争议时可依据交易规则向交易所提出申诉。同时,会员也必须遵守法律、法规及交易所各项规则,缴纳相关费用。

但是,出于控制结算风险的目的,一些交易所实行了会员分级结算制度,对部分会员参与结算的权利进行限制。以中国金融期货交易所为例,会员分为结算会员与非结算会员。结算会员具有与期货交易所进行结算的资格;非结算会员仅有权在交易所进行交易,不具备与期货交易所进行结算的资格,需要委托结算会员办理与交易所的结算事宜。从这个角度看,非结算会员又可称为"交易会员",即只能从事期货自营或期货经纪业务的交易活动。

根据其结算权限的大小,结算会员又分为交易结算会员、全面结算会员和特别结算会员。其中,交易结算会员只能为自己的客户办理结算与交割,不得接受非结算会员委托代后者办理结算业务。全面结算会员既可以为自己的客户办理结算业务,也可以为其他非结算会员办理结算业务。特别结算会员通常是银行等金融机构,它们不具有交易功能,仅承担结算职责,为与其签订结算协议的非结算会员办理结算业务。在这种会员分级结算制度下,期货交易所仅对结算会员结算,结算会员对非结算会员结算,非结算会员对其受托的客户结算。

与会员分级结算相对应的是全员结算制度。我国上海期货交易所、大连商品交易所、郑州商品交易所都采取的是全员结算制度,所有会员(包括期货公司会员与非期货公司会员)都既有交易职能,也具有与交易所进行结算的资格。

第四节 期 货 公 司

一、期货经纪商的职能

期货经纪,是指接受客户委托,按照客户的指令,以自己的名义为客户进行期货交易并收取交易手续费,交易结果由客户承担的经营活动。经营期货经纪业务的必须是依法设立或者注册的期货经纪商。因此,期货经纪商是指依法设立的以自己的名义代理客户进行期货交易并收取一定手续费的中介组织。

作为交易者与期货交易所之间的桥梁,期货经纪商通常具有如下职能:根据客户指令代理买卖期货合约、办理结算和交割手续;对客户账户进行管理,控制客户交易风险;为客户提供期货市场信息,进行期货交易咨询,充当客户的交易顾问。我国不允许期货经纪商从事期货交易自营业务。也就是说,期货经纪商除接受客户委托,从事期货交易所上市期货合约的买卖、结算、交割及相关服务业务外,不得从事或者变相从事期货自营业务和其他业务。

客户参加期货交易只能通过期货经纪商进行。由于期货经纪商代理客户进行交易,向客户收取保证金,因此,期货经纪商还有保管客户资金的职责。为了保护投资者利益,增加期货经纪商的抗风险能力,各国政府期货监管部门及期货交易所都制定有相应的规则,对期货经纪商的行为进行约束和规范。

二、期货公司的业务范围

目前我国法律不允许个人作为期货经纪商,仅承认以公司作为组织形式的期货经纪商。期货经纪商公司名称在2007年前后发生了一些变化,之前称为"期货经纪公司",之后则称为"期货公司"。尽管省略了"经纪"二字,但期货公司只能从事期货经纪业务、不得从事期货自营业务的法律规定并没有发生变化。

根据我国现行《期货交易管理条例》和《期货公司管理办法》的有关规定,期货公司的业务范围包括境内期货经纪、境外期货经纪、期货投资咨询以及中国证监会规定的其他业务。期货公司不得从事或变相从事期货自营业务,不得为其股东、实际控制人或者其他关联人提供融资,不得对外担保。

相较于1999年的《期货交易管理暂行规定》,现行法规显著扩大了期货公司的业务范围。鉴于我国期货市场发展初期境外期货代理鱼龙混杂、投资者损失惨重的教训,1999年的法规将期货公司的业务范围局限于"境内期货经纪"一项。实践中,这种限制也在一定程度上束缚了正规期货公司的发展,同时也无法遏制境外期货代理的地下蔓延。2007年的法规修订体现了我国期货公司发展壮大的诉求,同时也呼应了中国加入WTO后企业走向国际化经营,在境外期货市场套期保值的需要。

三、对期货公司的监管

我国对期货公司实行许可证制度,凡从事期货经纪的机构必须经中国证监会严格审核,取得经营许可证,并在国家工商行政管理局登记注册。目前,我国设立期货公司,必须符合《公司法》的规定,并应当具备下列条件:(1)注册资本最低限额为人民币3000万元;(2)主要管理人员和业务人员必须具有任职资格或期货从业资格;(3)有符合法律、行政法规规定的公司章程;(4)主要股东以及实际控制人具有持续盈利能力,信誉良好,最近3年无重大违法违规记录;(5)有固定的经营场所和合格的交易设施;(6)有健全的风险管理和内部控制制度;(7)符合中国证监会规定的其他条件。

中国证监会依法对全国的期货公司实行集中统一的监管。不但期货公司的设立、变更和终止需要经过审查,而且日常的期货经纪业务也要接受监督。从事期货经纪业务必须遵守以下的一般规定:(1)遵守有关法律、法规、规章和中国证监会的规定;禁止操纵期货交易价格、内幕交易和欺诈客户的行为;(2)遵循公开、公平、公正和诚实信用原则,维护客户的合法权益,保障市场稳健运行;(3)遵循诚实信用原则,以专业的技能,勤勉尽责地执行客户的委托,维护客户的合法权益;(4)应当避免与客户的任何利益冲突,保证公平对待所有客户,为每一个客户单独开立专门账户,设置交易编码,不得混码交易;(5)应当持续拥有符合法定要求的从业人员、技术设备,执行内部规章制度,确保稳健、合法经营;(6)应当向客户说明期货交易的风险,并在营业场所备置期货交易相关法规、期货交易所规则、经纪业务规则及其细则供客户查询。

同时,《期货公司管理办法》还在第六章专门详细地规定了对期货经纪公司的监督与管理,包括财务管理、许可证管理、日常监督和检查、年度检查以及保证金退付危机的特别处理程序等。

第五节 期货交易的法律制度

广义上说,期货交易的法律制度可分为期货交易监管制度与期货交易民商事法律制度两个方面。期货交易监管制度包括期货市场主体监管、交易流程监管、违规处罚等内容。期货交易民商事法律制度则涉及合同法、担保法等法律制度在期货交易领域的应用。本节主要介绍期货交易流程监管法律制度,它与期货交易作为场内衍生交易的特点密切相关。

衍生交易是一种蕴含多种风险的交易活动,如标的物价格波动的市场风险、交易对手违约的信用风险,等等。与场外衍生交易相比,期货作为场内衍生交易的一个重要特征是交易所对期货交易的履约交收提供了担保,成为全体交易主体在交收时的中央对手方。这种制度安排基本上消除了期货交易的信用风险,但交易所本身则承担了任何一个期货合约买方或卖方违约的风险。为了控制集中市场交易下的风险,保护市场参与者的根本利益,交易所通常采取多项措施以维护市场的正常运作和有序进行。这些措施包括期货保证金制度、涨跌停板制度、价格熔断机制、当日无负债结算制度、强行平仓与强制减仓制度、限仓制度与大户报告制度等。我国现行期货管理法规和规章确认了交易所上述措施的合法性。

一、保证金制度

在期货市场上,交易者只需按期货合约价格的一定比率交纳少量资金作为履行期货合约的财力担保,便可参与期货合约的买卖,这种资金就是期货保证金。

期货保证金与股票融资交易(又称保证金交易)中的保证金不同。股票保证金是一种融资担保,客户买卖股票时未支付全部价款,而是仅交付一定数量的现款或股票作为保证金,差额由经纪人垫付,融资者日后要归还这部分差额并支付相应的利息。期货保证金并非融资担保而是履约担保。交易者通过买入或卖出期货合约的方式建仓后以及持仓的过程中,都必须付给期货交易所一笔资金,作为其日后履行期货合约的担保。

期货保证金(以下简称保证金)按性质和作用的不同,可分为结算准备金和交易保证金两大类。

结算准备金一般是由会员单位按固定标准向交易所缴纳,为交易结算预先准备的资金,它没有被期货合约占用。按照我国现行期货管理法规的规定,结算会员的结算准备金最低余额标准为人民币200万元,应当以自有资金缴纳。交易所有权根据市场情况调整结算会员结算准备金最低余额标准。

交易保证金是被合约占用的保证金,即会员单位或客户在期货交易中因持有期货合约而实际交存的保证金。它分为初始保证金和追加保证金两类。初始保证金是交易者新开仓时所需交纳的资金。它是根据交易额和保证金比率确定的,即初始保证金=交易金额×保证金比率。各期货交易所通常根据期货品种风险程度的大小确定保证金比率。例如,我国现行的最低保证金比率为交易金额的5%,但股指期货的保证金比率则为12%。此外,交易者在持仓过程中,会因市场行情的不断变化而产生浮动盈亏(结算价与成交价之差),因而保证金账户中实际可用来弥补亏损和提供担保的资金就随时发生增减:浮动盈利将增加保证金账户余额,浮动亏损将减少保证金账户余额。但是,交易者必须始终保持其保证金账户余额与持仓的市值之比不低于规定的保证金比率。当保证金降低到法定标准之下时,交易者必须在规定时间内补充保证金,否则在下一个交易日,交易所或会员单位有权实施强行平仓。这部分需要新补充的保证金就称为追加保证金。

期货交易保证金对于保障期货市场的正常运转具有重要作用:(1)保证金交易制度的实施,降低了期货交易成本,使交易者用5%的保证金就可从事100%的远期贸易,发挥了期货交易的资金杠杆作用,促进套期保值功能的发挥;(2)期货交易保证金为期货合约的履行提供财力担保;(3)保证金是交易所控制投机规模的重要手段。

按照我国相关法规,期货公司接受客户委托进行期货交易,应当向客户收取保证金并设置客户保证金明细账,同时应当在期货交易所指定的结算银行开立客户保证金账户,用以存放客户保证金。交易所向会员收取的保证金属于会员所有,会员向客户收取的保证金属于客户所有。为了保证客户保证金账户的安全,避免期货公司挪用客户保证金,2006年5月,中国证监会设立了中国期货保证金监控中心,后者每日通过交易所、期货公司、保证金存管银行上报的数据对保证金账户进行监控。

此外,实行会员分级结算的期货交易所还实行结算担保金制度,以防范市场整体的结算风险。结算担保金由结算会员依交易所规定缴纳,是一种用于应对结算会员违约风险的共同担保资金。当结算会员违约时，交易所可以首先用该会员缴纳的结算担保金承担责任；不足部分用其他会员缴纳的结算担保金承担责任；仍有不足时，再动用交易所的风险准备金以及其他自有资金来保证交收。以中国金融期货交易所为例，结算担保金分为基础结算担保金和变动结算担保金。基础结算担保金指结算会员参与交易所结算交割业务必须缴纳的最低结算担保金数额，它依结算会员的不同性质而有不同标准。其中，交易结算会员人民币1000万元，全面结算会员人民币2000万元，特别结算会员人民币3000万元。变动结算担保金指结算会员结算担保金中超出基础结算担保金的部分，随结算会员业务量的变化而调整，每个季度调整一次。

二、价格限制制度

为控制期货交易价格的剧烈波动，我国期货交易所实行价格限制制度，包括传统的涨跌停板制度以及近年来国际上兴起的价格熔断机制两方面。

涨跌停板制度，是指期货合约在一个交易日中的成交价格不能高于或低于以该合约上一交易日结算价为基准的某一涨跌停板价位的制度，超过该范围的报价将视为无效，不能成交。在涨跌停板制度中，前一交易日结算价加上允许的最大涨幅构成当日价格上涨的上限，称为涨停板；前一交易日结算价减去允许的最大跌幅构成当日价格下跌的下限，称为跌停板。因此，涨跌停板又叫每日价格最大波动幅度限制。涨跌停板的幅度有百分比和固定数量两种形式。

价格熔断机制，是指交易日中市场价格波动达到一定幅度（即设定的熔断价格），但尚未触及涨跌停板线时，短时间使合约只能在这一价格范围内交易的机制，其目的在于平息市场瞬间的恐慌心态。以我国股指期货合约为例。在普通交易日中，熔断幅度被设定为上一交易日结算价的±6%，涨跌停板幅度为上一交易日结算价的±10%。每日开市后，如果股指期货合约申报价触及熔断价格且持续5分钟的，该合约启动熔断机制。在熔断机制启动后的连续5分钟内，该合约买卖申报在熔断价格区间内继续撮合成交；超出熔断价格的申报则不成交。5分钟后，熔断机制终止，市场自由交易，但继续适用涨跌停板限制。

涨跌停板制度与价格熔断机制相结合，构成了完整的价格限制制度，交易所可以根据市场风险状况调整期货合约的熔断与涨跌停板幅度。这一制度对于保障期货市场的运转、稳定期货市场的秩序以及发挥期货市场的功能具有十分重要的作用：(1) 价格限制制度为交易所、会员单位及客户的日常风险控制创造了必要的条件。(2) 价格限制制度的实施，可以有效地减缓和抑制突发事件和过度投机行为对期货价格的冲击，给市场一定的时间来充分化解这些因素对市场造成的影响，防止价格的狂跌暴跌，维护正常的市场秩序。(3) 价格限制制度使期货价格在更为理性的轨道上运行，从而使期货市场更好地发挥价格发现的功能。(4) 在出现过渡投机和操纵市场等异常现象时,调整涨跌停板或熔断价格的幅度往往成为交易所控制风险的一个重要手段。

三、当日无负债结算制度

当日无负债结算制度,是指结算部门在交易当日计算、检查保证金账户余额,通过及时发出追加保证金通知,使保证金余额维持在一定水平之上,防止负债现象发生的结算制度。根据结算的时间与次数,当日无负债结算又分为逐日盯市与日中结算两种方式,其中逐日盯市是每日闭市后进行结算,而日中结算则可能半天结算一次,甚至盘中实时结算,体现了更强的风险控制力度。

目前,逐日盯市是大多数期货交易所的结算方式,其具体执行过程如下:在每一交易日结束后,交易所结算部门根据全日成交情况计算出当日结算价,据此计算每个会员持仓的浮动盈亏,调整会员保证金账户的可动用余额。若调整后的保证金余额低于规定水平,交易所便发出通知,要求在下一交易日开市之前追加保证金,若会员单位不能按时追加保证金,交易所将有权强行平仓。

当日无负债结算制度的作用主要有:(1) 该制度对所有账户的交易及头寸按不同品种、不同月份的合约分别进行结算,保证每一交易账户的盈亏都能得到及时的、具体的、真实的反映,为及时调整账户资金、控制风险提供依据。(2) 该制度能将市场风险控制在交易全过程的一个相对最短的时间之内。

我国《期货交易管理条例》规定,期货交易所实行当日结算制度,应当在当日及时将结算结果通知会员;期货公司根据期货交易所的结算结果对客户进行结算,并应当就结算结果按照与客户约定的方式及时通知客户。客户应当及时查询并妥善处理自己的交易持仓。

四、限仓制度与大户报告制度

(一) 限仓制度

限仓制度,是期货交易所为了防止市场风险过度集中于少数交易者和防范操纵市场行为,对会员和客户的持仓数量进行限制的制度。为了使合约期满日的实物交割数量不至于过大,引发大面积交割违约风险,一般情况下,距离交割期越近的合约月份,会员和客户的持仓限量越小。

根据不同的目的,限仓又分为以下几种:

(1) 根据保证金的数量规定持仓限量。限仓制度最原始的含义,就是根据会员承担风险的能力规定会员的交易规模。期货交易所通常根据会员和客户投入的保证金的数量,按照一定比例给出持仓限量,此限量即为该会员在交易中持仓的最高水平。

(2) 对会员的持仓量。为防止市场风险过度集中于少数会员,我国期货交易所一般规定一个会员对某种合约的单边持仓量不得超过交易所此种合约持仓总量(单边计算)的15%,否则交易所将对会员的超量持仓部分进行强制平仓。此外,期货交易所还按合约离交割月份的远近,对会员规定了持仓限额,距离交割期越近的合约,会员的持仓限量越小。

(3)对客户的持仓量限制。为防止大户过量持仓,操纵市场,大部分交易所对会员单位所代理的客户实行编码管理,每个客户只能使用一个交易编码,交易所对每个客户编码下的持仓总量也有限制。

(二)大户报告制度

大户报告制度,是与限仓制度相关的另外一个控制交易风险、防止大户操纵市场行为的制度。期货交易所建立限仓制度后,当会员或客户投机头寸达到了交易所规定的数量时,必须向交易所申报,申报的内容包括客户的开户情况、交易情况、资金来源、交易动机等,便于交易所审查大户是否有过度投机和操纵市场行为以及大户的交易风险情况。

五、强行平仓与强制减仓制度

强行平仓与强制减仓制度是指交易所或期货公司在特定情形下对会员或客户的持仓采取的强制性处分措施,目的在于降低会员或客户的仓位,消除保证金不足或持仓过于集中而可能带来的风险。

依照我国现行法规,期货交易所会员的保证金不足时,该会员必须追加保证金或自行平仓;会员未在期货交易所统一规定的时间内追加保证金的,期货交易所应当将该会员的期货合约强行平仓。期货公司在客户的保证金不足而客户又未能在期货公司统一规定的时间内及时追加或自行平仓时,应当将客户的期货合约强行平仓。此外,当出现会员或客户持仓超过限制,或者市场出现异常情况迫使交易所出台控制风险的临时性措施时,也可能发生强行平仓。强行平仓的有关费用和发生的损失由有责任的会员或客户承担。

强制减仓是指在期货交易中,当某一合约出现涨跌停板单边无连续报价或者市场风险明显增大的情况下,交易所有权将当日以涨跌停板价格申报的未成交平仓报单,以当日涨跌停板价格与该合约净持仓盈利客户按照持仓比例自动撮合成交,从而减少整个市场中特定合约的总体仓位。

强制减仓也可以视为强行平仓的一种特殊状态,实质是交易所对于盈利客户的部分仓位进行强行平仓,以协助亏损客户实现平仓、了结合约而止损,避免因亏损客户过多、亏损金额过大引致市场的系统性风险。但强制减仓通常不涉及强行平仓中常见的违规因素(如超额持仓或未能及时追加保证金),而是源于市场突然变化而导致现有仓位的风险剧增,给整个交易秩序造成威胁。因此,交易所通过强制减仓措施而释放市场风险。

六、违规行为的处理

期货交易是一种高风险的杠杆交易,且参与主体众多,保证交易的安全性和公正性非常关键,因此,在交易规则中必须明确规定交易中的禁止行为,并对违规行为进行处罚。我国《期货交易管理条例》区分不同主体,针对其可能出现的违规行为明确规定了处罚措施。这些主体包括期货交易所、从事期货业务的期货公司或实际控制人、非期货公司结算会员、期货保证金存管银行、交割仓库等以及参与期货交易的相关单位或个人。

期货交易所应当遵守关于会员接纳、期货合约、信息报告和公开、保证金及其他风险管理规定的要求。如果有违规行为,则可能被处以责令改正、给予警告、没收违法所得以及罚款甚至停业整顿的处罚,对直接负责的主管人员和其他直接责任人员也有所处罚。期货业务经营机构(包括期货公司、非期货公司结算会员、保证金存管银行、交割仓库等)也应当在信息公开、保证金、交易规则等方面符合要求,并不得有任何欺诈客户的行为,违规的期货经营机构可能要受到从责令改正到停业整顿、吊销业务许可证的处罚。

对于参与期货交易的相关单位、个人的处罚主要涉及以下几方面:(1)国有及国有控股企业违反规定进行期货交易;(2)境内单位或者个人违反规定从事境外期货交易;(3)单位或个人非法设立或者变相设立期货交易所、期货公司及其他期货经营机构,或者擅自从事期货业务,或者组织变相期货交易活动;(4)期货公司的交易软件或结算软件供应商拒绝配合监管部门的调查或者提供虚假资料。

此外,不论是期货交易所、期货经营机构还是参与期货交易的单位或个人,都不得进行内幕交易与操纵期货价格的行为。如有违规者,将受到没收违法所得、罚款的处罚,构成犯罪的依法追究刑事责任。内幕交易破坏了市场交易的公开性与公平性,操纵价格行为破坏了期货交易最重要的价格发现功能,因此,我国现行期货管理法规以及刑法都明确规定了对内幕交易与操纵市场者的惩罚措施。

后　　记

　　从《金融法概论》的第四版到第五版,十年已经过去了。

　　在这十年中,我国的金融市场及其法制建设都在大踏步前进。原有的四大国有专业银行都已经成了上市公司,中国工商银行更是在市值、盈利、客户存款几个方面名列全球第一,金融股也成为我国资本市场中比重最大的行业股。资本市场也在快速发展。2010年12月,上海证券交易所在北京大学举办了第一届上证法治论坛,纪念中国资本市场法治建设二十年。

　　与此同时,我们也见证了国际金融形势的急剧动荡。由美国次贷危机引发的全球金融海啸给金融实务工作者、监管者、学者都提出了许多值得深思的问题。金融与实体经济的关系、金融监管与市场竞争的关系、金融创新与风险控制、金融服务与消费者保护等命题,恐怕都需要在新的背景下重新理解。

　　理想地说,金融法教材应该及时反映金融市场与法制建设的新变化。在《金融法概论》的前几版中,我也一直是这样做的。但是,过去十年中,尽管北京大学出版社的编辑老师不断催促,我始终未下决心。不仅是因为行政工作比较忙,更是因为知识传播与教育模式已经发生了翻天覆地的变化。以大型搜索网站为代表的动态、开放、参与式的知识更新,可能更适应金融市场、金融法制这个称得上日新月异的领域的需要。每一本金融法的教材,当它付印那一天,可能就过时了。

　　换一个角度看,一本教材的价值可能恰恰是每个书写者从他/她个人的视角所记录下的既往历史片段。这是我从上个世纪九十年代初写作《金融法概论》(第一版)时就已经形成的想法。美国霍姆斯大法官说过,法律的生命在于经验而不是逻辑。金融法更是如此。对于后学者来说,了解中国金融法律制度如何一路演变过来,才能更好地理解今天中国的问题,才能更务实地寻找解决中国问题的答案。

　　正是基于这种考虑,《金融法概论》(第五版)并没有试图面面俱到地反映十年来国内外金融市场与法制的变化,而是延续了之前版本的基本框架,并吸收了近几年颁布的相关法律法规的内容。由于篇幅字数有限,没有加案例。我希望今后在专门网站——北京大学金融法网上建立类似维基百科式的《金融法:案例与资料》体系。

　　我的工作较忙,北大金融法中心的老师和同学帮助我更新了大部分的法规,我在此表示感谢。具体要一一感谢各章节的修订者,他们是李清池(第一章至

第四章)、洪艳蓉(第二章至第八章)、唐应茂(第九章至第十二章)、彭冰(第十三章至第十六章)、刘燕(第十七章)。刘庄、周偁、孙乃玮、张春燕等同学也参与了前期基础工作。

  我还要特别感谢刘燕老师,刘燕老师承担了本书修订的组织、统筹及统稿主要工作。我与编辑商量,将刘燕老师作为共同主编,但刘老师知道后执意不肯,依然希望我一个人署名。刘燕老师以读书人特有的谦虚和礼让,让我备受感动和钦佩,因为没有刘燕老师的帮助,这一版的修订是难以完成的。我还要感谢北京大学出版社编辑冯益娜老师、邹记东老师为了本书能尽快出版,加班加点审稿。在此向他们一并表示感谢。

吴志攀

2011 年 1 月 11 日

21 世纪法学系列教材书目

"21 世纪法学系列教材"是北京大学出版社继"面向 21 世纪课程教材"（即"大红皮"系列）之后，出版的又一精品法学系列教科书。本系列丛书以白色为封面底色，并冠以"未名·法律"的图标，因此也被称为"大白皮"系列教材。"大白皮"系列是法学全系列教材，目前有 15 个子系列。本系列教材延续"大红皮"图书的精良品质，皆由国内各大法学院优秀学者撰写，既有理论深度又贴合教学实践，是国内法学专业开展全系列课程教学的最佳选择。

- **法学基础理论系列**

    | 法律方法阶梯 | 郑永流 |
    | 英美法概论:法律文化与法律传统 | 彭 勃 |

- **法律史系列**

    | 中国法制史 | 赵昆坡 |
    | 中国法制史 | 朱苏人 |
    | 中国法律思想史（第二版） | 李贵连 李启成 |
    | 外国法制史（第三版） | 由 嵘 |
    | 西方法律思想史（第二版） | 徐爱国 李桂林 |

- **民商法系列**

    | 民法总论（第二版） | 刘凯湘 |
    | 民法分论（待出） | 刘凯湘 |
    | 物权法论 | 郑云瑞 |
    | 英美侵权行为法学 | 徐爱国 |
    | 商法学——原理·图解·实例（第三版） | 朱羿锟 |
    | 商法学 | 郭 瑜 |
    | 保险法（第三版） | 陈 欣 |
    | 海商法 | 郭 瑜 |
    | 票据法教程（第二版） | 王小能 |
    | 破产法（待出） | 许德风 |

- **知识产权法系列**

知识产权法（第四版）		吴汉东
商标法		杜　颖
著作权法（待出）		刘春田
专利法（待出）		郭　禾
电子商务法	李双元	王海浪

- **宪法行政法系列**

宪法学概论（第二版）			肖蔚云
宪法学（第三版）	甘超英	傅思明	魏定仁
行政法学（第二版）		罗豪才	湛中乐
外国宪法（待出）			甘超英
国家赔偿法学（第二版）		房绍坤	毕可志

- **刑事法系列**

中国刑法论（第四版）	杨春洗	杨敦先	郭自力
外国刑法学概论（待出）		李春雷	张鸿巍
犯罪学（第二版）		康树华	张小虎
犯罪预防理论与实务		李春雷	靳高风
监狱法学（第二版）			杨殿升
刑法学各论（第二版）			刘艳红
刑法学总论（第二版）			刘艳红
刑事侦查学（第二版）			杨殿升
刑事政策学			李卫红
国际刑事实体法原论（待出）			王　新

- **经济法系列**

经济法学（第五版）	杨紫烜	徐　杰
经济法学（2008年版）		张守文
经济法原理（第三版）		刘瑞复
企业法学通论		刘瑞复
企业与公司法学（第五版）		甘培忠
商事组织法		董学立
金融法概论（第五版）		吴志攀

银行金融法学（第六版）	刘隆亨
证券法学（第二版）	朱锦清
金融监管学原理	丁邦开　周仲飞
会计法（第二版）	刘　燕
税法原理（第五版）	张守文
劳动法学	贾俊玲　周长征
社会保障法（待出）	林　嘉
房地产法（第二版）	程信和　刘国臻
环境法学（第二版）	金瑞林
反垄断法（待出）	孟雁北

- **财税法系列**

财政法学	刘剑文
税法学（第四版）	刘剑文
国际税法学（第二版）	刘剑文
财税法专题研究	刘剑文

- **国际法系列**

国际法（第二版）	白桂梅
国际经济法学（第四版）	陈　安
国际私法学（第二版）	李双元
国际贸易法	冯大同
国际贸易法	王贵国
国际贸易法	郭　瑜
国际贸易法原理	王　慧
国际投资法	王贵国
国际货币金融法（第二版）	王贵国
国际经济组织法教程（第二版）	饶戈平

- **诉讼法系列**

民事诉讼法学教程（第三版）	刘家兴　潘剑峰
民事诉讼法	汤维建
刑事诉讼法学（第三版）	王国枢
外国刑事诉讼法教程（新编本）	王以真　宋英辉

民事执行法学(第二版) 谭秋桂
仲裁法学 蔡 虹

- **特色课系列**

    世界遗产法 刘红婴
    法律语言学(第二版) 刘红婴
    模拟审判:原理、剧本与技巧 廖永安 唐东楚 陈文曲

- **双语系列**

    普通法系合同法与侵权法导论 张新娟
    Learning Anglo-American Law: A Thematic
    　　Introduction(英美法导论)(第二版) 李国利

- **专业通选课系列**

    法律英语 郭义贵
    法律文书学 卓朝君 邓晓静
    法律文献检索 于丽英
    英美法入门——法学资料与研究方法 杨 帧

- **通选课系列**

    法学概论(第三版) 张云秀
    法律基础教程(第三版)(待出) 夏利民
    经济法理论与实务(第三版) 於向平 邱 艳 赵敏燕
    人权法学(待出) 白桂梅

- **原理与案例系列**

    国家赔偿法:原理与案例 沈 岿
    专利法:案例、学说和原理(待出) 崔国斌

2011 年 1 月更新

教师反馈及教材、课件申请表

尊敬的老师:

您好!感谢您一直以来对北大出版社图书的关爱。北京大学出版社以"教材优先、学术为本"为宗旨,主要为广大高等院校师生服务。为了更有针对性地为广大教师服务,满足教师的教学需要、提升教学质量,在您确认将本书作为教学用书后,请您填好以下表格并经系主任签字盖章后寄回,我们将免费向您提供相关的教材、思考练习题答案及教学课件。在您教学过程中,若有任何建议也都可以和我们联系。

书号/书名	
所需要的教材及教学课件	
您的姓名	
系	
院校	
您所主授课程的名称	
每学期学生人数	学时
您目前采用的教材	书名_____ 作者_____ 出版社_____
您的联系地址	
联系电话	
E-mail	
您对北大出版社及本书的建议:	系主任签字 盖章

我们的联系方式:

北京大学出版社法律事业部

地　　址:北京市海淀区成府路205号　　联系人:李铎
电　　话:010-62752027　　　　　　　　传　真:010-62556201
电子邮件:bjdxcbs1979@163.com
网　　址:http://www.pup.cn
北大出版社市场营销中心网站:www.pupbook.com